neukirchener

Jahrbuch
für Biblische Theologie
(JBTh)

In Verbindung mit
Luis M. Alonso Schökel, J. Severino Croatto, John R. Donahue,
Paul D. Hanson, Ulrich Mauser und Magne Sæbø
herausgegeben von
Ingo Baldermann, Ernst Dassmann, Ottmar Fuchs, Berndt Hamm,
Otfried Hofius, Bernd Janowski, Norbert Lohfink, Helmut Merklein,
Werner H. Schmidt, Günter Stemberger, Peter Stuhlmacher,
Marie-Theres Wacker, Michael Welker und Rudolf Weth

Band 10 (1995)
Religionsgeschichte Israels
oder
Theologie des Alten Testaments?

2. Auflage 2001

Neukirchener Verlag

© 1995 – 2. Auflage 2001
Neukirchener Verlag des Erziehungsvereins GmbH
Neukirchen-Vluyn
Alle Rechte vorbehalten
Umschlaggestaltung: Hartmut Namislow
Gesamtherstellung: Fuck Druck, Koblenz
Printed in Germany
ISBN 3–7887–1544–8
ISSN 0935–9338

Die Deutsche Bibliothek – CIP-Einheitsaufnahme

Jahrbuch für biblische Theologie: (JBTh). – Neukirchen-Vluyn:
Neukirchener Verl.
    Früher Schriftenreihe
NE: JBTh
Bd. 10. Religionsgeschichte Israels oder Theologie des Alten
    Testaments? – 1995 – 2. Auflage 2001
**Religionsgeschichte Israels oder Theologie des Alten
Testaments?**. – Neukirchen-Vluyn: Neukirchener Verl.,
1995 – 2. Auflage 2001
    (Jahrbuch für biblische Theologie; Bd. 10)
    ISBN 3–7887–1544–8

Vorwort

Der diesjährige Band des Jahrbuchs greift ein Thema auf, das in den letzten Jahren durch die 1992 erschienene »Religionsgeschichte Israels in alttestamentlicher Zeit« von R. Albertz große Aufmerksamkeit erlangt hat. Nach dem Ende der Religionsgeschichtlichen Schule hat die alttestamentliche Wissenschaft wieder verstärkt nach dem »Wesen« der Religion Israels gefragt, ohne allerdings die (religions)geschichtlichen Dimensionen des JHWH-Glaubens zu leugnen. Das Verhältnis beider Darstellungsformen, der historisch-genetischen der »Religionsgeschichte Israels« und der systematisch-normativen der »Theologie des Alten Testaments«, blieb aber weitgehend ungeklärt, bis der epochale Neuansatz G. von Rads eine Entscheidung zugunsten der »Theologie« herbeiführte. Heute, gut dreißig Jahre später, haben sich die Parameter der Forschung deutlich verschoben. Einer der Hauptgründe dafür ist das Wiederaufleben der religionsgeschichtlichen Forschung, die nicht nur die altorientalischen Religionen, sondern auch das religiöse Symbolsystem des bronze- und eisenzeitlichen Palästina/Israel einbezieht (s. O. Keel / Chr. Uehlinger, Göttinnen, Götter und Gottessymbole, Freiburg u.a. ³1995). Dahinter kann nicht mehr zurückgegangen werden, soll die Geschichtlichkeit des JHWH-Glaubens angemessen zur Darstellung kommen.
Es ergeben sich dabei aber neue Probleme: Was bedeutet eine konsequent gehandhabte »Religionsgeschichte Israels« für die Frage nach der Verbindlichkeit des JHWH-Glaubens? Wird diese Verbindlichkeit durch die historische Rückfrage nicht entscheidend relativiert, so daß es keine Vermittlung mehr zwischen der religiösen und kulturellen Situierung der Texte/Traditionen und ihrer normativen Geltung gibt? Diese Fragen haben die Herausgeber des Jahrbuchs bewogen, dieses Problem zum Schwerpunktthema des diesjährigen Bandes zu machen. Den Anstoß dazu lieferte der Vortrag »Religionsgeschichte Israels statt Theologie des Alten Testaments!«, den R. Albertz 1993 auf dem International Meeting der

Society of Biblical Literature in Münster gehalten hat und der unseren Band eröffnet. Albertz plädiert dort für eine »forschungsgeschichtliche Umorientierung«, die folgerichtig zu einer »neuen Religionsgeschichte« (S. 16ff) führe. Deren Aufgabe bestehe darin, »mit Hilfe historischer Rekonstruktion den in den alttestamentlichen Texten ›gefrorenen‹ Dialog in ein lebendiges Streitgespräch verschiedener israelitischer Menschen und Gruppen zurückzuübersetzen« (S. 23) und als von diesen Menschen und Gruppen sub specie Dei gedeutete Geschichtserfahrungen zu begreifen. Weil dabei der Prozeß der theologischen Auseinandersetzung im alten Israel mit all seinen Verwerfungen und Konsensbildungen zur Darstellung komme, sei – so die überraschende Auskunft des Autors – die Religionsgeschichte Israels »›theologischer‹ als eine Theologie des Alten Testaments« (S. 23; vgl. S. 6). Denn »sie kann, bei klarer historischer Methodik, besser als diese das lebendige religiöse und theologische Erbe der alttestamentlichen Tradition bewahren und an die übrigen Fächer der Theologie und in die Kirche hinein weitergeben« (S. 23). Könnte das nicht aber, so ist zu fragen, auch ein Unternehmen leisten, das weiterhin den Namen »Theologie des Alten Testaments« trägt, die von Albertz skizzierten Strukturschwächen aber vermeidet?

Diese Frage wurde 1994 auf dem International Meeting der Society of Biblical Literature in Leuven/Louvain zum Ausgangspunkt einer kritischen Diskussion, die in diesem Band dokumentiert ist. Am Beispiel der Macht/Allmacht Gottes schlägt *J. Barton* vor, die theologische Arbeit am Alten Testament so anzulegen, daß die Texte in ihrer historischen Dimension und zugleich in ihrer Wirkung in Judentum und Christentum zum Zuge kommen. In dem Zwischenraum zwischen diesen beiden Positionen ergibt sich die Frage nach der Spannung zwischen dem Text und seiner Interpretation. »Die Erkundung dieses Zwischenraums«, so Barton, »kann als alttestamentliche Theologie bezeichnet werden« (S. 34). Demgegenüber ist nach *R. Rendtorff* die Endgestalt des Textes der eigentliche Gegenstand einer Theologie des Alten Testaments (vgl. S. 37). Für deren Durchführung ergeben sich zwei methodische Grundsätze: Die Textaussagen sind in ihrem kanonischen Zusammenhang zu entfalten, und das Alte Testament ist als ganzes unter thematischen Gesichtspunkten in den Blick zu nehmen. Religionsgeschichtliche Aspekte spielen dabei eine untergeordnete Rolle. Wiederum einen anderen Weg schlägt *I. Kalimi* ein, wenn er, ausgehend von einer strikten Trennung von Religionsgeschichte und Theologie, für ein jüdisches Interesse an »Biblischer Theologie« plädiert. Der unpräzise Sprachgebrauch verdeckt, daß es sich dabei um eine jüdische Theologie der Hebräischen Bibel handelt, die die

Bibel daraufhin lesen will, »welche religiösen Botschaften und moralischen Werte aus ihr abzuleiten sind« (S. 64).
Beruht aber die Trennung von Religionsgeschichte und Theologie, die auch Kalimi empfiehlt, nicht auf einer falschen Alternative? Ausgehend von der Unterscheidung zwischen erzählter Zeit und Zeit des Erzählers plädiert *F. Crüsemann* für eine Aufhebung dieser Alternative: Wenn die Religionsgeschichte Israels »von Vätern (und Müttern), Sinai, Landnahme usw. nicht primär im Zusammenhang der erzählten Zeit, also bei der Darstellung der Frühgeschichte, sondern vor allem im Zusammenhang der rekonstruierten Erzählzeit ... also etwa der nachexilischen Periode« handelte, wäre sie eine »historisch vorgehende kanonische Theologie des Alten Testaments« (S. 71). Diese vollständigere Theologie würde der kanonischen Form der biblischen Bücher gerechter werden, ohne deren historischen und sozialen Ort zu leugnen. Fundamentalfragen jenseits der Alternative von Religionsgeschichte und Theologie werden auch von *H.-P. Müller* gestellt. Da die Befriedigung des Wahrheits- und Handlungsbedarfs derzeit weder von der Theologie noch von der Religionsgeschichte zureichend wahrgenommen werde, müßten beide Disziplinen fundamentaler als bisher bei den erkenntnistheoretischen und ontologischen Grundfragen (wie Gottesbegriff und Theodizeeproblem, Offenbarungsanspruch und Geschichtsereignis, Anthropozentrik des Wirklichkeitsverständnisses) ansetzen. Dann, so das Fazit Müllers, erweist sich das Problem, ob eher die Religionsgeschichte Israels oder die Theologie des Alten Testaments die Glaubens- und Lebenswelt des alten Israel erschließen kann, als vordergründig (vgl. S. 110). Grundfragen ganz anderer Art wirft schließlich der Beitrag von *N.P. Lemche* auf. Weil das Alte Testament in nachexilischer Zeit von Juden – und nicht von Israeliten – verfaßt worden sei und der Prozeß, der zur Entstehung der Biblia Hebraica führte, in der sog. neutestamentlichen Zeit noch nicht abgeschlossen war, müsse eine Theologie des Alten Testaments ein Teil der gesamtbiblischen Theologie sein und aus christlicher Sicht verfaßt werden. »Hier schlägt«, wie R. Albertz in seiner abschließenden Stellungnahme konstatiert, »eine radikale historische Kritik unmittelbar in eine durchaus traditionelle Theologie um, für die geschichtliche Abstände bedeutungslos geworden sind« (S. 179). In sachlicher Nähe zu Lemche steht der sich ebenfalls als ›Minderheitenvotum‹ einführende Beitrag von *Th.L. Thompson*. Seine – in eigenartiger Tonart vorgetragene – Hypothese läuft auf eine Zerschlagung der Disziplin »Theologie des Alten Testaments« hinaus (vgl. S. 164f), die folglich auch nicht mehr in Dialog zur »Religionsgeschichte Israels« treten könne (vgl. S. 16). Anhand der Beiträge von Lemche und

Thompson können die Leser und Leserinnen die Position der
»Kopenhagener Schule« kennenlernen.
Die beiden letzten Beiträge der Leuvener Diskussionspartner len-
ken wieder zu dem eigentlichen Thema zurück. Im Gegensatz zu
den Versuchen, eine »Mitte« des Alten Testaments zu bestimmen,
will *Chr. Hardmeier* die Frage nach der Theologie des Alten Testaments aus einem anderen Blickwinkel angehen. Anhand der auf
Gott bezogenen Sprechakte »Loben« und »Klagen« nimmt er Ab-
schied von allen Formen einer Inhaltssystematik (wie »Bund«, »Erwählung« oder »Erstes Gebot«) und richtet den Blick auf die Art
und Weise, *wie* von bzw. zu Gott geredet wird. Die angemessenste
Form, eine Theologie des Alten Testaments zu entfalten, besteht
folglich darin, »dieses komplexe und facettenreiche Diskursgeschehen literaturgeschichtlich nachzuzeichnen, und zwar sowohl in
seiner vollen historisch-sozialen Erfahrungsbezogenheit als auch
in seiner durchgängig theo-logischen Gottbezogenheit« (S. 125).
In diesem Doppelbezug sind die wesentlichen Formationskräfte zu
sehen, die zur Ausgestaltung der biblischen Traditionen geführt
haben. Auch aus feministischer Sicht läßt sich, wie *M.-Th. Wacker*
ausführt, die Alternative »Religionsgeschichte Israels« oder »Theologie des Alten Testaments« aufbrechen bzw. relativieren. Gegenüber der Darstellung von Albertz, in der »der spezifische Blick auf
den Ort von Frauen weitgehend fehlt« (S. 135), hätte eine frauenspezifische Hermeneutik der Religionsgeschichte Israels diesen Ort
eigens zu reflektieren. Damit würden hermeneutische Grundent-
scheidungen eingebracht, die dazu herausfordern, das Verhältnis
von Theologie und Historiographie neu zu überdenken. Wie dieses Programm praktisch aussieht, wird anhand von Ex 38,8 und
1 Sam 2,22 verdeutlicht.
Hat die Theologie des Alten Testaments also doch noch eine Chance? Die Antwort, die *R. Albertz* in Leuven abschließend auf diese
Frage gab, ist vorsichtig und entschieden zugleich. Zwar ist er weiterhin der Ansicht, daß die Religionsgeschichte Israels besser als die
Theologie des Alten Testaments »in der Lage ist, die historisch-kritischen Ergebnisse unseres Fachgebietes zusammenzufassen« (S.
177f). Was ihn aber umtreibt, ist die Sorge, die alttestamentliche
bzw. biblische Theologie könne sich gegenüber der Religionsgeschichte immunisieren und so den Kontakt zu der realen Lebenswelt des alten Israel verlieren. Er skizziert die Umrisse einer Biblischen Theologie, deren Ausgangs- und Bezugspunkt die theologischen Problemfelder und praktischen Aufgaben der gegenwärtigen
Kirche sind.
Für alle diejenigen, die der Theologie des Alten Testaments eine
Zukunftschance geben, sollte Albertz' Programm eher ein Ansporn

zur Klärung der theologischen Optionen dieser Disziplin als Anlaß zu resignativem Rückzug sein. In diese Richtung weisen auch die Stellungnahmen von *Th. Sundermeier* und *N. Lohfink.* Während Sundermeier gegen die Trennung von Theologie und Religionswissenschaft bei Albertz argumentiert – eine Theologie des Alten Testaments »muß auf den religionswissenschaftlichen Erkenntnissen aufbauen« (S. 206) –, läßt Lohfink die Beiträge dieses Bandes noch einmal kritisch Revue passieren und macht am Ende einige persönliche Vorschläge zur Neuordnung der Disziplinen »Einleitung in das Alte Testament« (synchrone Betrachtung als Leitperspektive), »Geschichte Israels« (religiöse Dimension als Hauptinteresse) und »Theologie des Alten Testaments«, die eher themenorientiert und interdisziplinär betrieben werden sollte, deren Aufgabe jedoch schon zuvor vornehmlich in der diachronen/synchronen Textexegese zu verwirklichen sei (S. 227ff). In der ekklesiologischen Orientierung Biblischer Theologie stimmt Lohfink Albertz zu.

Abgeschlossen wird der Band durch eine gehaltvolle Rezension zu P. Stuhlmachers »Biblische Theologie des Neuen Testaments«, die *T. Holtz* verfaßt hat.

In allen Beiträgen des Bandes geht es, wie beim Lesen hoffentlich deutlich wird, um die Sache, deretwegen dieses Jahrbuch vor nunmehr zehn Jahren gegründet wurde. Was R. Albertz vorgeschlagen hat und hier kontrovers diskutiert wird, kann für den Fortgang der Biblischen Theologie nur von Nutzen sein. Ob dabei ein neues Paradigma entsteht, muß die Zukunft zeigen.

Für die Herausgeber
Bernd Janowski / Norbert Lohfink

Inhalt

I

Beiträge

Rainer Albertz

Religionsgeschichte Israels statt Theologie des Alten Testaments!

Plädoyer für eine forschungsgeschichtliche Umorientierung[1]

Am Anfang meines Plädoyers soll eine persönliche Bemerkung stehen: Als ich in den 60er Jahren in Heidelberg studierte, lernte ich von meinen Lehrern Gerhard von Rad und Claus Westermann, daß die Epoche der Religionsgeschichte Israels – gottlob – endgültig überwunden sei. Ich war davon so überzeugt, daß ich etwa das Erscheinen der Religionsgeschichte von Georg Fohrer 1969[2] nur mit Spott kommentieren konnte. Wenn ich knapp ein Vierteljahrhundert später selber eine Religionsgeschichte Israels veröffentlicht habe[3] und heute für eine forschungsgeschichtliche Umorientierung weg von der Theologie des Alten Testaments plädiere, dann liegt ein langer schmerzlicher Ablösungsprozeß dazwischen, in dem mir die unüberwindlichen Probleme dieser Disziplin bewußt geworden sind. Mißverstehen Sie darum bitte nicht meine folgenden Ausführungen als hochmütige Kritik; es ist ein Stück Wehmut dabei, da ich auch mit meiner eigenen Vergangenheit abrechne.

Daß das Fach Altes Testament eine zusammenfassende Disziplin benötigt, dürfte unter uns unstrittig sein[4]. Schon die simplen Re-

---

1   Der Vortrag wurde erstmals auf dem SBL-Meeting in Münster am 28.7.93 gehalten; aus Zeitgründen konnte ich damals nicht den ganzen Text vortragen. Der Text wurde für den Druck nur leicht modifiziert.
2   Geschichte der israelitischen Religion, Berlin 1969.
3   *R. Albertz*, Religionsgeschichte Israels in alttestamentlicher Zeit, 2 Bde. (GAT 8,1–2), Göttingen 1992; die englische Version in der Übersetzung von J. Bowden: A History of Israelite Religion in the Old Testament Period, 2 Vol., London 1994; Louisville 1994. Eine spanische Übersetzung ist in Vorbereitung.
4   Wenn R. Rendtorff in diesem Band unten S. 35 schon an dieser Stelle seinen Dissens anmeldet, dann kann ich das nur als Äußerung eines Emeritus verstehen, der nicht mehr Sorge dafür zu tragen hat, wie das zur Zeit weit auseinanderstrebende Fachgebiet Altes Testament noch gelehrt und gelernt werden kann. Auch er wird nicht bestreiten wollen, daß die epochemachenden Theologien von *G. von Rad*, Theologie des Alten Testaments, 2 Bde., München I [4]1962; II [4]1965 und *W. Eichrodt*, Theologie des Alten Testaments, 2 Bde., Stuttgart/Göttingen I

geln des Verstehens erfordern einen größeren Bezugsrahmen, in den die Ergebnisse der exegetischen Detailforschungen eingeordnet und von dem her sie überprüft werden können. Zudem erleichtert eine solche Zusammenfassung den Transfer alttestamentlicher Forschung in die anderen theologischen Fächer und in die Kirche hinein.

Umstritten ist aber seit über 100 Jahren, wie diese zusammenfassende Disziplin zu konzipieren sei. Sympathisch selbstkritisch notiert Brevard Childs: »The fundamental problem of wether the discipline is / conceived of as a theology of the Old Testament or as history of Israel's religion, or both, has never been successfully resolved«[5].

Wie Sie wissen, hat sich die Disziplin nach J.Ph. Gablers programmatischer Altdorfer Antrittsrede von 1787[6] zuerst als lehrhaft oder heilsgeschichtlich ausgerichtete biblische bzw. dann alttestamentliche Theologie etabliert, hat sich dann unter dem Eindruck der Hegelschen Geschichtsphilosophie und des Historismus am Ende des 19. und beginnenden 20. Jahrhunderts weithin zur israelitisch-jüdischen Religionsgeschichte gewandelt, um dann im Gefolge der theologischen Erneuerungsbewegung nach dem 1. Weltkrieg, die in Deutschland stark unter dem Eindruck der »Dialektischen Theologie« stand, als Theologie des Alten Testaments wiederbegründet zu werden[7]. Die Verdienste, die sich diese bewußt theolo-

---

[8]1968; II [7]1974 in Deutschland und Amerika für eine ganze Generation in Studium und Examen faktisch die Rolle zusammenfassender Standardwerke übernommen haben.

5   *B.S. Childs*, Old Testament Theology in a Canonical Context, London 1985, 4f; einige Jahre später urteilte er sehr viel abweisender: »It was ... a fatal methodological mistake when the nature of the Bible was described solely in the categories of history of religion ...« (*ders.*, Biblical Theology of the Old and New Testaments. Theological Reflection on the Christian Bible, London 1992, 8).

6   Oratio de iusto discrimine theologiae biblicae et dogmaticae regundisque recte utriusque finibus (1787), in deutscher Übersetzung unter dem Titel: Von der richtigen Unterscheidung der biblischen und der dogmatischen Theologie und der rechten Bestimmung ihrer beider Ziele, in: *G. Strecker* (Hg.), Das Problem der Theologie des Neuen Testaments (WdF 367), Darmstadt 1975, 32–44.

7   Die Forschungsgeschichte ist häufig detailliert beschrieben worden; vgl. von der alttestamentlichen Theologie aus etwa *R.C. Dentan*, Preface to Old Testament Theology (YSR 14), New Haven 1950, 3ff; 2., erw. Auflage New York 1963; *W. Zimmerli*, Biblische Theologie I, TRE VI (1980), 426–455; von der Religionsgeschichte aus etwa *O. Eißfeldt*, Werden, Wesen und Wert geschichtlicher Betrachtung der israelitisch-jüdischen Religion (1931), in: *ders.*, Kleine Schriften I, Tübingen 1962, 247–265; *Albertz*, Religionsgeschichte, 20–32. Eine kritische und nachdenkenswerte Darstellung, die über die Aporien, in die Gabler die Forschung geführt hat, hinauszuführen sucht, bietet *B.C. Ollenburger*, Biblical Theology: Situating the Discipline, in: Understanding the Word (FS B.W. Ander-

gische Präsentation alttestamentlicher Forschung von den 30er bis in die 60er Jahre erworben hat, sind beträchtlich: In Deutschland half sie, das Alte Testament gegen die Angriffe von liberaler und nationalsozialistischer Seite zu verteidigen und nach dem 2. Weltkrieg in den Gemeinden heimisch zu machen. Und wenn heute in Deutschland dem Alten Testament in der akademischen Ausbildung das gleiche Gewicht wie dem Neuen eingeräumt wird, dann geht das nicht zuletzt auf sie zurück. In Amerika half das »Biblical Theology Movement« in den 40er und 50er Jahren die unselige Konfrontation zwischen liberaler Theologie und Fundamentalismus immerhin eine Zeitlang zu überwinden[8]. Doch kaum war mit den 60er Jahren das »golden age of Old Testament Theology«[9] erreicht, zeigten sich auch schon die ersten Auflösungserscheinungen, in Amerika früher als in Deutschland. Ein neues religionsgeschichtliches Interesse – provoziert vor allem durch die Texte aus Ugarit – erwachte und führte Schritt für Schritt zu der Einsicht, daß Israel sehr viel stärker, als man bisher zuzugeben bereit war, auch in religiöser Hinsicht in seine vorderorientalische Umwelt eingebunden war[10]. Diese Forschungsergebnisse waren aber in eine Disziplin, die die Einzigartigkeit des Glaubens Israels auf ihre Fahnen geschrieben hatte, kaum noch integrierbar. So beschrieb schon 1970 B.S. Childs eindrücklich die tiefe Krise, in die die »Biblical Theology« in Amerika geraten war[11]. Und P.D. Miller warb schon 1973 für eine Rückkehr zum religionsgeschichtlichen Ansatz[12].

Angesichts dieser Entwicklung, die in Amerika weiter fortgeschritten ist als in Deutschland, möchte ich die Debatte darüber eröff-

---

son), hg. von *J.T. Butler* / *E.W. Conrad* / *B.C. Ollenburger* (JSOT.S 37), Sheffield 1985, 37–62.

8   Vgl. die eindrückliche Darstellung von *B.S. Childs*, Biblical Theology in Crisis, Philadelphia 1970, 19ff.

9   So eine Formulierung von Dentan.

10   Vgl. die Darstellung aus der Sicht der Schule von F.M. Cross, durch den diese Veränderungen eingeleitet wurden: *P.D. Miller*, Israelite Religion, in: *D.A. Knight* / *G.M. Tucker* (eds.), The Hebrew Bible and Its Modern Interpreters (SBL.CP), Philadelphia/Chico 1985, 201–237, 205ff.

11   So der Titel: Biblical Theology in Crisis, 61ff; ähnlich stellt noch *G.F. Hasel*, Old Testament Theology. Basic Issues in the Current Debate, Grand Rapids ⁴1991, 1 fest: »Old Testament Theology today is undeniable in a crisis«.

12   God and the Gods. History of Religion as an Approach and Context for Bible and Theology, Affirmation I/5 (1973), 37–62; ähnlich *J.J. Collins*, Is a Critical Biblical Theology Possible?, in: *W.H. Propp* / *B. Halpern* / *D.N. Freedman* (eds.), The Hebrew Bible and Its Interpreters, Winona Lake 1990, 1–17, der eine »historisch-kritische biblische Theologie« fordert, von der gilt: »It necessarily overlaps with the history of religion« (9).

nen, ob die »Theologie des Alten Testaments« in der Lage ist,
weiter die Rolle der »Königsdisziplin« in der alttestamentlichen
Wissenschaft zu spielen, oder ob es nicht sinnvoller wäre, sie durch
eine – theologischer als bisher konzipierte – Religionsgeschichte
Israels zu ersetzen[13].

I. Die Schwierigkeiten und Nachteile der Disziplin »Theologie des Alten Testaments«

1. Auffällig ist die verwirrende Vielfalt der über 20 Theologien,
die seit 1933 erschienen sind[14]. Mag man dies noch als Ausdruck
der Lebendigkeit der Disziplin werten, so muß doch nachdenklich
stimmen, daß auch 60 Jahre, nachdem der erste Band der epochemachenden Theologie von Walther Eichrodt publiziert wurde,
immer noch kein Konsens darüber erreicht werden konnte, wie die
Aufgabe, der Aufbau und die Methode einer Theologie des Alten
Testaments zu bestimmen sind. Im Gegenteil, die Divergenz der
Ansätze hat sich in jüngster Zeit eher noch erhöht[15].
Hinzu kommt eine verblüffende Gesprächsunfähigkeit zwischen
den verschiedenen Entwürfen. Kaum ein Verfasser einer neuen
Theologie geht auf die vorangehenden ein, versucht, sie zu diskutieren, ihre Schwächen aufzudecken und zu einer nachweisbar bes-
seren Lösung zu gelangen[16]. Meist bleibt es Sekundärautoren

---

13   Vgl. die ganz ähnliche Umorientierung, die *H. Räisänen*, Beyond New Testament Theology, London/Philadelphia 1990 in der neutestamentlichen Wissenschaft gefordert hat. Er plädiert – gegen R. Bultmann und seine Nachfolger – für
eine Wiederanknüpfung an das Verständnis W. Wredes von der »Theologie des
Neuen Testaments« als rein historischer Disziplin (13ff) und für deren Überfüh-
rung in eine Geschichte oder – wo die Informationen zu deren Rekonstruktion
nicht ausreichen – zumindest in eine »phenomenology of early Christian religious thought« (93–118). Die Tatsache, daß auch in der neutestamentlichen Wissenschaft eine parallelgelagerte Diskussion in Gang kommt, ist für mich ein zu-
sätzliches Zeichen dafür, daß das Thema heute »dran« ist.
14   Vgl. die Aufzählungen bei *Childs*, Old Testament Theology, 18f und *H.D.
Preuß*, Theologie des Alten Testaments, 2 Bde., Stuttgart/Berlin/Köln 1991/
1992, Bd. I, 1; hinzu kommen die Neuerscheinungen von Preuß; *A.H.J. Gunneweg*, Biblische Theologie des Alten Testaments. Eine Religionsgeschichte Israels in biblisch-theologischer Sicht, Stuttgart/Berlin/Köln 1993; *O. Kaiser*, Der
Gott des Alten Testaments. Theologie des Alten Testaments, Bd. I (UTB 1747),
Göttingen 1993 und *Childs*, Biblical Theology.
15   Vgl. das Urteil von *G.F. Hasel*, Major Recent Issues in Old Testament Theology, JSOT 31 (1985), 31–53, 43.
16   Rühmliche Ausnahmen sind hier *R.E. Clements*, Old Testament Theology.
A Fresh Approach, London 1983; *Childs*, Old Testament Theology; *Preuß*, Theologie und *Gunneweg*, Theologie.

überlassen, in langen Forschungsberichten die divergierenden Ansätze notdürftig ins Gespräch zu bringen[17], ohne daß ein echter
Fortschritt in der Geschichte der Disziplin erkennbar würde. Das
alles deutet darauf hin, daß in die Theologien des Alten Testaments neben den unvermeidlichen exegetisch-historischen Differenzen so viele hermeneutische und dogmatische Vorentscheidungen eingehen, daß sie nicht mehr kontrovers diskutierbar sind. Es
handelt sich um sehr persönliche, subjektiv gefärbte Entwürfe, was
auch einige Autoren offen zugeben[18]. Ob eine Theologie besser
oder schlechter ist, wird weitgehend zu einer Geschmacks- oder
Glaubensfrage. Daß aber von einer solchen stark subjektiv geprägten Disziplin eine innerfachliche Konsensbildung[19] und außer-
fachliche Repräsentanz nur schwer zu leisten sind, liegt auf der
Hand.
Ich will zunächst auf einige Kontroverspunkte der Disziplin kurz
eingehen.

2. Unklar ist bis heute, was mit dem Unternehmen Theologie des
Alten Testaments eigentlich gemeint ist. Geht es im Sinne eines
genetivus subjectivus um die im Alten Testament enthaltene Theologie, wofür sich etwa R.C. Dentan stark machte[20]? Oder geht es
im Sinne eines *genetivus objectivus* um den Beitrag des Alten Testaments für die Theologie, wohin L. Köhler tendierte[21]? Oder
geht es gar um die Konstruktion einer Dogmatik auf allein biblischer Grundlage wie teilweise im Biblical Theology Movement?
Nur im ersten Fall handelt es sich um ein historisches Geschäft,
wobei allerdings das Problem auftaucht, daß das Alte Testament

17 Vgl. *Dentan*, Preface; *H.-J. Kraus*, Die Biblische Theologie. Ihre Geschichte
und ihre Problematik, Neukirchen-Vluyn 1970; *H. Graf Reventlow*, Hauptprobleme der alttestamentlichen Theologie des 20. Jahrhunderts (EF 173), Darmstadt
1982; *Hasel*, Theology; *J.H. Hayes / F.C. Prussner*, Old Testament Theology. Its
History and Development, London/Atlanta 1985.
18 So z.B. von *Preuß*, Theologie, 2 unter Berufung auf *G. Ebeling*, Was heißt
»Biblische Theologie«?, in: *ders.*, Wort und Glaube, Bd. I, Tübingen [3]1967, 69–
89, 88 und von *R. Rendtorff*, Theologie des Alten Testaments – Überlegungen zu
einem Neuansatz, NGTT 30 (1989), 132–142 = *ders.*, Kanon und Theologie. Vorarbeiten zu einer Theologie des Alten Testaments, Neukirchen-Vluyn 1991, 1–
14, 7.
19 Die Divergenz der gegenwärtigen Forschungslage im Fach Altes Testament
hat neben vielen anderen Gründen auch mit dem Umstand zu tun, daß es an einer
konsensfördernden zusammenfassenden Disziplin fehlt.
20 »The religious ideas (the ›theology‹) which the Bible actually contains«
(Preface, 44).
21 »Zusammenstellung derjenigen Anschauungen, Gedanken und Begriffe des
AT ..., welche theologisch erheblich sind oder es sein können« (Theologie des
Alten Testaments [NTG], Tübingen [1935] [4]1966, V).

keine Theologie, sondern höchstens Theologien[22], ja strenggenommen ein sehr viel breiteres Spektrum religiöser Lebensäußerungen enthält, als mit dem Begriff Theologie abgedeckt ist, wie
schon H. Gunkel gegen die biblischen Theologien seiner Zeit
richtig hervorhob[23]. Wenn trotz dieser Unsachgemäßheit am sin-
gularischen Theologiebegriff weiter festgehalten wird, dann hängt
das mit einem seit Pietismus und Aufklärung untergründig wirksamen Anspruch zusammen, unter Berufung auf das reformatorische Schriftprinzip normativ auf Dogmatik und Kirche einwirken
zu wollen[24]. Das ungeklärte Nebeneinander von historischer Methodik und normativem Anspruch macht eine der Hauptschwierig-
keiten der Disziplin Theologie des Alten Testaments aus.

3. Damit zusammenhängend bleibt häufig unklar, von welchem
Kontext aus sich die Interpretation in einer Theologie des Alten
Testaments vollziehen soll[25]: Ist es der israelitische Autor in seiner
zeitgeschichtlichen Situation[26]? Dies wäre die klar historische Po-

22 Deswegen erklärte der Systematiker *E. Brunner*, Offenbarung und Vernunft.
Die Lehre von der christliche Glaubenserkenntnis, Darmstadt 1961, 287 kategorisch: »Es gibt keine ›Theologie des Alten Testaments‹«. Deutlich hat auch *G.
von Rad*, Offene Fragen im Umkreis einer Theologie des Alten Testaments
(1963), in: *ders.*, Gesammelte Studien zum Alten Testament II (TB 48), München
1973, 289–312, 294 dieses Problem benannt.
23 Vgl. Biblische Theologie und biblische Religionsgeschichte I, RGG² I,
1089–1091, 1090. Klar hat besonders *G. Ebeling*, Studium der Theologie. Eine
enzyklopädische Orientierung, Tübingen 1975, 32 herausgestellt, daß es sich bei
der Anwendung des erst seit dem Mittelalter gebräuchlichen Theologiebegriffs auf
die im Alten Testament »zum Ausdruck kommenden Vorstellungs- und Denkwei-
sen« um einen »Anachronismus« handelt; zum ganzen vgl. *R. Smend*, Theologie
im Alten Testament, in: Verfikationen (FS G. Ebeling), hg. von *E. Jüngel / J.
Wallmann / W. Werbeck*, Tübingen 1982, 11–26.
24 Das seit den Anfängen der Disziplin mitlaufende dogmatische Interesse der
Biblischen Theologie hat *Ebeling*, Biblische Theologie, 80ff aufgedeckt. Schon
Gabler, Unterscheidung, 32.42f ging es darum, mit Hilfe der Biblischen Theologie die konfessionellen Streitigkeiten seiner Zeit zu überwinden.
25 So mit Recht *J.D. Levenson*, Why Jews Are Not Interested in Biblical Theology, in: *J. Neusner / B.A. Levine / E.S. Frerichs* (eds.), Judaic Perspectives on
Ancient Israel, Philadelphia 1987, 281–307, 300f = *ders.*, The Hebrew Bible, the
Old Testament and Historical Criticism, Louisville 1993, 33–61; vgl. die deutsche Übersetzung: Warum Juden sich nicht für biblische Theologie interessieren,
EvTh 51 (1991), 402–430. Ich zitiere nach der englischen Originalversion.
26 So schon *Gabler*, Unterscheidung, 33: »Was die heiligen Schriftsteller über
die göttlichen Dinge gedacht haben«, auf den sich viele berufen, die am »historischen Charakter« der Biblischen Theologie festhalten wollen. Doch übersehen
sie meist, daß für Gabler diese historische *interpretatio* nur der erste Schritt war,
auf den der zweite, die *comparatio*, zu folgen habe, in der die zeitgebundenen Vorstellungen abgestreift und die historischen Befunde unter zeitlose Allgemeinbe-
griffe geordnet werden sollen (40f), vgl. dazu *R. Smend*, Johann Philipp Gablers

sition, die allerdings mit den üblichen Unsicherheiten der Rekonstruktion belastet ist. Oder ist der alttestamentliche Kanon der
Kontext, wie B.S. Childs vorschlägt[27]? Damit hätte man zwar eine
sicherere Textbasis gewonnen, geriete aber insofern historisch
schon ins Fiktionale, weil es kaum eine Gruppe des frühen Juden-
oder Christentums gegeben hat, die unterschiedslos alle Teile des
Kanons, der ja ein Kompromißwerk darstellt, zu ihrer theologischen Basis gemacht hätte[28].
Noch komplizierter wird die Angelegenheit, wenn das Neue Testament zum Interpretationskontext des Alten erklärt wird, weil
damit eine Flut dogmatischer Vorentscheidungen über das Verhältnis der Testamente und die Stellung einer jüdischen Schrift im
Kanon der christlichen Kirche in die Disziplin einströmt. Damit ist
die historische Methodik endgültig verlassen, denn, historisch gesehen, war das Neue Testament nicht der ursprüngliche Kontext
für irgendeine Zeile der Hebräischen Bibel[29]. Sieht man genauer
hin, ist es aber häufig nicht so sehr das Neue Testament, sondern

Begründung der biblischen Theologie, EvTh 22 (1969), 345–357, 347ff; *ders.*,
Universalismus und Partikularismus in der Alttestamentlichen Theologie des 19.
Jahrhunderts, EvTh 22 (1962), 169–179, 170; *Ollenburger*, Biblical Theology,
39–51.
27   Crisis, 98ff; *ders.*, Old Testament Theology, 6ff; bzw. der Gesamtkanon Alten und Neuen Testaments, so *ders.*, Biblical Theology, 7ff. Eine Theologie, die
im ersten Teil den Kanon zum Kontext macht, plant *Rendtorff*, Theologie, 11ff;
vgl. seinen Beitrag in diesem Band unten S. 38ff.
28   Darauf hat schon *Levenson*, Jews, 284 – wenn auch in einem etwas anderen
Zusammenhang – aufmerksam gemacht. *Childs* weicht dem Problem aus, indem er
auf der einen Seite erklärt: »Biblical Theology has its proper context in the Canon of Scriptures of the Christian Church ... because of the peculiar reception of
this corpus by a community of faith and practice« (Biblical Theology, 8), auf der
anderen Seite aber eine soziologische Sicht, die den Kanon und damit die Biblische Theologie funktional auf die gegenwärtige Kirche bezogen sieht (so etwa
Ollenburger, Biblical Theology, 50–53), ausdrücklich ablehnt (ebd., 23). Wohl
wehrt er sich gegen den Vorwurf, seine biblisch-theologische Reflexion, die über
die ursprüngliche historische Situation des biblischen Zeugnisses hinausgeht,
sei »anti-historical, philosophically idealistic, and abstract«, doch wenn er gegen ihn feststellt: »Biblical theological reflection is not timeless speculation
about the nature of the good, but the life and death struggle of the concrete historical communities of the Christian church who are trying to be faithful in their
own historical contexts to the imperative of the gospel in mission to the world«
(ebd., 86), dann bleibt der Interpretationskontext eben doch in einer überzeitli-
chen Schwebe, bzw. es wird so getan, als sei der historische Kontext der Kirche
immer derselbe.
29   Es ist immerhin ein methodischer Fortschritt, wenn *Gunneweg*, Theologie,
34f die historische Darstellung der Religion Israels von der bewertenden Verglei-
chung mit dem Neuen Testament trennt. Zur Problematik letzterer vgl. jedoch
meine Besprechung in ThLZ 119 (1994), 303–305.

die Privatdogmatik des Verfassers, die den Kontext für die Auswahl und Interpretation der alttestamentlichen Texte bildet. Diese
wird nur häufig – typisch protestantisch – als identisch mit dem
Neuen Testament, meist reduziert auf die paulinische Theologie,
ausgegeben[30]. Das Problem ist aber, daß die Theologie einer Ein-
zelperson nicht unbedingt konsensfähig ist[31]. Und ich würde mit
R.E. Clements[32], J. Barr[33] und B.C. Ollenburger[34] fragen, ob eine
Biblische Theologie, sofern sie normative Interessen verfolgt, die
kirchliche Rezeptionsgeschichte der Bibel außer acht lassen darf
und nicht von vornherein die kirchlichen Lehren, oder besser die
aktuellen großen Problemstellungen der Gegenwart, zu denen die
Kirche Stellung zu beziehen hat, offen zum Kontext der alt- und
neutestamentlichen Aussagen erklären sollte[35]. Dann wäre sie –
wiewohl durchaus auch von Exegeten betrieben – Bestandteil der
Systematischen Theologie und könnte einen höheren Grad von
Verbindlichkeit erwarten[36].

30   Ein Beispiel aus neuester Zeit: Von einem betont individuellen Verständnis
der Rechtfertigungslehre und einem überweltlichen Verständnis christlicher Es-
chatologie her, die sich auf Paulus und Luther berufen, kommt *Kaiser* zu einer Ge-
samtanlage der Theologie des Alten Testaments, die den historischen (!) Nach-
weis führen will, daß Israel, wiewohl von Jahwe erwählt, »am Gesetz und an der
Geschichte gescheitert sei« (Gott, 87), und gewinnt daraus durch existentiale Interpretation eine »Grundstruktur menschlicher Existenz« »zwischen Erwählung
und Verpflichtung« (ebd., 351), auf die die christliche Heilsbotschaft trifft.
31   Dies sage ich als Presbyter einer reformierten Kirchengemeinde. Wenn
Childs, Biblical Theology, 6–9 sich zur Neubegründung einer Biblischen Theologie ausdrücklich auf *Ebeling*s bekannte »Definition« beruft: »In der Theologie
des Alten bzw. Neuen Testaments hat der speziell der Erforschung des Alten bzw.
Neuen Testaments sich widmende Theologe zusammenfassend Rechenschaft zu
geben über *sein* (!, kursiviert von mir) Verständnis des Alten bzw. Neuen Testaments, d.h. vor allem über die theologischen Probleme, die dadurch entstehen,
daß die Mannigfaltigkeit des alt- bzw. neutestamentlichen Zeugnisses auf ihren
Zusammenhang hin befragt wird« (Biblische Theologie, 88), dann sitzt er einem
höchst problematischen, individualistischen Theologie- und Gemeindeverständ-
nis auf. Für *K. Barth*, auf den sich Childs gerne beruft, ist nicht ein einzelner
Theologe, sondern die Gemeinde Träger von Theologie (KD IV/3, Zollikon/Zü-
rich 1959, 1007ff).
32   Theology, 1–25; 186ff.
33   Biblische Theologie, EKL[2] I, 488–494, 491; er hält den Versuch, eine Biblische Theologie unabhängig von der Dogmatik zu entwerfen, für unrealistisch.
34   Nach *Ollenburger* ist die Biblische Theologie wesentlich verantwortlich
»for guarding, enabling and critiquing the church's self-conscious reflection on
its praxis« (Biblical Theology, 53).
35   Vgl. zu einer solchen Neuausrichtung der Theologie des Alten Testaments
schon *Albertz*, Religionsgeschichte, 38 und meinen Beitrag in diesem Band unten S. 182–184.
36   Die Trennung der Biblischen Theologie von der Dogmatik, die Gabler vollzogen hat, war damals verständlich, aber möglicherweise dennoch ein Fehler. Sie

Zu diesen grundsätzlichen Problemen kommen noch einige konzeptionelle Schwierigkeiten.

4. Mit dem Theologiebegriff ist die Forderung nach einem systematischen Aufbau der Theologie des Alten Testaments mitgegeben. Doch zeigt schon die Tatsache, daß keine der vorgelegten Theologien im Aufbau der anderen gleicht, wie schwierig es offenbar ist, eine dem Alten Testament angemessene Systematik zu finden. Die nicht enden wollende Diskussion, ob das Alte Testament eine »theologische Mitte« habe, um die sich seine religiösen Aussagen gedanklich stringent gruppieren ließen[37], oder ob mit einer Mehrzahl von Vorstellungskreisen gerechnet werden müsse[38], zwingt meiner Meinung nach zu dem längst fälligen Eingeständnis, daß sich das Alte Testament offenbar erfolgreich dem gedanklich-systematischen Zugriff entzieht. Außerdem war die Religion des Alten Israel in ihrer langen Geschichte so gewichtigen Veränderungen unterworfen, daß es nicht ausreicht, mit W. Eichrodt und vielen anderen zu sagen, die alttestamentliche Theologie habe es »mit der großen systematischen Aufgabe des Querschnitts durch das Gewordene« zu tun[39]. Denn in welche Zeit sollte man diesen Querschnitt legen, um alles zu erfassen, da es ja gar nicht alles zur gleichen Zeit gab[40]? In die frühe Königszeit? Da gab es z.B. noch keine Erwählungs- und Bundestheologie. In die deuteronomische Zeit? Da gab es z.B. noch keine Apokalyptik. In die Spätzeit? Da gab es z.B. keine Königstheologie mehr, jedenfalls nicht mehr in ihrer alten politisch-sakralen Gestalt. Seit Gerhard von Rad bemühen sich gerade in jüngster Zeit eine Reihe von Autoren[41] darum, die geschichtliche und überlieferungsgeschichtliche Dimension in die systematische Darstellung zu integrieren.

hängt mit einem Methodenproblem der Dogmatik zusammen, in der damals die biblische Tradition nicht angemessen zum Zuge kam (*loci*-Methode); vgl. *Ebeling*, Biblische Theologie, 79. Wäre die Dogmatik, ihrem reformatorischen Ansatz getreu, wirklich in ihrem Kern »Biblische Theologie«, wäre eine exegetische Disziplin dieses Namens überflüssig.

37 Zusammenfassend vgl. *Preuß*, Theologie I, 25ff; die grundsätzlichen Einwände dagegen hat schon *J. Barr*, Die Vielschichtigkeit der alttestamentlichen Überlieferung, in: *ders.*, Alt und Neu in der biblischen Überlieferung. Eine Studie zu den beiden Testamenten, München 1967, 11–27, 11f genannt.

38 So bekanntlich *von Rad*, Offene Fragen, 292ff.

39 Hat die alttestamentliche Theologie noch selbständige Bedeutung innerhalb der alttestamentlichen Wissenschaft?, ZAW 47 (1929), 83–91, 89.

40 Schon *von Rad*, Offene Fragen, 293 hatte gegen die Querschnittsmethode eingewandt, daß das, was durch sie zu einem Vorstellungskreis zusammengeordnet werde, »keineswegs zu jeder Zeit gleiche Gültigkeit gehabt« habe.

41 Etwa *Preuß*, Theologie; *Gunneweg*, Theologie; aber auch *Kaiser*, Gott.

Damit verwandelt sich aber die Disziplin unter der Hand zur Theologiegeschichte des Alten Testaments und nähert sich der Religionsgeschichte an.

5. Die Forderung nach systematischer Darstellung stellt den Verfasser einer Theologie des Alten Testaments unter den Zwang, dessen vielfältige, unterschiedliche und z.T. sogar gegensätzliche religiöse Aussagen auf einer gedanklichen Abstraktionsebene zu vereinheitlichen. Damit werden aber die Differenzen zwischen den alttestamentlichen Autoren, die die historisch-kritische Exegese mühsam herausgearbeitet hat, zu einem Gutteil wieder eingeebnet oder letztlich für irrelevant erklärt. Ein Unternehmen aber, das den Reichtum der exegetischen Forschungsergebnisse aus Systemzwang nicht voll aufnehmen kann, taugt nur schlecht als zusammenfassende Disziplin des Fachgebiets.

6. Der abendländische Theologiebegriff führt fast notwendig zu einer Reduktion des Alten Testaments auf seine Begriffs- und Geistesgeschichte. Damit treten nicht nur die kultischen und institutionellen Zusammenhänge der Religion Israels in den Hintergrund, sondern es wird auch die grundsätzliche Einsicht der historisch-kritischen Methodik aufgegeben, daß viele religiöse Aussagen nur auf dem konkreten geschichtlichen Hintergrund, auf dem sie gemacht wurden, voll verständlich sind. Es ist darum kein Wunder, daß in vielen Theologien vom prallen religiösen Leben und den spannenden theologischen Auseinandersetzungen wenig herüberkommt und sie oft seltsam starr und leblos und zuweilen auch langweilig wirken[42].

7. Der theologische Anspruch, der hinter dem Unternehmen Theologie des Alten Testaments steht, übt einen fast unheimlichen Zwang aus, die Besonderheit der israelitischen Religion gegenüber ihrer altorientalischen Umwelt zu betonen und deren religiöse Zeugnisse abzuwerten. Ich erinnere nur an den Titel des berühmten Werks von G.E. Wright, The Old Testament Against Its Environment[43]. Es scheint so, als solle die Offenbarungsqualität des Alten Testaments historisch nachgewiesen werden, was schon aus

---

42 Es ist vielleicht unstatthaft, an dieser Stelle Namen zu nennen, doch mag der Leser entscheiden, ob etwa *Childs*, Biblical Theology oder meine Religionsgeschichte mehr von den spannenden theologischen Auseinandersetzungen und Entscheidungen im Alten Israel einfängt.
43 (SBT 2), London 1950; es handelt sich um eines der Grundwerke des Biblical Theology Movement.

methodischen Gründen unmöglich ist. Durch dieses dogmatische Vorurteil wird aber ein fairer religionsgeschichtlicher Vergleich fast unmöglich gemacht. Die Disziplin steht dauernd in Gefahr, zu einer modernen Form der Apologetik zu werden. Das macht sie aber ungeeignet für den interdisziplinären und interreligiösen Diskurs.

8.   Je mehr es die Theologie des Alten Testaments zu ihrem Anliegen macht, das Alte Testament in bezug auf das Neue auszulegen, um so mehr gerät sie in Gefahr, es christlich zu vereinnahmen[44]. Das Bemühen, die neutestamentliche Selektion und Neuinterpretation alttestamentlicher Überlieferungen historisch als sachgerecht zu erweisen, führt leicht zu einer Verzeichnung der israelitischen Religion, weil es bewußt oder unbewußt die Auswahl und die Bewertung des Stoffes bestimmt. Die Theologie des Alten Testaments trägt somit den Keim des Antijudaismus in sich. Wir müssen uns von unserem jüdischen Kollegen J.D. Levenson vorhalten lassen: »One reason for the distance Jewish biblicists tend to keep from biblical theology is the intense anti-Semitism which is evident in many of the classic works in that field. Old Testament theology is, in fact, often really the modern continuation of the ancient *adversus Judaeos* tradition in which the New Testament writers and the church fathers excelled«[45]. Und die Beispiele, die er aus den Theologien Walther Eichrodts und Gerhard von Rads anführt, sind zum Teil erschreckend. Die Einsicht von B.S. Childs ist wohl unausweichlich: Die Theologie des Alten Testaments ist »essentially a Christian discipline«[46] und darum konfessionell begrenzt[47]. Das macht sie ungeeignet für den christlich-jüdischen Dialog[48].

---

44   Scharf bestritt schon *R. Gyllenberg*, Die Unmöglichkeit einer Theologie des Alten Testaments. In piam memoriam Alexander Bulmerinq (AHGHI VI/3), Riga 1938, 64–68 die Möglichkeit, daß es überhaupt eine vom Neuen Testament isolierte Theologie des Alten Testaments geben könne, mit der Begründung: »Das isolierte Alte Testament ohne das Neue Testament ist kein Wort Gottes für uns oder zu uns« (65). Aber auch noch *von Rad*, Offene Fragen, 312 hielt für ein Unternehmen, das das Alte Testament für sich analysiert, die Bezeichnung »Alttestamentliche Religionsgeschichte« für angemessener. Vgl. dazu meine Position in meinem Beitrag unten S. 182.
45   Jews, 287.
46   Old Testament Theology, 7; vgl. *ders.*, Biblical Theology, 9: »Such an approach to the Bible is obviously confessional«.
47   Das hatte *O. Eißfeldt*, Israclitsch-jüdische Religionsgeschichte und alttestamentliche Theologie (1926), in: *ders.*, Kleine Schriften I, Tübingen 1962, 104–114, 113 schon richtig erkannt. Hier liegt der Hauptgrund, warum jüdische Exegeten sich kaum an dem Unternehmen beteiligt haben; vgl. *Levenson*, Jews,

Damit stellt sich die ernste Frage: Hat es angesichts dieses Berges
von theoretischen, methodischen und konzeptionellen Schwierigkeiten noch Sinn, diese Disziplin, nur weil es sie einmal gibt, in alle
Zukunft weiterzuverfolgen?

II. Die Vorteile der Disziplin »Religionsgeschichte Israels«

Als Alternative, die viele Schwierigkeiten der Theologie des Alten
Testaments umgeht, bietet sich aus der Forschungsgeschichte die
Religionsgeschichte Israels an.
1. Natürlich ist auch die Rekonstruktion der Religionsgeschichte
Israels ein subjektives Unternehmen, in das eine Vielzahl von Interessen und religiösen Überzeugungen ihres Verfassers eingehen.
Wer wüßte dies besser als ich, der ich gerade so ein Buch geschrieben habe[49]. Aber – und das ist der Unterschied – diese Subjektivi-
tät bleibt kontrollierbar an einer Vielzahl externer Daten. Die Auswahl des Stoffes, seine Akzentuierungen und Bewertungen müssen
sich bewähren am Kriterium, eine kontinuierliche Geschichte rekonstruieren zu können, die möglichst alle alttestamentlichen Texte,
archäologischen und historischen Daten zu einem plausiblen Ge-
samtbild zusammenfügt. Wieweit dies gelungen ist, darüber kann
gestritten werden. Darum ist eine fortlaufende Verbesserung der
religionsgeschichtlichen Rekonstruktion zu erwarten.
2. Die Religionsgeschichte Israels hat eine klar umrissene Methode, die historische. Sie ist immer dann am ertragreichsten, wenn
sie historisch-genetische und historisch-vergleichende Verfahren
kombiniert. Eine Verteilung von »Längsschnitt« und »Querschnitt«

285ff. Die einzige Ausnahme ist bisher *M.H. Goshen-Gottstein*, Tanakh Theology. The Religion of the Old Testament and the Place of Jewish Biblical Theology, in: Ancient Israelite Religion (FS F.M. Cross), hg. von *P.D. Miller / P.D.
Hanson / S.D. McBride*, Philadelphia 1987, 617–644.
48   So auch von jüdischer Seite *Levenson*, Jews, 286.304. Ob die Hoffnung von
Rendtorff, Theologie, 12ff, daß gerade die Theologie des Alten Testamentes zu
einem Feld gemeinsamer christlicher und jüdischer Bibelauslegung werden könne, aufgehen wird, halte ich für sehr fraglich. Wohl hat Rendtorff wahrscheinlich
recht mit der Klarstellung, daß Levensons Einspruch gegen die christliche bzw.
protestantische Disziplin »Theologie des Alten Testaments« nicht bedeutet, jüdische Bibelausleger hätten kein theologisches Interesse an der Bibel; vgl. *R.
Rendtorff*, Wege zu einem gemeinsamen jüdisch-christlichen Umgang mit dem
Alten Testament, EvTh 51 (1991), 431–444, 431ff; doch ob es gelingen wird,
die Disziplin von ihren tiefliegenden christlichen Vorurteilen zu befreien, möchte ich gerade angesichts der jüngsten Neuerscheinungen *Gunneweg*, Theologie
und *Kaiser*, Gott bezweifeln.
49   Siehe dazu ausführlicher meinen Beitrag unten S. 177–187.

auf Religionsgeschichte und Theologie, wie sie Eichrodt[50] oder
Dentan[51] vorschwebte, ist rein künstlich und hat religionswissen-
schaftlich keinen Bestand[52].
3. Die geschichtliche Methode gibt der Religionsgeschichte Israels einen klar definierten Interpretationskontext: die geschichtliche Welt der Verfasser der alttestamentlichen Texte.
4. Die Religionsgeschichte Israels hat einen klaren Aufbau: einen
nach geschichtlichen Epochen. Dieser entspricht der geschichtlichen Struktur weiter Teile des Alten Testaments weit besser als der
systematische, und er kann die starken Wandlungen, die die Religion Israels in ihrer alttestamentlichen Periode durchgemacht hat,
angemessen darstellen.
5. Der religionsgeschichtliche Zugang eröffnet die Möglichkeit,
die ganze Vielfalt der religiösen Aussagen der alttestamentlichen
Schriften in ihrer synchronen Konkurrenz und diachronen Differenz voll zur Darstellung zu bringen. Die Religionsgeschichte Israels kann damit die Ergebnisse der historisch-kritischen Exegese
in ihrer ganzen Breite aufnehmen und bietet sich schon von daher
als die die sonstige alttestamentliche Wissenschaft kongenial zusammenfassende Disziplin an. Ihre Grenze liegt allein in der Quellenlage. Diese ist, wie allgemein bekannt, für bestimmte Perioden
einigermaßen spärlich. Dies darf jedoch kein Grund sein, sich in
eine überzeitliche systematische Sicht zu flüchten[53].
6. Allein die Religionsgeschichte Israels ermöglicht einen fairen
Vergleich der Religion Israels mit den Religionen der vorderorien-
talischen Umwelt ohne apologetische Nebentöne. Der sich aus den
archäologischen Funden seit dem Ende des vorigen Jahrhunderte
stetig verfestigenden Einsicht, wie stark Israel kulturell und religiös
vor allem in der vorexilischen Zeit in seine Umwelt eingebunden
war, kann hier voll Rechnung getragen werden, indem die synkre-
tistischen Prozesse von Übernahme, Adaption oder Abstoßung religiösen Gutes detailliert beschrieben werden. Damit ermöglicht

50　Bedeutung, 89.
51　Preface, 46f.
52　*K. Rudolph*, Geschichte und Probleme der Religionswissenschaft (SHR 53),
Leiden / New York 1992, 14f, der mit Recht darauf besteht, daß die »Vergleichen-
de Religionswissenschaft« ein Aspekt der Religionsgeschichte bleibt und sich
nicht zur Religionsphänomenologie à la G. van der Leeuw verselbständigt, die
sich als Religionsphilosophie geriert.
53　Der heute um sich greifende historische Skeptizismus, der die Möglichkeit
einer historischen Rekonstruktion auf der Basis des Alten Testaments mehr oder
minder grundsätzlich bestreitet, macht natürlich diese »theologische« Flucht-
möglichkeit besonders verführerisch. Hätte dieser recht, wäre nicht nur eine Religionsgeschichte Israels unmöglich, sondern auch die historisch-kritische Textauslegung *ad absurdum* geführt.

die Religionsgeschichte Israels den wissenschaftlichen Diskurs mit
den Nachbardisziplinen und erleichtert der Theologie den immer
wichtiger werdenden interreligiösen Dialog[54].

III. Theologische, hermeneutische und konzeptionelle Überlegungen zur Begründung einer neuen Religionsgeschichte Israels

Bei solchen klaren theoretischen, methodischen und konzeptionellen Vorteilen wundert man sich, warum die Religionsgeschichte Israels der Theologie des Alten Testaments nicht schon längst den
Rang abgelaufen hat. Offenbar sind gegen sie immer noch starke
theologische Vorbehalte vorhanden, die sich aus den Kämpfen aus
dem Anfang unseres Jahrhunderts speisen[55]. Wir können in der
Tat nicht einfach an dem Punkt weitermachen, an dem die Phase
der älteren Religionsgeschichten abbrach. Wir müssen neue Konzepte entwickeln, um die Religionsgeschichte besser in die Theologie zu integrieren, als es damals möglich war. Ich möchte versuchen, einige Vorbehalte auszuräumen und einige Vorschläge zur
Neukonzeption zu machen[56].

1. Der erste übliche Vorbehalt richtet sich gegen den Begriff Religion, der im 18. Jahrhundert als Kampfbegriff gegen die konfessionelle Theologie und Kirche geprägt worden war[57] und mit dem
im 19. und 20. Jahrhundert allerlei zweifelhaftes Gut in den christlichen Glauben eingeschleust wurde. Von daher versteht sich Karl
Barths schroffe theologische Ächtung:»Religion ist Unglaube; Religion ist eine Angelegenheit, man muß sagen: *die* Angelegenheit
des gottlosen Menschen.«[58]

---

54 *Räisänen*, Beyond New Testament Theology, 93ff hat sehr klar herausgearbeitet, daß der Adressat der Bibelforschung heute, zumal als akademisch betriebene, nicht mehr allein die Kirche, sondern die Gesamtgesellschaft ist. Ja, es gilt
sogar:»The truly appropriate horizon today for biblical study ... is humankind as
a whole« (96). Von daher hält er eine enge Zusammenarbeit mit der vergleichen-
den Religionswissenschaft für unabdingbar (97).
55 Zu den Auseinandersetzungen um die Religionsgeschichtliche Schule vgl.
W. Klatt, Hermann Gunkel. Zu seiner Theologie der Religionsgeschichte und zur
Entstehung der formgeschichtlichen Methode (FRLANT 100), Göttingen 1969,
21ff; zum Babel-Bibel-Streit *K. Johanning*, Der Bibel-Babel-Streit. Eine Forschungsgeschichtliche Studie (EHS.T 343), Frankfurt a.M. / Bern / New York /
Paris 1988.
56 Vgl. *Albertz*, Religionsgeschichte, 30ff.
57 Vgl. dazu *H. Halbfas*, Religion, Stuttgart 1976, 177ff.
58 KD I,2: Die Lehre vom Wort Gottes, Zollikon/Zürich ⁵1960, 327; die Unsachgemäßheit der scharfen Unterscheidung von Offenbarung und Religion hat

Auch wenn Barth mit dieser Kampfansage weniger die nichtchristlichen Religionen als ein falsches Christentum treffen wollte, so wirkt seine theologische Religionskritik zumindest in Deutschland noch so stark nach, daß man überlegen könnte, einen neuen Begriff für die Disziplin zu suchen. Man könnte etwa an »Theologiegeschichte des Alten Testaments« oder an »Glaubensgeschichte Israels« denken. Doch der abendländische Theologiebegriff ist, sofern man ihn nicht völlig verwässert, viel zu eng, um die weitgefächerten religiösen Lebensäußerungen des Alten Testaments zu erfassen. Besonders R. Smend hat darauf hingewiesen, daß die Ausbildung von so etwas wie Theologie in Israel erst relativ spät, eigentlich erst mit dem Deuteronomium einsetzt[59]. Auch der frühchristliche Glaubensbegriff, den wir heute völlig verwaschen verwenden, ist ungeeignet, da er im Alten Testament noch ganz speziell das Sich-Einlassen auf Gottes Verheißung bezeichnet[60]. Demgegenüber ist der Religionsbegriff weiter und darum sachgemäßer; er umfaßt von seinen römischen Ursprüngen her – ich erinnere nur an Cicero: *religio id est cultus deorum* – auch den Handlungsaspekt der Gottesbeziehung, der für die israelitische Religion von zentraler Bedeutung ist[61].

Ich würde vorschlagen, jenseits aller Spekulationen von Deismus und Aufklärung über eine »Natur- oder Urreligion«[62], die den Begriff belastet haben, in Anlehnung an die moderne Religionswissenschaft[63] und Religionssoziologie[64] auf einen rein formalen und funktionalen Religionsbegriff zurückzugehen: a) Religion ist ein Wechselgeschehen zwischen Gott und Mensch. Dieses ist für die

schon *Barr*, Vielschichtigkeit, 25 erwiesen. Es ist ja nicht ohne Ironie, daß die zentrale Offenbarung des Alten Testaments, die Sinaitheophanie, von der christlichen Theologie gerade in ihrer Gültigkeit hinterfragt und damit als religionsgeschichtliches Phänomen gewertet wird.
59   Vgl. Theologie, 19ff.
60   Vgl. Jes 7,9; Gen 15,6; Ex 4,30f; 14,31 u.ö.
61   In ihr geht es ja nicht nur – wie christliche Exegeten gerne meinen – um »Orthodoxie«, sondern – wie immer deutlicher wird – zentral um die »Orthopraxie«.
62   Vgl. dazu *Halbfas*, Religion, 177ff; sachlich war hier das Phänomen gemeint, das ich »persönliche Frömmigkeit« genannt habe. Hierbei handelt es sich in der Tat um eine religiöse Schicht, die noch vortheologisch und allgemeiner verbreitet ist als die geschichtlich gewachsenen »offiziellen Religionen«. Der Fehler lag nur darin zu meinen, hierbei eine »Urform« von Religion entdecken zu können, die für sich selber bestanden habe.
63   Vgl. *Rudolph*, Geschichte, 40ff.
64   Vgl. die Übersichten bei *M.Hill*, Sociological Approaches (1), in: *F. Whaling* (ed.), Contemporary Approaches to the Study of Religion II (RelRea 28), hg. von *J. Wardenburg*, Berlin / New York 1985, 89–148 und *G. Kehrer / B. Hardin*, Sociological Approaches (2), in: ebd., 149–177.

wissenschaftliche Betrachtung allerdings nicht direkt greifbar, sondern nur indirekt in den sprachlichen Äußerungen von Menschen und ihren darauf bezogenen Handlungen. b) Religion steht in einem funktionalen Wechselverhältnis zur Gesellschaft; gesellschaftiche Verhältnisse, in denen die Menschen leben, wirken auf ihre Religion ein, und diese wirkt wieder auf ihre gesellschaftlichen Verhältnisse zurück. Mit einem solchen Religionsbegriff läßt sich das lebendige Wechselspiel der Religion Israels in ihrer »vertikalen« und »horizontalen« Dimension in bezug auf seine Geschichte und Sozialgeschichte voll erfassen, wie ich in meiner Religionsgeschichte nachgewiesen zu haben meine. Darüber hinaus sichert ein solcher Religionsbegriff, der zumindest auf alle theistischen Religionen anwendbar ist, der Disziplin die Dialogfähigkeit über die Grenzen der christlichen Theologie und Kirche hinaus[65].

2.   Eine zweite Gruppe von Vorbehalten betrifft die Hermeneutik der Religionsgeschichte: Sie bestreite den Absolutheitsanspruch des Christentums, gebe den Wahrheitsanspruch der biblischen Tradition dem Relativismus preis und kümmere sich – aus ihrer unbeteiligten Beobachterposition heraus – nicht um deren verpflichtenden Charakter.
Hier sind in der Tat einige hermeneutische Klärungen nötig: Daß die Hebräische Bibel Heilige Schrift zweier Weltreligionen ist, des Judentums und des Christentums, gehört zu den Voraussetzungen, unter denen sich der Verfasser einer Religionsgeschichte Israels an die Arbeit macht. Er kann diese Tatsache weder in Frage stellen noch in ihrer Berechtigung beweisen. Die Bedeutung, die er ihr beimißt, zeigt sich indirekt nur in der Mühe, die er sich macht. Er geht aber nüchtern davon aus, daß die im Alten Testament dokumentierte Religion eine unter vielen ist.
Soweit wir die Menschheitsgeschichte überblicken können, gab es Religion immer nur in der Vielzahl von Religionen, und das wird nach christlicher Ansicht bis zur Wiederkunft Christi auch so bleiben, bis Christus Gott alles unterwirft, »damit Gott alles in allem sei« (1Kor 15,27f). Daß das Christentum *vera religio* ist, ist auch nach Karl Barth ein Glaubenssatz[66] und kann darum nicht zum Ausgangs- oder Zielpunkt der wissenschaftlichen Religionsfor-

---

65   Daß der Religionsbegriff im Alten Testament nicht vorkommt, ist kein Argument, weil dasselbe für den Theologiebegriff gilt. Immerhin wurde ersterer bereits Jahrhunderte früher in der Kirche heimisch (seit den Apologeten; vgl. *Halbfas*, Religion, 187ff) als letzterer, der erst seit dem 12. Jahrhundert nachweisbar ist (vgl. *Ebeling*, Biblische Theologie, 71f).
66   Vgl. KD I/2, 357.

schung gemacht werden[67]. Die Berechtigung der Religionsgeschichte Israels als Disziplin der theologischen Wissenschaft gründet sich auf den eschatologischen Vorbehalt. Wenn sie auf jeden Absolutheitsanspruch bewußt verzichtet, dann nimmt sie diesen Vorbehalt ernst.

Methodische Folgerung aus diesem Sachverhalt ist eine klare Unterscheidung zwischen der Innen- und der Außenperspektive einer Religion. Grundsätzlich beschreibt der Religionshistoriker die Religionsgeschichte Israels aus der Außenperspektive heraus[68]. Aber das Ideal, das etwa noch O. Eißfeldt von ihm hegte, er habe »unbeschadet seines persönlichen Glaubens und des Bekenntnisses seiner Kirche in abgeklärter Objektivität den Werdegang einer Religion zu verfolgen und zu beurteilen«[69], ist insofern fragwürdig, weil es so tut, als könne man einen Beobachterstandort außerhalb oder oberhalb der Geschichte einnehmen. Doch hat die neuere Diskussion um die Hermeneutik der Geschichtswissenschaft geklärt, daß es einen solchen abgehobenen Beobachterstandort nicht gibt; der Standort des Religionshistorikers ist selbst geschichtlich. Er kann seine »christliche oder jüdische Haut« nicht ausziehen, er ist vergleichbaren Problemen, Ängsten und Hoffnungen unterworfen; er steht damit an der Seite der israelitischen Menschen, deren Religion er beobachtet und beschreiben will. Die Beziehung zu ihnen ist keine Subjekt-Objekt-, sondern eine Subjekt-Subjekt-Beziehung[70]. Er tritt, indem er ihre Religion erforscht, in einen Dialog mit ihnen ein.

Nun hat H.G. Kippenberg auf die Erfahrungen aus der Ethnologie hingewiesen, daß bei einem forschenden Dialog »die beiden Perspektiven als Beteiligter und Beobachter ... im Prozeß des Begreifens ausgewechselt werden, wie dies für jedes Gespräch gilt«[71]. Diese ethnologische Methodik gilt grundsätzlich auch für die Erforschung historischer Religionen, auch wenn wir die Gesprächsparter nicht mehr lebend vor uns haben: Bei grundsätzlicher Au-

---

67   Es war der Hauptfehler der Religionsgeschichtlichen Schule, daß sie diese dogmatische Vorgabe aus der allgemeinen Religionsgeschichte erweisen wollte und sich so in Widersprüche mit ihrer historisch-religionsvergleichenden Methodik verwickelte; vgl. etwa die widersprüchlichen Äußerungen von H. Gunkel zum Thema bei *Klatt*, Gunkel, 75ff.

68   Vgl. *Rudolph*, Geschichte, 77.

69   Werden, 258.

70   So richtig *Gunneweg*, Theologie, 34.

71   Diskursive Religionswissenschaft. Gedanken über eine Religionswissenschaft, die weder auf einer allgemein gültigen Definition von Religion noch auf einer Überlegenheit von Wissenschaft basiert, in: *B. Gladigow / H.G. Kippenberg*, Neue Ansätze in der Religionswissenschaft (FRW 4), München 1983, 9–28, 23f.

ßenperspektive kann der Religionshistoriker nicht in der unbeteiligten Beobachterrolle verharren, sondern muß dauernd auch immer wieder in die Rolle des Beteiligten schlüpfen, der sich die religiösen Ansichten der israelitischen Menschen mit Interesse und
Sympathie ein Stück weit zu eigen macht, um ihr Anliegen zu
verstehen, und muß dann wieder die kritische Distanz herstellen,
aus der er sie beschreiben kann. Außen- und Innenperspektive
müssen im Forschungsprozeß somit dauernd ausgewechselt werden[72].

Aus der Rolle des Beteiligten, der die Anliegen der israelitischen
Menschen ernst nimmt, folgt, daß auch der Religionshistoriker
nicht ohne Beurteilungsmaßstäbe auskommt[73]. Aber er wird sie
nicht von gegenwärtigen kirchlichen Dogmen oder Problemstellungen, sondern aus dem religiösen Diskurs, den er darzustellen
hat, selber zu gewinnen suchen. Bei allem Verständnis, das er jeder
Position in der damaligen Auseinandersetzung entgegenbringt,
wird er doch nicht jede teilen und entschuldigen wollen. Offen-
sichtliche Fehlentscheidungen und Fehlentwicklungen müssen von
einem Überblick über den Gesamtverlauf als solche benannt werden. Nur so kann die Ernsthaftigkeit und Leidenschaft des religiösen Ringens der israelitischen Menschen heute wieder lebendig
werden.

Geschieht aber die religionsgeschichtliche Darstellung nicht mehr
aus einer unverbindlichen »Einfühlung«, sondern aus einer solchen leidenschaftlichen Beteiligung an den Problemen und theologischen Auseinandersetzungen der altisraelitischen Menschen
heraus, dann wird in ihr das Ringen um Wahrheit und verpflich-
tende Entscheidungen sehr wohl deutlich. Zwar kann die Religionsgeschichte Israels nicht von »dem absoluten Wert« oder »der
Wahrheit« handeln, wohl aber geht es in ihr um die in der jeweiligen geschichtlichen Situation richtigen Bewertungen und Entscheidungen und um die geschichtliche Wahrheit, die im Streit
darüber aufblitzt. Zwar hat die Religionsgeschichte Israels als hi-

---

72 Dies erkennt auch *Rudolph*, Geschichte, 77 in bestimmten Grenzen an. In
diesem geforderten Rollenwechsel sehe ich den Grund, warum christliche und jüdische Exegeten, die mit der »Innenperspektive« der Hebräischen Bibel vertraut
sind, im Regelfall geeignetere Verfasser einer Religionsgeschichte Israels abgeben als solche, die ihr völlig fernstehen. Aber natürlich ist die Zugehörigkeit zu
diesen Religionen keine notwendige Voraussetzung, diese Aufgabe zu leisten.
73 Gegen *C.J. Bleeker*, Comparing the Religio-Historical and the Theological
Method, Numen 18 (1971), 9–29, der im Unterschied zum engagierten Theologen
vom Religionsgeschichtler fordert: »The historian of religions acknowledges
the existence of religious values and tries to understand their significance. But
his method should be completely free from any value judgement« (28).

storische Wissenschaft keine normative Aufgabe, aber sie bereitet doch die damaligen religiösen Kämpfe in einer Ernsthaftigkeit auf, daß sie von der Systematischen Theologie auf ihre normative Funktion hin befragt werden können.

3. Eine dritte berechtigte Kritik muß sich gegen die in der Religionsgeschichte früher verwendeten Konzepte richten, vor allem gegen den seit der Aufklärung grassierenden Entwicklungsgedanken. Er führte – z.T. in Anlehnung an die Hegelsche Geschichtsphilosophie – in den Religionsgeschichten der Wellhausen-Schule zu einer dreiteiligen Periodisierung, bei R. Smend senior etwa: in eine Religion Altisraels, eine der Propheten und eine der Juden. Der Höhepunkt wurde in der prophetischen Religion gesehen, die die ursprüngliche israelitische Nationalreligion universalisierte, individualisierte, entweltlichte und zu hoher Sittlichkeit führte[74]. Von diesem Höhepunkt wurden direkte Linien zu einem entsprechend idealistisch interpretierten Christentum gezogen. Die Periode des Judentums wurde dagegen – christlichen Vorurteilen folgend – als Niedergang in die Gesetzesreligion abgewertet, was sich bis in jüngere Religionsgeschichten darin auswirkt, daß der nachexilischen Epoche wenig Beachtung geschenkt wird[75]. Es zeigt sich also, daß auch die Religionsgeschichte Israels nicht gegen christliche Wertungen und antijudaistische Vorurteile gefeit ist[76]. Aber diese sind bei ihr nicht systemimmanent, sondern unmethodische Relikte, die ausgeräumt werden können. Es ist darum zu fordern, daß die Religionsgeschichte Israels konsequent historisch bleibt und doch nicht wieder heimlich Wertungen von außen oder hinten her einträgt. Sie hat die Geschichte der israelitischen Religion als einen nach vorne offenen Prozeß darzustellen, der sowohl auf das frühe Judentum als auch auf das frühe Christentum zuläuft. Und sie hat der nachexilischen Epoche die gleiche Aufmerksamkeit zuzuwenden wie den Epochen davor[77]. Eine so von

74 Vgl. z.B. *R. Smend* (sen.), Lehrbuch der alttestamentlichen Religionsgeschichte, Freiburg/Leipzig/Tübingen [2]1899, 174.
75 Die Abschnitte über die exilisch-nachexilische Zeit machen in den Religionsgeschichten von *H. Ringgren*, Israelitische Religion (RM 26), Stuttgart (1963) [2]1982 und *G. Fohrer*, Geschichte 16% bzw. 22% aus, bei *W.H. Schmidt*, Alttestamentlicher Glaube in seiner Geschichte, Neukirchen-Vluyn [7]1990 13%.
76 Vgl. dazu *Levenson*, Jews, 288ff; die größte jüdische Religionsgeschichte von *Y. Kaufmann*, תולדות האמונה הישראלית, 8 Bde., Tel Aviv 1937–1956 (vgl. die gekürzte englische Übersetzung von *M. Greenberg*, The Religion of Israel, Chicago 1960) ist als Gegenreaktion auf die antijüdische Tendenz der Religionsgeschichten der Wellhausen-Schule entstanden.
77 So mit Recht schon *F. Stolz*, Probleme westsemitischer und israelitischer Religionsgeschichte, ThR 56 (1991), 1–26, 6ff.

latenten oder offenen antisemitischen Konzepten gereinigte Religionsgeschichte Israels kann, so hoffe ich, zu einem wichtigen Bereich gemeinsamer Forschung von jüdischen und christlichen Exegeten werden[78].

4. Eine vierte berechtigte Kritik muß sich gegen die ideenge-
schichtliche Schlagseite richten, die eine Reihe früherer Religionsgeschichten aufweisen[79]. Schon Julius Wellhausen und seine Schüler hatten erkannt, daß eine Religionsgeschichte Israels sich nicht
allein auf den geistesgeschichtlichen Bereich beschränken kann,
sondern die Wechselbeziehung zwischen der geschichtlich-politischen Entwicklung auf der einen und der religiös-kultischen Entwicklung auf der anderen Seite aufspüren und darstellen muß[80].
Ich selber habe dafür plädiert, diesen Ansatz noch um die Einführung der Sozialgeschichte zu ergänzen[81]. Dadurch wird es möglich,
verschiedene gesellschaftliche Ebenen des religionsgeschichtlichen
Prozesses, der persönlichen Frömmigkeit, bezogen auf die Familie,
der Ortsreligion, bezogen auf die Ortsgemeinschaften, und der offiziellen Religion, bezogen auf das Volk bzw. den Staat, zu differenzieren[82]. Erst damit ist der funktionale Religionsbegriff einigermaßen ausgeschöpft.
Entscheidend ist aber nun, die Konsequenz aus der hermeneutischen Einsicht zu ziehen, daß der Beobachterstandort nicht in irgendeiner angemaßten »Vogelperspektive«, sondern an der Seite
der betroffenen israelitischen Menschen zu liegen hat. Dann wird
nämlich deutlich, daß es sich bei den verschiedenen gesellschaft-
lich-religiösen Entwicklungen nicht um anonyme Prozesse han-

78 Die Reserve, die die meisten jüdischen Exegeten gegenüber der Theologie
des Alten Testaments hegen, gilt nicht gegenüber der Religionsgeschichte; vgl.
Levenson, Jews, 285.290f und das voluminöse Werk von *Kaufmann*, History.
79 Sehr ausgeprägt bei *W. Vatke*, Die biblische Theologie wissenschaftlich
dargestellt, Bd. 1: Die Religion des Alten Testaments, Berlin 1835; aber z.B. immer noch spürbar bei *Fohrer*, Geschichte.
80 Vgl. den immer noch lesenswerten Essay von *J. Wellhausen*, Israelitisch-jüdische Religion (1905), in: *R. Smend* (Hg.), Grundrisse zum Alten Testament (TB
27), München 1965, 65–109 und etwa *Smend* (sen.), Religionsgeschichte, 7.
81 *Albertz*, Religionsgeschichte, 31.39f.
82 Zu diesem »religionsinternen Pluralismus« (*G. Lanczkowski*, Begegnung
und Wandel der Religionen, Düsseldorf 1971, 50–55) vgl. *R. Albertz*, Persönliche Frömmigkeit und offizielle Religion. Religionsinterner Pluralismus in Israel
und Babylon (CThM A 9), Stuttgart 1978; *ders.*, Religionsgeschichte, 40ff. Der
Begriff wird auch von *F. Deist*, Speaking about »Yahweh and the Gods«. Some
methodolical observations, in: »Wer ist wie du, HERR, unter den Göttern?« Studien zur Theologie und Religionsgeschichte Israels (FS O. Kaiser), hg. von *I.
Kottsieper / J. van Oorschot / D. Römheld / H.M. Wahl*, Göttingen 1994, 3–19,
13ff aufgenommen, ohne daß er meine Arbeiten zu kennen scheint.

delt, sondern um die Lebensbewältigung konkreter Menschen und Gruppen, die Träger bestimmter religiöser Überzeugungen und theologischer Konzepte sind. Die Vielfalt der von den alttestamentlichen Schriften bezeugten Glaubensvorstellungen, die häufig in ein und demselben Text oder zu ein und derselben Zeit konkurrierend nebeneinanderstehen, erweist sich aus dieser Perspektive als ein lebendiger Prozeß ständiger Auseinandersetzung unterschiedlicher Gruppen der israelitischen Gesellschaft. Ich möchte darum vorschlagen, in Anlehnung an H.G. Kippenberg[83] ein Diskursmodell in die Religionsgeschichte Israels einzuführen, weil es mir am ehesten geeignet erscheint, den der alttestamentlichen Tradition inhärenten dialogischen Charakter historisch aufzuschließen.

Aufgabe der Religionsgeschichte Israels ist es dann, mit Hilfe historischer Rekonstruktion den in den alttestamentlichen Texten »gefrorenen« Dialog in ein lebendiges Streitgespräch verschiedener israelitischer Menschen und Gruppen zurückzuübersetzen. Inhalt der Religionsgeschichte Israels ist es dann, den fortlaufenden Diskurs unterschiedlicher israelitischer Gruppierungen darüber zu beschreiben, wie bestimmte geschichtliche Entwicklungen von Gott her zu deuten seien und was nach seinem Willen angesichts dieser geschichtlichen Herausforderungen zu tun sei. Weil aber damit der ganze Prozeß der theologischen Auseinandersetzung, das spannende Ringen um theologische Klärung, um Konsensbildung und um das Eingeständnis früherer Irrtümer selber zur Darstellung kommt, ist eine so angelegte Religionsgeschichte, so behaupte ich, »theologischer« als eine Theologie des Alten Testaments, die nur an den gefundenen Ergebnissen interessiert ist. Sie kann, bei klarer historischer Methodik, besser als diese das lebendige religiöse und theologische Erbe der alttestamentlichen Tradition bewahren und an die übrigen Fächer der Theologie und in die Kirche hinein weitergeben. Da sie in der Lage ist, Historie und Theologie zu versöhnen, ist sie genau die zusammenfassende Disziplin, die wir für das historisch-kritisch arbeitende Fach Altes Testament innerhalb der Theologischen Fakultät brauchen.

Noch eine Schlußbemerkung: Ich könnte mir denken, daß manche Leserin oder mancher Leser, die oder der bis hierhin meinem Plädoyer gefolgt ist, meint: Nun, vielleicht ist auch die Religionsgeschichte Israels ein ganz sinnvolles Unternehmen, aber warum können wir nicht beides nebeneinander betreiben: Theologie des Alten Testaments und Religionsgeschichte Israels? Schon C. Steuernagel hatte ja, als er 1925 für eine Befreiung der Biblischen Theo-

---

logie aus den Fesseln der alttestamentlichen Religionsgeschichte
plädierte, nicht etwa die Abschaffung letzterer gefordert[84].
Darauf möchte ich zweierlei entgegnen:
a) Bedenken Sie die Begrenztheit unserer Arbeitskraft, die es
kaum auf Dauer gestatten wird, uns den Luxus zweier solcher ar-
beitsintensiven Disziplinen nebeneinander zu leisten!
b) Denken Sie an die vor Augen liegenden Auswirkungen solcher Zweigleisigkeit, die nachweislich zur Verkümmerung der religionsgeschichtlichen Forschung in Deutschland geführt hat! Allein
die Tatsache, daß die Disziplin Theologie des Alten Testaments das
theologische Terrain des Fachgebietes besetzt hielt und z.T. noch
besetzt hält, hat verhindert, daß die daneben betriebene religionsgeschichtliche Forschung ihre eminent theologische Aufgabe begriffen und ergriffen hat. Sie hat sich abdrängen lassen auf Rand-
bereiche wie etwa die Frage nach der Herkunft Jahwes innerhalb
der kanaanäischen Götterwelt oder teilweise obskure Detailproble-
me wie Moloch- oder Totenkult[85]. Soll, wie es mir vorschwebt, die
Religionsgeschichte wieder in das Zentrum der israelitischen Gottesbeziehung gerückt werden, damit sie nicht nur theologiekri-
tisch[86], sondern auch theologiefördernd wirken kann, dann steht
ihr über kurz oder lang die Disziplin Theologie des Alten Testaments im Weg. Darum plädiere ich für eine klare forschungsgeschichtliche Umorientierung.

84 Alttestamentliche Theologie und alttestamentliche Religionsgeschichte,
in: Vom Alten Testament (FS K. Marti), hg. von *K. Budde* (BZAW 41), Gießen
1925, 266–273. Allerdings war ein solches Nebeneinander nur denkbar, weil
Steuernagel die Religionsgeschichte auf »die Gesamtentwicklung der israelitischen Religion« beschränken wollte, während die alttestamentliche Theologie
die Aufgabe habe, »*all* die einzelnen Entwicklungslinien zu verfolgen, die in irgendeiner Beziehung, besonders aber in theologischen Beziehungen Interesse
beanspruchen« (272). Eine solche Aufgabenverteilung ist aber höchst problematisch.
85 Vgl. die thematische Ausrichtung der wichtigen neueren religionsgeschichtlichen Darstellung von *M.S. Smith*, The Early History of God. Yahweh and Other
Deities in Ancient Israel, San Francisco 1990. Die Verdrängung der Religionsgeschichte geht soweit, daß unter diesem Begriff in der Theologie heute vornehmlich die Beziehung zu den Religionen der Umwelt und gar nicht mehr die Geschichte der biblischen Religion selber, bei der die Einflüsse aus dem vorderori-
entalischen Umfeld ja nur einen begrenzten Aspekt darstellen, verstanden wird.
86 Diese Funktion vor allem nehmen die religionsgeschichtlichen Arbeiten zur
Zeit in Amerika wahr; doch ist ihr zuweilen »anti-orthodoxes« Pathos naiv, weil
sich ja erst im Laufe der Religionsgeschichte Israels langsam so etwas wie »Orthodoxie« herausgebildet hat.

John Barton

Alttestamentliche Theologie nach Albertz?[*]

I

1974 veröffentlichte James Barr einen Artikel, in dem er einen
Überblick über den damaligen Stand der alttestamentlichen Theologie als Disziplin innerhalb der Bibelwissenschaft bot[1]. Dabei ge-
langte er zu der Feststellung, daß es nach der Veröffentlichung des
zweiten Bandes der großartigen »Theologie des Alten Testaments«[2]
von Gerhard von Rad »zu einer Pause kam, einer Art Schweigen
im Himmel«, während man in der Forschung darum bemüht war,
sich von Rads Position anzueignen. Erst in den 80er Jahren wagte
man es wieder, neue Entwürfe auf diesem Gebiet vorzulegen.
Zu Beginn dieses Vortrags möchte ich meiner Bewunderung für
Rainer Albertz' »Religionsgeschichte Israels in alttestamentlicher
Zeit« Ausdruck geben, und ich kann meine leichte Überraschung
darüber nicht verhehlen, daß wir nicht alle von dem gleichen
Schweigen befallen sind, das auf von Rad folgte. Natürlich bin ich
mir bewußt, daß es eher anmaßend ist, meinen Vortrag »Alttestamentliche Theologie nach Albertz?« zu nennen, da doch Albertz
die denkbar zwingendsten Gründe dafür genannt hat, warum alttestamentliche Theologie keine Zukunft mehr hat und durch die
Geschichte der israelitischen Religion ersetzt werden sollte. Aber
obwohl dieser Vortrag ganz offensichtlich nicht auf ein Schweigen hinausläuft, versteht er sich doch als nächstbeste Option. Ich
möchte nämlich Albertz' Position als gegeben hinnehmen und nur
solche Fragen stellen, die sich unter Voraussetzung seiner Position

* Aus dem Englischen übersetzt von Wolfgang Hüllstrung, Evangelisch-Theologische Fakultät der Universität Tübingen.
1 *J. Barr*, Trends and Prospects in Biblical Theology, JThS 25 (1974), 265–
282.
2 *G. von Rad*s »Theologie des Alten Testaments, Bd. 2« erschien in deutscher
Sprache 1960 (München) und in englischer Sprache 1965 (Edinburg/London).

ergeben könnten. Zweifellos werden wie bei jedem großen Werk zahlreiche Forscher mehr oder weniger überzeugende Einwände gegen diesen oder jenen Teil erheben können. Da das Werk aber noch neu ist und erst rezipiert und reflektiert werden muß, bevor schlüssige Einwände vorgebracht werden können, halte ich es für sinnvoll, noch nicht danach zu fragen, ob Albertz falsch liegt, wenn er das, was als alttestamentliche Theologie bekannt ist, eliminieren möchte. Statt dessen möchte ich danach fragen, welche Folgen es für diesen besonderen Zweig unserer Disziplin hätte, wenn er im Recht wäre. Sollte seine Kritik an vergangenen und gegenwärtigen Theologien des Alten Testaments zutreffen, gibt es dann noch etwas, das plausiblerweise diesen Namen tragen und auch in Zukunft einen sinnvollen Platz in der Bibelwissenschaft einnehmen kann?

Nach Albertz' Ansicht sind die gegenwärtigen Versuche einer alttestamentlichen Theologie kaum befriedigender als die Reihe der Werke von Eichrodt bis zu von Rad, die das von Barr beobachtete »Schweigen im Himmel« zur Folge hatten. Es gibt zwar neue Ideen für den Entwurf einer alttestamentlichen Theologie, sie überwinden aber nicht wirklich die Schwächen der älteren Modelle. Es gibt z.B. bemerkenswerte Versuche, bei der Darstellung der alttestamentlichen Theologie nicht mehr von den rekonstruierten, dem Alten Testament zugrundeliegenden religiösen Konzeptionen in ihren jeweiligen historischen Kontexten auszugehen, sondern sie auf die jetzige Gestalt des Alten Testaments zu gründen. Von Brevard Childs[3] und Rolf Rendtorff[4] kann man behaupten, daß sie in sehr verschiedener Weise ein derartiges Projekt verfolgen. Für Albertz steht diese Art von Theologie jedoch in der Gefahr, unhistorisch zu sein, und ihre Begrenzung liegt darin, daß sie sich auf religiöse Gedanken – religiöse Konzeptionen – konzentriert statt auf die Religion, wie sie in die Lebenswelt eingebettet ist. Man könnte sagen, daß ihnen nach Albertz die soziologische Dimension zu fehlen scheint, die einen so wichtigen Bestandteil seines eigenen Werks ausmacht. Man könnte auch sagen, daß sie dazu tendieren, Religion, und zwar insbesondere religiöses bzw. theologisches Gedankengut, so zu behandeln, als existiere es in einem Vakuum, als eine besondere Enklave innerhalb des menschlichen Lebens, und nicht als ein Aspekt der Integration des Menschen in seine soziale,

---

3   Als Ergebnis zahlreicher früherer Studien siehe jetzt *B.S. Childs*, Biblical Theology of the Old and New Testaments, London 1992.
4   Siehe z.B. *R. Rendtorff*, Theologie des Alten Testaments. Überlegungen zu einem Neuansatz, in: *ders.*, Kanon und Theologie. Vorarbeiten zu einer Theologie des Alten Testaments, Neukirchen-Vluyn 1991, 1–14.

politische und emotionale Umwelt. Ich erlaube mir kein Urteil
darüber, ob diese Kritik zutreffend ist; ich möchte lediglich bemerken, daß sie ebenso wirkungsvoll die alttestamentliche Theologie nach von Rad entkräftet, wie sie die Tradition entkräftet, die zu
von Rad hinführte.
Zudem ist nach Albertz' Meinung nicht einsehbar, warum wir überhaupt eine Disziplin »Theologie des Alten Testaments« brauchen –
oder jemals eine gebraucht haben. Es wäre zweifellos möglich, eine Geschichte der israelitischen Religion zu schreiben, die reduk-
tionistisch angelegt wäre, als eine bloße Phänomenologie der Reli-
gionspraxis im alten Israel. Neben einer solchen Darstellung bliebe
dann Raum für eine Untersuchung der Entwicklung des religiösen
Denkens, die danach fragt, was sich die Menschen dabei gedacht
haben, wenn sie den Gott Israels verehrten. Der springende Punkt
ist aber, daß Albertz' Entwurf der Religionsgeschichte bereits derartige Fragestellungen einschließt. Er stellt eine »theologisch konzipierte« Geschichte der Religion Israels dar, und nicht nur eine
Beschreibung dessen, was sich auf der örtlichen *bāmāh* abgespielt
hat. So behauptete Albertz in seinem Vortrag auf dem SBL International Meeting in Münster 1993:

»Weil aber damit der ganze Prozeß der theologischen Auseinandersetzung, das
spannende Ringen um theologische Klärung, um Konsensbildung und um das Eingeständnis früherer Irrtümer selber zur Darstellung kommt, ist eine so angelegte
Religionsgeschichte, so behaupte ich, »theologischer« als eine Theologie des
Alten Testaments, die nur an den gefundenen Ergebnissen interessiert ist. Sie
kann, bei klarer historischer Methodik, besser als diese das lebendige religiöse
und theologische Erbe der alttestamentlichen Tradition bewahren und an die übrigen Fächer der Theologie und in die Kirche hinein weitergeben. Da sie in der Lage
ist, Historie und Theologie zu versöhnen, ist sie genau die zusammenfassende
Disziplin, die wir für das historisch-kritisch arbeitende Fach Altes Testament innerhalb der Theologischen Fakultät brauchen.«[5]

Dies ist ein hoher Anspruch: Die Disziplin der Religionsgeschichte
Israels wird nicht nur ihrer eigenen Aufgabe gerechter, als es die
Disziplin der Theologie des Alten Testaments vermag, sie erfüllt
darüber hinaus selbst diejenige Aufgabe besser, die die Theologie
des Alten Testaments zu erfüllen beansprucht. Was innerhalb der
alttestamentlichen Theologie gut und wichtig war, ist in die Geschichte der israelitischen Religion, wie er sie konzipiert, einbezogen, während die Elemente, die nicht einbezogen sind, ohnehin
falsch, unerwünscht oder irreführend sind.

5   *R. Albertz*, Religionsgeschichte Israels statt Theologie des Alten Testaments! Plädoyer für eine forschungsgeschichtliche Umorientierung, in diesem
Band oben S. 3–24, Zitat 23.

Diese Konzeption scheint wenig Raum zu lassen für eine »alttestamentliche Theologie nach Albertz«. Dennoch werden sich Leser seines Buches an einen kurzen Abschnitt erinnern, der ein wenig Hoffnung für jeden bietet, der meint, daß es doch noch eincn Platz für eine Disziplin dieses Namens geben könnte. Diese Möglichkeit möchte ich nun erkunden.

Im Anschluß an seine Darlegung der Gründe, warum die Religionsgeschichte Israels der alttestamentlichen Theologie vorzuziehen ist, fügt Albertz hinzu:

»Doch könnte ich mir durchaus vorstellen, daß neben einer solchen religionsgeschichtlichen Zusammenschau auch eine theologische einen wichtigen Platz behalten könnte, die es sich zur Aufgabe macht, ausgehend von den brennenden Problemen der Gegenwart und den theologisch-kirchlichen Kontroversen um einen christlichen Lösungsbeitrag, thematische Querschnitte durch die Religionsgeschichte Israels und des frühen Christentums zu legen, um darzulegen, was von den dort in analogen Problemstellungen und Kontroversen gefundenen theologischen Einsichten bzw. Verhaltensanweisungen für die Kirche heute wichtig, weiterhelfend und normativ sein kann. Dies wäre allerdings eine andere Art der ›Theologie des Alten Testaments‹, als sie bisher üblich ist.«[6]

Ich frage mich, ob es korrekt ist, diesen Gedanken folgendermaßen auszuführen: Für die Aufgabe, die Disziplin der alttestamentlichen Wissenschaft um ein theologisches Zentrum herum zu gruppieren, ist die Religionsgeschichte Israels ein geeigneteres Instrument als die alttestamentliche Theologie, wie sie traditionell konzipiert wird. Die Religionsgeschichte erfüllt nicht nur all das, was die alttestamentliche Theologie zu erfüllen behauptet, sie erfüllt es sogar besser. Nichtsdestotrotz bleibt ein Freiraum innerhalb der alttestamentlichen Wissenschaft bestehen, den die Geschichte der israelitischen Religion nicht gänzlich ausfüllt, sozusagen eine theologisch bedingte Lücke. Die israelitische Religionsgeschichte hilft nämlich nicht weiter, wenn es darum geht, die theologischen Konzepte und Einsichten des alten Israel, wie sie im Alten Testament überliefert sind, mit den theologischen Fragestellungen der Menschen zu vermitteln, die in den späteren religiösen Traditionen stehen, die sich aus dem Alten Testament herleiten. Dazu bedarf es einer Art Interaktion z.B. zwischen Bibelwissenschaft und Systematischer Theologie, wobei es nicht bloß die Aufgabe der Systematiker ist, dem nachzugehen, sondern ebenso die der Alttestamentler. Alttestamentliche Theologie mag für ein derartiges Unternehmen eine geeignete Bezeichnung sein, auch wenn dies nicht dem herkömmlichen Gebrauch des Begriffs entspricht.

---

6 *R. Albertz*, Religionsgeschichte Israels in alttestamentlicher Zeit, Teil 1: Von den Anfängen bis zum Ende der Königszeit (GAT 8/1), Göttingen 1992, 38.

Ob »alttestamentliche Theologie« die beste Bezeichnung für dieses Projekt ist oder nicht, es scheint jedenfalls klar zu sein, daß diese Aufgabe in Angriff genommen werden muß. Ich glaube mit Albertz, daß es für einen Wissenschaftler, der an den theologischen Aspekten des Alten Testaments interessiert ist, das erste Ziel sein muß, historisch und deskriptiv vorzugehen. Wir sollten nicht versuchen, hinter Gablers Definition der alttestamentlichen Theologie als *e genere historico* zurückzugehen und eine Darstellung des Alten Testaments zu propagieren, die von einer apriorischen theologischen Verpflichtung gegenüber dem bestimmt ist, was unserer Meinung nach im Alten Testament enthalten sein sollte. Aber Deskription ist nicht eine rein faktische, positivistische Ansammlung von Daten. Sie enthält immer schon ein interpretatives Moment. Die Art und Weise, wie wir die entdeckten Phänomene beschreiben, zwingt uns dazu, Begriffe zu verwenden, die wir selbst verstehen können, die aber nicht notwendig Begriffe sind, die die Menschen im alten Israel verstanden hätten und die manchmal sogar notwendigerweise für sie unverständlich gewesen wären. Aus diesem Grund ist es erforderlich, daß die religiösen Kategorien der alten Israeliten mit unseren verglichen werden und daß uns bewußt wird, daß ein vollständiges Verstehen natürlich unmöglich ist. Unsere Rekonstruktion dieser Kategorien wird immer in einem gewissen Maß von unserem eigenen Standpunkt verzerrt werden. Dies darf allerdings nicht zu einer Art Nihilismus führen, für den antike Fragestellungen und moderne Fragestellungen so grundverschieden sind, daß kein Dialog möglich ist. Die Theologie benötigt einen Raum, in dem sich Systematische Theologen und Bibelforscher über alttestamentliche Texte unterhalten können. Jeder, der bei diesem Gespräch zu vermitteln vermag, verdient es wohl, ein alttestamentlicher Theologe genannt zu werden – auch wenn ich an dem Begriff selbst keineswegs hänge. Ich hoffe jedenfalls, das Gesagte steht insgesamt im Einklang mit dem, was Albertz intendiert hat. Es ist auf jeden Fall nicht als Widerspruch gemeint, auch wenn ich die Fragestellung von einem etwas anderen Blickwinkel aus angehe.

II

In der verbleibenden Zeit möchte ich ein kurzes Beispiel für eine solche Fragestellung anführen, die unter die Überschrift »alttestamentliche Theologie« fallen würde, wenn diese in der oben beschriebenen Weise verstanden wird. Es gibt einige Themen der christlichen und jüdischen Theologie, bei denen die Relation zwi-

schen dem biblischen Material und den theologischen Aussagen
späterer Zeiten eine interessante Ambiguität aufweist, mit der die
meisten Typen der Hermeneutik nicht adäquat umzugehen vermögen. Was ich im Blick habe, ist die Tatsache, daß es theologische
Konzeptionen gibt, die eindeutig von religiösen Überzeugungen
des alten Israel abstammen, wie sie im Alten Testament aufbewahrt
sind, die aber dennoch eine Weiterentwicklung dieser Überzeugungen darstellen, und zwar eine Weiterentwicklung in Richtungen,
die sich die alten Israeliten selbst nicht hätten vorstellen können.
In ausgereifter Form konnten diese theologischen Konzeptionen
dann sogar zu dem interpretatorischen Rahmen werden, innerhalb
dessen spätere Generationen von Juden und Christen eben diejenigen Texte gelesen haben, aus denen sich jene Konzeptionen herleiten.

Dies klingt kompliziert. Ein Beispiel mag für die Erklärung dessen, was ich meine, hilfreich sein. Der Konzeption von der Allmacht Gottes kommt sowohl im Judentum als auch im Christentum zentrale Bedeutung zu. Christen wie Juden lesen traditionellerweise die alttestamentlichen Texte im Licht ihres Glaubens, daß
Gott alles tun kann und daß er das Universum und die Menschheitsgeschichte vollständig unter seiner Kontrolle hat. Dabei gehen
sie davon aus, daß von diesem Gott auch die biblischen Texte reden und daß die Texte selbst besagen oder implizieren, daß solche
Omnipotenz ein Charakteristikum Gottes ist.

Es ist aber hinreichend bekannt, daß das Alte Testament – aus seiner eigenen Begrifflichkeit heraus verstanden – nicht besonders
gut zu den späteren jüdischen und christlichen Konzeptionen von
der göttlichen Omnipotenz paßt. Dies tritt am offensichtlichsten in
den Texten innerhalb der Alten Testaments zu Tage, an denen
Gott seine Meinung ändert. Diese Textstellen waren schon zu Beginn unserer Epoche für christliche wie jüdische Autoren problematisch. Neben klaren Aussagen, daß Gott seine Meinung nicht
ändern könne – etwa in 1Sam 15,29: »Er, der ewige Ruhm Israels,
kann weder lügen noch bereuen. Er ist doch kein Mensch, so daß
er etwas bereuen müßte« –, trifft man in Erzählungen auf eine
Darstellung Gottes, die ihn ständig seine Pläne und Entscheidungen modifizieren läßt. Im klassischen christlichen Theismus bedeutet Gottes Omnipotenz, daß seine Pläne niemals vereitelt werden. Wer behauptet, er habe immerwährende Absichten, müsse
diese aber angesichts bestimmter Ereignisse oder aufgrund der
Fürsprache einflußreicher Personen wie etwa Mose modifizieren,
fällt von daher in einen Selbstwiderspruch. In alttestamentlicher
Perspektive liegt demgegenüber die Macht des Gottes Israels, seine
unfehlbare Beständigkeit, gerade in seiner Fähigkeit und Bereit-

schaft, sich auf bestimmte Umstände und Situationen einzustellen. Macht und Unveränderlichkeit schließen sich nach dem Alten Testament gegenseitig aus.

In 1Sam 15 bestätigt Samuel, daß Gott inzwischen Saul verworfen hat, obwohl er ihn zuvor erwählt hatte. Dies wird aber nicht als Hinweis auf eine Schwäche Gottes dargestellt, es demonstriert vielmehr seine unbeirrbare Verpflichtung zu Gerechtigkeit und zu angemessener Behandlung der Menschen – wie in Dtn 10,17: »Er läßt kein Ansehen gelten und nimmt keine Bestechung an.« Auf der Erwählung Sauls zu beharren, nachdem Saul gesündigt hat, wäre eine Zeichen für Schwäche und nicht ein Zeichen für Macht. Spätere philosophische Reflektionen darüber, daß ein allmächtiger Gott auch allwissend sei und deshalb von Sauls zukünftiger Sünder bereits gewußt habe, als er ihn erwählte, gehen völlig an den Gedanken des biblischen Autors vorbei.

Diese Spannung zwischen dem, was der Text von sich aus impliziert, und dem, was die Tradition aus ihm gemacht hat, erfordert theologische Reflexion. Selbst wenn wir bei der Darstellung des religiösen Gedankenguts Israels versuchen sollten, so deskriptiv und phänomenologisch wie möglich vorzugehen, werden wir uns doch entscheiden müssen, welche Begriffe wir verwenden, um uns dieses Gedankengut verständlich zu machen. So stößt man bei der Beschreibung der Vorstellungen von der Macht Gottes darauf, daß sich die Idee der Omnipotenz letztlich aus dem Alten Testament herleitet. Dennoch hat sich diese Idee innerhalb unserer religiösen Kultur in einer Weise weiterentwickelt, die zu einer Verzerrung führen würde, wenn man sie einfach auf die alttestamentlichen Texte selbst zurückprojizierte. Die für uns grundlegenden Texte haben Konzeptionen hervorgebracht, die, benutzt man sie als Modell für ihre Interpretation, in gewisser Weise zu einem Mißverständnis ihrer selbst führen würden. Diesen von den biblischen Texten ausgehenden Prozeß nachzuzeichnen und zu beurteilen, inwiefern er unsere eigene Theologie und unser Verständnis der Texte mitbestimmen sollte, ist eine sehr komplizierte Aufgabe, die philosophische und theologische wie auch historische Fertigkeiten erfordert.

Ein ähnliches Problem stellt sich im Fall Ezechiels. In verschiedener Hinsicht kann Ezechiel als einer der alttestamentlichen Vorläufer der Lehre von der Allmacht Gottes angesehen werden. Sein Gott thront über den Keruben, von ihm kann nur in Umschreibungen gesprochen werden (»so etwa sah die Herrlichkeit des Herrn aus« [1,28]), er handelt ohne Rücksicht auf die Reaktion der Menschen und »nicht euretwegen« (36,32), und er kann das Volk wiederherstellen, nachdem es sosehr vernichtet worden ist, daß nichts

unmöglicher erscheinen könnte als seine Wiederherstellung, die
insofern einer Auferstehung von den Toten gleicht (37,12).
Neben solchen »Allmachts-Tendenzen« ist Ezechiels Gott aber in
merkwürdiger Weise durch äußere Umstände bestimmt, insbesondere durch das Verlangen, seinen »heiligen Namen« zu schützen.
»Nicht euretwegen handle ich, Haus Israel, sondern um meines
heiligen Namens willen, den ihr bei den Völkern entweiht habt,
wohin ihr auch gekommen seid.« (36,22) Die Zerstörung Jerusalems geschieht, weil Jahwe auf seinen Namen, d.h. auf seinen guten Ruf bedacht ist: Versäumt er es zu bestrafen, dann werden die
anderen Völker meinen, er sei ein Gott, der sich nicht um Sünde
und Ungerechtigkeit kümmere. Jeder Überlebende wird aber als
ein sichtbares Zeichen für die großen Missetaten der Einwohner
von Jerusalem dastehen und auf diese Weise alle davon überzeu-
gen, daß Jahwe nicht ohne Grund Jerusalem zerstört hat (14,22f).
Ebenso dient die sich schließlich erfüllende Wiederherstellung des
Volkes dazu, jeden Verdacht auszuräumen, Jahwe fehlte es dazu
an der nötigen Macht: »Als sie aber zu den Völkern kamen, ent-
weihten sie überall, wohin sie kamen, meinen heiligen Namen;
denn man sagte von ihnen: Das ist das Volk Jahwes, und doch
mußten sie sein Land verlassen.« (36,20) Das Exil der Jerusalemer
Bevölkerung ließ den Eindruck entstehen, als sei ihr Gott zu macht-
los, um sie zu retten. Deshalb wendet er ihr Geschick, sobald ihre
Bestrafung vollendet ist, um klarzustellen, daß dem nicht so ist.
In der Forschung betrachtet man gewöhnlich diese Aussagen als
Manifestation der großen Macht Gottes – er kann tatsächlich Jerusalem wiederherstellen – und als Manifestation seiner »souveränen
Freiheit« – er handelt »um seines Namens willen« und nicht, weil
ihn irgend jemand dazu zwingt. Dies scheint gut zu der Idee von
der Allmacht Gottes zu passen. Man kann aber ebenso in die ent-
gegengesetzte Richtung argumentieren. Ezechiels Gott hat keine
andere Wahl, als sein Volk zu vernichten, selbst wenn er es lieber
nicht tun würde; sonst entstünde der falsche Eindruck bei den
(nicht näher genannten) Völkern, er sei nicht vollkommen gerecht.
Im Anschluß daran muß er sein Volk aber wiederherstellen, um
den Verdacht auszuräumen, er besäße in Wahrheit gar nicht die
Macht, die Vernichtung seines Volkes zu verhindern. Ein solcher
Gott handelt kaum in »souveräner Freiheit«. Er ist vielmehr abhängig von der öffentlichen Meinung. Er ist darum besorgt, was die
Nachbarn sagen werden. Er beweist nicht sosehr Allmacht, er läßt
eher seine Muskeln spielen. Dies ist natürlich eine bewußt reduk-
tionistische Interpretation des Textes. Es mag aber eine nützliche
Erinnerung daran sein, daß sich die traditionelleren Interpretationen im Zweifelsfall zugunsten des Textes entscheiden und diesen

dabei so nahe wie möglich an Konzeptionen der jüdischen und christlichen Theologie angleichen. Ezechiels Gott hat anscheinend kaum die Möglichkeit, anders zu handeln, als er es tut: Er muß auf seinen guten Ruf achten. Dies mag lediglich eine anthropomorphe Ausdrucksweise sein, um wichtige Einsichten über Gott zu vermitteln. Es mag als eine Schilderung seiner Beständigkeit und Zuverlässigkeit betrachtet werden. Aber die verwendeten Bilder suggerieren uns doch ein Wesen, das stärker von äußeren Zwängen bestimmt ist, einen Gott, der ein Problem mit der Öffentlichkeitsarbeit hat.

Das Merkwürdige an diesem Sachverhalt ist nun folgendes. Die spätere christliche Reflektion über die göttliche Omnipotenz ist der eigentliche Grund dafür, daß in unseren Augen Ezechiel – gemessen an späteren Standards – nicht wirklich orthodox ist und daß sich ein Dogmatiker, der den biblischen Hintergrund der Idee von der Omnipotenz untersuchen wollte, nur bedingt auf Ezechiel stützen könnte. Gleichzeitig stellen aber Ezechiel und das Alte Testament überhaupt eine der vorrangigen Hauptquellen für die Lehre von der göttlichen Allmacht dar. Der Gott Ezechiels ist nicht allmächtig in unserem Sinne des Begriffs; dennoch hätte sich der Gedanke der Allmacht ohne Ezechiels Entwurf wahrscheinlich niemals herausgebildet. Nachdem dies aber geschehen war, diente diese Lehre als Linse, mit der man andere alttestamentliche Bücher und auch das Buch Ezechiel selbst gelesen hat. Insofern wurde traditionellerweise die Lehre von der Allmacht in Texten wiedergefunden, die zwar in gewisser Weise für ihre Entstehung verantwortlich sind, in denen sie aber faktisch nicht vorkommt.

Das Studium der Religionsgeschichte Israels führt uns recht klar vor Augen, daß das Alte Testament zwar Stationen auf dem Weg zur Lehre von der göttlichen Allmacht repräsentiert, daß es aber nicht die endgültige Gestalt dieser Lehre enthält. Weil es sich beim Alten Testament jedoch um die Heilige Schrift zweier Religionen handelt, denen der Glaube an die göttliche Allmacht gemeinsam ist, wird es tendenziell so gelesen, als lehre es selbst schon die Allmacht Gottes.

Dies ist nur ein Beispiel. Selbst wenn ich bei der hier angeführten Konzeption falsch läge, könnten andere Konzeptionen den Sachverhalt wahrscheinlich ebensogut illustrieren. Das Alte Testament bildet die Grundlage für vieles von dem, was das jüdische und christliche theologische Denken ausmacht. Dieses Denken hat sich aber aufgrund philosophischer und anderer Einflüsse von seinen Wurzeln wegentwickelt. Das Alte Testament bleibt dennoch »Heilige Schrift« für diese religiösen Traditionen, und das verleitet sie dazu, die von ihnen entwickelten religiösen Konzeptionen im Alte

Testament wiederzufinden. So wie man also einerseits nicht behaupten kann, Konzeptionen wie die der Omnipotenz seien bereits im Alten Testament enthalten, so kann man andererseits auch nicht behaupten, sie würden dort völlig fehlen; ohne das Alte Testament wären sie gar nicht entstanden.

Es gibt also eine eigenartige dialektische Beziehung zwischen der christlichen bzw. jüdischen Theologie einerseits und dem Text, auf den diese sich berufen, andererseits. Theologische Arbeit am Alten Testament sollte nicht in der Form betrieben werden, daß die Texte unter Absehung von ihren historischen Dimensionen als Schriften eines Kanons erläutern werden. Sie sollte andererseits aber über die bloße Beschreibung des religiösen Gedankenguts, das die Texte wiedergeben, hinausgehen, obwohl dies zweifellos der Ausgangspunkt bleiben muß. In dem Zwischenraum zwischen diesen beiden Positionen ergibt sich die Frage nach der Spannung zwischen dem Text selbst und den theologischen Systemen, die sich von ihm herleiten und die dazu neigen, rückwirkend die Interpretation des Textes zu bestimmen. Die Erkundung dieses Zwischenraums kann, so möchte ich es vorschlagen, als alttestamentliche Theologie bezeichnet werden.

Rolf Rendtorff

Die Hermeneutik einer kanonischen Theologie des Alten Testaments

Prolegomena[1]

Ich bin über den Streit über »Theologie des Alten Testaments« oder »Religionsgeschichte Israels« verwundert, um es gelinde auszudrücken. Ich sehe nicht, daß die bisherige Situation in der alttestamentlichen Wissenschaft zu diesem Streit Anlaß gibt. Gewiß hat sich die Disziplin der »Theologie des Alten Testaments« in den vergangenen Jahrzehnten nicht gerade glänzend präsentiert, bis sie in den letzten Jahren zu neuem Leben erwacht ist. Aber der »Religionsgeschichte Israels« ging es doch eher noch schlechter, bevor Rainer Albertz sie wiedererweckt hat. Warum also der Streit[2]?

Ich sehe einen wesentlichen Punkt in Albertz' Formulierung[3]: »Das Fach AT braucht eine zusammenfassende Disziplin ...« Hier muß ich schon meinen Dissens anmelden. Ich empfinde keineswegs das Bedürfnis nach einer zusammenfassenden Disziplin. Ich bin vielmehr der Meinung, daß »Theologie« und »Religionsgeschichte« durchaus unterschiedliche Fragestellungen und Aufgaben haben. Deshalb halte ich es auch nicht für sinnvoll, die Fragen, die man in einer »Theologie«, und diejenigen, die man in einer »Religionsgeschichte« behandeln würde, in einer Darstellung zusammenzufassen. Mit dieser Äußerung komme ich auch mit denjenigen in Konflikt, die Albertz' Alternative deshalb ablehnen, weil sie statt des »oder« ein »und« oder ein »sowohl – als auch« setzen, indem sie eine »Theologie des Alten Testaments in religionsgeschichtlicher Sicht«[4] oder eine »Religionsgeschichte Israels in biblisch-

---

1 Vortragsform und Umfang wurden beibehalten.
2 Der Streit erinnert an den Beitrag von *O. Eißfeldt*, Israelitisch-jüdische Religionsgeschichte und alttestamentliche Theologie, ZAW 44 (1926), 1–12. Eißfeldt sah die Existenzberechtigung der Religionsgeschichte bedroht vom Aufkommen der Dialektischen Theologie mit ihrer Forderung nach dem Primat der Theologie auch in der Bibelwissenschaft. Von wem fühlt Albertz sich bedroht?
3 Ich beziehe mich im folgenden auf *R. Albertz'* ausgedehnten »Abstract« im Tagungsprogramm dieses Kongresses, 41f.
4 So die Formulierung des angekündigten Vortrags von *B. Janowski*.

theologischer Sicht«⁵ vertreten. In diesen Streit will ich mich aber
nicht einmischen, sondern will in Kürze darstellen, wie ich selbst
den Unterschied zwischen »Religionsgeschichte« und »Theologie«
sehe und wie ich mir selbst das Konzept einer »Theologie des Alten Testaments« vorstelle.

I

Religionsgeschichte des Alten Israel ist der Versuch, das Leben
und Denken einer antiken Gemeinschaft zu rekonstruieren, von
dem wir keine unmittelbare Kenntnis haben. Für diese Fragestellung sind die Texte der Hebräischen Bibel nur Material, nicht der
eigentliche Gegenstand ihrer Bemühungen. Die Textbehandlung
ist grundsätzlich diachron, so daß die Texte in ihrer gegenwärtigen
Endgestalt nicht in den Blick kommen können und auch nicht in
den Blick kommen sollen, weil sie ja durch ihre redaktionelle Bearbeitung das geschichtliche Bild, nach dem gefragt wird, verändert oder gar bewußt verschleiert haben. Ich will jetzt nicht auf die
Schwierigkeiten und Probleme eingehen, die sich daraus ergeben,
daß bei einer solchen Rekonstruktion allzu vieles im Bereich des
Hypothetischen, wenn nicht gar der Spekulation bleiben muß. Dies
wird besonders angesichts der geradezu dramatischen Veränderungen in den Datierungsfragen innerhalb der alttestamentlichen
Wissenschaft in den vergangenen zwei Jahrzehnten deutlich. Auch
die in diesem Symposion versammelten Alttestamentler scheinen
mir in ihren Rekonstruktionen der Geschichte und Religionsgeschichte Israels geradezu weltweit voneinander entfernt zu sein.
(Man vergleiche z.B. das Konzept von Rainer Albertz mit dem von
Niels Peter Lemche!) Dies bedeutet keineswegs, daß ich den Wert
einer Religionsgeschichte Israels verkenne oder bestreite. Allerdings habe ich Schwierigkeiten, angesichts der gegenwärtigen Situation der alttestamentlichen Wissenschaft das Vertrauen in die
Kontrollierbarkeit der Ergebnisse der »historischen Methode« all-
zuhoch zu veranschlagen.
Demgegenüber hat die Theologie des Alten Testaments, wie ich sie
verstehe, ein ganz anderes Interesse. Sie beschäftigt sich mit der
theologischen Auslegung der alttestamentlichen Texte. Dies hat
zwei grundsätzliche hermeneutische Voraussetzungen. Zum einen:
Das Alte Testament ist ein theologisches Buch. Es ist sowohl von
denen, die es in seiner Endgestalt geformt haben, als auch von den

5   So der Untertitel des Buches von *A.H.J. Gunneweg*, Biblische Theologie des
Alten Testaments, Stuttgart 1993.

Verfassern der großen Mehrheit seiner Texte als theologische Literatur verstanden worden. Mit einer solchen Definition wird ein bestimmter Begriff von »Theologie« angewandt. Dies ist ohne jeden Zweifel berechtigt. Seit Johann Philipp Gabler vor mehr als zweihundert Jahren die »Biblische Theologie« aus der Abhängigkeit von der »Dogmatischen Theologie« befreit hat, ist es Aufgabe der Biblischen Theologie selbst, ihr Verständnis von »Theologie« zu definieren. Ein Satz wie: »Das Alte Testament hat keine Theologie« ist in meinen Augen schlichter Unsinn. So etwas von einem Buch zu behaupten, das mit dem Satz beginnt: »Am Anfang schuf Gott Himmel und Erde«, zeugt nach meiner Sicht von einer Art Blindheit bei dem, der ihn spricht.

Man kann gewiß sagen, daß uns im Alten Testament »Theologie« in sehr unterschiedlichen Gestalten entgegentritt. Es gibt Texte, in denen das theologische Engagement unmittelbar erkennbar ist. Rudolf Smend hat dafür einmal den nützlichen Begriff »Theologie im Alten Testament« verwendet[6]. Aber es wäre m.E. eine unangemessene Einschränkung, wenn wir unser Verständnis von Theologie auf eine bestimmte Art von erkennbar systematisierendem Denken begrenzen wollten. Ich würde die Aufgabe eher umgekehrt sehen: daß wir uns als Ausleger bemühen, die theologischen Intentionen der Texte zu erfassen und dabei zu verstehen versuchen, wie sich in ihnen jeweils theologisches Denken Ausdruck verschafft. Ich verwende dabei also einen sehr weitgefaßten Begriff von »Theologie«. Wie er im einzelnen genauer zu definieren ist, muß sich im konkreten Vollzug der theologischen Interpretation der Texte des Alten Testaments zeigen.

Meine zweite hermeneutische Voraussetzung lautet: *Gegenstand der Theologie des Alten Testaments ist das Alte Testament in seiner Endgestalt.* Hier liegt wohl der entscheidende Unterschied zu einer Religionsgeschichte Israels. Die Fragestellung der Religionsgeschichte ist, wie schon gesagt, grundsätzlich diachron. Sie rekonstruiert Vorstadien des jetzigen Textes, die sich nur durch die Analyse mit etablierten wissenschaftlichen Methoden erschließen lassen. Diese Textstadien existieren nur sozusagen in den Laboratorien der Exegeten. Der jetzt vorliegende Text erscheint von daher als Spätstadium, dem nur begrenzte Bedeutung zukommt. Die Fragestellung der Theologie des Alten Testaments, wie ich sie verstehe, ist dagegen primär synchron. Ihr eigentlicher Gegenstand ist der Text in seiner gegebenen Gestalt. Dabei bin ich mir als wissen-

---

6 *R. Smend*, Theologie im Alten Testament, in: Verifikationen (FS G. Ebeling), hg. von *E. Jüngel u.a.*, Tübingen 1982, jetzt in: *ders.*, Mitte des Alten Testaments. Gesammelte Studien, Bd. 1, München 1986, 104–117.

schaftlich geschulter Alttestamentler natürlich dessen bewußt, daß die meisten der jetzt vorliegenden Texte eine Vorgeschichte haben. Ich ignoriere diese auch keineswegs, soweit nach meiner Sicht der diachronen Betrachtung bei der Auslegung des jetzigen Endtextes eine Bedeutung zukommt. Was ich aber grundsätzlich nicht tun werde, ist zu versuchen, frühere Stadien des Textes zu rekonstruieren und diese hypothetischen Texte als solche auszulegen. Das diachrone Moment wird daher vor allem in der Form der Beobachtung einer geschichtlich gewordenen Dynamik innerhalb des jetzigen Textes zur Sprache kommen.

Natürlich bin ich mir darüber im klaren, daß ich mit diesem Ansatz keineswegs bruchlos in der Tradition der neueren alttestamentlichen Theologie stehe. Aber »die« Theologie des Alten Testaments in einem verbindlichen Sinne hat es nie gegeben, so daß ich darin kein Gegenargument gegen meinen Ansatz sehen kann. Im Gegenteil: Gerhard von Rad hat im Vorwort zu seiner »Theologie des Alten Testaments« im Jahre 1957 ausdrücklich betont, daß sein neuer Ansatz vor allem durch neue Entwicklungen im Bereich dessen, was man damals »Einleitungswissenschaft« nannte, bestimmt war. Insofern liegt es auf derselben Linie, wenn ich heute versuche, bestimmte Überlegungen zu einer »kanonischen« Auslegung der alttestamentlichen Texte für die Theologie des Alten Testaments fruchtbar zu machen. Für mich haben diese neuen Einsichten ebenfalls im Bereich der Einleitungswissenschaft begonnen, insbesondere ausgelöst durch Brevard Childs' berühmte »Introduction to the Old Testament as Scripture« von 1979[7].

II

Aus dieser Diskussion habe ich auch den Begriff »kanonische Auslegung« aufgenommen. Ich möchte ihn beibehalten, obwohl ich mir darüber im klaren bin, daß er zu mancherlei Mißverständnissen Anlaß geben kann. Dabei möchte ich vor allem betonen, daß es sich bei dem Begriff »kanonisch« um einen Methodenbegriff handelt, der von verschiedenen Wissenschaftlern durchaus verschieden gefüllt werden kann. (Ich verweise dazu auf den wichtigen Aufsatz über »Canonical Criticism« von Gerald Sheppard[8].) Deshalb muß ich auch sagen, daß ich im Blick auf eine Theologie des Alten Testaments aus diesem Ansatz durchaus andere Konse-

7 *B.S. Childs,* Introduction to the Old Testament as Scripture, London 1979.
8 *G. Sheppard,* Canonical Criticism, The Anchor Bible Dictionary, Vol. 1 (1992), 861–866.

quenzen ziehe als Brevard Childs. Aber der knappe Rahmen dieses Vortrags macht es jetzt nicht möglich, darauf einzugehen[9]. Was ich mit »kanonisch« bezeichne, ist in erster Linie die Orientierung an der kanonischen Endgestalt des biblischen Textes. Der besondere Charakter und die besondere Funktion dieses Kanons sind für mich wesentliche Gründe, den Begriff »kanonisch« beizubehalten. Vom methodologischen Standpunkt aus könnte ich auch den Begriff »synchron« verwenden, so wie ich ihn bereits kurz skizziert habe. Eine andere Möglichkeit wäre es, von einer »holistischen« Auslegung zu sprechen, wie es heute auch hier und da geschieht[10]. Dieser Begriff legt sich aber eher dann nahe, wenn man ihn auf die Auslegung eines einzelnen biblischen Buches bezieht. Der Kanon des Alten Testaments insgesamt hat noch andere Aspekte. Er ist seit dem Abschluß der Sammlung der in ihm enthaltenen Schriften als Einheit betrachtet worden, was sich in ihm auch vielfältig widerspiegelt. Vor allem hat er von dieser Zeit an als Heilige Schrift erst der Juden und dann in erweiterter Form auch der Christen gegolten. Childs hat es wiederholt so ausgedrückt, daß der Kanon in seiner Jetztgestalt eine entscheidende und prägende Rolle für die jeweilige »community of faith«, die Glaubensgemeinschaft, gespielt hat und daß es gerade deshalb von Bedeutung ist, ihn in dieser seiner Gestalt ernst zu nehmen und auszulegen. Es ist interessant zu sehen, daß u.a. auch Martin Noth diesen Sachverhalt mit ganz ähnlichen Worten betont hat. Im Blick auf den Pentateuch hat er abschließend geschrieben:

»Noch bleibt die Frage übrig, ob ... nicht doch schließlich das Ganze mehr geworden ist als nur die Summe seiner Teile; und da dieses Ganze fortan als heilige Schrift gelesen und gottesdienstlich gebraucht worden ist und also eine geschichtliche Wirkung ausgeübt hat und bis heute das einzige wirklich konkret Gegebene geblieben ist, so ist es eine wissenschaftliche Aufgabe, auch dieses Ganze in seiner überlieferten Gestalt ins Auge zu fassen«[11].

Ich bringe dieses Zitat, um auf die Kontinuität der Fragestellungen und Erkenntnisse aufmerksam zu machen. Vor allem erscheint es mir bedeutsam, wie Noth von der Wirkungsgeschichte der bibli-

9 Vgl. dazu *R. Rendtorff*, Brevard S. Childs, Biblical Theology of the Old and New Testaments. Theological Reflections on the Christian Bible, in: Jahrbuch für Biblische Theologie, Bd. 9 (1994): Sünde und Gericht, Neukirchen-Vluyn 1994, 359–369.
10 Vgl. z.B. *M. Greenberg*, Ezekiel 1–20 (AncB 22), Garden City, New York 1983, 18, wo die Methode ausdrücklich als »Holistic Interpretation« bezeichnet wird.
11 *M. Noth*, Überlieferungsgeschichte des Pentateuch, Stuttgart (1948) ³1966, 270.

schen Texte als Heilige Schrift spricht und von der daraus erwach-
senden Aufgabe für die heutige wissenschaftliche Auslegung. Dies
ist auch für mich ein ganz wesentlicher Aspekt meines kanonischen Ansatzes für die Theologie des Alten Testaments.

III

Für die Durchführung einer kanonisch orientierten Theologie des
Alten Testaments ergeben sich gleichsam von selbst einige Grundsätze. Zum ersten: *Die Darstellung folgt soweit wie möglich der
kanonischen Struktur der Texte.* Hierfür kann ich wiederum bei
Gerhard von Rad ansetzen. Es war ja eine der großen Überra-
schungen, als seine Theologie erschien, daß er nicht bei dem von
ihm selbst ermittelten »Kleinen geschichtlichen Credo« einsetzte,
d.h. also beim Exodus, sondern bei der Schöpfung. Er hat diesen
Einsatz damit begründet, »daß wir uns der Abfolge der Ereignisse,
wie sie der Glaube Israels gesehen hat, überlassen müssen«[12]. Ich
werde nun, konsequenter als von Rad, dem kanonischen Text des
Pentateuch folgen. Ich werde mich dabei an sein Wort erinnern:
»Die legitimste Form theologischen Redens vom Alten Testament
ist deshalb immer noch die Nacherzählung«[13].
»Nacherzählen« heißt nun aber nicht, sich auf das Niveau von Kin-
dergottesdienstgeschichten zu begeben. Vielmehr müssen jetzt die
theologischen Profile der Texte herausgearbeitet werden. Beim
Pentateuch werden dabei zugleich die offenkundigen Spannungen
zwischen der priesterlichen bzw. deuteronomistischen Komposition
und den von ihnen aufgenommenen und verarbeiteten Texten zur
Sprache kommen. Sie werden aber nicht nur in ihren Unterschieden und womöglich Gegensätzen dargestellt, sondern es wird insbesondere die Frage gestellt, wie die Autoren der jetzt vorliegenden
Komposition die Texte in ihrer Endgestalt gelesen wissen wollten.
Gewiß werden wir das nicht in allen Fällen feststellen können, zumal uns darin auch noch die exegetische Tradition fehlt, während
wir ja bei der Herausstellung der Unterschiede auf eine jahrhun-
dertealte Forschungsgeschichte zurückgreifen können.
Ich bin mir deshalb darüber im klaren, daß es in vielen Fällen nur
erste Versuche sein können, den kanonischen Texten zu verstehen.
Manches habe ich schon in Einzelstudien zu erarbeiten versucht,
so etwa die Struktur der Urgeschichte und der Bundesschlußszene

---

12 *G. von Rad*, Theologie des Alten Testaments, Bd. 1, München (1957)
⁴1962, (126) 134.
13 Ebd.

vom Sinai[14]. Für anderes kann ich auf neuere Arbeiten zum Pentateuch zurückgreifen, die diesen ebenfalls in seiner Endgestalt in Blick fassen, so besonders die grundlegenden Bücher von Erhard Blum[15] und Frank Crüsemann[16]. Aber auch Arbeiten, die von ganz anderen methodischen Voraussetzungen ausgehen, führen oft weiter, wenn sie sich ganz in die Struktur der Texte vertiefen, wie z.b. die beiden großen Aufsätze von Bernd Janowski über die Schekina-Theologie[17] und über »Tempel und Schöpfung«[18]. So entsteht, wie ich hoffe, ein Bild des Pentateuch in seiner Jetztgestalt, das ihn als bewußte und gewollte Einheit versteht, ohne die in ihm enthaltenen und ihn in vielfältiger Weise prägenden Spannungen zu überspielen.

Für die übrigen Teile des Kanons der Hebräischen Bibel ergeben sich analoge, aber teils auch sehr andersartige Probleme, die zu entfalten den Rahmen dieses Vortrags sprengen würde. Ich möchte nur in Kürze andeuten, daß dabei die vielfältigen neuen Ansätze zur Erfassung der kanonischen Strukturen im Bereich der Prophetenbücher[19] und der Psalmen[20], die z.Zt. in verschiedenen Kreisen erprobt werden, von großem Interesse und Nutzen sind. Gerade diese Arbeiten zeigen mir, daß die Frage nach dem Verständnis der biblischen Texte in ihrer kanonischen Gestalt heute in der alttestamentlichen Forschung an vielen Stellen lebendig ist. Und so-

---

14   Vgl. *R. Rendtorff*, »Bund« als Strukturkonzept in Genesis und Exodus, in: *ders.*, Kanon und Theologie, Neukirchen-Vluyn 1991, 123–131.
15   *E. Blum*, Studien zur Komposition des Pentateuch (BZAW 189), Berlin / New York 1990.
16   *F. Crüsemann*, Die Tora. Theologie und Sozialgeschichte des alttestamentlichen Gesetzes, München 1992.
17   *B. Janowski*, »Ich will in eurer Mitte wohnen«. Struktur und Genese der exilischen *Schekina*-Theologie, in: Jahrbuch für Biblische Theologie, Bd. 2 (1987): Der eine Gott der beiden Testamente, Neukirchen-Vluyn 1987, 165–193.
18   *B. Janowski*, Tempel und Schöpfung. Schöpfungstheologische Aspekte der priesterschriftlichen Heiligtumskonzeption, in: Jahrbuch für Biblische Theologie, Bd. 5 (1990): Schöpfung und Neuschöpfung, Neukirchen-Vluyn 1990, 37–69.
19   Vgl. z.B. für das Buch Jesaja die seit einer Reihe von Jahren laufende Arbeit des Seminars »Formation of the Book of Isaiah« im Rahmen der Society of Biblical Literature (SBL) und dazu meinen Forschungsbericht: *R. Rendtorff*, The Book of Isaiah: A Complex Unity. Synchronic and Diachronic Reading, in: SBL 1991 Seminar Papers, 8–20 (erscheint demnächst in überarbeiteter Form in Semeia); ferner auch den Beitrag von *R. Melugin* auf diesem Kongreß: »Amos as Artistic Unity«. Auf der Jahrestagung der SBL im November 1994 in Chicago trat zum ersten Mal eine »Formation of the Book of the Twelve Consultation« in Erscheinung, bei der die Jörg Jeremias das Eröffnungsreferat hielt.
20   Für die Psalmen gibt es zahlreiche neue Ansätze; vgl. u.a. *M. Millard*, Die Komposition des Psalters. Ein formgeschichtlicher Ansatz (FAT 9), Tübingen 1994.

weit ich sehe, ist dabei in der Mehrzahl der Fälle ein theologisches Interesse im Spiel, das jedenfalls sehr viel eher in Richtung einer Theologie des Alten Testaments als in die einer Religionsgeschichte Israels weist.

IV

Eine kanonische Theologie des Alten Testaments kann sich aber nicht damit begnügen, die Aussagen der Texte in ihrem kanonischen Zusammenhang zu entfalten. Sie muß auch das Alte Testament als ganzes unter thematischen Gesichtspunkten in Blick fassen. Die Mehrzahl der Themen, die von theologischer Relevanz sind, begegnen nicht nur in einem biblischen Buch, sondern finden sich an verschiedenen Stellen, die in ihren Zusammenhängen betrachtet werden müssen. Insofern ergibt sich für diesen (zweiten) Teil der Theologie die Notwendigkeit einer gewissen Systematik. Es ist aber entscheidend, woher die Kriterien für diese Systematik genommen werden. Traditionellerweise werden Theologien des Alten Testament entweder nach der klassischen Systematik der christlichen Theologie aufgebaut oder nach eigenen Konzepten ihres jeweiligen Verfassers. Die kanonische Theologie wird anders verfahren. Sie wird sich die Themen aus der Behandlung der Texte selbst geben lassen.

Dabei ergibt es sich wiederum ganz von selbst, daß der erste Abschnitt im systematischen Teil dem Thema »Schöpfung« gewidmet sein wird. Die Aussagen über die Schöpfung und den Schöpfer in der Urgeschichte werden mit anderen Schöpfungsaussagen innerhalb der Hebräischen Bibel in Beziehung gesetzt. Eine solche Betrachtung wird natürlich auch diachrone Aspekte enthalten, da das erkennbare geschichtliche Gefälle innerhalb der biblischen Bücher keineswegs ignoriert werden soll. Zudem wird die Betrachtung auch bestimmte religionsgeschichtliche Aspekte mit einbeziehen, jedoch wiederum unter dem leitenden Gesichtspunkt, wieweit sie zur Erhellung der in den biblischen Texten selbst gegebenen Aussagen dienen können. (Hier zeigt sich die Notwendigkeit einer Religionsgeschichte Israels neben der Theologie des Alten Testaments, um die Verbindungen bestimmter Aspekte der israelitischen Religion mit den übrigen Religionen des Alten Orients darzustellen[21].)

21   Hier zeigt sich allerdings auch ein Mangel der Religionsgeschichte, weil sie bestimmte theologisch zentrale Texte nicht angemessen behandeln kann. So weist z.B. das Register in Albertz' Religionsgeschichte aus, daß das Kapitel Gen

Bei einer solchen kanonischen Zusammenschau bestimmter Themen ergeben sich immer wieder Veränderungen der Fragestellung. Ich will das an einem Beispiel verdeutlichen. Das zweite Kapitel des systematischen Teils wird dem Thema »Bund« gewidmet sein. Dies ergibt sich daraus, daß ברית in Gen 9 das zweite große Thema ist, das die Bibel als ganze betrifft. Geht man die damit angesprochene Thematik innerhalb der Hebräischen Bibel im einzelnen durch, so stellt man fest, daß die bisherigen begriffsgeschichtlich orientierten Untersuchungen Themen voneinander getrennt haben, die zusammengehören. Die Begriffe »Bund«, »Erwählung« und die sogenannte »Bundesformel« werden in aller Regel getrennt voneinander behandelt, zudem überwiegend ohne genauere Berücksichtigung ihres jeweiligen Kontextes. Betrachtet man sie aber innerhalb des Ganzen der Hebräischen Bibel, so zeigen sich vielfältige Zusammenhänge, die immer wieder die begriffsgeschichtlichen Grenzen überschreiten. Die sogenannte Bundesformel erscheint in sehr charakteristischen Verbindungen sowohl mit dem Wort ברית als auch mit בחר[22]. Außerdem muß man Texte mit einbeziehen, die keine unmittelbare terminologische Verbindung mit diesen Begriffen haben, wie z.B. den Anfang der Abrahamgeschichte in Gen 12,1–3. Innerbiblisch ist klar, daß es sich hier um die »Erwählung« Abrahams handelt. Dies wird auch sehr deutlich in Neh 9 ausgesprochen, wo es im Gebet heißt »Du hast Abram erwählt« (בחרת באברם, V. 7). Dies ist ein sehr schönes Beispiel dafür, wie man durch »späte« Texte auf Zusammenhänge geführt werden kann, die einem bis dahin verborgen geblieben waren. Gerade Neh 9 ist ein zu Unrecht weithin vernachlässigter Text, der in einer kanonischen Theologie des Alten Testaments zu Ehren gebracht werden sollte[23].

Ich muß hier abbrechen. Ich habe versucht, in einer knappen Skizze darzustellen, wie ich mir diejenige »Theologie des Alten Testaments« vorstelle, an der ich selbst arbeite. Ich weiß, daß dabei die verschiedensten Voraussetzungen zugrunde liegen, die von vielen Fachkollegen nicht geteilt werden. Ich erhebe deshalb keinerlei

1 als ganzes überhaupt nicht behandelt wird, sondern nur die Verse 2, 26, 28 und 31, und zwar im wesentlichen unter der Überschrift »Das Ringen um die Identität des Gemeinwesens« (531–533). Einer der großen Schöpfungstexte wie Ps 104 erscheint überhaupt nicht. Im übrigen ist von Schöpfung unter anderem als Thema Deuterojesajas die Rede. »Schöpfung« als selbständiges Thema kommt in dieser »Religionsgeschichte Israels« jedoch nicht vor!

22 Vgl. dazu *R. Rendtorff*, Die »Bundesformel«. Eine exegetisch-theologische Untersuchung (SBS 169), Stuttgart 1995.

23 Ein Beitrag von mir zu Neh 9 wird demnächst in einer Festschrift erscheinen.

Anspruch darauf, »die« Theologie des Alten Testaments zu konzipieren. Ich will auch nicht versuchen, die Leitfrage dieses Symposions: »Theologie oder Religionsgeschichte« in irgendeinem Sinne
zu entscheiden. Ganz im Gegenteil hoffe ich, daß mit meinem
Versuch eine Stimme hörbar wird, die in dem vielfältigen Chor der
Meinungen einen nützlichen Beitrag leisten kann.

Isaac Kalimi

Religionsgeschichte Israels oder Theologie des Alten Testaments?

Das jüdische Interesse an der Biblischen Theologie[*]

Im Andenken an Rabbi Rachamim
und Sara Kalimi ז״צל
Ps 112,1–9

I. Religionsgeschichte Israels oder Theologie des Alten Testaments?

Durch die Formulierung des hier diskutierten Themas[1] wird – wie das Fragezeichen am Ende andeutet – unterstellt, man müsse sich zwischen zwei Möglichkeiten entscheiden und die Wahl der einen bedeute automatisch die Verwerfung der anderen. Diese Alternative ist jedoch irreführend, da es sich nur um zwei unterschiedliche Betrachtungsweisen desselben Textkorpus, der Hebräischen Bibel bzw. des Alten Testaments, handelt. Mit anderen Worten:»Religionsgeschichte Israels« und»Theologie des Alten Testaments« stehen auf unterschiedlichen Ebenen. Es geht nicht darum, sich zwischen ihnen zu entscheiden. Vielmehr handelt es sich um zwei voneinander unabhängige Disziplinen der Bibelforschung, von denen jede ihre ganz besondere Funktion und deswegen ihren eigenständigen legitimen Wert hat:
Die erste behandelt die Geschichte der Religion Israels auf vielen Ebenen und in ihren mannigfachen Veränderungen, die sie durch die Generationen hindurch während der biblischen Zeit erfahren hat. Eine solche Analyse entspricht der historischen Erforschung jeder anderer Religion alter Zeiten. Forschung auf diesem Gebiet ist grundsätzlich diachron und wird mit philologischen und historisch-kritischen Methoden durchgeführt, und zwar sowohl im ständigen Vergleich mit den anderen Religionen im allgemeinen als auch mit denen des alten Vorderen Orients im besonderen. Gemäß ihrem Anliegen sollte eine solche Analyse darauf abzielen, so viel Objektivität wie möglich zu erreichen.

* Aus dem Englischen übersetzt von Rainer Beel (Freudental), bearbeitet von Rainer Albertz (Münster).
1 So lautete das Thema des Symposions, das innerhalb des SBL-Meetings am 8. August 1994 stattfand.

Die zweite Disziplin, die »Theologie des Alten Testaments«, ist eine eingehende Untersuchung der verschiedenen religiösen Botschaften der Hebräischen Bibel in ihrer Gesamtheit. Sie legt uns die bedeutenden gesellschaftlichen und menschlichen Werte der Bibel dar, indem sie sich der Ergebnisse textlicher, sprachlicher, literarischer und exegetischer Analyse bedient und zusätzlich verschiedenste Erkenntnisse anderer Disziplinen nutzt. In ihrem Wesen ist darum die Theologie des Alten Testaments synchron, ahistorisch und gelegentlich auch subjektiv. Daher werden die Meinungsverschiedenheiten zwischen Biblischen Theologen, sicherlich aber zwischen christlichen und jüdischen Theologen, markanter sein als die Unterschiede zwischen Religionshistorikern.

Zu verschiedenen Zeiten und an unterschiedlichen Orten sind Forscher für die Unterscheidung zwischen diesen beiden Forschungsgebieten eingetreten. Bereits im ersten Viertel dieses Jahrhunderts versuchte Otto Eißfeldt, beide klar gegeneinander abzugrenzen. Er legte die Sache folgendermaßen dar:

»Zwei Auffassungen stehen sich da gegenüber. Die eine, *die historische oder religionswissenschaftliche*, fordert, daß die Religion des AT mit denselben Mitteln erforscht werde, mit denen sonst die Geschichtswissenschaft arbeitet: sprachliche und historisch-kritische Durchdringung der Quellen und Darstellung ihres Inhalts auf Grund persönlich-nacherlebenden Sich-Einfühlens in ihn. Die Wertung der Religion des AT aber und vollends die Frage nach ihrer Wahrheit erklärt diese Auffassung als Sache der persönlichen Überzeugung, vor der die Wissenschaft Halt mache. Die andere Auffassung, *die theologische* (im engeren Sinne des Wortes) oder *kirchliche*, behauptet demgegenüber, daß die Erkenntnis des eigentlichen Wesens der Religion des AT bei bloßer Anwendung der sonst üblichen historischen Forschungsmethoden unmöglich sei. Es erschließe sich vielmehr nur dem Glauben, und der sei etwas anderes als nacherlebendes Sich-Einfühlen, nämlich ein Überwältigt- und Gebeugt-Werden und innerer Gehorsam gegen das, was einen ergriffen habe«[2].

Einen weiteren Versuch, die beiden Forschungsgebiete zu differenzieren, unternahm Moshe H. Goshen-Gottstein vor nicht allzulanger Zeit[3]:

2   Israelitisch-jüdische Religionsgeschichte und alttestamentliche Theologie, ZAW 41 (1926), 1–12, bes. 1f (= *ders.*, Kleine Schriften I, Tübingen 1962, 105–114, bes. 105f).
3   Jewish Biblical Theology and the Study of Biblical Religion, Tarbiz 50 (1980/81), 37–52 (hebräisch). Dies ist der wichtigste Aufsatz Goshen-Gottsteins zum Thema. Eine gekürzte Fassung davon ist *M.H. Goshen-Gottstein*, Tanakh Theology: The Religion of the Old Testament and the Place of Jewish Biblical Theology, in: Ancient Israelite Religion (FS. F.M. Cross), hg. von *P.D. Miller / P.D. Hanson / S.D. McBride*, Philadelphia 1987, 617–644.

חוקר דת מחויב כלפי נושאו באותה מידה של 'אובייקטיביות' המקובלת בתחום המקצועות
ההיסטוריים-הפילוסופיים ... אמות-מידותיו שלו אל להן להיות מושפעות. ... אין לבוא אל מי שתחום
התמחותו דת התנ"ך אלא בדרישות מקצועיות של מידע ומיומנות ... אולם כל זה רחוק מאמונה,
מהודאות, מהודיה בערכיות או משמעותיות זו או זו, מנקיטת עמדה אישית בהווה, היונקת ממש מאותו מעיין
שממנו נבעו תורות העבר ...

»Ein Forscher, der sich mit Religion befaßt, ist verpflichtet, seinen Gegenstand
auf die gleiche ›objektiven Weise‹ zu behandeln, die auch im historisch-philoso-
phischen Gebiet angewendet wird, ... seine Kriterien sollten nicht (von Vorurteilen) beeinflußt sein. ... Man kann von dem, der sich auf die Religion des Tanach
spezialisiert hat, nichts weniger als Fachwissen und Erfahrung erwarten ..., aber
all dies ist weit entfernt vom Glauben, vom Eingeständnis der Wertung und Ansichten über dies oder jenes, vom Beziehen eines persönlichen Standpunktes in
der Gegenwart, der in Wirklichkeit aus derselben Quelle stammt, aus der die Lehren der Vergangenheit flossen«[4].

Es ist zu beachten, daß Eißfeldts[5] und Goshen-Gottsteins Aufsatz
in ganz unterschiedlichen Forschungssituationen geschrieben wurden. Eißfeldt schrieb seinen Beitrag in einer Zeit, in der die Disziplin »Theologie des Alten Testaments« ihre Identität und Zielset-
zung tatsächlich zugunsten einer »Religionsgeschichte Israels« zu
verlieren drohte. Carl Steuernagel hatte diese Gefahr nur ein Jahr
vor dem Erscheinen von Eißfeldts Abhandlung bereits deutlich benannt:

»Wenn es damals notwendig war, die biblische Theologie aus den Fesseln der
Dogmatik zu befreien, so gilt es heute, wie mir scheint, die alttestamentliche
Theologie von den Fesseln der alttestamentlichen Religionsgeschichte zu befrei-
en, in denen sie völlig zu verkümmern Gefahr läuft«[6].

Goshen-Gottsteins Aufsatz wurde dagegen zu einer Zeit geschrieben, als unter den jüdisch-israelischen Bibelforschern ein Desinter-
esse gegenüber der »Theologie der Hebräischen Bibel« herrschte
und der »Religionsgeschichte Israels« Aufmerksamkeit geschenkt
wurde.
Alles in allem ist deutlich, daß beide Betrachtungsweisen gleiche
Berechtigung besitzen. Beide sind je für sich wichtig. Die jeweilige
Wahl des Forschers, sich entweder mit der »Religionsgeschichte Israels« oder mit der »Theologie des Alten Testaments« zu beschäftigen, ist legitim und persönlich begründet.

4 *Goshen-Gottstein*, Biblical Theology, 45.
5 Vgl. auch *C. Steuernagel*, Alttestamentliche Theologie und alttestamentliche
Religionsgeschichte, in: Vom Alten Testament (FS K. Marti), hg. von *K. Budde*
(BZAW 41), Gießen 1925, 266–273.
6 Ebd., 266.

II.   Biblisch-theologische Forschung

Einige Forscher neigen dazu, biblisch-theologische Forschung
völlig zurückzuweisen[7]. Sie liegen falsch. Im folgenden Abschnitt
werde ich versuchen, meine Position darzulegen, indem ich drei
verschiedene Arten von Theologie unterscheide:

1.   Die Theologie der biblischen Autoren und Redaktoren

a)   Es ist allgemeiner Konsens in der Bibelforschung, daß die Tora aus einer Reihe von Quellen zusammengesetzt ist (z.B. J, E, D,
P). Die Verfasser bzw. Redaktoren jeder dieser Quellen wurden aller Wahrscheinlichkeit nach von bestimmten theologischen Prinzipien geleitet. Der Verfasser bzw. Redaktor einer dieser Quellen
schloß z.B. das »Buch der Kriege JHWHs« (ספר מלחמת יהוה; Num
21,14), aus[8]. Jedenfalls gab es Quellen der Tora aus ganz unterschiedlichen Epochen der biblischen Zeit. Es erscheint begründet
anzunehmen, daß der Endredaktor der Tora nur einige der Quellen
aufnahm und andere ausschloß[9]. Der Endredaktor handelte dabei
sicherlich aufgrund seiner eigenen theologischen Konzeption.
b)   Das Buch der Psalmen ist eine Sammlung von poetischen
Texten, die zu verschiedenen Zeiten von einer Reihe von Dichtern
geschrieben wurden. Die letzte Zusammenstellung beinhaltete
dann allerdings nur diese 150 Psalmen und schloß andere aus. So
ist z.B. ein zusätzlicher Psalm in der Septuaginta und in der Qumranrolle 11QPs[a] belegt. Daneben enthält die Qumranrolle sechs
weitere poetische Kompositionen, die nicht im Psalter enthalten
sind[10]. Der bzw. die Verfasser des Psalmenbuches trafen ihre Auswahl mit Sicherheit nach bestimmten theologischen Leitlinien.
Wenn die Verfasser bzw. Redaktoren der Bibel ihrerseits theologische Kriterien angewandt haben, warum sollte es dann für heutige
Forscher ausgeschlossen sein, die Bibel so zu erforschen, daß theologische Linien aufgedeckt werden?

---

7   So R. *Albertz* auf dem SBL-Meeting in Münster; siehe oben S. 3–24; vgl.
auch *ders.*, Religionsgeschichte Israels in alttestamentlicher Zeit (GAT 8,1),
Göttingen 1992, 37f; *P.R. Davies* in seiner Besprechung von H.D. Preuß, Theologie des Alten Testamentes, 2 Bde., Stuttgart/Berlin/Köln 1991/1992, JSOT 59
(1993), 122; *J.J. Collins*, Historical Criticism and the State of Biblical Theology, Christian Century 1993 (July 28 – August 4), 743–747.
8   Vgl. auch das »Buch der Wackeren«, das Jos 10,13; 2Sam 1,18 erwähnt ist.
9   Obgleich das »Buch der Kriege JHWHs« keine Quelle wie J, E, D, P usw. darstellt, mag es meine Sicht verdeutlichen.
10   Sie erscheinen weder in der Hebräischen Bibel noch in der Septuaginta;
siehe *J.A. Sanders*, The Psalm Scroll of Qumrân Cave 11 (DJD IV), Oxford 1965,
53–93.

2. Die Theologie der Redaktoren des Kanons

Die Bibel ist eine Art Anthologie der alten israelitischen Literatur, die während biblischer Zeit aufgeschrieben und geformt wurde. Die Bücher, die in den Kanon aufgenommen wurden, wurden sehr bedacht aus einer größeren Menge ausgewählt. Die Auswahl wurde vermutlich entsprechend bestimmter Kriterien vorgenommen, und diese Kriterien beinhalteten klare theologische Anschauungen. Die widerstreitenden Meinungen über die Zusammenstellung des hebräischen Kanons spiegeln sich in vielen Quellen der rabbinischen Literatur wider. Sie belegen die Schwierigkeiten, auf die die Redaktoren des Kanons stießen, als sie zu entscheiden hatten, was in die Heilige Schrift aufgenommen werden sollte und was nicht. Die Entscheidungen wurde dabei vermutlich aufgrund klarer theologischer Leitlinien getroffen. Zum Beispiel macht die Geschichte von Hananja ben-Hiskija diese widerstreitenden Meinungen deutlich:

אמר רב יהודה אמר רב: ברם זכור אותו האיש לטוב וחנניה בן חזקיה שמו, שאלמלא הוא נגנו ספר יחזקאל, שהיו דבריו סותרין דברי תורה. מה עשה? העלו לו שלש מאות גרבי שמן וישב בעלייה ודרשן.

»Rab Juda sagte im Namen Rabs: Fürwahr, diesem Mann Hananja, Sohn des Hiskija, soll zum Guten gedacht werden. Aber für ihn war das Buch Ezechiel verborgen (terminus technicus für den Ausschluß aus dem Kanon), denn dessen Worte widersprechen den Worten der Tora[11]. Was tat er? Man brachte ihm 300 Krüge Öl herauf, und er setzte sich in das Obergemach und brachte sie in Einklang (wörtlich: erklärte sie)«[12].

Auch Bücher wie Proverbien, Kohelet, Hoheslied und Esther wurden in Frage gestellt[13].

11   Z.B. Ez 18,20 mit Lev 26,39–40; Ez 44,22 mit Lev 21,7; Ez 44,31 mit Lev 11,23–25.39–40.
12   bShab 13b; bMen 45a. Zu einer anderen Geschichte, die das Buch Ezechiel betrifft, siehe bHag 13a. Leider ging dieser Lösungsvorschlag von Hananja ben Hiskija verloren.
13   Siehe bShab 30b: »Rab Juda, der Sohn von Rab Samuel ben Schilat sagte in Rabs Namen: Die Weisen wollten das Buch Kohelet verbergen, weil seine Worte in sich widersprüchlich seien. Und warum verbargen sie es nicht? Weil sein Anfang religiöse Lehre ist (wörtlich: ›Worte der Tora‹) und sein Ende religiöse Lehre ist.« Dieselbe Quelle erzählt uns, daß die Weisen das Buch Proverbien verbergen wollten, »weil seine Feststellungen in sich widersprüchlich seien.« Ähnlich heißt es in ARN A I: »Abba Saul says: It does not mean, that they took their time, but that they interpreted. Originally it said (literally: originally they used to say), Proverbs, the Song of Songs, and Ecclesiastes were surpressed; for since they were held to be mere parables and not part of the Holy Writings, (the religious authorities) arose and surpressed them; (and so they remained) until the men of Hezekiah came and interpreted them.« (*J. Goldin* [ed.], The Fathers According to Rabbi Nathan [Yale Judaic Studies], New Haven 1955, 5).

Die theologisch-kanonischen Kriterien für die Aufnahme oder
Ausschließung verschiedener Bücher wurden scharf gezogen. Diese Schärfe kann an den theologischen Prinzipien in mSanh 10,1
abgelesen werden:

ואלו שאין להם חלק לעולם הבא, האומר אין תחיית המתים מן התורה[14], ואין תורה מן השמים
ואפיקורוס. רבי עקיבא אומר אף הקורא בספרים החיצונים.

»Und diese haben keinen Anteil an der zukünftigen Welt: derjenige, der sagt, es
ist keine Auferstehung der Toten in der Tora vorhergesagt, und (derjenige, der
sagt,) daß die Tora nicht vom Himmel stammt, und ein Epikureer. Rabbi Akiba
sagt: Auch derjenige, der die außenstehenden Bücher liest« (d.h. die Bücher, die
nicht in den Kanon der Hebräischen Bibel aufgenommen wurden, die Apokryphen)[15].

Darüber hinaus gibt es zwischen dem hebräischen Kanon und dem
griechischen Kanon hinsichtlich des Umfangs der Bücherlisten erhebliche Differenzen[16]. Es scheint, daß beide die theologischen
Unterschiede und Schwerpunkte veranschaulichen, die für die Redaktoren des Kanons bei der Auswahl der Bücher galten. Daher ist
es äußerst wichtig, daß die theologischen Grundsätze, die die Redaktoren des Kanons leiteten, aufgedeckt werden.

3. Biblische Theologie

Es kann darum nicht falsch sein, sich mit biblisch-theologischer
Forschung zu beschäftigen. Im Gegenteil, es ist notwendig, um die
theologischen Leitlinien zu kennen, die das biblische Korpus bestimmen. Es ist wesentlich, die Bibel daraufhin zu lesen, was sie an
religiösen Botschaften und zur Förderung der Humanität zu sagen
hat. Es ist wichtig, den Wert der Schriften für unsere Generation
herauszufinden, hat doch jede Generation ihre eigenen, spezifischen Werte, Auslegungen und Theologien. Weder kann die Erforschung der Religionsgeschichte Israels die Erforschung der
Biblischen Theologie ersetzen noch umgekehrt.

14   Einige Manuskripte haben nicht die Wörter מן התורה »vorhergesagt in der
Tora«; vgl. H. *Danby*, The Mishna, Oxford 1933, 397, Anm. 3; H. *Albeck*, The
Mishna, Vol. IV – Seder Nezikin, Jerusalem / Tel Aviv 1953, 102 (hebräisch).
15   Erwähnenswert ist auch der Midrasch zu Koh 12,12: »Mit allem, was man
außer den 24 Büchern in sein Haus bringt, bringt man Verwirrung ins Haus«
(QohR 12).
16   Die Septuaginta enthält zusätzlich zu den 24 hebräischen Büchern der Bibel
solche, die nicht in den hebräischen Kanon aufgenommen wurden, etwa Baruch,
Brief des Jeremia, Gebet des Manasse, Weisheit Salomos, Tobit, Judit, Zusätze
zum Buch Daniel und mehr.

In diesem Zusammenhang würde ich gerne hervorheben, daß es dem Theologen nicht erlaubt ist, der gesamten Bibel eine einzelne Idee, ein einziges Konzept oder einen bestimmten Gedanken überzustülpen. Im Unterschied zum Neuen Testament hat die Hebräische Bibel nicht ein einziges zentrales Thema –»eine Mitte«. Da die Hebräische Bibel eine Anthologie darstellt, die über Jahrhunderte, in verschiedenen Epochen, an unterschiedlichsten Orten, unter einer Fülle von äußeren Umständen, von einer Vielzahl von Verfassern und Schulen, in mannigfaltigen literarischen Gattungen zusammengestellt wurde, ist es von vornherein wahrscheinlich, daß sie eine Reihe von Theologien enthält und darum eine Vielzahl verschiedener Gedanken und Vorstellungen. Außer der Monotheismusvorstellung gibt es z.b. zwischen dem Buch Leviticus und dem Proverbienbuch nichts Gemeinsames. Folglich ist es unmöglich, so zu verfahren, wie es einige christliche Theologen versuchen, wenn sie nach einer einzigen Vorstellung oder gedanklichen Konzeption für die gesamte Bibel fragen oder ihr eine solche aufzwingen wollen, sei es nun die »Bundesvorstellung«, »Israel«, »die Verheißung«, »die Idee der Heiligkeit Gottes«, »daß Gott der Herr ist, der gebietet«, »daß Gott der Herr ist, der seinen Willen durchsetzt«, »das Königtum Gottes« usw.[17]. Daß es so viele Vorschläge gibt, die von der Forschung im Rahmen der Biblischen Theologie für eine solche zentrale Vorstellung oder gedankliche Konzeption gemacht werden, und daß jede für sich ihre Schwächen hat, erhärtet bloß meine Meinung.

III.   Biblische Theologie, Judentum und Christentum

Biblisch-theologische Forschung hat es von Haus aus mit einer Mehrzahl von Religionen zu tun. Sie kann entweder eine Ausprägung des Judentums oder des Christentums sein[18]. Als Zweig der universitären Ausbildung ist sie allerdings nicht obligatorisch und

---

17   Einen Überblick und alle Literaturverweise zu diesen und anderen Vorschlägen gibt *H. Graf Reventlow*, Hauptprobleme der alttestamentlichen Theologie im 20. Jahrhundert (EdF 173), Darmstadt 1982, 138–147.
18   Vgl. z.B. die Studien von Childs und Levenson: *B.S. Childs*, Biblical Theology of the Old and New Testament. Theological Reflection on the Christian Bible, Minneapolis 1993; *J.D. Levenson*, Zion and Sinai – An Entry into the Jewish Bible, San Francisco 1985; *ders.*, The Hebrew Bible. Old Testament and Historical Criticism. Jews and Christians in Biblical Studies, Louisville 1993. Genaugenommen ist das letztgenannte Buch von Levenson keine methodische Theologie, sondern eine Aufsatzsammlung. Die theologischen Linien, die er zieht, ergeben sich teilweise aus seiner Polemik gegen andere Forscher.

muß es sicher auch nicht sein. Sie kann und muß sich, so objektiv wie möglich, mit den säkularen, akademisch-intellektuellen Standpunkten auseinandersetzen. Sowohl die Synagoge als auch die Kirche kann dann die Ergebnisse solcher Forschung entsprechend ihrer Sicht verwerten. Gegenstand solcher Forschung ist die Theologie oder sind verschiedene Formen von Theologie, aber die Forschung selbst ist nicht theologischer Natur; mit anderen Worten: Sie ist weder religiös noch konfessionell. In jedem Fall gibt es zwei Dinge, die in der biblisch-theologischen Forschung zu vermeiden sind:

a) Es darf keine Grauzone zwischen der »Theologie des Alten Testaments« und der »Religionsgeschichte Israels« geben. Dies sind zwei selbstberechtigte, abgegrenzte Gebiete. Zwischen ihnen existieren tiefgreifende Differenzen, die niemals überbrückt werden können. Die Grenze zwischen ihnen zu verwischen, käme der Vermischung verschiedener Perspektiven gleich, die unterschiedliche Fachmethoden erfordern[19].

b) Christliche Theologen konzentrieren sich im allgemeinen auf die Darstellung des Alten Testaments aus der christlich-christologischen Sicht. Sie verbinden die beiden Testamente und springen vom Alten ins Neue und zurück vom Neuen ins Alte. Sie haben, wie Brevard S. Childs kürzlich darlegte, das grundlegende Ziel, »to understand the various voices within the whole Christian Bible, New and Old Testament alike, as a witness to the one Lord Jesus Christ, the selfsame divine reality«[20]. An anderer Stelle sagt Childs, »that Jesus Christ, God's true man, who is testified to in both testaments, is the ultimate criterion of the truth for both testaments«[21]. Es versteht sich von selbst, daß die christlichen Biblischen Theologen bei einer solchen Sicht keinen Raum für eine Zusammenarbeit mit ihren jüdischen Kollegen lassen – im Gegensatz zu der Erforschung der Religionsgeschichte Israels, wo es ausreichend Möglichkeiten zur Zusammenarbeit gibt. Auf alle Fälle sollte es, auch wenn beide Testamente miteinander verbunden werden, selbstverständlich sein, daß die christlichen Theologen keine antisemitische und antijüdische Theologie einschleusen, indem sie etwa die Entstehung des Christentums als eine Negierung des Judentums beschreiben oder das jüdische Volk in einem unvorteilhaften Licht zeichnen, um die Überlegenheit des christlichen Glaubens aufzu-

---

19   Zur Gefahr, die Grenzen zu verwischen, vgl. *Steuernagel*, Alttestamentliche Theologie, 266–273; *Eißfeldt*, Religionsgeschichte, 1–12 (= *ders.*, Kleine Schriften I, 105–114); *Goshen-Gottstein*, Biblical Theology, 39–45.
20   Biblical Theology, 85; vgl. auch 452.
21   Ebd., 591.

zeigen, wie dies häufig geschehen ist[22]. Die christlichen Theologen müssen versuchen, alle antijüdischen Aussagen und alle negativen Vorstellungen und Stereotypen, die mit dem Judentum und dem jüdischen Volk in Zusammenhang gebracht werden, zu neutralisieren, speziell die im Neuen Testament (z.B. Mt 27,12–23.25.28–31.38–41; Joh 8,37–50; 19,6.12–16; Apg 2,36; 3,13–15; 1Thess 2,14–16)[23], aber auch allgemein in der christlich-theologischen Literatur[24]. Solche negativen Lehren und theologischen Fehden

22   Zum Antisemitismus in der christlichen Theologie vgl. *G.F Moore*, Christian Writers on Judaism, HTR 14 (1921), 191–254; *M. Schmaus*, Der Glaube der Kirche, Bd. I, München 1969, 508f; *Chr. Klein*, Theologie und Anti-Judaismus, München 1975 (die englische Übersetzung enthält zudem eine kurze Übersicht über die anglo-amerikanischen Autoren: Anti-Judaism in Christian Theology, Philadelphia 1978); *R.R. Ruether*, Faith and Fratricide. The Theological Roots of Antisemitism, New York 1979, 64–261.267–285; *R. Rendtorff*, Die Hebräische Bibel als Grundlage christlich-theologischer Aussagen über das Judentum, in: *M. Stöhr* (Hg.), Jüdische Existenz und die Erneuerung der christlichen Theologie, München 1981, 33–47; *J.G. Gager*, The Origins of Anti-Semitism. Attitudes Towards Judaism in Pagan and Christian Antiquity, Oxford 1983, 117–133.160–264; *J. Blenkinsopp*, Old Testament Theology and the Jewish-Christian Connection, JSOT 28 (1984), 3–15; *L. Siegele-Wenschkewitz*, Art. Antijudaismus, Wörterbuch der Feministischen Theologie, Gütersloh 1991, 22–24; *J. Kohn-Roelin*, Antijudaismus – die Kehrseite jeder Christologie?, in: *D. Strahm / R. Strobel* (Hg.), Vom Verlangen nach dem Heilwerden. Christologie in feministisch-theologischer Sicht, Freiburg/Luzern, 65–80.
23   Dazu siehe *Gager*, Origin of Anti-Semitism, 134–156; *J.T. Townsend*, The New Testament, the Early Church, and Anti-Semitism, in: *J. Neusner / E.S. Frerichs / N.M. Sarna* (eds.), From Ancient Israel to Modern Judaism (BJSt 159), Atlanta 1989; *ders.*, Art. Anti-Judaism in the New Testament, Mercer Dictionary of the Bible, Macon 1990, 33f; *C.A. Evans / D.A. Hagner* (eds.), Anti-Semitism and Early Christianity. Issues of Faith and Polemic, Minneapolis 1993; *R.E. Brown*, The Death of the Messiah (The Anchor Bible Reference Library), Vol. I, New York 1994, 384.386–391; *L.C. Freudmann*, Antisemitism in the New Testament, New York / London 1994.
24   Ein Beispiel für antijüdische Theologie, die aus dem Neuen Testament abgeleitet wird, findet sich in dem gerade veröffentlichten Buch von *G.B. Caird / L.D. Hurst*, New Testament Theology, Oxford 1994, 55: »Matthew ... gives the impression that the destruction of Jerusalem was Israel's final forfeiture of her calling to be God's people ... ›The Kingdom of God will be taken away from you and given to a nation that yields the proper fruit‹ (Mt 21:43). We might therefore draw the inference that he regarded the Church as a substitute for Israel rather than a continuation of it, a new structure built upon a new rock (16:18).« Auf S. 56f schreiben sie: »There can be no doubt that the author of Revelation thought of himself and his churches as heirs to all the riches of the Old Testament, or that he regarded the Church as Israel. Among the enemies of the churches are ›those who claim to be Jews but are not‹ (2:9; 3:9). *True* Jews are in the Church. The Holy City is now the Church (11:2), and Jerusalem, along with Sodom and Egypt, has become a symbol for the great city, by which the Church is persecuted ... A true child of Israel is one who recognizes Jesus as King of Israel.«

haben tragischerweise zu den schrecklichsten Verfolgungen und
Mißhandlungen der Juden durch Christen geführt.
Erst sehr spät sind sich immerhin einige christliche Forscher dieser
furchtbaren Geschichte bewußt geworden. So schreibt zum Beispiel der protestantische Theologe Friedrich-Wilhelm Marquardt:
»Die Judenmorde unseres Jahrhunderts und ihre von Theologie
und Kirche zu verantwortenden Voraussetzungen und Folgen sind
die Zeichen unserer Zeit, die jede Theologie in bisher unbekannter
Weise radikal fraglich machen«[25].
Aus den Reihen der katholischen Theologen forderte Erich Zenger: »Nach Auschwitz muß die Kirche das ›Alte Testament‹ anders
lesen«[26].
Auch sollte erwähnt werden, daß erst vor kurzem verschiedene
christliche Exegeten einige notwendige methodische Vorschläge
gemacht haben, wie mit den antijüdischen Passagen im Neuen Testament umgegangen werden sollte. Sie schlugen vor, zumindest
für eine Reihe dieser Texte deren konkreten sozialgeschichtlichen
Kontext zu berücksichtigen[27].
Zusammenfassend läßt sich sagen: Es gibt sowohl einen Bedarf als
auch die Notwendigkeit zur weiteren Forschung auf beiden Fel-
dern, in der »Religionsgeschichte Israels« der biblischen Zeit und
in der »Theologie der Hebräischen Bibel«. Die Forschung muß auf
jedem dieser Gebiete gesondert vorangetrieben werden und nach
unterschiedlichen, klar definierten Methoden geschehen, um jede

Ein anderes Beispiel hierzu aus neuester Zeit: In seiner Ausgabe vom 13. April
1995 berichtet der »International Herald Tribune« (Nr. 34, 874) auf S. 2, daß die
»Christian Community Bible«, die 20 Millionen mal in Englisch und Spanisch
verkauft wurde und von der 60000 Exemplare in Französisch erschienen: »...
contains at least two passages that ›could revive anti-Semitism‹ the court in Paris
ruled ... The court ruled as anti-Semitic a commentary saying the Jews killed Jesus because ›they were unable to control their fanaticism‹, and another describing
Jewish rites and customs as ›folkloric duties involving circumcision and wearing
hat‹.«
25   Von Elend und Heimsuchung der Theologie, München 1988, 74.
26   Das Erste Testament. Die Jüdische Bibel und die Christen, Düsseldorf 1992,
12–27. Diese Forderung hat schon 1979 Franz Mußner aufgestellt; siehe ebd.,
12, Anm. 1.
27   Vgl. dazu *Townsend*, New Testament; *Brown*, Messiah; *R. Kysar*, Anti-Semitism and the Gospel of John, in: *Evans/Hagner* (eds.), Faith and Polemic, 113–
127; *ders.*, John's Anti-Jewish Polemic, Bible Review IX (1993), 26f; *K. Sten-
dahl*, Anti-Semitism and the New Testament, in: Explorations – Rethinking Re-
lationships Among Jews and Christians VII/2 (1993), 7. *J.H. Charlesworth*, Is
the New Testament anti-Semitic or anti-Jewish?, in: ebd., 2f schlägt vor, diese
Texte zurückzuübersetzen »on the literary contexts and the social milieu of the
passage« (3). Siehe auch die Diskussion bei *L.C. Freudmann*, Necessary Steps to
reantisemitize the New Testament, in: *ders.*, Antisemitism, 303–311.

Verwirrung zu vermeiden. Allerdings kann die »Theologie der Hebräischen Bibel« von einigen Ergebnissen der »Religionsgeschichte Israels« durchaus profitieren.

Den christlichen Theologen rufen wir zu: »Theologie ohne Antijudaismus und Antisemitismus bitte! Nach allem, was geschehen ist, sollte Ihre Mitmenschlichkeit nicht nur die Gläubigen, sondern gerade auch die, die einen anderen Glauben und andere Meinungen haben, im Blick haben. Ihre Toleranz wird zuallererst daran gemessen, wie Ihre Haltung zu denen ist, die sich in Glauben und Religion von Ihnen unterscheiden. Ihre Ethik sollte nicht nur dann zum Tragen kommen, wenn Sie über das Christentum und über die Christen schreiben, sondern auch und gerade, wenn Sie über jene schreiben, deren Glauben ein anderer als der Ihre ist, d.h. über das jüdische Volk und das Judentum!«

Es gibt kein Volk, das so grausam behandelt wurde und das einen derart hohen Preis für das Festhalten an seiner Religion und an seinem kulturellen Erbe bezahlt hat, wie das jüdische. Paradoxerweise wurde ihm dies vor allem von Menschen zuteil, in deren Religion eines der wichtigsten theologischen Prinzipien die Liebe – ja sogar die Feindesliebe (siehe z.b. Mt 5,43–48; Röm 12,14.20) – ist. Diese Verfolgung richtete sich gegen jene Nation, aus welcher die Gründer ihrer eigenen Religion stammen (Jesus und die Apostel)! Diese Behandlung des jüdischen Volkes ist wohl das genaue Gegenteil dessen, was Jesus selbst und zumindest einige seiner Anhänger eigentlich wollten.

IV.   Gibt es wirklich kein jüdisches Interesse an Biblischer Theologie?

1987 veröffentlichte Jon D. Levenson einen Aufsatz mit der Überschrift »Why Jews are not interested in Biblical Theology«[28]. Die Intention des Aufsatzes läßt sich bereits aus der Überschrift ablesen: Es sei sozusagen ein Tatbestand, daß Juden nicht an Theologie interessiert seien; und alles, was bliebe, sei nur noch dies, die passenden Erklärungen dafür zu liefern.

Doch ist es offensichtlich falsch zu behaupten, die Juden seien nicht an Biblischer Theologie interessiert. Sie sind nur nicht an der

---

28   Der Aufsatz wurde veröffentlicht in: *J. Neusner / B.A. Levine / E.S. Frerichs* (eds.), Judaic Perspectives on Ancient Israel, Philadelphia 1987, 281–307. Der Autor hat ihn noch einmal abgedruckt in: *ders.*, The Hebrew Bible, Old Testament, and Historical Critiscism. Jews and Christians in Biblical Studies, Louisville 1993, 33–61.

christlichen Biblischen Theologie interessiert. Diese Sicht der Dinge ist leicht verständlich und bedarf keiner weiteren Erklärung. Warum sollten Juden an christlicher Theologie interessiert sein? In der Bibelwissenschaft gibt es die Auffassung, den Verfasser der Chronik als einen »alttestamentlichen Theologen« zu bestimmen. Zum Beispiel bestimmt Peter R. Ackroyd die Chronikbücher »as the first ›Theology of the Old Testament‹«. Er schreibt:

»We may ... see the Chronicler's presentation and endeavour to unify, to draw together the diverse strands of Israel's thought into a more coherent whole. We may be even more precise in our delineation of him as a theologian, and see him as one who aimed at presenting a unifying concept of nature of the Jewish religious community and hence of its theology and the meaning of its rich and varied tradition«[29].

Dies bedeutet aber: Die Biblische Theologie beginnt schon in der Hebräischen Bibel selbst. Wie auch immer wir den Chronisten und dessen Arbeit[30] beurteilen, es gibt keinen Zweifel daran, daß die jüdischen Kommentare über Generationen hinweg die theologischen Vorstellungen und Werte der Bibel in sich aufgenommen haben. Sie haben sich dabei hauptsächlich auf die verschiedenen Aspekte Gottes, die in der Bibel reflektiert werden, konzentriert: auf die Beziehungen zwischen Gott und der Menschheit, die Erwählung Israels, die Beziehungen zwischen dem Volk Gottes und den anderen Nationen, auf das Land Israel als religiösem Wert, die spezielle Verbindung zwischen dem Land und dem Volk Israel, auf Schöpfung, Offenbarung, Bund, Heiligkeit, Sünde und andere theologische Themen. Es ist zwar wahr, daß die Theologie, die man in den jüdischen Kommentaren findet, nicht die Theologie der Bibel oder dergleichen in einem Buch vereinigt. Diese Tatsache tut jedoch der Bedeutung theologischer Aussagen in jüdischen Kommentaren keinen Abbruch. Darüber hinaus muß man fragen: Beinhalten nicht gerade die *magna opera* wichtige Aussagen einer jüdisch-biblischen Theologie, wie zum Beispiel das »Buch der Glaubensansichten und Meinungen« des Rab Saadia (ben Joseph) Gaon (882–942 n.Chr.)[31] oder »Der

---

29   *P.R. Ackroyd*, The Theology of the Chronicler, in: *ders.*, The Chronicler in His Age (JSOT.S 101), Sheffield 1991, 280.
30   Zu abweichenden Auffassungen siehe *I. Kalimi*, Was the Chronicler a Historian?, in: *M.P. Graham* (ed.), Chronicles and the History of Ancient Israel (JSOT.S), Sheffield 1995 (im Druck).
31   Siehe *S. Rosenblatt*, Saadia Gaon. The Book of Beliefs and Opinions. Translated from the Arabic and the Hebrew, New Haven / London / Oxford 1948 (deutsch: *J. Fürst*, Saadja Fajjumi. Emunot we-Dëot, Leipzig 1845 = Hildesheim / New York 1970). Das Buch von Saadia Gaon könnte in der Tat als eine jüdische

Kuzari«, d.h. »Das Buch der Diskussion und des Beweises zur Verteidigung des verachteten Glaubens« von Rabbi Jehuda Hallevi (ca. 1085–1141 n.Chr.)[32] oder »Der Führer der Verwirrten« des Moses Maimonides (Rambam, 1135–1204 n.Chr.)[33]?

In der modernen Periode jüdischer Bibelwissenschaft ist zuallererst die wichtige Pionierarbeit einer biblisch-theologischen Gesamtsicht von David Neumark, »The Philosophy of the Bible« zu nennen[34]. Der Autor beschreibt sein Werk als »the presentation of the spiritual development of Judaism in biblical times in its theoretical principles as well as in the expressions these principles found in the cultural manifestations of life«[35]. Hinzuweisen ist auch auf das Kapitel »Die Grundzüge der biblischen Religion« in dem Buch von Julius Guttmann (1880–1950), »The Philosophy of Judaism«[36].

Biblische Theologie betrachtet werden; enthält es doch folgende Abhandlungen: 1. Die Schöpfung der Welt, 2. Gottes Einheit und andere göttliche Attribute, 3. Die göttlichen Gebote und die Bedeutung ihrer Offenbarung, 4. Die menschliche Freiheit, Gott zu gehorchen oder nicht, 5. Tugenden und Untugenden, 6. Die menschliche Seele und ihre Unsterblichkeit, 7. Auferstehungslehre, 8. Das messianische Zeitalter und seine Bedeutung für die Erlösung, 9. Jenseitiger Lohn und Strafe, 10. Die goldene Mitte. Rosenblatt zeigt, daß Saadia »drives home his points by means of apt quotations from the Bible, which is cited by him no less than 1,300 times. Even though as a Gaon he was the authority in his day on the Talmud he makes comparatively sparing use of this source of Jewish tradition« (XXVf). Schon ein kurzer Blick auf den Index der Quellen, die Saadia Gaon in seinem Buch zitiert, zeigt, daß die Bibelstellen 17 Seiten umfassen, während die rabbinischen Quellen noch nicht einmal 2 Seiten ausmachen (siehe ebd., 476–494).
32 Siehe *H. Hirschfeld*, Book of Kuzari by Judah Hallevi. Translated from the Arabic, with Introduction, Notes and Appendix, New York 1946 (= An Argument for the Faith of Israel – The Kuzari, New York 1964 = 1971); in deutscher Übersetzung: *D. Cassel*, Jehuda Halevi. Der Kusari, Berlin ²1869 = Zürich 1990.
33 Moses Maimonides. The Guide for the Perplexed. Translated with an Introduction and Notes by *S. Pines*, Chicago/London 1963 (deutsch: *A. Weiss*, Mose ben Maimon. Führer der Unschlüssigen, 3 Bde., Hamburg ²1972). Auch hier zeigt ein kurzer Blick auf den Index der Quellen, die Maimonides in diesem Buch zitiert (siehe ebd., 645–656), daß die biblischen Belege zehn Seiten füllen, während die rabbinischen nicht mehr als eineinhalb Seiten umfassen. Das Buch enthält folgende Abhandlungen: 1. Die biblischen Begriffe für Gott, 2. Der Beweis der Existenz, Einheit und Unkörperlichkeit Gottes, 3. Die Prophetie, 4. Der himmlische Thronwagen, 5. Die Vorhersehung, 6. Die Handlungen, die von Gott befohlen und getan werden, 7. Die Vollkommenheit des Menschen und Gottes Vorhersehung. Pines schreibt in seiner Einleitung: »The ›Guide‹ is devoted to the Torah or more precisely to the true science of the Torah ... Its first purpose is to explain Biblical terms and its second purpose is to explain Biblical similes« (ebd., XIV).
34 Cincinnati 1918.
35 *Neumark*, Philosophy, XIII.
36 New York / Chicago / San Francisco 1964, 3–17.413. Das Buch wurde in deutscher Sprache erstmals 1933 unter dem Titel »Die Philosophie des Judentums« (GPE I/3, München) publiziert.

Später erschienen die Werke von Martin Buber (1878–1965), darunter »Der Glaube der Propheten«[37] und »Königtum Gottes«[38], und die Studien von Abraham Joshua Heschel (1907–1972), etwa »Die Prophetie«[39]. Heute werden alle, die Moshe Greenbergs »On the Bible and on Judaism«[40] lesen, darin viele Beispiele für die Theologie der Bibel finden. Die Arbeit enthält Abhandlungen wie »Die biblische Grundlage der menschlichen Werte«[41], oder »Die Frage nach der Freiheit des Gottesverehrers in der Bibel«[42], »Die Verbindung zwischen Nation und Land in der Bibel«[43], »Das Fest in der Bibel und die Heilige Zeit«[44], und »Reflektionen zur Theologie Hiobs«[45]. Solche Abhandlungen fallen sicherlich unter die Kategorie »Theologie der Bibel«. Paradoxerweise hat derselbe Levenson, der zu erklären versuchte, warum die Juden nicht an Biblischer Theologie interessiert seien, selbst Arbeiten veröffentlicht, die durchaus theologischer Natur sind[46].

Es ist ebenfalls wichtig, die theologischen Arbeiten zu verschiedenen Büchern der Bibel zu erwähnen. Beispiele sind Abhandlungen wie S. Japhet, »The Ideology of the Book of Chronicles and Its Place in Biblical Thought«[47], Aufsätze wie M. Weinfelds »Theologische Trends in der Tora-Literatur«[48] oder »Gott als Schöpfer in Genesis 1 und in Deutero-Jesaja«[49], ferner S.E. Loewenstamms »Gottes Eigentum«[50], M. Weiss' »Psalm 23. The Psalmist on God's Care«[51] und Y. Hoffman, »The Creativity of Theodicy«[52]. Sind

---

37   Zürich 1950.
38   Heidelberg ³1956.
39   Krakau 1936. Erwähnenswert ist auch *A.J. Heschel*, Tiefentheologie, in: *ders.*, Die ungesicherte Freiheit. Essays zur menschlichen Existenz (InfJud 6), Neukirchen-Vluyn 1985, 97–105; zu vergleichen sind auch *ders.*, Gott sucht den Menschen. Eine Philosophie des Judentums (Information Judentum 2), Neukirchen-Vluyn 1980, 6f, und seine Aufsätze, die in: *J. Neusner* (ed.), Understanding Jewish Theology, New York 1973, 14–22.24–31 gesammelt sind.
40   Hg. von *A. Shapiro*, Tel Aviv 1984 (hebräisch).
41   *Greenberg*, Bible, 13–23.
42   Ebd., 85–97.
43   Ebd., 110–124.
44   Ebd., 161–167.
45   Ebd., 235–243.
46   Z.B. *Levenson*, Zion and Sinai.
47   Frankfurt a.M. u.a. 1989.
48   Beth Mikra 16 (1971), 10–22 (hebräisch).
49   Tarbiz 37 (1968), 105–132 (hebräisch).
50   In: FS S. Deim, Jerusalem 1958, 120–125 (hebräisch).
51   In: Sha'arei Talmon. Studies in the Bible, Qumran, and the Ancient Near East (FS Sh. Talmon), ed. by *M. Fishbane / E. Tov*, Winona Lake 1992, 31*–41*.
52   In: *H. Graf Reventlow / Y. Hoffman* (eds.), Justice and Righteousness – Biblical Themes and Their Influence (JSOT.S 137), Sheffield 1992, 117–130.

dies nicht genügend Beispiele, um zu beweisen, daß Juden sehr wohl an der Theologie der Bibel und an Biblischer Theologie interessiert sind? Levenson behauptet, daß es kein jüdisches Gegenstück zu den Theologien des Alten Testaments von Walter Eichrodt oder Gerhard von Rad gäbe[53]. Diese Behauptung ist ungenau. Mit der gleichen Berechtigung könnte man etwa fragen, welche Reihe wissenschaftlicher jüdischer Kommentare zur Bibel gleichbedeutend mit den großen wissenschaftlichen Kommentarreihen seien, die in der christlich geprägten Welt – speziell im Protestantismus – entstanden sind. Diese Liste ist umfangreich und ließe sich verlängern[54]. Es ist unbestreitbar, daß bis zum heutigen Tag kein umfassender jüdisch-wissenschaftlicher Kommentar zur Hebräischen Bibel erschienen ist[55]. Erst vor kurzer Zeit haben Moshe Greenberg und Shmuel Ahituv einen modernen jüdischen Kommentar zur Bibel angeregt: »Miqra' la-jisra'el«, von dem die Bände zu Ruth, dem Hohenlied, Jona und Obadja bereits publiziert sind und die zu Jeremia, Amos und Joel in Kürze erscheinen werden. Könnte man deswegen behaupten, daß Juden nicht an kritischen Bibelkommentaren interessiert seien? Natürlich sind sie daran interessiert! Welches jüdische Gegenstück gibt es zu den 49 Büchern »Einleitung in das Alte Testament bzw. in die Bibel«, die von christlichen Forschern veröffentlicht wurden[56]? Und das Bild, das sich auf anderen Forschungsfeldern darbietet, ist nicht viel anders[57]. Die Situation erklärt sich leicht aus der Tatsache, daß die wissenschaftlich-jüdische Bibelforschung noch sehr jung ist[58]. Das Interesse der modernen jüdischen Forscher an der Theologie der Bibel und an Biblischer Theologie unterscheidet sich kaum von ihrem

---

53 Theology, 281.

54 Man denke nur an The International Critical Commentary (ICC); Kurzer Hand-Commentar zum Alten Testament (KHC); Die Heilige Schrift des Alten Testamentes (HSAT); Handbuch zum Alten Testament (HAT); Die Neue Echter Bibel (NEB); The New Century Bible Commentary (NCBC) usw. Zu weiteren wissenschaftlichen Kommentarreihen zur Hebräischen Bibel vgl. *I. Kalimi*, The Books of Chronicles – A Classified Bibliography, Jerusalem 1990, 42–52 (die Gruppen Nr. 112–162).

55 Der religiöse Bibelkommentar, der von Mosad HaRav Kook publiziert wird, ist nicht wissenschaftlich, auf religiöse Überlieferungen beschränkt und darüber hinaus immer noch unvollständig. Die Kommentarreihe von Abraham Kahana ist nicht vollständig und zu alt.

56 Zur Liste der Einleitungen vgl. *Kalimi*, Bibliography, 34–38 (die Gruppen Nr. 11–61).

57 Wenn man meine nach Gruppen gegliederte Bibliographie durchsieht, erhält man ein sehr klares Bild von der Sachlage.

58 Siehe dazu Anhang I unten S. 64–67.

Interesse an anderen biblischen Gebieten. Mit anderen Worten: Juden sind an Biblischer Theologie und an der Theologie der Bibel interessiert, haben allerdings bislang noch nicht allzuviel auf diesem Gebiet hervorgebracht, was aber auch von anderen Gebieten gilt.

Doch wie kann man erklären, daß einerseits nur wenige jüdische Publikationen auf die Biblische Theologie verweisen, während andererseits viele Veröffentlichungen zur Geschichte Israels darauf durchaus Bezug nehmen?

Levenson erklärt dies so, daß die Juden schlichtweg nicht an Biblischer Theologie interessiert seien. Er führt als Grund dafür zwei Charakteristika der Biblischen Theologie an, die von christlichen Forschern geschrieben wurden:

a) Die Theologien, die von den Christen zum Alten Testament geschrieben wurden, seien nicht eigenständig, da sie mit der Theologie des Neuen Testaments verbunden würden. Überall sei deutlich, daß das Alte Testament als eine Vorstufe für das Neue Testament verwendet werde und so das Neue Testament erst die Erfüllung des Alten darstelle[59].

b) Es fänden sich in vielen klassischen Werken der christlichen Theologen zahlreiche antisemitische Äußerungen, und diese Tatsache entmutige jüdische Forscher, sich in diesem Bereich zu betätigen.

Diese Punkte erklären, warum jüdische Wissenschaftler sich nicht an christlicher Theologie beteiligen, aber sie erklären nicht, warum die Juden keine alternative jüdische Biblische Theologie konzipiert haben, die sich ausschließlich auf den Tanach gründet und natürlich frei von Antisemitismus wäre. Mit anderen Worten: Die Christen haben seit jeher – und tun es immer noch – Biblische Theologien für sich selbst und ihre eigenen Belange geschrieben. Dies erklärt jedoch nicht, warum die Juden nicht eine umfassende Theologie für ihre Belange entwerfen, die sich von der der Christen im Inhalt, im Zugang und auch in der Methode unterscheidet. Darüber hinaus sollte es eigentlich nicht überraschen, daß die Christen das Neue Testament als Fortsetzung des Alten betrachten. Sie verbinden die beiden Bücher in ihren alttestamentlichen Theologien so miteinander, wie es ihrem Bekenntnis und ihrem Glauben entspricht.

---

59 *Levenson*, Theology, 286; er zitiert R.C. Dentan. Dieser Punkt begegnet jedoch häufig in den Werken vieler christlicher Theologen, so z.B. bei *Eißfeldt*, Religionsgeschichte, 2 (= *ders.*, Kleine Schriften I, 106) und erst kürzlich wieder bei *Childs*, Biblical Theology, 452: »the old covenant is a preparation for the new«. Vgl. auch *Caird/Hurst*, New Testament Theology, 57–62.

Auch muß man berücksichtigen, daß antisemitische Äußerungen ebenso bei christlichen Historikern vorkommen, speziell in den Veröffentlichungen einiger deutscher Autoren wie z.b. bei Eduard Meyer[60], Julius Wellhausen[61] und sogar noch nach der Schoah bei Martin Noth[62]. Dieser Antisemitismus hält Juden nun aber keineswegs davon ab, die Geschichte der biblischen Epoche zu erforschen. Im Gegenteil, auf diesem Feld gibt es eine besonders ertragreiche jüdisch-israelische Forschung. Daneben hat die Tatsache, daß auch in den Arbeiten christlicher Forscher zur Religionsgeschichte Israels antisemitische Äußerungen auftauchen[63], die jüdischen Gelehrten nicht davon abgehalten, sich mit dieser zu beschäftigen[64]. Es scheint mir, daß die Erklärung für das begrenzte Interesse der Juden an theologischer Forschung mit zwei anderen Punkten zu tun hat: 1. mit dem Schwerpunkt jüdisch-israelischen Interesses an biblischer Forschung und 2. mit der Organisation der höheren Bildungseinrichtungen in Israel – und einiger jüdischer Institutionen in Amerika. Lassen Sie uns diese Punkte näher betrachten.

1. Der Schwerpunkt des Interesses in der jüdisch-israelischen Bibelforschung

Die Hauptzentren der modernen jüdischen Bibelforschung liegen zuallererst im Staat Israel. Hier sind die meisten Bibelforschungszentren an den Universitäten und in Forschungsinstituten angesiedelt. Ein kurzer Überblick zeigt, daß das Hauptinteresse der dortigen Forschung den historischen Aspekten der Bibel in ihrer ganzen Vielfalt und Breite gilt: der politischen Geschichte, der Militärgeschichte, der Wirtschaftsgeschichte, der historischen Geographie, der biblischen Historiographie, der biblischen Archäologie und der Geschichte der israelitischen Religion. Alle diese Disziplinen stehen in ständigem Austausch mit der Erforschung der Sprache und Literatur, der Religionen und Kulturen der anderen Völker des antiken Vorderen Orients und deren Geschichte und ebenso im engen Zusammenhang mit den archäologischen Grabungen in Israel und in seinen Nachbarstaaten.

---

60   Vgl. *C. Hoffmann*, Juden und Judentum im Werk Deutscher Althistoriker des 19. und 20. Jahrhunderts, Leiden u.a. 1988, 133–189.
61   Vgl. *J. Wellhausen*, Prolegomena zur Geschichte Israels, Berlin/Leipzig ⁶1927, 223.400f.423f.
62   Vgl. *M. Noth*, Geschichte Israels, Göttingen ³1956, 383–386.406.
63   So z.B. bei W.M.L. de Wette; vgl. *L. Perlitt*, Vatke und Wellhausen (BZAW 94), Berlin 1965, 92.248f; ferner *G. Fohrer*, Geschichte der israelitischen Religion, Berlin 1969, 369 (vor seinem Übertritt zum Judentum).
64   Siehe dazu Anhang II unten S. 67f.

Die Bibel geht davon aus, daß Israel einen Rechtsanspruch auf sein historisches Heimatland hat und ein unveräußerliches Recht auf eine eigene nationale Souveränität. Israel war und bleibt ein integraler Bestandteil des Nahen Ostens[65]. Allerdings ist dies in der heutigen Zeit eine neue Erfahrung. Wir sind dabei, eine erneuerte jüdisch-israelische Nationalität zu entdecken, die sich speziell auf die Bibel gründet und nicht auf die rabbinische Literatur, die von jahrhundertelangen bitteren Erfahrungen der Diaspora geprägt ist. Die Entscheidung, den neuen Staat »Israel« und nicht »Juda« oder »jüdischen Staat« (»Der Judenstaat«, wie Theodore [Binjamin Ze'ev] Herzl vorschlug) zu nennen, weist in diese Richtung. Die massive Konzentration auf die historischen Aspekte der Bibel, die bis zu einem gewissen Punkt das Produkt der gesellschaftlich-politischen Situation der letzten Generation des Volkes Israel ist, ließ nicht viel Raum, sich intensiver mit Biblischer Theologie zu befassen. Es gibt gute Gründe anzunehmen, daß sich mit der Zeit und einer Veränderung der äußeren Umstände das wissenschaftliche Interesse an den theologischen Aspekten der Bibel verstärken wird. Tatsächlich nahm Moshe H. Goshen-Gottstein ein Buch in Angriff, das in diese Richtung gehen sollte: »Prolegomena to Jewish Biblical Theology«[66]. Aber leider blieb dieses Werk durch seinen Tod 1993 unvollendet.

2.   Zur Organisation der höheren Bildungseinrichtungen in Israel

Die Theologischen Fakultäten in Europa, seien sie katholisch oder evangelisch, und ebenso die Schools of Theology, Theological Seminaries und Divinity Schools in Amerika (im Unterschied zu den Departments of Religion) bilden zuallererst Pfarrer, Priester, christliche Lehrer und Erzieher aus, die kirchliche Aufgaben in Erziehung und Diakonie erfüllen sollen. In diesen Einrichtungen nimmt das Studium der christlichen Bibel nur einen kleinen Teil des theologischen Programms ein. Innerhalb dieser christlichen Bibelstudien wird normalerweise der Schwerpunkt auf das Studium des Neuen Testaments gelegt, und dabei stehen dessen religiös-theologische Aspekte im Vordergrund. Unter diesen Einrichtungen gibt es hier und da solche, die auch an der Geschichte des antiken Israel und manchmal sogar an der des Landes Israel interessiert sind. Aber diese Themen stehen normalerweise nicht im Mittelpunkt der theologischen Lehre und Forschung. Die Suche

---

65   Das ist keine politische Verwendung der Bibel, sondern ein Feststellen von Aussagen, die es in ihr gibt.
66   *Goshen-Gottstein*, Theology, 37.

»nach den Wurzeln« spielt hier keine große Rolle. Und in der Tat, warum sollte es für einen Pfarrer, der der Kirche dient, oder für einen christlichen Religionslehrer wichtig sein, wo genau die Ostgrenze von Kanaan verlief bzw. wo genau sich ein bestimmter biblischer Ort befand, wie eine bestimmte Schlacht historisch ablief und zu welchen politischen Resultaten sie führte oder welche Militärpolitik irgendein bestimmtes Bündnis der Staaten Israel oder Juda mit den Königreichen des antiken Vorderen Orients leitete? Im Gegensatz dazu konzentriert sich biblisches Studium in Israel an den Universitäten, in eigenständigen Departments bzw. in zugeordneten Unterabteilungen verwandter Departments. So ist z.B. die Geschichte der biblischen Epoche im Rahmen der Geschichte des jüdischen Volkes angesiedelt, biblisches Hebräisch und Aramäisch im Department für Hebräische Sprache, die biblische Gedankenwelt im Department für Jüdisches Geistesleben und die biblische Archäologie im Institut für Archäologie. Das Department für Bibel und alle anderen genannten Abteilungen sind hier den *Geisteswissenschaften* zugeordnet. Es versteht sich von selbst, daß in allen diesen Abteilungen nur auf die 24 Bücher des Tanach Bezug genommen wird. Das Neue Testament wird dagegen im Department für Religionswissenschaft behandelt. Die Universität, wie jede andere säkulare akademische Einrichtung, beschäftigt allein wissenschaftliche Lehrer und Forscher. Sie bildet keine Rabbiner oder andere Personen aus, die mit dem Bereich Religion und den Synagogen beruflich zu tun haben. Das Rabbinat hat keinerlei Befugnis, in die akademische Selbstverwaltung einzugreifen. Folglich genießen die theologischen und religiösen Perspektiven weniger Aufmerksamkeit.

Der Jude, der im Lande Israel lebt, ist natürlich eng vertraut mit dessen Straßen, Städten, Grenzen usw. Alle diese Dinge sind ihm nahe und betreffen ihn unmittelbar. Die politischen und militärischen Schläge, die das Schicksal der Nation bestimmten, das Land und seine Kultur liegen ihm am Herzen.

Die Ausbildung von Rabbinern, frommen Gelehrten und religiösen Lehrern – einschließlich der Lehrer für Bibel an den religiös geprägten Erziehungsanstalten – erfolgt in den Jeschivot[67]. Hier werden – normalerweise zusammen mit der Halacha – mehr die theologischen Aspekte behandelt, die signifikanten Werte aus dem antiken Erbe Israels oder ganz allgemein die Bibel in der Sicht der Rabbinen.

---

67 Eine Ausnahme davon sind nur die konservativen Juden, die im Jewish Theological Seminary, und die Reform-Juden, die am Hebrew Union College studieren.

Nach meiner Ansicht sind dies die Hauptgründe für das begrenzte Interesse, das jüdischer Forscher an der Biblischen Theologie haben.

V. Zusammenfassung

Beide Disziplinen – die Religionsgeschichte Israels und die Alttestamentliche Theologie – sind wichtig und haben gleichen Wert. Allerdings sind sie klar abgegrenzte Bereiche, zwischen denen tiefe Unterschiede bestehen. Folglich muß die Forschung in beiden je für sich getrennt betrieben werden und spezifischen, klar definierten Methoden folgen, um Verwirrung zu vermeiden. Es ist eine interessante Aufgabe, die theologischen Leitlinien der biblischen Autoren, Buch- und Kanonredaktoren aufzuspüren. Denn es ist notwendig, sich der theologischen Leitlinien, die die Bibel durchziehen, bewußt zu sein, wenn man die Bibel daraufhin lesen will, welche religiösen Botschaften und moralischen Werte aus ihr abzuleiten sind. Nichtsdestoweniger ist es unmöglich, nach einer einzigen bestimmenden Vorstellung zu suchen und sie der gesamten Bibel überzustülpen. Christliche Theologen sollten keinerlei antisemitische oder antijüdische Theologie einschleusen.

Die Juden sind sowohl an der Theologie in der Hebräischen Bibel als auch an Biblischer Theologie interessiert. Das begrenzte Interesse jüdischer Forscher an Biblischer Theologie ist hauptsächliche dadurch begründet, daß die wissenschaftliche jüdische Bibelforschung noch sehr jung ist, der Schwerpunkt jüdisch-israelischen Interesses an biblischer Forschung in den letzten Generationen aus naheliegenden Gründen an anderer Stelle lag und daß sich die wissenschaftliche Organisation der höheren Bildungseinrichtungen vor allem in Israel, aber auch einiger jüdischer Einrichtungen in Amerika, von den Theologischen Fakultäten bzw. Divinity Schools unterscheidet.

Anhang I: Studium der Bibel unter Juden

Ein bekanntes Sprichwort besagt: »Die Juden brauchten 1000 Jahre, die Bibel zu schreiben, und 2000 Jahre, sie auszulegen«. Der erste Teil des Sprichworts ist eine wohlbekannte Tatsache. Aber wie sieht es mit dem zweiten aus? In der Tat, es ist richtig, daß in den Tagen der Antike und im Mittelalter die Juden die Bibel studiert und kommentiert haben (so z.B. Rab Saadia Gaon, Raschi, Rabbi David Kimchi, Rabbi Abraham Ibn Esra, Don Isaak Abarbanel). Aber generell wurde das Bibelstudium über Generationen hinweg als unabhängiges Gebiet vernachlässigt; an dessen Stelle hatte man die mündliche Überlieferung der Tora – den Talmud – gerückt. Das gilt besonders für die aschkenasische Gemeinde. Biblische Verse wurden über die talmudischen Abschnitte und Erörterungen und durch Raschis Kommentar zur wöchentlichen Toralesung gelernt. Tatsächlich hat die Bibel als selbständiges Studiengebiet keine tiefe Verwurzelung, zumindest nicht im orthodoxen Judentum. Eine Baraitha im babylonischen Talmud, bBM 33a sagt:

תנו רבנן העוסקין במקרא ־ מדה ואינה מדה, במשנה ־ מדה ונוטלין עליה שכר, גמרא ־ אין לך מדה גדולה מזו.

»Unsere Meister lehrten: Die sich (nur) mit der Schrift beschäftigen, haben keinen betimmten Verdienst (wörtlich: ein Maß und [doch] kein Maß); mit der Mischna: Sie haben Verdienst und empfangen Lohn; (mit) Gemara[68]: Es gibt für sie nichts Verdienstvolleres!«

Diese Baraitha ist auch heute noch als methodischer Leitfaden in verschiedenen religiösen Einrichtungen speziell der Orthodoxen in Israel und der Diaspora in Anwendung.
Zu Beginn dieses Jahrhunderts schrieb Arnold B. Ehrlich (1848–1919) in der Einführung zu seinem Bibelkommentar, daß die Juden »ängstlich sind«, einen kritischen Kommentar zur Bibel auszuarbeiten und zu schreiben:

»Mein Volk fürchtet sich davor, dieser Aufgabe entgegenzutreten. Denn wer würde es wagen, die Arbeit der früheren [biblischen] Autoren zu kritisieren, wenn ihm [dem modernen Studenten] gesagt wird: Sollten jene [die biblischen Autoren] Engel gewesen sein, so sind wir doch nur Menschen; sollten sie Menschen gewesen sein, so sind wir [doch nur] wie Esel.«[69]

Er greift aufs Heftigste die jüdischen Forscher an, die kein Interesse an moderner biblischer Forschung haben:

חכמי ישראל אשר אלה ארבע אמות של הלכה תחומם, ולהם ביצה שנולדה ביום טוב ראויה לדרישה וחקירה מכל הנולדות שבעולם, ואלה מבלים ימיהם במשא ומתן על דבר פיוטים ופיוטנים שאין לדבריהם חן ולא תועלת, ולא לשתי הכתוות כתבי הקודש ענין לענות בו. הלא יבושו העשים כן ומניחם ספר שהנחילום אבותיהם לחכמי הגוים לעבדה ולשמרה ולאכול פריה.

»Weder für die jüdischen Gelehrten, deren Gebiet die vier Ellen der Halacha ist und für die ein am Feiertag gelegtes Ei wichtiger zu studieren und zu untersuchen ist

---

68   Alle Manuskripte und ältere Drucke haben hier: »Talmud«; siehe *D.N. Freedman*, Hebrew – English Edition of the Babylonian Talmud Baba Mezi'a, London 1962 (›Soncino Talmud‹), zur Stelle, Anm. 6.
69   Mikrâ Ki-Pheschutô, Vol. I: Divre Tora, Berlin 1900, XXXVI (hebräisch).

als alles andere, was auf die Welt kommt, noch für diejenigen, die ihre Zeit mit
Diskussionen über Hymnen und Hymnendichter verschwenden, deren Texte weder
Schönheit noch Nutzen haben, sind die biblischen Schriften von Interesse, sich
damit zu beschäftigen. Doch sollten sie, die so handeln und das Buch, das sie von
ihren Vätern ererbten, den nichtjüdischen Gelehrten zur Bearbeitung, Bewahrung
und Nutznießung überlassen, sich schämen.«[70]

Die jüdischen Gelehrten haben selbst in der Folgegeneration noch
nicht die »Angst« überwunden, sich auf die wissenschaftliche Erforschung der Bibel einzulassen. In seiner Einführungsvorlesung
aus Anlaß der Eröffnung des Instituts für Jüdische Studien an der
Hebräischen Universität Jerusalem sagte P. Perles:

»Es gibt immer noch viele, die Bedenken haben, sich mit biblischer Wissenschaft zu beschäftigen; und nicht allein das, sondern sie bekämpfen diese total,
weil sie der Meinung sind, daß die Wissenschaft verantwortlich für den Verfall der
religiösen Strukturen sei. Deswegen bin ich verpflichtet aufzuzeigen, daß diese
Wissenschaft nicht zerstören, sondern aufbauen will, und das Ziel meiner Arbeit
ist, die Krone, die weggenommen wurde, zurückzubringen«[71].

Perles fuhr fort und verdeutlichte, daß

»die Zahl der jüdischen Gelehrten, die auf diesem Gebiet (sc. der biblischen Forschung) arbeiten, noch immer sehr klein ist. Ich sehe darin eine große Schande
und einen großen Verlust für Israel ... und beinahe alle wichtigen Bücher, die über
die Bibel in den letzten hundert Jahren geschrieben wurden, sind das Werk christlicher Gelehrter.«[72]

Allerdings muß man auch sehen, daß das Interesse jüdischer Forscher an wissenschaftlichen Bibelstudien auch durch die gesellschaftliche und ökonomische Realität beeinflußt wird: Damals wie
heute ist es einem jüdischen Bibelforscher meist nicht gestattet,
eine ordentliche Professur für *Biblische* Studien an christlichen
Theologischen Fakultäten, Divinity Schools oder Schools of Theology wahrzunehmen. Tatsächlich hat sich die jüdische Bibelforschung erst seit der Eröffnung einer Bibelabteilung am Hebrew
Union College in Cincinnati und speziell an der Jerusalemer Hebrew University vor ungefähr 70 Jahren entwickelt.
Das Studium der Bibel als eigenständige wissenschaftliche Disziplin und die moderne jüdische Bibelforschung sind allerdings,
verglichen mit protestantischen Verhältnissen, immer noch sehr
junge Gebiete. Es muß darum daran erinnert werden, daß dement-

70   *Ehrlich*, Mikrâ Ki-Pheschutô, Vol. I, XXXVII.
71   *P. Perles*, What is the Biblical Scholarship for Us? An inaugural Lecture at
Institute for Jewish Studies. The Hebrew University of Jerusalem, Jerusalem
1926, 6 (hebräisch).
72   Ebd., 9–12.

sprechend selbst heute die Zahl der jüdischen Bibelforscher im Vergleich zur Zahl der christlichen noch nicht sehr groß ist. Meiner Meinung nach müßte die Diskussion über jüdische Bibelforschung, sowohl was die »Religionsgeschichte Israels« als auch die »Theologie des Alten Testaments« betrifft, unter einer sehr viel weiteren Perspektive geführt werden, nämlich auf dem Hintergrund, wie Juden überhaupt mit moderner Bibelforschung umgehen.

Anhang II: »Religionsgeschichte Israels« in der jüdisch-biblischen Forschung

Von den beiden biblischen Disziplinen haben sich die jüdischen Forscher hauptsächlich mit der »Religionsgeschichte Israels« beschäftigt, mehr als mit der »Theologie des Alten Testaments« oder der »Biblischen Theologie«. Hier sollte zuerst und vor allen anderen das *magnum opus* von Yeḥezkel Kaufmann (1889–1963) genannt werden: »History of Israelite Religion – From the Ancient Times to the End of Second Temple«[73]. Dies ist das umfassendste Werk, das jemals von einem Israeli über die Religionsgeschichte Israels geschrieben wurde – in hebräischer Sprache. Nach ihm schrieben Forscher über spezielle Themen wie z.B. Menachem Haran, ein Schüler Kaufmanns, der »Temples and Temple Service in Ancient Israel – An Inquiry into Biblical Cult Phenomena and the Historical Setting of the Priestly School«[74] verfaßte. Dieses Buch handelt, wie es Haran selbst beschrieben hat, von »the activities of the temple's inner sphere and belonging to the priestly circle«[75]. Aber auch die anderen Arbeiten von Haran sollten erwähnt werden, wie z.B. »The Graded Taboos of Holiness«[76], »The Priestly Image of the Tabernacle«[77], »Shilo and Jerusalem«[78] und »The Religion of the Patriarch: Beliefs and Practices«[79].

---

73   4 Vol. (8 books), 6th print, Jerusalem / Tel Aviv 1972 (hebräisch). Eine gekürzte Übersetzung der Bde. I–III ins Englische hat M. Greenberg besorgt; siehe *Y. Kaufmann*, The Religion of Israel. From its Beginning to the Babylonian Exile, Chicago 1960; Band IV: The Babylonian Captivity and Deutero-Isaiah, New York 1970 wurde von C.W. Efroymson übersetzt.
74   Ursprünglich publiziert: Oxford, 1978 (Clarendon Press); korrigierter Wiederabdruck, Winona Lake 1985 (Eisenbrauns).
75   *Haran*, Temple and Temple Services, V.
76   In: FS M.Z. Segal, Jerusalem 1965, 33–41 (hebräisch).
77   HUCA 36 (1965), 191–226.
78   JBL 81 (1962), 14–24.
79   In: *B. Mazar* (ed.), The World History of the Jewish People, Vol. II: The Patriarchs, Givatayim 1970, 219–245.285–288. Vgl. auch einige Aufsätze in: *M. Haran*, Ages and Institutions in the Bible, Tel Aviv 1972 (hebräisch).

Es gibt ebenso zahlreiche Studien über den israelitischen Kult wie
die Monographien von Baruch A. Levine »In the Presence of the
Lord – A Study of Cult and Some Cultic Terms in Ancient Israel«[80] und von Jacob Milgrom, »Cult and Conscience«[81] und »Studies in Cultic Theology and Terminology«[82].
Wichtige Studien wurden auch über verschiedene Themen der altisraelitischen Religion veröffentlicht, z.b. von Mordechai Cogan,
»Imperialism and Religion: Assyria, Judah and Israel in the Eigth
and Seventh Centuries B.C.E.«[83]; Benjamin Uffenheimer, »Ancient
Prophecy in Israel«[84]; Yair Hoffman, »Exodus in the Bible Belief«[85] und Alexander Rofé, »The Belief in Angels in the First
Temple Period According to Biblical Traditions«[86]. Darüber hinaus gibt es auch noch einige Aufsätze, die es wert sind, genannt zu
werden, darunter »The Origin of the ›Day of the Lord‹ – Recon-
sidered« von Meir Weiss[87]; »Religion: Stability and Ferment« von
Moshe Greenberg[88] und »The Work of the Israelite Molech and
his background«[89] von Moshe Weinfeld sowie dessen Arbeiten
über den Bund und andere Themen[90].

80   Leiden 1974.
81   Leiden 1976.
82   Leiden 1983.
83   Missoula, 1974.
84   Jerusalem 1973 (hebräisch).
85   Tel Aviv 1983 (hebräisch).
86   Diss., The Hebrew University of Jerusalem, 1969.
87   HUCA 37 (1966), 29–60.
88   In: *A. Malamat* (ed.), The World History of the Jewish People: The Age of
the Monarchies – Culture and Society, Jerusalem 1979, 79–123.296–303.
89   In: Proceedings of the Ninth World Congress of Jewish Studies, Jerusalem
1969, 37–61.152.
90   Genaue bibliographische Hinweise dazu finden sich bei *M. Weinfeld*, Deu-
teronomy 1–11 (AncB 5), New York u.a. 1991, 116–120.

Frank Crüsemann

Religionsgeschichte oder Theologie?

Elementare Überlegungen zu einer falschen Alternative

Seiner »Theologie des Alten Testaments« hat Gerhard von Rad als ersten Hauptteil einen »Abriß einer Geschichte des Jahweglaubens und der sakralen Institutionen in Israel« vorangestellt[1], den er offenkundig als »Religions- und Kultusgeschichte« verstanden hat[2]. In gewisser Hinsicht ist Rainer Albertz' theologisch orientierte Religionsgeschichte trotz anderer Fragestellung und in einer sehr veränderten Forschungslage ein Ausbau dieses Versuchs[3]. Das war seit langem fällig. Ich stimme sowohl seiner theologischen Bewertung religionsgeschichtlicher Arbeit wie seinen methodischen und hermeneutischen Ansätzen in ihren Grundzügen zu. Da das Alte Testament »ein Geschichtsbuch« ist[4], können zentrale Aspekte seines theologischen Gehalts so – und manche nur so – zur Sprache kommen. Probleme habe ich aber mit der These, es bestünde eine Alternative zwischen einer solchen »Religionsgeschichte Israels in alttestamentlicher Zeit« und einer »Theologie des Alten Testaments«; erstere könne und solle ein für allemal an die Stelle letzterer treten[5]. Dazu möchte ich im folgenden einige elementare Überlegungen vortragen. Sie enthalten zum Teil selbstverständliche Beobachtungen, die aber in der Debatte präsent sein sollten. Es geht dabei um Argumente aus der Struktur des alttestamentlichen Ka-

---

1 G. von Rad, Theologie des Alten Testaments, Bd. 1, München [6]1969, 17–115.
2 Vgl. bes. den ersten Satz ebd., 17.
3 R. Albertz, Religionsgeschichte Israels in alttestamentlicher Zeit, 2 Bde. (GAT 8,1–2), Göttingen 1992.
4 G. von Rad, Das Alte Testament ist ein Geschichtsbuch, in: C. Westermann (Hg.), Probleme alttestamentlicher Hermeneutik. Aufsätze zum Verstehen des Alten Testaments (TB 11), München 1960, 11–17 = Auszüge aus: ders., Typologische Auslegung des Alten Testaments, EvTh 12 (1952/53), 17–33.
5 R. Albertz, Religionsgeschichte Israels statt Theologie des Alten Testaments! Plädoyer für eine forschungsgeschichtliche Umorientierung (siehe oben S. 3–24).

nons (I), aus einigen grundlegenden hermeneutischen Einsichten (II) sowie um die Problematik einer derartigen Zuammenfassung überhaupt (III). Schließlich soll wenigstens angedeutet werden, worin ich eine bisher vernachlässigte Aufgabe in diesem Feld sehe (IV).

I

Es liegt letztlich an der Struktur des alttestamentlichen Kanons selbst, daß keine der beiden diskutierten Möglichkeiten, daß weder Religionsgeschichte noch Theologie für sich allein dem religiösen und theologischen Gehalt der Schrift wirklich gerecht werden können.
So sind auf der einen Seite in einer historisch angelegten Religionsgeschichte manche und zwar besonders zentrale Züge der Texte nicht oder nur mit Mühe unterzubringen. Das liegt an der Tatsache, daß die Geschichtserzählung des Alten Testaments an der »kanonischen« Frühzeit orientiert ist, daß wir aber von dieser Epoche historisch-kritisch und also religionsgeschichtlich nur sehr wenig wissen. Das Dilemma läßt sich an der Albertzschen Darstellung aufzeigen. So stellt er etwa die »Landnahme« samt ihren religiösen Aspekten zunächst im Zusammenhang der Frühzeit dar[6]. Das Thema kommt dann in späteren Teilen des Werks nur kurz und recht thetisch vor. Es wird bei Hosea[7], dem Deuteronomium[8] und natürlich bei der Darstellung des deuteronomistischen Geschichtswerks[9] erwähnt. Die für die kanonische Geschichtserzählung, ihr Gottesbild wie für ihre populäre Rezeption so entscheidende Darstellung des Josuabuches, also die deuteronomistische Sicht einer gewaltsamen Landnahme, kommt damit faktisch nicht ihrem großen Gewicht entsprechend vor. Was steht denn nun theologisch-religiös hinter diesem Bild einer gewaltsamen Eroberung des Landes, warum und gegen wen werden die Banngebote und ihre Realisierung entwickelt? Noch deutlicher findet sich eine entsprechende Lücke beim großen Zentrum des Pentateuchs, der Gabe der Tora am Sinai. Der Gottesberg kommt kurz in der Darstellung der Frühzeit vor[10]; die Kürze entspricht unserem recht gerin-

6 *Albertz*, Religionsgeschichte, 107–112.
7 Ebd., 271.
8 Ebd., 332f.
9 Bes. ebd., 402f; vgl. auch 355.393 (zu Jeremia-D); 507 (zur D-Komposition im Pentateuch).
10 Ebd., 82–88.

gen Wissen über die historischen Vorgänge. Danach findet dieses Thema nur mehr kurze Erwähnungen[11]. Das aber heißt: Die erzählerische Verortung der Tora in der Frühzeit und am Gottesberg bleibt – sehr anders als in den biblischen Texten selbst – eine Randfrage. Daraus ergibt sich mir die These, daß eine religions-*geschichtliche* Darstellung tendenziell kaum in der Lage ist, dem Faktum Rechnung zu tragen, daß die Frühzeit in der Spätzeit immer wichtiger, ihre Darstellung immer breiter wird. Diese Problemanzeige ist weitgehend unabhängig vom Grad wissenschaftlicher Skepsis über das Alter der Texte und Traditionen. Denn historisch-kritisch gesehen geschieht das jedenfalls im Detail durchaus fiktiv. Nun könnte man sich natürlich vorstellen, daß eine Religionsgeschichte genau das noch stärker berücksichtigt, als es Albertz getan hat, und von Vätern (und Müttern), Sinai, Landnahme usw. nicht primär im Zusammenhang der erzählten Zeit, also bei der Darstellung der Frühgeschichte, sondern vor allem im Zusammenhang der rekonstruierten Erzählzeit handelt, also etwa der nachexilischen Periode. Wenn das aber versucht wird, müßte es sich vom Umfang und Gewicht der Texte her doch wohl eher um so etwas wie eine Religionsgeschichte der kanonbildenden Periode handeln, mit einer je nach historischer Skepsis längeren oder kürzeren Vorgeschichte. Jedenfalls würde sie damit genau dem entsprechen, was eine historisch vorgehende kanonische Theologie des Alten Testaments ihrerseits unausweichlich sein muß.

Wendet man sich nun umgekehrt einer solchen Theologie des kanonischen Endtextes der Bibel zu – bisher ein Idealtypus, der trotz Childs[12] noch auf seine Realisierung wartet[13] –, so besteht ihr großer Vorteil zweifellos darin, daß es um *die* Theologie *der* biblischen Texte geht, und nicht vorgängig um die Theologie unserer literarischen und historischen Rekonstruktionen. Nur kann das ja keinesfalls bedeuten, auf eine historische Interpretation, also auf den Bezug der Texte auf ihren historischen und sozialen Hintergrund, zu verzichten, was ihnen viel an theologischem Profil rauben würde.

---

11 Im Zusammenhang mit Elia (ebd., 241ff), dem Deuteronomium (ebd., 352. 358f), der D-Komposition im Pentateuch (ebd., 509f) sowie der Chronik (ebd., 609).
12 *B.S. Childs*, Old Testament Theology in a Canonical Context, London 1985.
13 Vgl. bes. das Programm von *R. Rendtorff*, Theologie des Alten Testaments. Überlegungen zu einem Neuansatz, in: *ders.*, Kanon und Theologie. Vorarbeiten zu einer Theologie des Alten Testaments, Neukirchen-Vluyn 1991, 1–14 sowie die übrigen Arbeiten des Bandes und *ders.*, Die Hermeneutik einer kanonischen Theologie des Alten Testaments. Prolegomena (s. oben S. 35–44).

Nur, welcher Hintergrund ist das denn? Ein Werk wie das Amosbuch ist zweifellos theologisch erst dann sachgemäß erfaßt, wenn
es mit Einschluß späterer Zusätze, also etwa des so positiven Amos-
schlusses verstanden wird. Andererseits gehört es gerade zur kanonischen Form solcher Bücher, daß sie in einer recht exakt zu bestimmenden Phase der Königszeit verankert werden. Die Über-
schriften der Prophetenbücher sind ja als kanonische Leseanwei-
sungen zu verstehen. Und es bleibt historisch festzuhalten, daß viele Einzelzüge der prophetischen Schriften unmittelbar Probleme
und Konstellationen z.b. der assyrischen Zeit spiegeln. Ihre theologischen Aussagen werden viel unschärfer, wenn man das nicht
beachtet. Also gerade der kanonische Sinn kann nicht flächenhaft
und nicht allein im Bezug auf die Zeit der kanonischen Endform
erfaßt werden.

Form und Inhalt des Kanons lassen weder eine rein diachrone
noch eine rein synchrone Auslegung zu[14]. Bei Dominanz der erzählten Zeit wie der Erzählzeit geht jeweils Wichtiges verloren; keine kann das Ganze zur Sprache bringen. Es ist nicht sinnvoll, sich
einer solchen Alternative zu unterwerfen.

II

Einen der Hauptvorteile einer »Religionsgeschichte« gegenüber einer »Theologie« sieht Albertz darin, daß über die Ergebnisse der
ersteren »gestritten werden« kann und so »eine fortlaufende Verbesserung der religionsgeschichtlichen Rekonstruktion« zu erwarten sei[15]. Er sieht sehr klar, daß das alte Ideal einer »abgeklärte(n)
Objektivität« aus unabweisbaren hermeneutischen Einsichten uner-
reichbar bleibt[16], verspricht sich aber dennoch ein größeres Maß an
Objektivierbarkeit. Nun finde ich es höchst spannend zu sehen, wie
Albertz selbst Aufgaben und Möglichkeiten religionsgeschichtlicher Arbeit beschreibt. Er will einerseits alles »grundsätzlich ... aus
der Außenperspektive« beschreiben[17], andererseits müssen »Au-
ßen- und Innenperspektive ... dauernd ausgewechselt werden«[18].

---

14   Auch die Möglichkeiten einer Kombination, wie ich sie versucht habe (*F. Crüsemann*, Die Tora. Theologie und Sozialgeschichte des alttestamentlichen Gesetzes, München 1992), haben ihre Grenzen und Probleme.
15   *Albertz*, Religionsgeschichte Israels statt Theologie, 14.
16   Ebd., 19 mit Zitat von *O. Eißfeldt*, Werden, Wesen und Wert geschichtlicher
Betrachtung der israelitisch-jüdischen Religion (1931), in: *ders.*, Kleine Schriften I, Tübingen 1962, 247–265 (Zitat 259).
17   *Albertz*, Religionsgeschichte Israels statt Theologie, 19.
18   Ebd., 20.

Einerseits soll eine Religionsgeschichte die »verwirrende Vielfalt« theologischer Versuche überwinden[19] und fremde kirchliche und dogmatische Maßstäbe fernhalten[20], andererseits sind heutige AuslegerInnen grundsätzlich den damaligen »vergleichbaren Problemen, Ängsten und Hoffnungen unterworfen«[21]. Sie müssen deshalb »in die Rolle des Beteiligten schlüpfen« und »an der Seite der israelitischen Menschen« stehen[22]. Religionsgeschichte habe zwar »keine normative Aufgabe«, dennoch gehe es um »leidenschaftliche(n) Beteiligung an den Problemen und theologischen Auseinandersetzungen« der damaligen Zeit[23].

Albertz beschreibt damit auf seine Weise eine Problematik, auf die jede ernsthafte hermeneutische Reflexion trifft[24], einen Sachverhalt, der heute oft zum Schaden unserer Wissenschaft zugunsten einer historischen Pseudo-Objektivität verdrängt wird, wodurch aber eigene Perspektiven und Werte nur um so hartnäckiger und unreflektierter den Texten aufoktroyiert werden[25]. Daß Albertz' Religionsgeschichte *theologisch* relevant ist, hängt eng mit dieser Haltung zusammen. Was seine Darstellung spannend macht, sind z.B. Beobachtungen zur Beziehung zwischen religiösen Fragen und den gesellschaftlichen Gruppen und ihren Konflikten. Gerade hier ist der Zusammenhang mit heutigen Erfahrungen evident. Auch streng historische Arbeit wird oftmals erst durch solche Bezüge wichtig.

Man wird nun aber gegen Albertz' Hoffnung auf einen immer größeren Konsens betonen müssen, daß es unabweisbar unsere, also heutige Perspektiven und Fragen sind, die eine solche Darstellung konstituieren. Daß deshalb Beurteilungsmaßstäbe keinesfalls aus »gegenwärtigen ... Problemstellungen« kommen dürfen[26], wird man ernsthaft kaum festhalten können. Naturgemäß sind solche Perspektiven und Maßstäbe am historischen Material zu bewähren und mit streng historischen Methoden zu bearbeiten. Aber aus der Gegenwart erwachsende Perspektiven wie die Notwendigkeit einer neuen Beziehung von Juden und Christen nach Auschwitz, wie das Interesse am Verständnis dessen, was Schöpfung heißt in einer aus-

---

19 Ebd., 6.
20 Ebd., 9f.20.
21 Ebd., 19.
22 Ebd., 19f.
23 Ebd., 20f.
24 Vgl. etwa *H.-G. Gadamer*, Wahrheit und Methode. Grundzüge einer philosophichen Hermeneutik, Tübingen ²1965.
25 Dazu *F. Crüsemann*, Anstöße. Befreiungstheologische Hermeneutik und die Exegese in Deutschland, EvTh 50 (1990), 535–545.
26 *Albertz*, Religionsgeschichte Israels statt Theologie, 20.

geplünderten Welt, oder am Zusammenhang zwischen Gott und
ökonomischer Gerechtigkeit in einer Zeit steigender sozialer Ge-
gensätze, wie die Erfahrungen und Fragen von Frauen in der Gegenwart – aus solchen und anderen Perspektiven kommen doch
Anstöße zu veränderter Wahrnehmung der Überlieferung. Sie sind
unabweisbar mit dabei und keineswegs nur als Störfaktoren.
Solche Einsichten in unaufgebbare hermeneutische Grundgege-
benheiten relativieren nun beides, die Hoffnungen auf größere
Objektivität in einer Religionsgeschichte des Alten Testaments und
die Ängste vor einem normativen Druck auf alles, was »Theologie«
heißt, wie sie bei Albertz im Hintergrund stehen und in Diskussionen immer wieder zum Vorschein kommen. Am Beispiel einer
lange gültigen und noch heute wirksamen Norm wie einer grundsätzlich negativen Bewertung des Judentums und einer daraus er-
wachsenden antijüdischen Sichtweise biblischer Texte kann man
sich das rasch klarmachen. Sie hat Darlegungen der Religionsgeschichte genauso bestimmt wie Theologien, und ihre Überwindung
hängt keineswegs an einer dieser beiden Gattungen. Es gibt wohl
keine theologischen oder dogmatischen Wahrheiten und Normen,
für die nicht prinzipiell dasselbe gilt. Sich an den Texten und durch
die Texte von mitgebrachten Normen und Werten, Begriffen und
Vorstellungen schrittweise abbringen zu lassen, dieser Grundvor-
gang von Verstehen und besonders von historischem Verstehen,
hängt nicht an der angeblichen Alternative Religionsgeschichte
oder Theologie.
Wenn es darum geht, die theologischen Aussagen der Texte in ihrem historisch-sozialen Kontext zu erfassen, steht nicht nur die individuelle Freiheit und Redlichkeit der WissenschaftlerInnen auf
dem Prüfstand, sondern letztlich das Schriftprinzip selbst.
Die Grundprobleme historischen Verstehens der religiösen und
theologischen Inhalte der Texte im Zusammenhang damaliger
Konstellationen und Konflikte gelten für beides gleichermaßen,
für eine Religionsgeschichte wie für eine Theologie des Alten Testaments. Auf diesem Feld kann keine grundsätzliche Überlegenheit einer der beiden Möglichkeiten behauptet werden.

III

Albertz geht in seinem »Plädoyer für eine forschungsgeschichtliche Umorientierung« durchgängig von der Notwendigkeit einer
die theologischen Aspekte des Alten Testaments summierenden
Disziplin aus. Es lohnt sich, über die damit aufgeworfenen Probleme nachzudenken.

Ausgangspunkt muß wiederum der Kanon sein. Er stellt ja bereits eine oder vielmehr, theologisch gesehen, *die* Reduktion aus einer Fülle möglicher Weisen, über Gott, Welt und Mensch zu reden, dar. Jede weitere Reduktion der mit dem Kanon gegebenen Komplexität führt zu theologischen Verlusten. Die biblischen Texte selbst stellen die Summe der Gotteserfahrungen Israels dar, und die Exegese ist der Versuch ihrer Übersetzung in uns heute Verstehbares. Die dabei unabweisbar gegebene Perspektive von außen, von heute, läßt immer neue Aspekte hervortreten. Und es ist die Eigenschaft aller großen Texte, sich genau darin zu bewähren, neue Wahrheiten, das heißt die alten Wahrheiten neu aufscheinen zu lassen. Diese Außenperspektive potenziert sich aber, wenn es um die Darstellung einer Summe von theologischer Wahrheit geht. Alle in der Geschichte der Disziplin verhandelten Alternativen[27] – systematische oder textorientierte, deskriptive oder normative Darstellung, rein alttestamentlich oder gesamtbiblisch –, sie alle und noch andere können zur Entdeckung und Entfaltung wichtiger theologischer Aspekte führen, und jeder wird andere übergehen (müssen).

Worin liegt nun überhaupt die Notwendigkeit einer solchen zusammenfassenden Darstellung? Nicht nur Juden interessieren sich dafür wenig oder gar nicht[28], auch für Katholiken scheint Entsprechendes zu gelten. Es könnte schon ein Stück zur Klärung beitragen zu verstehen, warum kaum katholische AlttestamentlerInnen eine Theologie des Alten Testaments geschrieben haben. Warum reicht für sie eine an Beispielen durchgeführte Klärung der Frage, was das Alte Testament für christlichen Glauben und christliche Theologie bedeutet, eher aus[29]? Sind also letztlich spezifisch protestantische Bedürfnisse im Spiel? Und hier vielleicht sogar durchaus pragmatische des akademischen Unterrichts, die eine wissenschaftliche Disziplin »Theologie des Alten Testaments« entstehen ließen mit ihrem Interesse an einer vollständigen Erfassung der »Zeugniswelt des Alten Testaments«[30]? Die mit Gabler[31] gegebene

---

27 Vgl. dazu etwa *H.D. Preuß*, Theologie des Alten Testaments, Bd. 1, Stuttgart 1991, 1–30.
28 Vgl. bes. *J.D. Levenson*, Warum Juden sich nicht für biblische Theologie interessieren, EvTh 51 (1991), 402–430.
29 Man denke an *P. Grelot*, Sense chrétien de l'Ancien Testament, Paris 1962 oder *E. Zenger*, Das Erste Testament. Die jüdische Bibel und die Christen, Düsseldorf 1992. Vielleicht könnte eine genauere forschungsgeschichtliche Nachfrage fruchtbar und hilfreich sein.
30 So ausdrücklich *Preuß*, Theologie 1, V.
31 *J.P. Gabler*, Von der richtigen Unterscheidung der biblischen und der dogmatischen Theologie und der rechten Bestimmung ihrer beiden Ziele (1787), dt. Übersetzung in: *G. Strecker* (Hg.), Das Problem der Theologie des Neuen Testaments (WdF 367), Darmstadt 1975, 32–43.

Fragestellung mußte ja nicht automatisch eine spezifische Gattung
wissenschaftlicher Werke (und den damit verbundenen Typus von
Vorlesungen) hervorbringen. Wenn die Bibel alleinige Grundlage
von Glauben und Kirche ist, aber im Studium nur wenige Schriften exemplarisch studiert werden können, liegt es nahe, *das Ganze* griffig aufzubereiten. Der darin verborgene dogmatische Anspruch, die *eine, die* biblische Wahrheit darzustellen, führt automatisch zur Frage nach *der richtigen* Gesamtdarstellung. Es kann sie
nicht geben. Die Summe der Texte bleiben die Texte selbst.
Und die Rechenschaft darüber, wie sie gelesen und verstanden
werden können, kann gerade auch im akademischen Unterricht in
unterschiedlicher Form erfolgen[32]. Befreit von der Notwendigkeit,
so etwas wie *die* Summe des Alten Testaments darzustellen, können hermeneutische Grundorientierungen neben einer Religionsgeschichte, kann eine Geschichte Israels mit Elementen von Litera-
tur- und Religionsgeschichte neben einer kanonisch orientierten
Theologie ihren Platz finden. Daneben sollte Raum bestehen für
die Darstellung besonders wichtiger Themen, die – theologisch
von höchster Brisanz – in umfassenden Versuchen von Religionsgeschichte oder Theologie meistens untergehen: Anthropologie,
Tora bzw. Ethik des Alten Testaments oder das Beziehungsge-
flecht von Gott, Israel und den Völkern, das für jeden nichtjüdischen Bezug auf das Alte Testament so grundlegend ist.

IV

Mir selbst drängt sich eine Aufgabe immer stärker auf, die ich bisher kaum sachgemäß angegangen finde: die einer Theo-Logie im
engeren Sinne. Es geht um den Versuch, die Frage Martin Luthers
im Großen Katechismus:»Was heißt ein Gott haben oder was ist
Gott?«[33] aus dem alttestamentlichen Kanon zu beantworten. Es
würde darum gehen, angesichts unserer heutigen Probleme, wirklich zu verstehen, was oder wer Gott ist, so genau wie möglich zu
erfragen, wie in unseren Texten von Gott geredet wird, wie sich in
menschlichen Erfahrungen und Hoffnungen etwas davon zeigt,
was über alle Erfahrungen hinausgeht und wie davon die Rede ist.

---

32 *Albertz'* nicht sehr überzeugenden Verweis auf die »Begrenztheit unserer Arbeitskraft« als Argument, warum Religionsgeschichte und Theologie nicht nebeneinanderstehen sollten (Religionsgeschichte Israels statt Theologie, 24),
könnte man den Verweis auf die Vielfalt der Charismen entgegensetzen.
33 Die Bekenntnisschriften der evangelisch-lutherischen Kirche, Göttingen
⁴1959, 560 (zum 1. Gebot).

Ist der weite abendländische Theologiebegriff sicher nicht einfach biblisch, so ginge es hier um nichts anderes als »Wissen um Gott« (דעת אלהים).

Mir ist klar, daß dabei alle in unserem Zusammenhang diskutierten Fragen erneut auftreten. Die thematische Reduktion ändert daran wenig. Das liegt nicht nur am Gegenstand selbst, der größer nicht sein kann, sondern auch daran, daß alle diese Grundfragen eben Teil der Frage nach Gott sind. Aber es könnte sein, mehr vermag ich nicht zu sagen, daß die damit mögliche Konzentration sich als fruchtbar erweist. So ist der Israelbezug nicht nur Teil der Erzählung des Alten Testaments, sondern prägt den Gottesbegriff selbst. Was so selbstverständlich klingt, ist es in seiner theologischen Relevanz wirklich erfaßt? Und dann: Wie ist es mit dem Bezug Gottes zum Land? Und wie funktioniert eigentlich das biblische Ineinander von Diachronie und Synchronie? Wie werden die frühen Gotteserfahrungen, -prädikate und -begriffe transformiert in spätere Zeiten, hin zu anderen Erfahrungen, in weiterreichende Kon- und Kotexte hinein? Sinnvoll angegangen kann das alles nur werden, wenn wichtige Texte sehr im Detail zur Sprache kommen, nicht genreüblich in bloßen Abstraktionen; jede Entfernung von der Konkretheit der Texte läßt unsere eigenen Prägungen ungehinderter durchschlagen (und das geschieht wohl in vielen »Theologien«). Zugleich geht es darum, in den Texten, besser: in bestimmten Einzeltexten liegende systematische Zusammenhänge aufzuschließen: etwa die Zusammenhänge von Einheit Gottes und Gerechtigkeit, von Macht und Ohnmacht Gottes, von Universalität und Israelbezug, von Gericht und Heil. Es geht dabei unbestreitbar um unsere Fragen und vor allem Auswahl, doch es steht zu hoffen, daß – zwar nicht die Summe des Alten Testaments, dazu fehlt vom Ansatz her viel zuviel, aber – von seiner geschichtlich erfahrenen Wahrheit Wichtiges so zur Sprache kommt, daß es für jede christliche Theologie immer unübergehbarer wird.

Niels Peter Lemche

Warum die Theologie des Alten Testaments einen Irrweg darstellt

Diejenigen unter uns, die bei Rainer Albertz' Vortrag in Münster 1993 über »Religionsgeschichte Israels statt Theologie des Alten Testaments! Plädoyer für eine forschungsgeschichtliche Umorientierung« anwesend waren, sind mit den Voraussetzungen der heutigen Sitzung wohlvertraut. Albertz' Vortrag darf jedoch nur als der indirekte Anlaß der Wiederaufnahme dieses Themas gelten. Die Ehre kommt eigentlich mit Recht Herrn Professor Rolf Rendtorff zu, der bereits in Münster während der Diskussion nach dem Vortrag von Rainer Albertz bemerkt hat, daß er sich bei einer anderen Sitzung, bei der sowohl Philip Davies, Thomas Thompson als auch ich als Vortragende und Diskutierende sehr aktiv waren, in einer völlig anderen Welt befunden hätte, welche gegenüber der Welt des Albertzschen Vortrages fundamental verschieden gewesen sei[1]. Darum gab es laut Rendtorff Gründe, das ganze Problem des Alten Testaments und seiner Theologie weiterzudiskutieren: Müssen wir wirklich zwischen zwei verschiedenen Welten wählen, oder reden wir nur von zwei Varianten derselben Welt?

Es ist offensichtlich, daß sich die alttestamentliche Wissenschaft am Scheideweg befindet, einerseits von einer kleinen Gruppe von Forschern umgeben, die sehr laut reden und rufen und die behaupten, ein neues Paradigma zu vertreten, und andererseits von einer weit größeren – aber kaum weniger kriegerischen – Gruppe umkränzt, die für die traditionelle Wissenschaft kämpft und die ihre Kanonen gegen die kleine, jedoch starrköpfige Gruppe der Opponenten ge-

---

1 Vgl. z.B. den methodischen Abstand zwischen *R. Albertz*, Religionsgeschichte Israels in alttestamentlicher Zeit I–II (GAT 8/1–2), Göttingen 1992 und den jüngsten Monographien der erwähnten Verfasser: *P.R. Davies*, In Search of »Ancient Israel« (JSOT.S 148), Sheffield 1992; *N.P. Lemche*, The Canaanites and their Land. The Tradition of the Canaanites (JSOT.S 110), Sheffield 1991 und *Th.L. Thompson*, Early History of the Israelite People From the Written & Archaeological Sources (SHANE IV), Leiden 1992.

richtet hat, um sie niedermachen zu können. Da ich heute die kleine Gruppe repräsentiere, will ich zunächst unsere Positionen aufzeigen, um sie – wenn möglich – besser verständlich zu machen.

1. Die These der »drei verschiedenen Israels« von Philip Davies[2] ist obligatorische Voraussetzung, falls man überhaupt daran interessiert ist, unsere Argumente zu verstehen. Daher will ich die Auffassung Davies' kurz rekapitulieren: Es gibt drei verschiedene Israels: a) das historische Israel, d.h. den Staat Israel in Palästina in der Eisenzeit zwischen ca. 900 und 700 v.Chr.[3]; b) das biblische Israel, d.h. das Israel, von welchem das Alte Testament erzählt[4], und c) das alte Israel, d.h. das Israel, welches von den Forschern auf der Grundlage des Alten Testaments und auf der Grundlage des Materials aus dem historischen Israel, über welches wir verfügen, rekonstruiert wurde und das nur in der Phantasie der Wissenschaftler existiert[5]. Wenn man zwischen den drei verschiedenen Israels nicht klar unterscheidet, führt dies unvermeidlich zu einer Vermischung aller drei Israels; aus logischer Sicht wird die Differenzierung somit unklar und die Argumentation von daher falsch, und es gibt dann eigentlich keinen Grund, weiter darüber zu diskutieren. Ich frage nur, ob unsere verehrten Kollegen noch meinen, ebenso unbekümmert wie z.B. Kittel, Sellin und ihre Nachfolger weiter von einem Israel und israelitischen Volk reden zu können. Wäre dies der Fall, sollte man sie vielleicht nicht daran hindern – da es, wie Napoleon gesagt haben soll, unhöflich ist, seinen Gegner zu stören, wenn er einen Fehler macht! Jedoch bleibt eine Argumentation, die solche Unbekümmertheit aufrechterhält, logisch falsch, weil es sich hier um eine Vermischung verschiedener Kategorien handelt. Darum ist es für die Angehörigen der kleinen Gruppe beinahe unmöglich geworden, die Voraussetzungen der anderen Gruppe länger anzuerkennen, während die andere Gruppe – noch die Majorität, was nicht geleugnet werden kann – unfähig ist, unsere Auffassungen zu verstehen und damit zu begrüßen[6].

2 Search.
3 Vielleicht gab es jedoch mehrere »historische« Israels, etwa das Israel der Mernephtah-Inschrift um 1200 v.Chr., das mit dem staatlichen Israel der sogenannten Königszeit – vom Namen abgesehen – vielleicht nur wenig zu tun hatte.
4 Vielleicht sollte man lieber von mehreren biblischen Israels reden, z.B. vom Israel des Pentateuchs, des Deuteronomistischen Geschichtswerkes, des Hoseabuches usw.
5 Wir reden immer wieder von einem mehrköpfigen Gespenst, weil dieses »Ancient Israel« selbstverständlich von den einzelnen Wissenschaftlern sehr unterschiedlich beschrieben wird.
6 Z.B. versteht man nicht, daß die Geschichtserzählungen im Alten Testament wohl kaum Auskünfte enthalten, die für die Geschichtsrekonstruktionen der mo-

2. Die durch und durch späten Datierungen der alttestamentlichen Bücher, die von der kleinen Gruppe im allgemeinen angenommen werden, muß man als etwas Fundamentales ansehen, da wir damit den Bruch mit den üblichen diachronen Analysen des alttestamentlichen Schrifttums vorbereiten, welche die ältere Forschung fast völlig beherrscht haben. Wir engen die Periode der schriftlichen Fixierung der alttestamentlichen Überlieferungen in einer solchen Weise ein, daß die diachrone Perspektive fast synchron wird, obwohl wir noch so »großzügig« sind zu gestatten, daß die Ausarbeitung dieser Literatur mehrere Jahrzehnte oder vielleicht fast ein Jahrhundert (aber warum eigentlich so lange?) gedauert hat. Jedoch darf behauptet werden, daß sich die Lage sehr unterschiedlich darstellt, wenn man der Meinung ist, daß der Jahwist vom Elohisten durch ein ganzes Jahrhundert getrennt ist, während seinerseits der Elohist von der Priesterschrift drei oder vier Jahrhunderte entfernt ist, oder wenn man behauptet, daß sie alle in ein- und demselben Zeitalter entstanden und nur als Beispiele verschiedener Auffassungen von Gott und seinem Volk, wdie gleichzeitig im Umlauf waren, zu verstehen sind[7].

3. Es ist ebenso wichtig zu verstehen, daß wir hier von einer neuen Auffassung vom Inhalt eines Textes reden. Von den vielfachen Formen der modernen Literaturwissenschaft kann nicht mehr abgesehen werden; sie spielen für das Verständnis der alttestamentli-

dernen Wissenschaftler brauchbar sind. Immer wieder sieht man, wie unsere Gegner argumentieren: Etwas muß doch historisch sein! Man kann sich nicht vorstellen, daß alles als unhistorisch zu beurteilen ist! Und endlich: Unsere Rekonstruktionen sind kaum wertvoller als diejenigen, welche man im Alten Testament lesen kann. Hier will ich nur auf die Beiträge verweisen von *S. Herrmann*, Die Abwertung des Alten Testaments als Geschichtsquelle. Bemerkungen zu einem geistesgeschichtlichen Problem, in: Sola Scriptura. Das reformatorische Schriftprinzip in der säkularen Welt, hg. von *H.H. Schmid / J. Mehlhausen*, Gütersloh 1992, 156–165; *ders.*, Observations on Some Recent Hypotheses Pertaining to Early Israelite History, in: Justice and Righteousness. Biblical Themes and their Influence (FS Benjamin Uffenheimer [JSOT.S 137]), hg. von *H. Graf Reventlow / Y. Hoffman*, Sheffield 1992, 105–116 und *H. Seebass*, Dialog über Israels Anfänge. Zum Evolutionsmodell von N.P. Lemche, Early Israel (VT.S 37), Leiden 1985, in: Alttestamentlicher Glaube und Biblische Theologie (FS Horst Dietrich Preuß), hg. von *J. Hausmann / H.-J. Zobel*, Stuttgart 1992, 11–19. Über die Brauchbarkeit der möglichen geschichtlichen Auskünfte im Alten Testament vgl. jedoch *N.P. Lemche*, Is It Still Possible to Write a History of Ancient Israel?, SJOT 8 (1994), 165–190.

7 An dieser Stelle ist es an sich gleichgültig, ob wir von der Exilszeit im engeren Sinne (6. Jahrhundert v.Chr.) oder vom persischen oder hellenistischen Zeitalter reden (vgl. *N.P. Lemche*, The Old Testament – A Hellenistic Book?, SJOT 7 [1993], 163–193).

chen Texte eine ganz beträchtliche Rolle. Doch ist auch im diesem Fall von mehreren logischen Ebenen zu reden, die wir ständig auseinanderhalten müssen. Diese drei Ebenen möchte ich hier in der folgenden einfachen Weise präsentieren: Wir unterscheiden a) das Ereignis, b) den Text und c) den Leser. Punkt a) handelt davon, was einmal in Palästina in der Eisenzeit passiert ist; Punkt b) mag ein Text aus dem persischen oder hellenistischen Zeitalter sein, der uns erzählt, was der Verfasser des Textes vermutete, daß es in der Eisenzeit passiert wäre; und Punkt c) besagt, was der moderne Leser aus dem Text herausgearbeitet hat. Die große Gruppe – die Mehrheit der Bibelforscher – meint wohl noch überwiegend, daß der primäre Zusammenhang zwischen Punkt a) und b) zu suchen sei, während ihre Gegner – die oben erwähnte Minderheit der Forscher – der Meinung sind, daß der nahe Zusammenhang zwischen Punkt b) und c) zu suchen ist. Der Zusammenhang zwischen den Punkten a) und b) ist aus logischer Sicht zufällig, da wir in der Regel nicht wissen können, ob der alttestamentliche Verfasser überhaupt etwas über die Vorzeit wußte oder nur davon fabulierte[8].

Es ist möglich, unsere Forschungsposition in dieser Weise darzustellen: Aus logischem Gesichtswinkel sind die Verbindungen zwischen dem biblischen Text und dem historischen Israel als nur zufällig zu erklären (was selbstverständlich nicht ausschließt, daß sich hier und dort geschichtliche Erinnerungen verstecken[9]). Dagegen gilt als Tatsache, daß der Text – d.h. das Alte Testament – uns heute vorliegt, so daß wir ihn lesen können. Damit steht fest, daß die Verbindung zwischen dem Text und seinem Leser die wichtigste und primäre ist. Da der Text aber – wie er dasteht – eine synchrone Tatsache darstellt, schließt er aus, daß er von vornherein als ein diachrones Dokument betrachtet werden soll oder überhaupt für diachone Analysen als geeignet angesehen werden kann – was dennoch nicht verhindert, daß die Mehrheit der Forscher mit ihren textarchäologischen Studien, d.h. mit ihrer »Offenbarungsarchäologie«, wie Bernd Jörg Diebner das Verfahren provozierend genannt hat[10], ziemlich unbekümmert weitermacht.

4.   Damit habe ich die essentiellen Bestandteile des neuen Paradigmas vorgestellt. Kleinere Punkte sind die »Unfälle«, welche unsere Umorientierung, d.h. unsere Dekonstruktion der Geschichte

---

8   Siehe unten S. 84–87.
9   Vgl. *Lemche*, History.
10   Vgl. *B.J. Diebner*, Wider die »Offenbarungs-Archäologie« in der Wissenschaft vom Alten Testament. Grundsätzliches zum Sinn alttestamentlicher Forschung im Rahmen der Theologie, DBAT 18 (1984), 30–53.

Israels, verursacht haben: die Auflösung der Gemeinschaft der israelitischen Stämme in der vorstaatlichen Zeit[11], die Eliminierung
der Einwanderung und der Eroberung von Kanaan[12], der Nach-
weis, daß die Israeliten selbst Kanaanäer waren, falls wir überhaupt
noch von »Kanaanäern« reden wollen[13] usw. Ja, heute wenden wir
uns folgerichtig auch gegen David und Salomo[14], und wer weiß,
was danach noch passieren wird.

Damit sind wir an dem vierten Punkt angekommen, der sowohl
von mir als auch von meinem Kollegen Thomas Thompson betont
wird. Dieser Punkt kann kaum als sehr spezifisch für uns bezeichnet werden, aber dennoch ...: Es wird oftmals behauptet, daß die
Theologie zu den Geisteswissenschaften gehöre, und deshalb dürfe
man nicht erwarten oder fordern, daß ihre Ergebnisse und Methoden sehr exakt seien – als ob es eine Tugend sei, nicht exakt zu
sein! Vor allem weise der oftmals betonte hermeneutische Zirkel
darauf hin, daß eine Exaktheit nicht zu erreichen sei – so meint
man wenigstens.

Dagegen betonen sowohl Thomas Thompson als auch ich, daß wir
uns als Gründer der sogenannten Kopenhagener Schule mit dieser
resignierenden Haltung nicht zufriedengeben können. Im Gegenteil, wir verlangen echte Tatsachen. Wir wollen Beweise haben, wir
begnügen uns nicht mit Vermutungen und grundlosen Theorien.
Wir anerkennen nicht weiter Sprachfiguren oder rhetorische Aussagen anstelle von Tatsachen und logischer und wissenschaftlicher
Akribie – um noch einmal auf Diebner hinzuweisen[15]. Der ameri-
kanische Alttestamentler William F. Albright hat gern nach »external evidence« gefragt – zu Recht, wie wir meinen, da sein Postulat
sowohl grundlegend als auch korrekt ist und ihm darum nicht aus-
gewichen werden kann[16]. Was ohne »external evidence« vorgestellt
wird, ist nur Mutmaßung und intellektueller Zeitvertreib. Darum

---

11   Vgl. *N.P. Lemche*, Israel in the Period of the Judges – The Tribal League in
Recent Discussion, StTh 38 (1984), 1–28.
12   Die recht beträchtliche Menge von Literatur, die diesem Thema gewidmet
ist, wird von *V. Fritz*, Das Buch Joshua (HAT I/7), Tübingen 1994, 9–14 sehr ge-
schickt resümiert.
13   Vgl. *Lemche*, Canaanites, bes. 169–173.
14   Vgl. z.B. *N.P. Lemche / T.L. Thompson*, Did Biran Kill David? The Bible in
the Light of Archaeology, JSOT 64 (1994), 3–22.
15   Vgl. *B.J. Diebner*, »Es läßt sich nicht beweisen, Tatsache aber ist.« –
Sprachfigur statt Methode in der kritischen Erforschung des Alten Testament,
DBAT 18 (1984), 138–146.
16   Wobei man auch nicht *M. Noths* ebenso berechtigte Bemerkung vergessen
darf: »Es geht nicht darum, ob wir *external evidence* brauchen, sondern ob wir sie
haben« (Der Beitrag der Archäologie zur Geschichte Israels, VTS 7 [1960], 262–
282).

datieren wir das Alte Testament spät – obwohl wir wissen, daß unsere Datierungen, sieht man auf das Alter des Quellenmaterials[17], immer noch ein bißchen früh sind. Das Alte Testament dürfte daher ein Buch aus der hellenistisch-römischen Zeit sein. (Das ist jedenfalls besser, als zu behaupten, das Alte Testament sei ein hellenistisches Buch – weil es zugleich sicher auch ein sehr orientalisches Buch ist![18]) Dieser Umstand führt jedoch unmittelbar zu der Folgerung, daß das Alte Testament kaum mehr als Quelle zur Geschichte, kaum als Grundlage einer Geschichte des alten Israels – des Israels der Forscher – gelten kann. Das Alte Testament kann nur als legitime Quelle für das biblische Israel benutzt werden. Daraus folgt, daß im Alten Testament keine theologischen Aussagen, welche sich laut traditioneller Forschung über einen Zeitraum von fast einem Jahrtausend – vom Zeitalter des Deboraliedes, angeblich im 11. oder 12. Jahrhundert v.Chr., bis zu den Tagen des Verfassers des Danielbuches im 2. Jahrhundert – verteilen sollen, überliefert worden sind. Sie gehören alle ein- und derselben Epoche an, sie sind alle aus dem Orient des hellenistisch-römischen Zeitalters herzuleiten, entweder aus dem 3. Jahrhundert (falls wir uns mit einer ziemlich konservativen Schätzung begnügen) oder aus dem 2. Jahrhundert v.Chr. In diesem Zusammenhang läßt sich das Alte Testament nicht mehr als ein Monument einer vergangenen, verlorenen und ersehnten Vorzeit verstehen, sondern nur noch als ein Dokument der Gegenwart des hellenistischen Judentums, von jüdischen Theologen verfaßt und von ihnen in eine existentielle Situation ihres Zeitalters hineingedacht – entweder in die der jüdischen Heimat, d.h. Palästinas, oder in die der Diaspora, Ägyptens, Mesopotamiens oder sogar bereits anderer Orte des Mittelmeerraums.

Nach diesen Klarstellungen sind wir gerüstet, die Fragestellung, ob wir Religionsgeschichte oder Theologie treiben sollten, anzugehen; und als Ausgangspunkt mag uns am besten die Darstellung der Problematik dienen, wie sie von Rainer Albertz in seinem Vortrag[19] sehr klar beschrieben wurde. Ich kann sogleich feststellen, daß sei-

---

17   Dieses Material besteht meist aus Handschriften der nachchristlichen Zeit. Nur die Qumranfragmente stammen aus der letzten vorchristlichen Zeit und beweisen, daß wenigstens im 1. vorchristlichen Jahrhundert verschiedene Versionen der Bibelbücher in Palästina im Umlauf waren.
18   Vgl. die berechtigte Kritik an meinem Aufsatz »The Old Testament – A Hellenistic Book?« von *J. Høhenhaven*, Kristus i Det Gamle Testamente, in: Det gamle Testamente i jødedom og kristendom (Forum for Bibelsk Eksegese 4), hg. von *M. Müller / J. Strange*, København 1993, 37–56, bes. 47–49.
19   Siehe im vorliegenden Band oben S. 3–24.

ne Konklusionen, zumindest soweit sie die Probleme der traditionellen alttestamentlichen Theologie betreffen, für mich ohne weiteres akzeptabel sind. Dazu brauche ich kaum weitere Argumente
zu nennen. Dagegen bereitet Albertz' Darstellung der Aufgaben
und Vorteile der Religionsgeschichte vor allem deswegen Probleme, weil Albertz hier eine Diachronie voraussetzt, die m.E. in den
Texten des Alten Testaments, auf die Albertz seine Religionsgeschichte aufbaut, kaum zu spüren ist. Für eine solche großzügige
Konstruktion der Religionsgeschichte, wie man ihr in Albertz' au-
ßerordentlicher »Religionsgeschichte Israels in alttestamentlicher
Zeit« begegnet, ist es absolut notwendig, daß das Alte Testament
für solche diachronen Untersuchungen überhaupt geeignet ist; und
das erfordert, daß man noch bereit ist, an den klassischen Arbeits-
weisen mit ihren textarchäologischen Methoden festzuhalten. So
kann Albertz z.B. sagen, die Religionsgeschichte Israels habe »einen klar definierten Interpretationskontext: die geschichtliche Welt
der Verfasser der alttestamentlichen Texte«[20]. Dies kann zwar nicht
geleugnet werden, aber man darf fragen: Von welcher Welt reden
wir an dieser Stelle? Sollten die Bücher des Alten Testament, d.h.
besonders der Pentateuch und das Deuteronomistische Geschichtswerk, im 3. oder 2. Jahrhundert v.Chr. verfaßt worden sein, was jedenfalls die Meinung der Kopenhagener Alttestamentler widerspiegelt, dann ist die Welt der Verfasser der alttestamentlichen Bücher in diesem 3. oder 2. Jahrhundert zu suchen und bestimmt
nicht im 10. bis 6. Jahrhundert, in der sogenannten »israelitischen
Periode«[21]. Nur wenn man bereit ist, diesen Tatbestand zu beachten, kann man den Kategorienfehler vermeiden, den ich bereits
oben beschrieben habe, daß man die verschiedenen »Israels« (»historisches«, »biblisches« oder »altes Israel«) zusammenmischt, die
klar geschieden werden müssen. Denn die Welt der biblischen
Verfasser kann selbstverständlich nur entweder die Welt sein, worin
sie lebten, oder die Welt, von der sie träumten, d.h. das biblische
Israel. Letztere kann niemals das historische Israel sein, von dem
sie ungefähr ein halbes Jahrtausend getrennt sind.
Es sei mir gestattet, an dieser Stelle ein Beispiel anzuführen, das
beleuchten kann, wovon hier die Rede ist. In seiner Darstellung
der vorstaatlichen Religion Israels macht Albertz klar, daß diese
Religion deutliche Spuren aufweist, welche wir nur als sektiererisch

---

20   Ebd., 15.
21   »Sogenannte«, weil diese Periode keine historische Epoche darstellt, sondern als Teil der biblischen Geschichte (der »Bibelgeschichte«) zu beurteilen ist.
Sie gehört somit dem »biblischen« und »alten Israel« an, aber nicht dem Israel
der Geschichte (vgl. *Davies*, Search).

beurteilen können[22]. Diese Beobachtungen von Albertz stehen
fest, weil er sein Material mit seiner religionssoziologischen Methode so sicher bearbeitet hat. Jedoch muß gleichzeitig betont werden, daß das Israel der vorstaatlichen Zeit kaum als ein Pariavolk
verstanden werden kann. Mitglieder eines Pariavolkes wurden die
Israeliten allein in der alttestamentlichen Überlieferung und in der
Phantasie der Forscher, durch die die biblische Überlieferung pa-
raphrasiert wurde. Fragen wir nach dem Zeitpunkt, wann das Volk
Israels zu einem Pariavolk wurde, dann wenden wir uns am besten
dem Zeitalter der Verfasser zu, d.h. der hellenistische Epoche, wo
die »echten« Juden bereits eine Minderheit ausmachten – gleichgültig, ob wir von Palästina, wo die Juden von den »Heiden« bedrängt wurden, oder von den Diasporagemeinden der Juden reden. Also hat Albertz mit der sogenannten »ursprünglichen Religion der Israeliten« eigentlich sehr eindrucksvoll die Religion der
Juden der hellenistischen Zeit dargestellt, und er hat damit das
Verständnis der Welt, in der die Verfasser der alttestamentlichen
Bücher lebten, in einer sehr wichtigen Weise gefördert[23].
Es ist evident, daß ein synchrones Material für diachrone Studien
nicht geeignet sein kann, falls nicht nachzuweisen ist, daß sich in
diesem synchronen Material auch diachrone Elemente verstecken.
Selbstverständlich sind viele Forscher davon überzeugt, daß das
Alte Testament tatsächlich solche diachronen Auskünfte enthält,
aber sicher ist diese Annahme bestimmt nicht. Nur wenn sich eine
verständnisvolle Verbindung[24] zwischen den Texten des Alten Testaments und den außerbiblischen Zeugnissen der palästinischen

22 Vgl. *Albertz*, Religionsgeschichte, bes. 68–104, wo Merkmale, wie die Religion einer Gruppe für Abgrenzungen gegen die umgebende Welt und für die Stär-
kung des inneren Solidaritätsgefühls der Gruppe sorgt, hervorgehoben werden.
Tatsächlich werden diese Besonderheiten der Religion der sogenannten »Exodus-
Gruppe«, d.h. der von Mose geleiteten und aus Ägypten entflohenen Sklaven,
von Albertz als ein Bestandteil einer *historischen* Wirklichkeit betrachtet. Obgleich wir von der Historizität dieser Exodus-Gruppe nicht überzeugt sind, halten
wir trotzdem die erwähnten Besonderheiten für richtig, allerdings abgesehen von
ihrer vermuteten geschichtlichen Situation.
23 Der Punkt ist wichtig, weil wir damit eine Einsicht in die Welt der Soziologie gewinnen können. Die Soziologie eignet sich sicher nicht für diachrone, d.h.
»Geschichtsstudien«, wenn sie von anderen Methoden isoliert wird. Die Soziologie darf in einer geschichtlichen Analyse des alttestamentlichen Quellenmaterials nur als eine Hilfswissenschaft benutzt werden, um die gesellschaftlichen Umstände der Produktion von Literatur zu erhellen (was eigentlich nur eine Umschreibung der Terminologie der Formkritik [»Sitz im Leben«] darstellt).
24 Gemeint ist eine »synthetische« Verbindung, wo man sich nicht mit mehr
oder weniger zufälligen Querverweisen begnügt, sondern wo sich die Darstellung
der schriftlichen Quellen des Alten Testaments mit den historischen Umständen
in Palästina in der Eisenzeit organisch in Übereinstimmung bringen läßt.

Kultur zwischen 1200 und 500 herstellen läßt, dürfen wir die Reihe von diachronen Studien und Analysen weiterführen. Eine Verbindung dieser Art ist jedoch – jedenfalls, was die Periode 1200 bis 900 betrifft – kaum nachzuweisen. In dieser Zeit besteht ein so weiter Abstand zwischen den Nachrichten im Alten Testament und den außerbiblischen Quellen, daß es kaum noch lohnend ist, für die Historizität der biblischen Darstellung zu plädieren[25]. Für die Periode zwischen 900 und 500 v.Chr. ändert sich die Quellenlage nur wenig: Hier und dort entspricht die Darstellung der Königszeit im Alten Testament den außerbiblischen Nachrichten[26]. Doch solche Übereinstimmungen sind mehr zufällig und erlauben uns im allgemeinen nicht, die Geschichte des historischen Israels (s. oben) genauer zu verfolgen. Sie zeigen, daß die alttestamentlichen Verfasser die Vorzeit Palästinas nicht besser kannten als z.B. in der romantischen Epoche des 19. Jahrhunderts Künstler wie Walter Scott das englische Mittelalter oder Richard Wagner die deutsche Vorzeit (jede Nation der frühromantischen Periode hat ihre besonderen Beispiele dieser literarischen Gattung). Hier wie dort finden wir Hinweise auf geschichtliche Ereignisse der Vorzeit. Solche Hinweise werden von den biblischen Verfassern nur benutzt, um ihre Erzählungen, die, für sich genommen, möglicherweise völlig unhistorisch sind, für ihr Publikum, die Juden des 3. und 2. Jahrhunderts, mit einer geschichtlichen Einbettung zu versorgen[27].

Sind diese Überlegungen für die alttestamentliche Theologie überhaupt wichtig? Manche Kollegen ziehen es offenbar vor zu betonen, daß das Alte Testament zwar kein Material für diachrone Studien liefere, daß aber dieser Tatbestand nur dazu führe, die Aufgabe, eine alttestamentliche Theologie auszuarbeiten, zu erleichtern – ihrer Meinung nach wohl ein Forschritt, weil damit das Programm von Rainer Albertz überholt wird. Danach würde es unnötig, sich weiter mit dem diachronen Verlauf der Geschichte und Religionsgeschichte Israels zu beschäftigen. Diese Einstellung hat selbstverständlich zur Folge, daß man auf die kritische Geschichtsforschung und damit zugleich auf die Bestrebungen der Geschichtsforscher, eine alttestamentliche Theologie als die fortschreitende Entwicklung des Gottesglaubens Israels darstellen zu können, verzichtet. Damit wendet man sich grundsätzlich gegen die häufig geübte Vermischung zweier verschiedener Aufgaben, die nicht vermischt

25   Vgl. oben zur Auflösung des biblischen Bildes vom vorstaatlichen Stämmebund und dem vereinigten Königtum unter David und Salomo.
26   Besonders im Zusammenhang der Belagerung Sanheribs von Jerusalem im Jahr 701 v.Chr.
27   Vgl. *Lemche*, History.

werden dürfen – einerseits eine Theologie des Alten Testaments zu
schreiben und andererseits die israelitische Religionsgeschichte
darzustellen. Doch eine Darstellung der religiösen Auffassungen,
die in Israel einmal im Umlauf waren, kann nicht als Theologie im
strengen Sinne angesehen werden. Statt dessen sollte eine diachrone Auflistung der religiösen Ideen besser *Mentalitätsgeschichte*
genannt werden. Und ich bin der Meinung, daß Rainer Albertz eigentlich für eine solche Mentälitätsgeschichte plädiert, da er selbst
unterstrichen hat, daß die Religion mehr umfaßt als nur Riten, Opfer und Tempel; zur Religion gehört im breitesten Sinne auch der
Gottesglaube einer geschichtlichen Gesellschaft hinzu[28].
Jedoch ist an dieser Stelle eine diachrone Darstellung der Mentalitätsgeschichte überflüssig, da *das Alte Testament, von dem ich hier
rede*, sowohl für mentalitätsgeschichtliche Projekte als auch für geschichtliche Rekonstruktionen der Eisenzeit Palästinas gleicherwei-
se ungeeignet ist – oder besser: Das Alte Testament ist für solche
Studien völlig unbrauchbar. Zweifelsohne ist eine Rekonstruktion
des geschichtlichen Verlaufs einfacher als eine Wiedergabe der
Geistesgeschichte, vor allem, weil wir günstigstenfalls nur über verstreute Einzelquellen zur Mentalitätsgeschichte Palästinas in der
Eisenzeit verfügen. Nach der Meinung einiger Forscher soll daher
an die Stelle einer fortschreitenden mentalitätsgeschichtlich orientierten Theologie des Alten Testaments eine kanonische Theologie
treten, deren Ausgangspunkt die einfache Tatsache ist, daß uns das
Alte Testament als ein abgeschlossenes Buch – als Kanon – vorliegt[29]. Diese Auffassung des Alten Testaments wird selbstverständlich von der modernen Sicht, die Zeit der Entstehung des Alten Testaments einzuengen, unterstützt, weil auch sie davon aus-
geht, daß das Buch kein Ergebnis einer jahrtausendelangen Überlieferungsgeschichte sein kann, sondern als ein geistliches Produkt
einer umgrenzten Epoche zu betrachten ist, gleichgültig, ob wir
von der Exilszeit, der persischen oder der hellenistischen Epoche
reden. Damit könne nicht geleugnet werden, behaupten die »kanonisch« orientierten Forscher, daß dieses« Buch wirklich einen Kanon darstellt, weil alles, was darin steht, eigentlich aus demselben
Zeitalter stammt und deshalb bestimmte theologische Auffassungen verkörpert[30].

---

28 Vgl. *Albertz*, Religionsgeschichte, 30f.
29 Vgl. *B.S. Childs*, Old Testament Theology in a Canonical Context, Philadelphia 1985; *R. Rendtorff*, Kanon und Theologie. Vorarbeiten zu einer Theologie des Alten Testaments, Neukirchen-Vluyn 1991.
30 Während der Verfasser ein hellenistisches Datum vorzieht, haben andere
Forscher ihr Interesse auf das Exil oder auf das persischen Zeitalter gerichtet. Besonders das Exil (im engen Sinne, d.h. zwischen 587 und 538 v.Chr.) als Zeit und

Diese Auffassung erscheint auf den ersten Blick überzeugend. Jedoch ist sie in dieser Verbindung historischer Einsichten und theologischer Interessen nicht ohne erhebliche Schwierigkeiten: Sie setzt eine Analyse des gegenwärtigen Alten Testaments voraus, die oftmals ohne Rücksicht auf die tatsächliche Entstehungsgeschichte des Kanons durchgeführt wird. Darum bleibt die Frage offen: Von welchem Alten Testament reden wir eigentlich?

In »den alten Tagen« gab es für diese Frage eine ziemlich einleuchtende Antwort. Die christlichen Theologen waren davon überzeugt, daß das Alte Testament zunächst ein israelitisches Buch sei, das in seiner hebräischen Fassung jahrhundertelang überlebt habe, um später von jüdischen Gelehrten in der nachexilischen Zeit übernommen und abgeschlossen zu werden – noch später sei dann das Alte Testament die Bibel der frühen Christen geworden. Aus jüdischer Sicht sieht das Problem anders aus, da man hier ohne Rücksicht auf die späteren christlichen Interpretationen mit den israelitisch-jüdischen Überlieferungen theologisch weiterarbeiten konnte. Jedoch stehen wir hier vor einem ernsthaften Einwand gegen die Ausarbeitung einer »kanonischen« alttestamentlichen Theologie. Wenn wir im allgemeinen vom Alten Testament reden, denken wir normalerweise an den Codex Leningradiensis alias die Biblia Hebraica nach der Ausgabe R. Kittels oder K. Elligers. Aber diese Ausgabe besitzt kein Exklusivrecht; es gibt viele andere Versionen des Alten Testaments, die als Gegenstand der theologischen Besinnung benutzt werden können. Ich denke besonders an die Septuaginta, die immerhin älter als die heutige Biblia Hebraica ist, aber kaum vor dem 2. Jahrhundert n.Chr. ihre vorliegende Form bekommen hat. Hinzu kommt, daß die Septuaginta auch viele Bücher einschließt, die nicht von den Rabbinen als Teile der Hebräischen Bibel anerkannt wurden. Jedoch steht fest, daß die Septuaginta – und nicht die Biblia Hebraica – die erste Bibel der Christen war[31],

Stelle der Verschriftung der israelitischen Überlieferungen gewann unter den Forschern viel Anerkennung. Um nur zwei wichtige Verfasser der Gegenwart zu erwähnen, darf an dieser Stelle einerseits auf den kanadischen Forscher *J. Van Seters*, In Search of History, New Haven 1983; *ders.*, A Prologue to History. The Yahwist as Historian in Genesis, Louisville 1992; *ders.*, The Life of Moses. The Yahwist as Historian in Exodus–Numbers, Kampen 1994, andererseits auf den deutschen Alttestamentler *E. Blum*, Studien zur Komposition des Pentateuch (BZAW 189), Berlin / New York 1990 hingewiesen werden. Die persische Epoche wird im allgemeinen von den Forschern, die Mitglieder einer Arbeitsgruppe zum Studium dieses Zeitalters sind, vorgezogen. Zu ihnen gehört z.B. *P.R. Davies*; vgl. auch *J. Blenkinsopp*, The Pentateuch, New York 1992.
31   Dazu programmatisch *M. Müller*, Kirkens første Bibel. Hebraica sive Graeca veritas?, København 1994 (demnächst in englischer Fassung: The First Book of Christianity, Sheffield 1995).

aus dem einfachen Grund, weil die Hebräische Bibel unter den Juden noch nicht ihre Stellung als Kanon gewonnen hatte und auch wohl niemals – das haben uns wenigstens unsere jüdischen Kollegen erzählt – dazu bestimmt war, eine mit der Bibel des Christentums vergleichbare Rolle als Kanon zu spielen, weil sie unter den Juden niemals als so exklusiv angesehen wurde, daß sie andere Traditionen (Halakha, Mischna, Talmud) als zweitrangige Überlieferungen ausschloß. Damit wird verständlich, daß eine jüdische Theologie des Alten Testaments niemals geschrieben worden ist, obwohl Yehezkiel Kaufmanns Religionsgeschichte Israels mit vielen christlichen Theologien des Alten Testaments in manchen Beziehungen gut vergleichbar ist[32].

Arbeiten wir aber an einer kanonischen alttestamentlichen Theologie, während wir gleichzeitig exklusiv an der Biblia Hebraica als Grundlage dieser Theologie festhalten, muß unsere Unternehmung noch aus einem weiteren Grund – zumindest, wenn wir als christliche Theologen reden – etwas fragwürdig genannt werden: Die Hebräische Bibel ist, wie bereits gesagt, unbestreitbar ein Ergebnis der Reflexionen der Rabbinen. Ihre Einzelschriften wurden nicht von christlichen Theologen ausgewählt, die Biblia Hebraica besteht vielmehr aus einer Auswahl von heiligen jüdischen Schriften, welche jüdische Gelehrte festgelegt haben – unabhängig oder abhängig von der Tatsache, daß die Septuaginta bereits von christlichen Theologen anerkannt war.

Jedoch war die Situation der Bibelausgaben am Anfang unserer Zeitrechnung noch komplizierter. Es gab eine Unmenge von Texteditionen und Ausgaben der einzelnen Bücher der Biblia Hebraica, vielleicht auch mehrere verschiedene Sammlungen von Büchern. Um die Diskussion abzukürzen, sei hier nur gesagt, daß die Qumranfunde wenigstens dies gezeigt haben, daß jede Rede von einem normativen und festgelegten Alten Testament in der vorchristlichen Zeit aufhören muß[33]. Im Gegenteil, es gab damals, im 1. vor- und nachchristlichen Jahrhundert eine Mehrzahl der Textausgaben. Die Frage bleibt: Wie soll man eigentlich mit einer solchen Mehrzahl umgehen, wenn man unbedingt eine kanonische Theologie des Alten Testaments schreiben will? Welche Bibelausgabe kann mit Recht als die Grundlage einer solchen Theologie gelten?

---

32   Toledot Ha'emun Hayyisre'elit, Tel Aviv 1936 (eine gekürzte englische Ausgabe hat *M. Greenberg* besorgt: The Religion of Israel, Chicago 1960).
33   Eine vollständige Liste der bekannten Bibelmanuskripte und Fragmente aus Qumran findet man bei *U. Gleßmer*, Liste der biblischen Texte aus Qumran, RdQ 16 (1994), 153–192. Vgl. auch den Katalog der Texte in *F. García Martínez*, The Dead Sea Scrolls Translated, Leiden 1994, 467–513.

An dieser Stelle soll nur eine Problemanzeige vorgebracht werden; die Zeit für eine Diskussion und genauere Entfaltung reicht leider nicht. Es dürfte jedoch ziemlich klar sein, daß das Projekt einer kanonischen alttestamentlichen Theologie etwas fragwürdig sein muß. Einerseits gibt es mehrere Ausgaben des Alten Testaments und damit zugleich die Möglichkeit einer unerwünschten Vielzahl von alttestamentlichen Theologien: z.b. eine Theologie für die masoretische Bibel, eine andere für die Bibel (oder Bibelausgaben) der Essener aus Qumran, eine dritte für die Septuaginta und noch weitere für die Revisionen der Septuaginta durch Theodotion, Aquila und Symmachus usw.[34]. Andererseits gab es wohl kaum vor 70 n.Chr. – vielleicht von der Septuaginta abgesehen – eine festgelegte Sammlung der Schriften, die man als Kanon im christlichen Sinne auffassen kann.

Wünscht man dennoch, mit einer alttestamentlichen Theologie anzufangen, sollte man sich zunächst klarmachen, daß diese Theologie kein *deskriptives*, sondern nur ein *normatives* Unternehmen sein kann. Eine deskriptive Theologie ziehe ich vor, Mentalitätsgeschichte zu nennen. Die Aufgabe, eine solche Mentalitätsgeschichte auszuarbeiten, kann nur als legitim bezeichnet werden, obwohl sie im traditionellen Sinne vielleicht kaum mehr durchführbar ist. Anstelle einer traditionellen Religionsgeschichte Israels schlage ich vor, daß man sich der Aufgabe widmet, z.b. den Unterschieden zwischen den »kanonischen« Bibeln – einerseits der Septuaginta, andererseits der Biblia Hebraica – nachzugehen und sie zu erklären. Für die Historiker gibt es auf diesem Gebiet sicher viel zu tun, und diachrone Untersuchungen sind hier bestimmt gut angebracht.

Nachdem die Mentalitätsgeschichte von der eigentlichen Theologie des Alten Testaments abgegrenzt worden ist, können die Theologen in normativem oder systematischem Sinne mit ihrem Projekt fortfahren, eine alttestamentliche Theologie auszuarbeiten – vielleicht aber doch nicht, weil der christliche Kanon nicht ausschließlich aus dem Alten Testament besteht. Damit sei erstens betont, daß eine normative alttestamentliche Theologie von einer gesamtbiblischen Theologie kaum zu trennen ist, und zweitens, daß eine alttestamentliche Theologie unter christlichen Theologen lediglich als ein Bestandteil der gesamten biblischen Theologie, d.h. sowohl der Theologie des Alten als auch des Neuen Testaments, verstanden

---

34 Hinzu kommt, daß die modernen westlichen Bibelausgaben, obwohl sie von der Auswahl der Biblia Hebraica bestimmt sind, dennoch in der Einordung der Einzelteile des Alten Testaments der Septuaginta folgen, also eine Vermischung zweier Bibeltraditionen verkörpern, welche spätestens bereits zur Zeit der lateinische Übersetzung der Bibel durch Hieronymus, der Vulgata, im Umlauf war.

werden kann, damit das Postulat des Neuen Testaments, daß das
Alte Testament ein Buch der Wahrsagungen Jesu Christi ist, re-
spektiert wird oder, um mit Martin Luther zu sprechen, daß es
»Christum treiben muß«.

Um diese Aussage besser zu beleuchten: Es gab unter den neutestamentlichen Verfassern – auch Matthäus – kaum ein Verständnis
von einem Alten Testament, das ohne Christus den Christen etwas zu
sagen hatte. Zwar kann aus historischer Sicht einfach festgestellt
werden, daß vom Verfasser oder Herausgeber des Jeremiabuches
der Gedanke eines neuen Bundes in Jer 31 nicht mit Hinweis auf
das Neue Testament konzipiert worden ist, dennoch ist es eine Tatsache, daß die neutestamentlichen Autoren, als sie das Jeremiabuch
als Teil ihres christlichen Kanons anerkannten, denselben Sachverhalt völlig andersartig bewertet haben. Die normative – d.h. die
christliche – Theologie kann das Alte Testament nur als einen Teil
des Gesamtkanons anerkennen. Andere Auffassungen sind für sie
ohne jede Bedeutung. Für die neutestamentlichen Autoren wäre
eine alleinstehende alttestamentliche Theologie ohne Rücksicht
auf das Neue Testament wohl sicher ein Irrweg gewesen.

Gegen diese Auffassung mag man einwenden, daß ich den Begriff
der Theologie hier unnötig eingeengt habe. Das mag zutreffen,
aber es ist zumindest ein Vorteil meines Entwurfs, daß ich mit einer differenzierten Terminologie besser zwischen den verschiedenen Genres zu unterscheiden vermag. Die Theologie im absoluten,
normativen Sinne ist eigentlich synchron, aber zugleich auch unhistorisch, was nicht ausschließt, daß man sich auch mit diachronen
mentalitätsgeschichtlichen Untersuchungen beschäftigen kann. Die
Mentalitätsgeschichte dagegen ist ausgesprochen historisch und –
soweit es von der Quellenlage ermöglicht wird – zudem diachron,
sonst würden wir nicht von »Geschichte« sprechen. In jedem Fall
sollten Kategorienfehler vermieden werden; eine Vermischung von
Mentalitätsgeschichte und Theologie kann nur als ein solcher beurteilt werden.

Am Ende möchte ich noch einmal unterstreichen, daß nach meiner
Meinung der Begriff einer Mentalitätsgeschichte der alten Vorstellung einer Religionsgeschichte überlegen ist, weil er wegen seines
Interesses an Glaubensaussagen erlaubt, die Religion in einer um-
fassenderen Weise zu studieren. Rainer Albertz' Religionsgeschichte Israels stellt deshalb eigentlich keine traditionelle Religionsgeschichte dar, sondern reiht sich eher unter die Mentalitätsgeschich-
ten ein. Die Wichtigkeit seines Projekts ist offensichtlich und indis-
kutabel, und es bedeutet an sich nur wenig, ob man seinen historischen Rekonstruktionen zustimmen kann oder eine andere Sicht
der Mentalitätsgeschichte vertritt.

Hans-Peter Müller

Fundamentalfragen jenseits der Alternative von Theologie und Religionsgeschichte

I

Es ist unbestreitbar, daß eine Religionsgeschichte Israels der althebräischen Religion im Vergleich mit einer Theologie des Alten Testaments sowohl in historischer als auch in phänomenologischer Hinsicht unvoreingenommener gegenübersteht. Sie braucht die historische Wirklichkeit nicht für ein systematisch-theologisches Anliegen zu instrumentalisieren; sie muß etwa keine »Mitte« des Alten Testaments kenntlich machen, auf die mehrere oder wenigere der auseinanderstrebenden Erscheinungen der althebräischen Religion aneignend oder ausscheidend zu beziehen wären.

Allerdings mag ein Theologe wie R. Albertz keineswegs die Erwartung suspendieren, auch die Religionsgeschichte Israels könne, wenn man nur deren Pluralismus für die vielfältigen Gegenwartsfragen sorgfältig genug dialogfähig macht[1], einen gegenwärtigen Wahrheits- und Handlungsanweisungsbedarf befriedigen. Aber gerade hier entsteht das hermeneutische Problem: Kann ein Dialog zwischen einander widersprechenden antiken Texten, selbst wenn wir uns in ihn mit einander ähnlich widersprechenden Fragen ein-

---

1 So hält *R. Albertz* (Religionsgeschichte Israels in alttestamentlicher Zeit 1 [GAT 8/1], Göttingen 1992, 37.38) »in der heutigen Situation« die Religionsgeschichte Israels im Vergleich mit der Theologie des Alten Testaments u.a. deshalb »für die sinnvollere zusammenfassende alttestamentliche Disziplin, ... weil sie den (scil. im Alten Testament zu beobachtenden) dialogischen Prozeß des Ringens um theologische Klärung, Abgrenzung und Konsensbildung selber zur Darstellung bringt, der durchaus dem heutigen synodalen bzw. konziliaren ökumenischen Lernprozeß der Kirchen und dem christlich-jüdischen Dialog entspricht«. Darum hat »die Religionsgeschichte Israels«, wie Albertz 1993 auf dem SBL-Kongreß in Münster ausführte, zwar »als historische Wissenschaft keine normative Aufgabe, aber sie bereitet doch die damaligen religiösen Kämpfe in einer Ernsthaftigkeit auf, daß sie von der Systematischen Theologie auf ihre normative Funktion hin befragt werden können« (siehe in diesem Band oben S. 20f).

nisten, überhaupt Elemente einer affirmativen oder appellativen Normativität gewinnen? Will man einer historischen Deskription – mag sie Rede und Gegenrede wie immer aufzunehmen suchen – dennoch eine Normativität entnehmen, so müßte man entweder jeweils zufällig seligierte Einzelereignisse oder Ereigniskomplexe – z.b. den Exodus als vorgebliche »Mitte« des Alten Testaments – gleichsam mythisieren, so aber dem historischen Zugriff gerade entziehen. Oder man müßte der Religionsgeschichte Israels zwar keine Theologie des Alten Testaments oder Biblische Theologie, allenfalls aber eine Phänomenologie der althebräischen Religion an die Seite stellen, dann jedoch auch deren Zurückhaltung gegenüber Wahrheitsansprüchen übernehmen: Teile der Erscheinungswelt lassen sich, wie immer man sie – historisch willkürlich – auswählt, nun einmal nicht absolutsetzen; immerhin könnte die alttestamentliche bzw. biblische Religion als Fall menschlicher Religion relativ verbindlich gemacht werden, da dieser Fall nun einmal das in unserer Kultur zufällig[2] normativ gewordene Paradigma von Religion darstellt, das als solches weiterentwickelt zu werden verdient.

Ob wir nun eine »Mitte« des Alten Testaments mythisieren oder eine komplexe Vielfalt von alttestamentlichen Botschaften als Paradigmen von Religion aufwerten – in jedem Fall bekommen wir es mit dem »garstigen, breiten Graben« zwischen damals und heute, zwischen Zufall und Notwendigkeit zu tun. Denn einerseits können zufällige Geschichtswahrheiten von damals der Erweis von heute notwendigen Erkenntnis- und Handlungswahrheiten nie werden[3]; andererseits ist das heute »Notwendige«, wenn es denn Not wenden soll, seinerseits wieder nur durch Zufälligkeiten unserer sozialen, wirtschaftlichen und politischen Lebensbedingungen, wenn auch nicht deterministisch, bestimmt. Das Damals und das Heute sind gleich kontingent und also ohne Notwendigkeit; auf damalige und heutige Lebensbedingungen reagiert der Mensch freilich auch in gleicher schöpferischer Freiheit. Der »Zauberstab der Analogie«, den lange vor W. Dilthey schon Novalis (Friedrich von Hardenberg) empfahl, um in der Vergangenheit den jeweili-

---

2   Der Begriff des Zufalls wird hier und im folgenden im Sinne von *contingentia* gebildet, wie diese, zurückgreifend auf Aristoteles' Erste Analytiken I 13:32a, von Thomas von Aquin, S. th. I q. 86 art. 3 resp., definiert wurde. Danach ist kontingent, was weder unmöglich noch notwendig ist und darum anders oder gar nicht hätte sein können.

3   Vgl. bekanntlich *G.E. Lessing*, Über den Beweis des Geistes und der Kraft, in: *L. Zscharnack* (Hg.), Gotthold Ephraim Lessing, Werke 19, Hildesheim / New York 1970, 45–50, hier 49 bzw. 47.

gen Gegenwarten »ähnliche Zeitpunkte« zu finden[4], verführt zudem nicht nur zur Willkür bei der Wahl der Analoga; die Analogiewahrnahme wird vor allem auch daran scheitern, daß wir mit den betreffenden alttestamentlichen Botschaften niemals *alle* ihre relevanten Randbedingungen vergegenwärtigen oder einfühlbar machen können.

Das Entsprechende gilt mutatis mutandis für die Empfängerseite vergangenheitlicher Botschaften: Mit uns selbst gleichzeitig könnten wir im Grunde nur werden, wenn wir *alle* geschichtlichen Randbedingungen der Gegenwart kennten, in der wir zu verstehen versuchen, wenn wir also alle Gründe der Voreingenommenheit unseres historisch-kritischen Geschäftes durchschauten.

So ergeben sich mehrfach Zweifel daran, ob die für den Dialog mit den alttestamentlichen Botschaften nötige einfühlende Vergegenwärtigung stattfinden kann, solange wir ihre Bedingtheit vorwiegend im Bereich des Geschichtlichen und nicht in erster Linie in dem des Natürlichen suchen. Die Bedingung der Möglichkeit, Texte von damals heute verbindlich oder zumindest verständlich zu machen, ist allenfalls in der Gleichheit biologischer Merkmale zu suchen, die den (früh)antiken mit dem modernen Menschen verbinden, und damit in der Gleichheit der Bedürfnisse im Blick auf unseren natürlichen Lebensraum: Menschliches Leben vermag menschliches Leben trotz verschiedener geschichtlicher Standpunkte zu verstehen; unsere biologische Bedingtheit ist wesentlicher als unsere geschichtlich-politische.

Schließlich ist Lessings »Graben« dadurch noch garstiger und breiter geworden, daß zwischen unserem Wissen von der geschichtlichen und natürlichen Welt sowie dem mit ihm verbundenen Wirklichkeitsverständnis einerseits und denen der alttestamentlichen Antike andererseits eine schwer zu überschätzende Differenz besteht.

Auf sie kann eine Religionsgeschichte Israels zwar gerade dann am ehesten aufmerksam machen, wenn sie sich historische und phänomenologische Zurückhaltung gegenüber gegenwärtigem Wahrheits- und Handlungsanweisungsbedarf auferlegt. Sie wird aber umgekehrt gerade dadurch auch einen Beitrag zur Kritik gegenwärtiger Wahrheitskriterien leisten: Unsere Weise der Wirklichkeitswahrnahme war ja nicht immer verbindlich; vielmehr weist die Fremdheit, die Befremdlichkeit vieler alttestamentlicher Botschaften aus, daß es zu der uns geläufigen Wirklichkeitswahrnahme Al-

---

4 *P. Kluckhorn / R. Samuel* (Hg.), Novalis Schriften. Die Werke Friedrich von Hardenbergs 3: Das philosophische Werk II, hg. von *R. Samuel u.a.*, Stuttgart 1968, 518.

ternativen gibt, die für die Selbstverständlichkeit unseres spätneu-
zeitlichen Weltzugriffs Herausforderungen darstellen. Ein naturi-
stischer Fehlschluß aus sozialstrukturalen oder biologischen Befindlichkeiten auf so etwas wie »ewige Werte« ist insbesondere
dann nicht zu befürchten, wenn einerseits die Differenz antiker
und moderner Wirklichkeitswahrnahme im »Dialog« gegenseitiger
Herausforderungen gegenwärtig bleibt und andererseits vorausgesetzt wird, daß ein Mehrwert des Sollens gegenüber dem Sein in
den natürlichen Konditionen unseres Bewußtseins angelegt ist, was
die Möglichkeit einer Korrektur unserer sozialstrukturalen und
biologischen Befindlichkeiten eröffnet, auch wenn diese ontolo-
gisch »früher« sind als alle geschichtlich-politischen.

Einen theologischen Charakter hat die Religionsgeschichte Israels
dann vor allem via negativa: aus der Abständigkeit und Fremdheit
des religionshistorisch Gewonnenen ergibt sich die theologische
Aufgabe; Befremden durch das geschichtlich Ferne und Zufällige,
Einverständnis aufgrund einer gemeinsamen natürlichen conditio
humana ist dabei die Bedingung der Möglichkeit sowohl eines religionsgeschichtlichen wie vor allem eines theologischen Interesses
am Alten Testament. Es gibt freilich Dialoge, die in gegenseitigem
Befremden verharren. Wie schwierig der alttestamentliche Gesprächspartner angesichts der weithin mythischen Determination
seiner Wirklichkeitswahrnahme ist[5], scheint derzeit allerdings weder die Religionsgeschichte Israels noch die Theologie des Alten
Testaments in ganzer Tragweite wahrzunehmen oder gar zu bewältigen.

Gelöst werden kann das mit der Abständigkeit und Befremdlichkeit vieler alttestamentlicher Botschaften gegebene Problem vielleicht von einer Theorie der Religionen her; entsprechende Prolegomena zu einer Theologie des Alten Testaments müßten dabei
fundamentaltheologische Züge annehmen. Die Theologie des Alten Testaments ist dazu um so eher in der Lage, wenn sie sich klar-
macht, in wie weitreichendem Maße die Religion(en) Kanaans und
damit die altorientalischen Religionen überhaupt den Hintergrund
der altisraelitischen Religion ausmachen, ohne daß diese in jenen
aufginge; dem kanaanäisch-israelitischen Dialog, der im Alten Testament nachwirkt, kann dabei heute ein interreligiöser Dialog entsprechen.

5   Vgl. *H.-P. Müller*, Mythos – Kerygma – Wahrheit. Gesammelte Aufsätze zum
Alten Testament in seiner Umwelt und zur Biblischen Theologie (BZAW 200),
Berlin / New York 1991, bes. 175–187.188–219.

II

Weder die Religionsgeschichte Israels noch die Theologie des Alten Testaments dürfen allerdings darüber hinwegsehen, daß Begriffe, Vorstellungen und Handlungsmuster nicht nur der altisraelitischen Religion schon seit langem einem Plausibilitätsverlust unterliegen. Auch dieser muß Thema einer Theorie der Religion und eines Dialogs der Religionen sein, da beide die Einwände, welche gegen Religion erhoben werden, allenfalls gemeinsam auch zu entkräften vermögen. Schon deshalb wird zugleich eine Metatheorie, die die Leistungskraft einer Theorie der Religion definiert, einer Fundamentaltheologie nützlich sein – freilich auch, wenn sie in bezug auf das Recht religiösen Redens und Denkens zu einem negativen Ergebnis käme.

Dabei wirkt sich allgemeingültiger aus, was wir zum Wechselverhältnis bei der Bewertung der antiken gegenüber der modernen Wirklichkeitswahrnahme sagten: Das Gefühl der Unzumutbarkeit religiöser Begriffe, Vorstellungen und Handlungsmuster könnte auf einem Selbstmißverständnis beruhen, in dem wir das spätneuzeitliche Wirklichkeitsverständnis, den rein-autonomen Weltzugriff, absolutsetzen. Die Tod-Gottes-»Theologie« etwa verkennt nicht nur die größere geschichtliche Kontinuität, in der unsere areligiöse Gegenwart innerhalb der Geschichte der Religionen steht, sondern auch den längerfristigen psychischen Bedarf des Menschen, der die Realitätseindrücke mit den emotionsgesteuerten Bedürfnissen unserer Vernunft, *res* und *intellectus* mithin, zu gegenseitiger Anpassung, *adaequatio*, zu bringen sucht; dabei wird, religiös bedürfnisbestimmt, die *res* auch dem *intellectus* angepaßt[6], was die Legitimität einer Wunschbestimmtheit von Problemlösungsmustern einschließt. Aber auch und gerade, wenn diese erkenntnistheoretische Letztbegründung berücksichtigt wird, entstehen Schwierigkeiten (1) beim Gottesbegriff und dem Theodizeeproblem, mit dem die Frage nach der Bedeutung, der Sinnhaftigkeit des Seienden verbunden ist, (2) beim Offenbarungsanspruch in der Verbindung mit Geschichtsereignissen und (3) im Blick auf die Anthro-

---

6 Daß schon Thomas von Aquin an eine solche Wechselseitigkeit der *adaequatio rei et intellectus* bei der Konstitution von Wahrheit denken konnte, zeigen Sätze wie:»Wenn die Dinge (*res*) das Maß und die Richtschnur der Erkenntniskraft (*intellectus*) sind, besteht Wahrheit darin, daß die Erkenntniskraft sich den Dingen angleicht (*adaequatur*) ...; wenn aber die Erkenntniskraft die Richtschnur und das Maß der Dinge ist, besteht Wahrheit darin, daß die Dinge sich der Erkenntniskraft angleichen« (S. th. I q. 21 art. 2; vgl. *J. Pieper*, Unaustrinkbares Licht. Das negative Element in der Weltansicht des Thomas von Aquin, München ²1963, 28f).

pozentrik, die kollektive und individuelle Subjektbezogenheit des
alttestamentlichen, darin aber zugleich des mythischen Wirklichkeitsverständnisses.

1. Gottesbegriff und Theodizeeproblem

R. Albertz bezeichnet Religion – eher theologisch als religionsgeschichtlich und keineswegs »formal« – als »Wechselgeschehen zwischen Gott und Mensch«[7]. Die Einschränkung, »daß für den Religionshistoriker ›Gott‹ nur in sprachlichen Äußerungen von Menschen, in religiösen Erfahrungen, von denen sie berichten, in religiösen Symbolwelten, die sie entwerfen, und in Worten, die sie zu
ihm und in seinem Namen sprechen, greifbar wird«, wirft allerdings
die Frage auf, ob der Begriff »Gott« als Teil »eine(r) eigentümli-
che(n), in sich konsistente(n) Symbolwelt«[8] nicht nachgerade dekodiert werden müsse.
Ist der Symbolbegriff eine allein religionswissenschaftliche Kategorie, die der Theologe nicht übernehmen darf? Oder soll der
Theologe – sozusagen naiv – in der Symbolwelt verharren, während nur der Religionshistoriker von der allgemeinen Erkenntnis
Gebrauch macht, daß es zum Wesen von Symbolen gehört, mit
dem Symbolisierten nicht identisch zu sein? Die Wahl des symbo-
lischen Zeichens ist im Blick auf das Bezeichnete freilich nicht
grundsätzlich willkürlicher als die des Signifikats im Blick auf seine Referenz überhaupt, so daß man am Ende jedes Signifikat als
symbolisch bezeichnen kann. Aber gerade wenn dergestalt sym-
bolische Signifikate ihre Referenz ebenso verhüllen, wie sie günstigstenfalls offenbaren, muß sich der Theologe fragen, ob die Rede von Gott bzw. religiöse Rede im allgemeinen das meint, was sie
sagt, oder etwas anderes[9]. Sollte zweifelhaft bleiben, was religiöse
Sätze meinen, so müßte doch zumindest selbstkritisch ermittelt

---

7 *Albertz*, Religionsgeschichte 1, 30, wo zu einem »formale(n) Religionsbegriff« zu Unrecht auf G. Mensching hingewiesen wird, der statt von Gott mit grö-
ßerer Formalisierung von »heiliger Wirklichkeit« spricht, der wir erlebnishaft
begegnen und auf die wir handelnd antworten.
8 Ebd. 31.67.
9 Eine Dekodierung des Symbolbegriffs »Gott« darf freilich nicht einfach darin
bestehen, daß das zu dekodierende Symbol durch ein synonymes Symbol ersetzt
wird; vielmehr müßten die Sätze, durch die das Symbol dekodiert wird, semantisch
weitgehend äquivalent sein, ohne das zu dekodierende Symbol oder ein synonymes Symbol zu enthalten. Allerdings ist semantische Äquivalenz dabei ein uner-
reichbares Ideal: Es ist schwerlich möglich, die Form der Ausdrücke zu verändern,
ohne zugleich deren Bedeutung abzuwandeln; keine Interpretation, am wenigsten
eine solche, die Symbole dekodiert, kann die Übereinkunft des Interpretandum
mit dem Interpretationsergebnis garantieren.

werden, inwieweit sie in der Lage sind, das zu bewirken, was sie intendieren.

Das Problem der Wahrheitsfähigkeit der Rede von Gott[10] scheint (a) modern; es hat aber doch schon (b) dogmatische und (c) alttestamentliche Analoga.

a) Das *moderne* Problem läßt sich am besten linguistisch ausdrücken[11]. Kann ein Begriff »Gott«, da er – radikaler noch als der Begriff des »Nichts« – zu allen denkbaren Begriffen in Opposition steht, überhaupt als ein Begriff gelten, wenn zu den Konstituenten eines Begriffs dessen Opponierbarkeit gehört? Oder, falls der Begriff »Gott« wie in καὶ θεὸς ἦν ὁ λόγος (Joh 1,1c) ein Prädikativ ist: Läßt sich angemessen bestimmen, welchen Größen ein solches omniopponentes Prädikativ zugesprochen, welchen es abgesprochen werden kann? Steht vollends der Begriff »Gott« nicht nur zu allen Begriffen des Seienden, zu Gegenstandsbegriffen und ihnen entsprechenden Abstraktionen, in Opposition, sondern auch zu Letztabstraktionen wie »Sein« und »Nichts«, so ist er eigentlich nicht syntaxfähig: Von etwas, das sich von allem und dazu noch von den ontologischen Voraussetzungen all dessen unterscheidet, läßt sich im Grunde nichts aussagen; wir können von ihm weder sagen, daß es »ist«, noch, daß es »nicht ist«, noch gar, »was« es ist. Das Entsprechende gilt mutatis mutandis vom mythisch-metaphorischen Anschauungsstoff, der sich mit dem Begriff »Gott« verbindet: Er ist mit allen anderen Anschauungsstoffen, sofern diese sich nicht ebenfalls als mythisch-metaphorisch verstehen, inkompatibel.

Schon hier stellt sich die Frage, ob das Theodizeeproblem nicht in der Unvollziehbarkeit des Gottesbegriffs aufgeht, so daß aus dem theologischen Problem ein logisches würde.

Das reziproke Problem ist natürlich, ob Theologie jemals auf den Begriff und die Anschauung von Gott verzichten kann – mag es um die syntaktische Kompatibilität dieses Begriffs, dieser Anschauung mit anderen Begriffen und Anschauungen wie immer stehen. Weist nicht schon die Religionsgeschichte darauf hin, daß sich die Rede von Gott aus ihren mythischen Ursprüngen nie ganz lösen kann? Eine solche Frage motiviert freilich die Zumutung, »das

---

10 Vgl. *H.-P. Müller*, Das Problem der Rede von Gott im Licht der Frage: »Was ist Wahrheit?« Paradigmen aus dem Alten Testament, in: *M. Lutz-Bachmann* (Hg.), Und dennoch ist von Gott zu reden (FS H. Vorgrimler), Freiburg u.a. 1994, 56–68.
11 Vgl. zum folgenden *H. Zirker*, Religionskritik (LeTh 5), Düsseldorf 1982, 187–191.

Unweltliche, Göttliche« nach der bekannten Formulierung R. Bultmanns »als Weltliches, Menschliches, das Jenseitige als Diesseiti-
ges« erscheinen zu lassen[12], weil es anders als auf diese mythische
Weise, metaphorisch nämlich oder symbolisch, nun einmal nicht
aussagbar ist. Ist dann gar das Theodizeeproblem die logische Folge lediglich der Unmöglichkeit, das Unweltliche, Göttliche im
Weltlichen, Menschlichen, das Jenseitige im Diesseitigen nun auch
aufsuchen zu wollen? Bultmann scheint vorauszusetzen, daß von
Unweltlichem, Göttlichem, Jenseitigem auch nichtmythisch, etwa
existential, geredet werden kann. Man kann eine solche Voraussetzung aber auch umkehren: Danach wäre auch mythisch-metapho-
risches Reden nur möglich, wenn von der betreffenden Größe zugleich in nichtmythisch-metaphorischen Urteilen gesprochen werden kann. Wäre also das Theodizeeproblem lediglich eine Auswir-
kung mythischen Redens von Gott und nur innerhalb seiner Sach-
logik sinnvoll? Dann ist das Theodizeeproblem gerade so virulent
wie die Notwendigkeit mythischen Redens.

b) *Dogmatisch* entspricht dem insbesondere die Unvollziehbarkeit des Begriffs göttlicher »Allmacht«. Allmacht kann nicht zugleich Macht über ein begrenztes Etwas sein, z.B. die Ägypter am
Schilfmeer; dennoch muß sie als Macht immer an etwas Begrenz-
tem wirksam werden. Entsprechend kann man am »heilsgeschichtlichen« Ablauf, den das Alte Testament darstellt, ablesen, wie sich
mit der Zeit die begrenzten Wirkungen göttlichen Machterweises
verflüchtigen, bis JHWHs Macht am Ende, etwa im Exil Israels, von
Ohnmacht nicht mehr zu unterscheiden ist[13]. Das Theodizeeproblem, wenn es angesichts des Exils oder angesichts von Auschwitz
gestellt wird, ist dann nur die Umkehrung derjenigen Aporie, in
die der Gottes- bzw. Allmachtsbegriff als solcher gerät: Das infini-
tum der Allmacht Gottes kann sich im finitum nicht realisieren;
sollte »das Mißlingen aller philosophischen Versuche in der Theodizee« also primär nicht in einer Qualität wie dem Übel, sondern in
dem gleichsam quantitativen Problem einer Inkompatibilität von
Unendlichem und Endlichem seinen Grund haben, so wäre die

---

12   *R. Bultmann*, Neues Testament und Mythologie, in: *H.W. Bartsch* (Hg.),
Kerygma und Mythos (1), Hamburg 1948, 15–48, hier 22, Anm. 2.
13   Ähnliches begegnet auf der Metaebene der Theologie: Hier erleidet das Ge-
schichtskerygma, ja überhaupt das religiöse Bekenntnis durch ständige Neuinter-
pretationen, die jeweils vorangehende Falsifikationen zu parieren suchen, einen
»Tod durch tausend Modifikationen« (*A. Flew*, Theologie und Falsifikation, in:
I.U. Dalferth [Hg.], Sprachlogik des Glaubens. Texte analytischer Religionsphilosophie und Theologie zur religiösen Sprache [BEvTh 66], München 1974, 84–
87, hier 85; vgl. *Zirker*, Religionskritik, 193f).

Welt in ihrer Endlichkeit, wie J.G. Fichte sagt,»die vollendete Sündhaftigkeit«[14] und darüber hinaus ein Argument gegen Gott. Umgekehrt freilich bedeutet das: Die Theodizee würde end-lich gelingen, wenn man auf den Begriff des Unendlichen verzichten könnte. Wir vermöchten eine befriedigende Bedeutung, einen Sinn des Seienden wahrzunehmen, wenn wir diese nicht mehr an abso-luten, syntaktisch unvollziehbaren Begriffen messen, die der Reali-tät des Seienden ohnehin nicht genügen. Können Begriff und Vorstellung von Gott aus der Umklammerung durch den abstrak-ten Grenzwert des Unendlichen, mithin vom Begriff der Allmacht, den das Alte Testament nicht kennt, befreit werden, was auch das Übel relativieren und so Gott als relativ gerechtfertigt erscheinen ließe?

Es wäre dann freilich der Gott einer mythischen Göttergeschichte und so auch der alttestamentlichen »Heilsgeschichte«[15], von dem ohne Furcht vor drohender göttlicher Ohnmacht etwas erzählt wer-den kann. Beherrschte dagegen *ein* Aktant als der allmächtige Gott den gesamten Handlungsraum, so käme erst gar nicht die Span-nung auf, die durch das Erzählte gelöst werden soll. Fehlen aber sowohl die Omniopponenz als auch die Omnipotenz des Gottesbe-griffs, so werden Aktantenbewegungen und Spannungslösung durch eine erzählte Handlung allererst vorstellbar.

c) *Alttestamentlich* finden die aufgezeigten Probleme des Gottes- und des Allmachtsbegriffs im hymnischen Reden vom Kommen Gottes an den Schauplatz der Not seines Volkes[16] ihre Entspre-chung: Wenn dabei nach einer Epiphanieschilderung wie Ri 5,4f die Erde bebt, Himmel und Wolken triefen, ja selbst die Berge vor JHWH zerfließend niedersinken[17], so wird mit solchen Metaphern in vortheoretischer Naivität dasjenige intendiert, was wir theolo-gisch den Kontrast zwischen der Transzendenz göttlicher Herkunft und der Immanenz göttlicher Ankunft nennen können[18]; es bilden

14 Vgl. die Glosse von *R. Zons* in: *W. Oelmüller* (Hg.), Worüber man nicht schweigen kann. Neue Diskussionen zur Theodizeefrage, München 1992, 50f.
15 Zum quasimythischen Charakter des Begriffs »Heilsgeschichte« vgl. *H.-P. Müller*, Jenseits der Entmythologisierung. Orientierungen am Alten Testament, Neukirchen-Vluyn ²1979, 57–75.
16 Vgl. *C. Westermann*, Lob und Klage in den Psalmen, Göttingen ⁶1983, 69–76.
17 Vgl. *H.-P. Müller*, Ursprünge und Strukturen alttestamentlicher Eschatolo-gie (BZAW 109), Berlin 1969, 16ff.
18 Vgl. *H.-P. Müller*, Mythos und Transzendenz. Paradigmen aus dem Alten Te-stament, EvTh 32 (1972), 97–118; wieder abgedruckt in: *H.D. Preuß* (Hg.), Es-chatologie im Alten Testament (WdF 480), Darmstadt 1978, 415–443.

sich Vorstellungen, wie wir Heutigen sie etwa mit einem Meteoreinschlag oder der kosmischen Urexplosion verbinden. Gleichwohl fragt es sich, ob man einen Gott, dessen Herkunft in dieser
Weise die Dimensionen der Gegenstandswelt geradezu gewalttätig
durchbricht, überhaupt vorstellbar machen kann. Symbolisiert eine Epiphanieschilderung wie Ri 5,4f, die im übrigen religionsgeschichtliche – etwa babylonische – Parallelen hat[19], nicht am Ende
eher, daß von einer göttlichen Ankunft in der Gegenstandswelt eigentlich gar nicht die Rede sein kann?
Dennoch wird von JHWHs gegenstandsbezogenem Handeln, seiner
immanenten Ankunft zur Rettung seines Volkes in »heilsgeschichtlichen« Sagen erzählt, die mit mythischen Göttergeschichten einige Ähnlichkeit haben: Die Deutungen, welche den vorausgesetzten
Ereignissen gegeben werden, fassen diese als Mittel einer interpersonalen Beziehung zwischen JHWH und den von den Ereignissen
betroffenen, in ihnen handelnden Menschen auf. Von dem als
schlechthin weltüberlegenen gepriesenen Gott bildet das Alte Testament darum personhafte Vorstellungen – als von dem personalen Gegenüber einer Großgruppe einerseits und der (Groß-)Familie andererseits[20], ohne daß solche ebenfalls letztlich mythische
Vorstellungen in den Verdacht gerieten, sie könnten JHWH zum
Götzen mutieren lassen. Wollte man auf die »heilsgeschichtliche«
Sage, die mythische Vorstellung von der Personhaftigkeit Gottes
verzichten, so führte der Weg allenfalls in eine theologia negativa
mit deren mystischen Konnotationen[21]. Die Frage, ob eine Theo-

---

19   Vgl. etwa *E. Ebeling*, Bruchstücke eines politischen Propagandagedichts
aus einer assyrischen Kanzlei (MAOG 12/2), Leipzig 1938; dazu *W.G. Lambert*,
AfO 18 (1957/58), 38ff. Eine neue englische Übersetzung bietet *B.R. Foster*, Before the Muses. An Anthology of Akkadian Literature 1, Bethesda, ML 1993,
209ff. Auch hier, wie zudem in der Welt Homers, ist der Krieg ein bevorzugtes
Feld religiöser Perzeption.
20   Vgl. *Albertz*, Religionsgeschichte 1, 99.153.
21   In mystischer Konsequenz aus einer radikalen Entmythologisierung hat
auch der junge *D.F.E. Schleiermacher*, Ueber die Religion. Reden an die Gebildeten unter ihren Verächtern, Berlin ⁵1843 den Gottesbegriff durch den des »Universums« ersetzt: Das Universum wird nach seiner höchsten Selbstdarstellung, die
mit dem Namen Spinozas in Verbindung gebracht wird, »als Einheit in der Vielheit, als System« angeschaut, »als Eins und Alles, auch ohne die Idee eines Gottes (128)«; dabei umgreift das Universum Schleiermachers das Ich und die Welt,
ohne dem Allgemeinen gegenüber dem Einzelnen den für ein späteres idealistisches Denken charakteristischen Vorrang zu geben; der Gottheit wird allerdings
nachgesagt, daß sie »durch ein unabänderliches Gesez sich selbst genöthiget hat,
ihr großes Werk bis ins Unendliche hin zu entzweien« (6). Entsprechend konnte
Schleiermacher bekanntlich Religion noetisch als augenblickhaft-ursprüngliche
Einheit von Anschauung und Gefühl (vgl. 1. Auflage 1799, 50) bzw. als »unmittelbare Einheit der Anschauung und des Gefühls« verstehen, durch die der Mensch

logie des Alten Testaments oder eine Religionsgeschichte Israels auf die Entscheidung zwischen quasi mythischer »Heilsgeschichte« und mystischer theologia negativa oder gar auf deren gegenseitige Aufhebung besser vorbereitet, erscheint als um so müßiger, wenn biblische wie außerbiblische Texte in bezug auf die Dialektik von transzendenter Herkunft und immanenter Ankunft geradezu konvergieren. Der Christ kann in beiderlei Botschaften Antizipationen der Inkarnation sehen, die ähnliche Denkprobleme stellt.

2. Offenbarungsanspruch und Geschichtsereignis

a) Geschichtsbezogene Glaubenszeugnisse sind mit der historischen Wirklichkeit, wie sie sich allerdings nur im Idealfall ohne Gegenwartsinteresse objektivieren läßt[22], schwer zu vermitteln; das weiß man seit der Diskussion um G. von Rads »Theologie des Alten Testaments«[23].
R. Albertz sucht die äußerste Schärfe dieses Problems freilich auf zweifache Weise hintanzuhalten. *Einerseits* ist sein Vertrauen in die tradita, obwohl er den guten, alten Jahwisten der Kritik R. Rendtorffs, E. Blums u.a. opfert[24], relativ groß. Die Kritik an der herkömmlichen Literarkritik kompensiert er, der früheren Uppsala-

---

»eins wird mit dem ewigen«, statt »in der abgeleiteten (scil. Einheit) des Bewußtseins ewig getrennt von ihm« zu bleiben (47). Aus einer solchen Relativierung der transzendentalphilosophischen Unterscheidung von Ich und Welt ergab sich ein Loslassen auch der Individualität, weil »alles darauf hinstrebt, daß die scharf abgeschnittnen Umriße unsrer Persönlichkeit sich erweitern und sich allmählich verlieren sollen ins Unendliche« – bis zur Leugnung individueller Unsterblichkeit: »strebt danach, schon hier Eure Individualität zu vernichten, und im Einen und Allen zu leben« (131). Vgl. zum einzelnen *H.-P. Müller*, Bedarf die Alttestamentliche Theologie einer philosophischen Grundlegung?, in: *J. Hausmann / H.-J. Zobel* (Hg.), Alttestamentlicher Glaube und Biblische Theologie (FS H.D. Preuß), Stuttgart u.a. 1992, 342–351, hier 349f.
22 Objektivität bleibt auch bei R. Albertz insofern ein illusorisches Ideal, als moderne Bedürfnisse und entsprechende Modelle zu deren Befriedigung in die historische Darstellung einfließen; auch die historischen Bilder gewinnt er »dialogisch«, wobei bewußt vorausgesetzt wird, daß sie für den gegenwärtigen Dialogpartner Normativität gewinnen können (vgl. Anm. 1), obwohl Voraussetzung für die Authentizität schon der historischen Darstellung deren Abständigkeit von Gegenwartsbedürfnissen ist.
23 Vgl. etwa die Erwiderung G. von Rads auf die Kritik an Band 1 seiner Theologie, in: *ders.*, Theologie des Alten Testaments II: Die Theologie der prophetischen Überlieferungen Israels, München 1960, 7–12, dazu den Überblick bei *H. Graf Reventlow*, Hauptprobleme der alttestamentlichen Theologie im 20. Jahrhundert (EdF 173), Darmstadt 1982, 71–77 (Lit.).
24 *Albertz*, Religionsgeschichte 1, 71f; vgl. *ders.*, Rezension E. Blum, Die Komposition der Vätergeschichte, Neukirchen-Vluyn 1984, ThLZ 111 (1986), 180–183.

Schule nicht ganz unähnlich, mit um so größerem Vertrauen in die mündliche Überlieferung[25]. *Andererseits* entlastet er den Wahrheits- begriff bei seinem Umgang mit den hinter den Texten vermuteten gesellschaftlichen Gruppierungen durch dessen Demokratisierung: So erinnert es an die Definition J. Habermas' von Wahrheit als dem regulativen Prinzip eines herrschaftsfreien Diskurses[26], wenn Reli- gionsgeschichte Israels nach Albertz »die Beschreibung eines fort- laufenden Diskurses unterschiedlicher israelitischer Gruppierun- gen darüber« ist, »wie bestimmte geschichtliche Entwicklungen von Gott her zu deuten seien und was angesichts dieser Herausfor- derungen nach seinem Willen zu tun sei«[27]. Sollte das geschichts- bezogene Glaubenszeugnis des Alten Testaments mangels histori- scher Verifizierbarkeit, worauf wir sogleich zu sprechen kommen, nur kerygmatische Dichtung sein, so läge allerdings auch in einer solchen Schöpfung das Ergebnis eines zwischen altisraelitischen Gruppierungen ausgetragenen Wahrheitsdiskurses.

b)   Historisch-kritische Analyse wird zu diesem Problem zwar im- mer bemüht sein, sowohl die Geschichtsereignisse selbst wie ihre Deutungen in Diskursen bzw. die Fiktion von Geschichtsereignis-

---

25   Einerseits gesteht *Albertz* im Blick auf die Analyse *E. Blum*s (Studien zur Komposition des Pentateuch [BZAW 189], Berlin / New York 1990) zu: »Die Hauptmasse der Texte ist exilischer bzw. frühnachexilischer Herkunft, d.h. 700– 800 Jahre von den Ereignissen getrennt« (Religionsgeschichte 1, 72). Anderer- seits aber sei »an der vom Pentateuch präsentierten Konzeption der Anfänge Isra- els« grundsätzlich nicht zu zweifeln, »lassen sich doch eine ganze Reihe von Be- sonderheiten, die die Jahwereligion auszeichnen, nur von den hier (scil. in der Pentateuchkonzeption) festgehaltenen außergewöhnlichen gesellschaftlichen Bedingungen erklären, unter denen sie entstanden sind« (ebd., 73). Dagegen geht *C. Westermann* (Die Geschichtsbücher des Alten Testaments. Gab es ein deutero- nomistisches Geschichtswerk? [TB 87], Gütersloh 1994, 122f) zwar auch davon aus, »daß ein ›Gedenken‹ des Geschehenen in den Ereignissen selbst begründet war ... und zunächst mündlich von Generation zu Generation weitergetragen wur- de«; er rechnet aber zu den einzelnen Büchern des von ihm aufgelösten deutero- mistischen Geschichtswerks damit, »daß die Entstehung der einzelnen so ver- schiedenen Texte wieder näher an die Ereignisse heranrückt, von denen sie han- deln«.
26   *Albertz*, Religionsgeschichte 1, 39, Anm. 71 verweist dazu auf *H.G. Kip- penberg*, Diskursive Religionswissenschaft, in: *B. Gladigow / H.G. Kippenberg* (Hg.), Neue Ansätze in der Religionswissenschaft (FRW 4), München 1983, 9– 28, hier 21–24, der im Zusammenhang mit der Vorstellung seines Diskursmo- dells sowohl auf die funktionalistische Sprechakttheorie als auch auf die Funkti- on des Diskurses nach dem Fraglichwerden von Traditionen in der Sicht J. Haber- mas' Bezug nimmt. Wenn dabei die Durchsetzung von Wahrheit als nach Markt- gesetzen erfolgend vorgestellt wird, so ließe sich zugleich eine Verbindung zur evolutionären Erkenntnistheorie herstellen.
27   *Albertz*, Religionsgeschichte 1, 31.

sen im Diskurs als Produkte mentaler und materieller Ursachen zu erklären, in die sich die Phänomene darüber auflösen. Abgesehen aber von der Frage,»wie es wirklich gewesen ist«, besteht jedoch auch das geschichtsbezogene Glaubenszeugnis nur aus historisch-exegetisch schwer festlegbaren Bedeutungen. Schon in alttestamentlicher Zeit wird ein Teil dieser Bedeutungen, wenn sie sich im Diskurs zwischen gesellschaftlichen Gruppierungen bzw. den sie repräsentierenden Autoren ergaben, immer erst auf deren Weg zum Hörer bzw. Leser entstanden sein[28]. Nicht nur unterscheidet sich das Bewußtsein der betreffenden Gruppe von dem eines Autors, der das Interesse und die Erkenntnis seiner Gruppe jeweils auf schöpferische, mithin verwandelnde Weise vertritt; vor allem ist auch die Bedeutung eines Textes weder mit dem Bewußtseinsinhalt der Gruppe noch dem des Autors einfach identisch[29] – ganz abgesehen davon, daß beide wiederum kaum wirklich ermittelbar sein dürften. Der schöpferisch verwandelnde Umgang des Autors mit dem Bewußtseinsinhalt der von ihm vertretenen Gruppe wiederholt sich schließlich beim Umgang des Hörers bzw. Lesers mit den Texten – damals wie heute. Als eigentlich polysem erweist sich ein religiös-normativer Text vollends nach seiner Kanonisierung, wenn der Leser einen neuen Wahrheitsbedarf durch dessen allegorische Auslegung zu befriedigen sucht[30].

c)   Dazu kommt, daß jeder mündliche oder schriftliche Text wie jede Handlung Ursache unabsehbarer Folgen ist. Von vielen möglichen Deutungen einer Vergangenheit macht die fortlaufende Geschichte aber allenfalls wenige wirksam. Ob eine Vergangenheit mittels ihrer Deutungen und deren Rezeption nicht noch ganz anders gewirkt hat, als wir aus den Quellen wissen, oder ob sie heute

---

28   Vgl. *U. Eco*, Das offene Kunstwerk, Frankfurt a.M. 1977 (italienisch 1962); *ders.*, Lector in fabula. Die Mitarbeit der Interpretation in erzählenden Texten, München/Wien 1987 (italienisch 1979); zur Rezeptionsästhetik der Konstanzer literaturwissenschaftlichen Schule u.a. *W. Iser*, Der implizierte Leser, München 1972; *ders.*, Der Akt des Lesens. Theorie ästhetischer Wirkung, München 1976; *R. Warning*, Rezeptionsästhetik, München ²1979; *H.R. Jauss*, Ästhetische Erfahrung und literarische Hermeneutik, Frankfurt a.M. 1982.
29   Man erinnere sich dazu an das Diktum Talleyrands, wonach dem Menschen die Sprache gegeben sei, damit er seine(n) Gedanken verberge (La parole a été donnée à l'homme pour deguiser sa pensée) – was von der Sprache literarischer Texte im besonderen gelten dürfte. Kann Dichtung wie im Fall des Werther der Selbsttherapie dienen, so eben auch der Assimilation einer Realität, die anders nicht erträglich ist; Kunst ist, einfach indem sie ästhetische Mittel anwendet, weithin auch ein stiller Protest gegen die Realität dessen, was sie gerade darstellt.
30   Vgl. *U.H.J. Körtner*, Lektor in Biblia. Schriftauslegung zwischen Rezeptionsästhetik und vierfachem Schriftsinn, WuD 21 (1991), 215–233.

und in Zukunft anders wirken wird, ahnen wir nicht. Das Bedeu-
tungspotential geschichtsbezogener Glaubenszeugnisse und ent-
sprechender Fiktionen scheint unerschöpflich.
Nur durch eine jüdische, christliche, islamische oder auch humanistische Mythisierung kann man ein »Heilsereignis« oder eine »Heilsgeschichte« daran hindern, in der Fülle tatsächlicher Ursachen und
tatsächlicher oder noch möglicher Folgen zu verschwinden. Was die
herkömmliche Theologie als Offenbarung chiffriert, kann durch
die Religionsgeschichte Israels als die Mythisierung eines Stiftungs-
ereignisses erkannt werden, die aus dem mehr oder weniger späten
Bedürfnis nach einem normativen Ursprung aller anschließenden
Geschichte in eine frühe Vergangenheit projiziert wird.

d) Bekanntlich herrscht heute eine Tendenz vor, immer mehr alttestamentliche Texte als schriftlich konzipierte Literatur der exi-
lisch-frühnachexilischen Zeit[31] oder einer noch späteren Periode[32]
zuzuschreiben. Religiöse Texte, die Einzelereignisse oder begrenzte Ereignisfolgen, eine Sektorengeschichte in jedem Fall, als heil-
haft erscheinen lassen, werden darüber faktisch zu wunschbe-
stimmten Problemlösungsmustern, die eine in Wirklichkeit heillose
Geschichtssituation bewältigen sollen: Botschaften vom Kommen
und rettenden Eingreifen Gottes in die vergangene Geschichte seines Volkes werden zum Kompensat für Gottes tatsächliche Nicht-
Intervention in die betreffende Gegenwart[33], obwohl deren Akzeptanz das Theodizeeproblem auch beschwichtigen könnte. Eine fik-
tionelle theologia gloriae soll mit der Kreuzesrealität aussöhnen.
Der hebräische *Geschichts*mythos verlicrt für die Augen des kritischen Forschers seinen historischen Grund: Er wird so geschichts-
los, wie man es dem Mythos immer nachsagte; wir hätten, wenn

---

31 Daß daneben eine konservativere Sicht der Religionsgeschichte Israels auch
bei kritischer, speziell ethnosoziologischer (komparatistischer) Gesamthaltung
bestehen kann, zeigt etwa *R. Neu*, Von der Anarchie zum Staat. Entwicklungsge-
schichte Israels vom Nomadentum zur Monarchie im Spiegel der Ethnosoziolo-
gie, Neukirchen-Vluyn 1992; vgl. als Sammlung ethnosoziologisch-komparati-
stischer Arbeiten *Chr. Sigrist / R. Neu* (Hg.), Ethnologische Texte zum Alten Testament 1: Vor- und Frühgeschichte Israels; 2: Die Entstehung des Königtums,
Neukirchen-Vluyn 1989/96. Ganz unberücksichtigt bleibt weithin die diachrone
Sprachevidenz; vgl. dazu *I. Young*, Diversity in Pre-Exilic Hebrew (FAT 5), Tübingen 1993; *ders.*, The »Northernisms« of the Israelite Narratives in Kings,
ZAH 8 (1995), 63–70.
32 Vgl. den Beitrag von N.P. Lemche in diesem Band.
33 Hier scheint sich eine theologisch-philosophische Übereinkunft zu bilden,
die von D. Bonhoeffer bis hin zu A.N. Whitehead und darüber hinaus reicht; vgl.
auch *U. Neuenschwander*, Zwischen Gott und dem Nichts, Bern/Stuttgart 1981,
155–172.

sich die historische Kritik an ihm als berechtigt erweist, den Tod
zumindest des alttestamentlichen *Geschichts*gottes zu beklagen,
der als Deutungsinstanz durch einen menschlichen Sinnproduzen-
ten in einer Gottesnachfolgerrolle ersetzt wird, indem der Mensch
sich eine eigene »Welt« traditioneller Geschichtsfiktionen und ihrer
theologischen Aneignungen zu schaffen sucht. Am Ende scheint
es sich zu empfehlen, sich die historische Wirklichkeit geradezu
aus dem Kontrast zu den religiösen Geschichtsüberlieferungen zu
gewinnen, da diese jene verschleiern sollen. Generalisiert man, so
erscheint das Seiende, dessen die historische Realität ein Teil ist,
überhaupt als in sich bedeutungsarm, ja als sinnlos[34]: Nur aus einem defizitären Nachhinein und dessen Bedürfnis, Bedeutungs-
und Sinnmangel zu überspielen, wird die Geschichte nach religiösen Postulaten zurechterzählt; dabei aber ist die Situation des be-
deutungs- und sinnbedürftigen Nachhinein wieder rein zufällig
gegeben, d.h. von keiner Notwendigkeit determiniert.
Da R. Albertz die Schärfe des historischen Problems in der unter
II.2.a bezeichneten Weise hintanhält, setzt er sich, obwohl er der
exilisch-nachexilischen Zeit durchaus das ihr zukommende Gewicht gibt, mit der gegenwärtigen Tendenz, die tradita zu Produk-
ten einer fiktionenbeflissenen traditio herabzumindern, leider kaum
auseinander.
Wie aber steht es um die Wahrheitsfähigkeit der für die althebräische Religion normativen Instanzen, wenn sich die Tendenz zu
Spätdatierungen durchsetzen sollte? Wir hätten eine Sicht der althebräischen Religion zu erwarten, nach der die »eigentümliche, in
sich konsistente Symbolwelt« (vgl. oben S. 98) der alttestamentlichen Geschichtsreligion nur noch aus Signifikaten ihrer selbst bestände, die ihre Verweisfunktion für die Referenz verloren hätten:
Der Bezug zur erzählten Zeit wäre durch Fiktionalität verstellt, der
Bezug zur Zeit des Erzählens dagegen vor allem durch deren un-
befriedigten Sinnbedarf gegeben. Soweit sich die theologischen
Aneignungen von Geschichte auf Geschichtsfiktionen beziehen,
verdrängen die Deutungen das Zu-Deutende. Die wissenschaftliche Sicht der alttestamentlichen Religion hätte sich gegen Supra-
naturalismuskritik am Ende dadurch immunisiert, daß der von ihr
dargestellte projektive Geschichtsmythos von der Realität auch
nicht mehr widerlegt werden kann[35]; er wird zum unfehlbaren

---

34   Inwieweit sich hinter historischen Thesen wie den soeben dargestellten sowie den entsprechenden philosophisch-theologischen Überzeugungen ein akademisch artikulierter common sense unserer Zeit verbirgt, wäre natürlich zu fragen.
35   Vgl. *A.J. Ayer*, Sprache, Wahrheit und Logik, Stuttgart 1970 (englisch
1936/46), 154; vgl. *Zirker*, Religionskritik, 183.

Sprachspiel[36], dessen Wahrheit sich in seiner Systemkohärenz erschöpft.

e) Die Normativität eines solchen Sprachspiels ist jedoch immer noch wahrheitsfähig, wenn *alle* unsere Seinsbegriffe ihre Rechtfertigung aus Sollensbegriffen empfangen: Die Sollenskriterien wären auf sich gestellt, d.h. von der Realitätswahrnahme weitgehend unabhängig. Ein gewisser Pragmatismus in Albertz' Entwurf, der die Funktion der tradita etwa an ihrer Leistungskraft für »die Identität und das Überleben des Volkes« oder für »die zentralen Überlebensfragen der ... Familie«[37] bemißt, würde dann zwar nicht seinen historiographischen Konservativismus, wohl aber die Einführung des Diskursmodells aus seinem Funktionalismus verständlich machen. Als erkenntnistheoretische Konsequenz ergibt sich, daß unsere Begriffe und Vorstellungen vom Seienden, indem sie ihre Rechtfertigung aus Sollensbegriffen erfahren, lebensdienliche Funktion haben[38]. Sprechen und Denken sind, was des weiteren auf der Linie der Sprechakttheorie liegt, lebenserhaltendes, lebenssteigerndes Handeln. Nicht nur im religiösen Bereich läge Wahrheit bei der Vermittlung unserer Realitätswahrnahme an das, was unserer Vernunft und unseren Emotionen im Lebensinteresse zumutbar ist: Eine Ahnung von dem, was sein soll oder müßte, lenkt ja nicht erst unsere Reflexion, sondern filtert schon unsere Wahrnehmung; Religion als krasser Fall dieser Erkenntnisstruktur wäre, auch wenn sie dasjenige, was sein müßte, fiktionell an die Stelle des Seienden setzt, ein Element unserer ethologischen Ausstattung[39]. Eine solche Einsicht könnte sowohl der Religionsgeschichte Israels als auch der Theologie des Alten Testaments zugute kommen,

---

36   Eine solche Infallibilität scheint − mehr oder weniger bewußt − auch die Transzendentalpragmatik K.O. Apels für die von seinem Letztbegründungsprogramm legitimierten intersubjektiven, von Sprache vermittelten Weltbeziehungen in Anspruch zu nehmen; anders *W. Kuhlmann*, Ist die Transzendentalpragmatik eine philosophische Form des Fundamentalismus?, in: *Th. Meyer* (Hg.), Fundamentalismus in der modernen Welt. Die Internationale der Unvernunft (Edition Suhrkamp N.F. 526), Frankfurt a.M. 1989, 33–49.
37   *Albertz*, Religionsgeschichte 1, 42.58.
38   Dies gilt etwa auch von prophetischen Unheilsankündigungen: Wo sie nicht geradezu als kaschierte Umkehrforderungen das Eintreten des Angekündigten verhindern sollen, ermöglichen sie eine religiöse Akzeptanz der Katastrophe, wenn sie eintritt, und gestatten danach einen Neuanfang; letzteres gilt insbesondere, wenn Unheilsankündigungen vaticinia ex eventu sind.
39   Daß freilich von einer humanethologischen Ätiologie der Religion her auch Vorbehalte gegen den Gottesbegriff drohen, zeigt die Arbeit von *B. Gladigow*, Religion im Rahmen der theoretischen Biologie, in: *ders./Kippenberg* (Hg.), Ansätze, 97–112.

scheint sich derzeit aber weder im Horizont der einen noch der anderen zu befinden.

3. Anthropozentrik des Wirklichkeitsverständnisses

Seit Giordano Bruno, über Nicolaus Copernicus hinausgehend, nicht allein die Erde, sondern auch die Sonne aus dem Weltmittelpunkt in einen Krähwinkel des Universums versetzt hat, scheint die Subjektzentriertheit einer mythischen Wirklichkeitswahrnahme endgültig obsolet zu sein; hier vor allem klafft zwischen unserem Wissen von der Welt und dem frühantiken »Weltbild« ein »garstiger, breiter Graben«.

Zwar scheint das Universum allein im Menschen zum Bewußtsein seiner selbst zu kommen. Vor allem muß ein pragmatisch-funktionalistischer Wahrheitsbegriff, der Erkenntnis als Handlung im Lebensinteresse begreift, zunächst immer am kollektiven oder individuellen Erkenntnissubjekt seine Orientierung suchen. Dennoch wird eine subjektzentrierte Erkenntnistheorie auf der Ebene des Erkannten keine Anthropozentrik mehr zulassen: Weder eine Deutung der Erwählung Israels als Ziel der Schöpfung noch eine allein auf den Menschen ausgerichtete christologische Soteriologie kann vor der neuzeitlichen Marginalisierung der Erde und des Menschen bestehen; auch der in der westeuropäischen Philosophie bis in die jüngste Zeit festgehaltene Subjekt-Objekt-Gegensatz ist offenbar nur das transzendentale Refugium eines tief verinnerlichten kosmologischen Irrtums. So etwas wie Bewußtsein scheint vollends durch die Verhaltensforschung zu einem gemeinzoologischen Phänomen zu werden, das von der Amöbe bis zu Albert Einstein reicht[40], so daß Erkenntnis am Ende ohne ein abgrenzbares Subjekt gedacht werden kann – vielleicht in einer neuen Theorie des absoluten Geistes. So ist zweifelhaft, wieviel kognitive Authentizität ein menschliches Bewußtsein erschwingen kann, wenn der Mensch nicht an einer Erkenntnis des Universums als solcher, sondern an

---

40 Nachdem schon N. Chomsky aufzuweisen versuchte, daß das Programm für logisches Sprechen stammesgeschichtlich entstanden und erblich festgelegt ist, hat *K. Lorenz* den menschlichen Erkenntnisprozeß insofern als Fortsetzung der Evolution interpretiert, als er selektionsgünstige Erbänderungen als Aufnahme neuer Informationen in Organismen verstand: »Das Prinzip von Versuch und Irrtum, das im stammesgeschichtlichen Werden die Form von Erbänderung und Selektion annimmt, findet sich auf der höheren Integrationsebene des menschlichen Erkenntnisstrebens als Hypothesenbildung und Falsifikation wieder« (Die Vorstellung einer zweckgerichteten Weltordnung, in: *I. Eibl-Eibesfeldt* [Hg.], Konrad Lorenz. Das Wirkungsgefüge der Natur und das Schicksal des Menschen, München/Zürich 1978, 24–35, hier 34).

einem Sich-Einnisten lediglich in einer Nische des Universums interessiert ist: Objektwahrheiten drohen zu bloßen Implikaten unserer an Lebensoptimierung interessierten sensorischen, emotionalen und rationalen Bedürfnisse zu werden.

Am Ende reduziert sich die Wahrheit über die »Wahrheiten« auf die metasprachliche, inhaltlich aber beinahe leere Einsicht, daß Wahrheiten sich eben durch eine geschichtlich variable Lebensdienlichkeit als solche erweisen, für die das Leben selbst jedoch keine Maßstäbe bereitstellt. Wenn ich R. Albertz' pragmatischem Funktionalismus zustimme, so möchte ich doch, wie mehrmals angedeutet[41], einer verhaltenswissenschaftlichen, mithin biologischen Konditionierung menschlichen Sprechens und Denkens, auch der Religion als Merkmal des Humanums, gegenüber einer sozialgeschichtlichen den Vorrang geben; Einverständnis mit antiken Texten ist darum zuerst aufgrund der Gemeinsamkeit einer natürlichen conditio humana möglich.

Ein Stück von skeptischem Relativismus bleibt darum unvermeidlich, weil das Verhältnis der durch einen pragmatischen Funktionalismus zur Norm erhobenen Instanz zu dem Lebensinteresse, durch das ihrerseits diese Instanz normiert wird, nun einmal selbstrückbezüglich (rekursiv) ist: Ein pragmatischer Funktionalismus setzt voraus, daß es im Lebensinteresse normative Instanzen geben muß; welche konkreten Normen aber lebensdienlich sind, läßt sich umgekehrt nur wieder pragmatisch durch den Hinweis auf ihr Funktionieren begründen, wobei ihre jeweilige Wahl, sofern sie überhaupt möglich ist, geschichtlich zufällig und also willkürlich bleibt. Dann aber erweist sich das Problem, ob eher die Religionsgeschichte Israels oder die Theologie des Alten Testaments eine humanethologisch legitimierbare und hinterfragbare Religion des Menschen mit dem Fallbeispiel Israel erschließen kann, als vordergründig. Vielleicht ist die Religionsgeschichte eher bereit, auf die hier verhandelte Fragestellung einzugehen; was das proprium humanum und Religion als dessen Merkmal ausmacht, bleibt aber eine theologische Frage und also auch eine Frage der alttestamentlichen Theologie, wenn diese zum fundamentaltheologischen Diskurs beitragen will.

---

41   Vgl. oben S. 94.96.108.

Christof Hardmeier

Systematische Elemente der Theo-logie in der Hebräischen Bibel

Das Loben Gottes – ein Kristallisationsmoment biblischer Theo-logie

Die folgende Skizze[1] will einen Anstoß geben, die Frage nach einer Theologie des Alten Testaments und nach ihrem inneren systematischen Zusammenhang aus einem neuen und andersartigen Blickwinkel anzugehen im Gegenüber zu den zahlreichen Versuchen besonders in der deutschen alttestamentlichen Wissenschaft, eine systematische »Mitte« in diesem ersten Hauptteil der Bibel zu suchen und zu bestimmen[2]. Dabei kann es in diesem Kurzbeitrag nur um eine umrißhafte Entfaltung dieses, soweit ich sehe, neuartigen Blickwinkels gehen, wobei von vornherein dem Mißverständnis gewehrt werden muß, der im folgenden als Modell herangezogene Psalm 30 bzw. die תודה als Sprechaktzusammenhang sei diese Mitte selbst, als ließe sich die alttestamentliche Überlieferung als ganze auf die eine Funktion lobpreisender Anbetung reduzieren. Vielmehr soll im folgenden anhand der תודה ein theologisch grundlegendes Prozeßmodell aufgezeigt werden, in welchem sich wesentliche Formen des religiösen Diskurses in ihrem inneren Zusammenhang bündeln. Das Bündel umspannt elementare Aspekte der auf Gott bezogenen Rede wie Loben und Klagen, erzählendes Erinnern und Vergegenwärtigen, Bekennen und öffentliches Bezeugen. Man könnte bei diesem komplexen Gefüge religiöser Redehandlungen gleichsam von einem theo-logischen Aggregat spre-

---

1 An dieser Stelle sei vor allem den Studentinnen und Studenten meines Hauptseminars zu einer möglichen Theologie des Alten Testaments im Sommersemester 1994 gedankt, die sich mit viel Einsatzwillen durch verschiedene Ansätze hindurchgearbeitet und mit großer Diskussionsfreude wesentlich zur Schärfung meiner Darlegung beigetragen haben.
2 Vgl. R. *Smend*, Die Mitte des Alten Testaments, in: *ders.*, Gesammelte Studien, Bd. 1: Die Mitte des Alten Testaments (BEvTh 99), München 1986, 40–84; *H.D. Preuß*, Theologie des Alten Testaments, Bd. 1: Jнwнs erwählendes und verpflichtendes Handeln, Stuttgart/Berlin/Köln 1991, 25–27 sowie R. *Albertz*, Religionsgeschichte Israels in alttestamentlicher Zeit, Teil 1: Von den Anfängen bis zum Ende der Königszeit, GAT 8/1, Göttingen 1992, 35f.

chen[3]. Denn im Diskursgeschehen der תורה konstituiert sich auf eine besonders einschlägige Weise die Beziehung zwischen Gott und Mensch je neu und gibt sich zugleich weiter. Daran lassen sich symbolisch-interaktive Grundstrukturen einer prozeßhaft gedachten Theologie der Hebräischen Bibel aufzeigen. Von zentraler Bedeutung ist dieser Geschehenszusammenhang der תורה, weil er m.E. das Werden der biblischen Traditionsliteratur wesentlich vorangetrieben und ihre Auslegung bis heute lebendig erhalten hat. Dabei verhalten sich die überlieferten Texte zu diesem symbolisch-interaktiven Geschehen wie Partituren zur gespielten Musik. Erst und nur durch die stets interpretierende Neuaufführung entfalten sie ihre Dynamik. Und eben in dieser Diskursdynamik, deren Niederschlag die Psalmenüberlieferung – aber nicht nur sie – darstellt, sehe ich ein elementares Kristallisationsmoment biblischer Theo-logie. Allerdings ist dies dann eine Art von Theologie, die konsequent die biblische *Rede* von Gott und ihre spezifischen Diskursformen zum Gegenstand hat, und nicht eine wie immer geartete *Lehre* von Gott in der Tradition der griechisch-abendländischen Metaphysik[4]. Um dieses traditionsmächtige Paradigma zu überwinden, ist konsequent am phänomenologisch primären Diskurscharakter biblischer Überlieferung anzusetzen[5]. Ihr innerer Zusammenhang ist in einer Sy-

3   Im Unterschied zum »Begriff ›Theologie‹ als Bezeichnung lehrmäßiger Entfaltung des christlichen Glaubens« (*G. Ebeling*, Was heißt ›Biblische Theologie‹? in: *ders.*, Wort und Glaube, Bd. I, Tübingen ³1967, 69–89, Zitat 71; vgl. 84f) soll mit den Bindestrichbezeichnungen »Theo-logie« und »theo-logisch« das Augenmerk auf das Reden von Gott gerichtet werden (vgl. auch *Preuß*, Theologie 1, 27), wobei in Aufnahme einer Anregung meines Kollegen Th. Willi strenggenommen von »Theou-Logie« (Genitivverbindung) gesprochen werden müßte.
4   Vgl. zur scholastischen Wurzel der Theologie als *doctrina Ebeling*, Biblische Theologie, 85. Aufschlußreich ist in dieser Hinsicht die Emphase, mit der *Preuß* in seiner Einleitung zwar den dynamischen Charakter des Redens von und zu Gott hervorhebt: »Wie kommt Gott in den Texten des AT zur Sprache, wie geschieht dort ›Theo-logie‹? Wie wird dort von Gott oder zu ihm hin geredet, wo hat dieses Reden seinen Ermöglichungsgrund?« (Theologie 1, 27). Doch geht er dann unter Hinweis auf den Zeugnischarakter aller Rede von JHWH »in der Betroffenheit der glaubenden Zeugen« (ebd., 27) unvermittelt dazu über, den Geschehens- und Prozeßcharakter von »Theo-logie« auf das bezeugte Handeln Gottes zu beziehen und auf dieser inhaltlichen Ebene eine Sachmitte zu bestimmen, nämlich »ein Grundhandeln, wie es in den Aussagen der Zeugen faßbar wird« (ebd., 28). Damit löst sich Preuß zwar von einer statischen Wesenslehre Gottes, bleibt aber einer vergegenständlichenden und vermeintlich systematisierbaren Darstellung des Gotteshandelns verhaftet, die den *Zeugnischarakter* der Überlieferung vorschnell überspringt, statt *diesen selbst* in seiner Prozeßhaftigkeit als Theo-logie zu reflektieren und systematisch zu durchdringen.
5   Vgl. *H.G. Kippenberg*, Die vorderasiatischen Erlösungsreligionen in ihrem Zusammenhang mit der antiken Stadtherrschaft. Heidelberger Max-Weber-Vorle-

stematik von Redevollzügen zu suchen, die das vielfältige Reden von und zu Gott in den überlieferten Texten selbst und als solches ins Auge faßt und die dieses Reden als symbolisch-interaktives Beziehungsgeschehen durchdenkt. Den grundlegenden Diskurscharakter biblischer Überlieferung vorschnell zu überspringen heißt nämlich, bereits im Ansatz einer Theologie der Hebräischen Bibel Entscheidendes verkehrt zu machen, bevor man nur damit angefangen hat[6].

sungen 1988 (stw 917), Frankfurt a.M. 1991, der 45ff auf die »pragmatische Wendung« in den Religionswissenschaften hinweist als Folge eines durch Wittgenstein und die Sprechakttheorie (J. Austin) ausgelösten Paradigmawechsels in den Sprach- und Sozialwissenschaften (J. Habermas): »Es wird die religionswissenschaftliche Arbeit erleichtern und präzisieren, wenn man die Bedeutung religiöser Äußerungen über ihren Gebrauch in der Kommunikation zu ermitteln versucht.« Dabei stellt diese »pragmatische Wendung« vor die noch kaum in Angriff genommene Aufgabe, »einer Analyse von Religion im Kontext von Kommunikation erst noch Gestalt zu geben« (ebd., 46f); vgl. auch *ders.*, Diskursive Religionswissenschaft. Gedanken über eine Religionswissenschaft, die weder auf einer allgemein gültigen Definition von Religion noch auf einer Überlegenheit von Wissenschaft basiert, in: *B. Gladigow / H.G. Kippenberg* (Hg.), Neue Ansätze in der Religionswissenschaft (FRW 4), München 1983, 9–28.
6   Auch *Albertz* geht in seiner jüngst vorgelegten Religionsgeschichte unter Aufnahme von Kippenberg (vgl. Religionsgeschichte I, 30f.39) konsequent vom Diskurscharakter der biblischen Überlieferung aus. Dabei definiert er diesen in erster Linie als »fortlaufenden Diskurs ... unterschiedlicher israelitischer Gruppierungen darüber, wie bestimmte geschichtliche Entwicklungen von Gott her zu deuten seien und was angesichts dieser Herausforderungen nach seinem Willen zu tun sei« (ebd., 31). Dementsprechend ist dieser »nicht enden wollende Diskurs ...« »ein lebendiger Prozeß ständiger Auseinandersetzung, ein dauerndes Streitgespräch unterschiedlicher Gruppen der israelitischen Gesellschaft« (ebd., 39). Damit sieht sich *Albertz* ausdrücklich auch »mit der Frage nach der ›Mitte‹ des Alten Testaments« berührt und benennt dafür eine »Grundtendenz«, die aller gedanklich-begrifflicher Statik widerrät (ebd., 43). Vielmehr zeigt sich diese nach *Albertz* als »eine dynamische Kraft innerhalb der gesellschaftlichen Auseinandersetzungen, die unter ganz verschiedenen theologischen Vorstellungen auftaucht« (ebd., 43).
Sosehr ich diesem diskursiven Ansatz in seiner unverzichtbaren sozialgeschichtlichen Verankerung zustimme, so bedarf er allerdings an einem entscheidenden Punkt der Präzisierung und Differenzierung. Zwar bildet das nicht enden wollende Streitgespräch unterschiedlicher israelischer Gruppierungen den stets mitzubedenkenden *Rahmen*, in welchem es zur Ausformung der biblischen *Traditionsliteratur* gekommen ist, an die wir deshalb empirisch als erstes verwiesen sind. Doch muß in einem diskursiven, sozialgeschichtlich konsequent abgestützten Ansatz *zusätzlich* berücksichtigt werden, daß auch die überlieferten Deuteprozesse selbst in der wechselseitigen Ich-Du-Anrede bzw. Widerrede zwischen Gott und Mensch als theo-logische, gottbezogene Rede überliefert bzw. erzählt sind. Der gesellschaftliche Diskurs, der sich in der biblischen Traditionsliteratur niedergeschlagen hat, hat sich mit anderen Worten auf eine spezifische Weise als theo-logischer Diskurs vollzogen, der seinerseits und als solcher bedacht sein muß, was

Im folgenden soll somit das besagte theologische Aggregat an Ps 30 anschaulich gemacht werden. Auf die Konsequenzen für eine Theo-logie der Hebräischen Bibel komme ich am Schluß zurück.

I.   Die Zeitebenen und Sprecherrollen im Vollzug der תודה

Bereits die biblisch bezeugte Gattungsbezeichnung תודה[7] bringt die alles umgreifende Sprechhandlung auf den Begriff, die sich im Danklied vollzieht: das bekenntnishafte Lobdanken im Gegenüber zu JHWH, ausgedrückt durch das Verbum ידה (hif.)[8]. Allerdings ist dieser Lobdank eine in sich selbst sehr komplexe Sprechhandlung, wie das Handlungsgefüge der תודה in Ps 30,2ff exemplarisch zeigt. Anhand der folgenden Übersetzung sind zunächst die verschiedenen *Zeitebenen* sichtbar zu machen, die innerhalb des Gebets angesprochen und durch unterschiedliche Schriftarten hervorgehoben werden[9].

(2) **Erheben will ich dich, JHWH,**   GW
denn du hast mich herausgeschöpft   VG₁
und hast nicht jubeln lassen meine Feinde über mich.
(3) JHWH, mein Gott, ich flehte zu dir,   VG₂
und du hast mich geheilt.   VG₁
(4) *JHWH, heraufgeholt aus der Unterwelt hast du meine Seele,*   VG₁
du hast mich zum Leben gebracht
aus (dem Kreis) der zur Grube 'Hinabfahrenden'[10].

ich in diesem Beitrag zu skizzieren versuche. Es handelt sich somit um eine *doppelte Diskursstruktur*. Dabei umgreift die gesellschaftliche Diskursebene stets ihre spezifisch theo-logische Diskursform im Sinne einer Inklusionsbeziehung. Doch kann und muß die theo-logische Diskursebene von diesem Hintergrund unterschieden und auf ihren eigenen prozeß-systematischen Zusammenhang hin bedacht werden.

7   Vgl. z.B. Ps 100,4 und Jer 30,19.
8   Zu den Schwierigkeiten einer genauen semasiologischen Bestimmung der Wortwurzel und ihrer Hif.-Form vgl. neben *F. Crüsemann*, Studien zur Formgeschichte von Hymnus und Danklied in Israel (WMANT 32), Neukirchen-Vluyn 1969, 279–282 ferner *C. Westermann*, Art. ידה *jdh* hi. preisen, THAT I (1971), 674–682 und *G. Mayer*, Art. ידה *jdh* etc., ThWAT III (1982), 455–458.460–474. Wichtig ist, daß darin nicht nur die Momente des Lobpreises und der Dankbarkeit zum Ausdruck kommen, sondern das tragende Moment der bekenntnishaften öffentlichen Bezeugung bis hin zum Schuldbekenntnis (vgl. Ps 32,5 und Prov 28, 13 sowie das häufigere hitp. und dazu *G. Bornkamm*, Lobpreis, Bekenntnis und Opfer, in: *ders.*, Geschichte und Glaube I. Gesammelte Aufsätze III (BEvTh 48), München 1968, 122–139, bes. 124ff).
9   Die Abkürzungen »GW« und »VG₁₋₃« stehen für die Ebenen der »Gegenwart« und der mehrschichtigen »Vergangenheit«.
10 Lies Kᵉtib.

(5) Musiziert für Jнwн, ihr seine Frommen,   GW
und lobdankt bekennend im Gedenken seiner Heiligkeit!
(6) Ja, nur kurz verharrt er in seinem Zorn,
lebenslang aber in seiner Huld
– am Abend ''[11] ist Weinen, zum Morgen hin aber Jubel.
(7) UND ICH, ICH DACHTE (DAMALS) IN MEINER RUHIGEN ZUFRIEDENHEIT: VG3
»NICHT WERDE ICH WANKEN, NIEMALS!«
(8) JHWH, DURCH DEINE HULD 'WAR ICH AUF FESTE BERGE GESTELLT'[12].
(DA) VERBARGST DU DEIN GESICHT. ICH WAR SCHRECKERSTARRT:
(9) Zu dir, JHWH, rief ich (immer wieder),   VG2
und zu meinem Herrn flehte ich (unentwegt) um Gnade[13]:
    (10)»Was ist der Gewinn an meinem Blut,
    wenn ich hinabfahre zur Grube?
    Lobdankt dir der Staub? Tut er deine Treue kund?
    (11) Höre JHWH, und erbarme dich meiner!
    JHWH, sei Helfer mir!«
(12) *Gewendet hast du meine Trauerklage zum Reigentanz für mich,*   VG1
gelöst hast du mein Sackgewand und mich mit Freude umgürtet,
(13) *damit man für dich musiziert (zu deiner) Ehre und nicht schweigt.*
JHWH, mein Gott, ewig will ich dir lobdanken.   GW

Die Lobrufe am Anfang und Ende in V. 2 und 13 weisen das
Ganze als תודה aus: »Erheben will ich dich, JHWH«, »ewig will ich
dir lobdanken«. Das betende Ich vollzieht den Lobpreis als performativen Akt im Hier und Jetzt der Gebetsäußerung[14]. Dabei faßt
das abschließende Lobgelübde die weitere Zukunft der Gottesbeziehung ins Auge. Demgegenüber werden im Innern des Psalms
ringförmig drei Vergangenheitsebenen angesprochen:
1.   Im äußersten Ring, in den Versen 2aβ–4 und 12f, begründet
das betende Ich in der Du-Anrede den performativen Lobpreis der
Rahmenverse mit einem Rückblick auf erfahrene Rettung: »denn
du hast mich herausgeschöpft und hast nicht jubeln lassen meine
Feinde über mich« (V. 2aβ), »du hast mich geheilt ... heraufgeholt
aus der Unterwelt ... hast mich zum Leben gebracht« (V. 3f); »ge-

---

11   Das überschüssige ילי dürfte als verdeutlichende Glosse zu streichen sein.
12   Zur Lösung der textkritischen Probleme von V. 8 vgl. *H.-J. Kraus*, Psalmen,
1. Teilband: Psalmen 1–59 (BK XV/1), Neukirchen-Vluyn ⁵1978, 386 und *H.
Gunkel*, Die Psalmen (HK II/1), Göttingen ⁶1986, 129.
13   Die beiden Impf.-Formen sind im Anschluß an den rückblickend-vergangen-
heitlichen Kontext von V. 8 als präteritale Iterative zu interpretieren; vgl. *H.-P.
Stähli*, Hebräisch. Kurzgrammatik, Göttingen/Zürich 1984, 74 und das Beispiel
von Gen 29,2.
14   Zur performativen Rede vgl. *R.-A. de Beaugrande / W.U. Dressler*, Einführung in die Textlinguistik (Konzepte der Sprach- und Literaturwissenschaft 28),
Tübingen 1981, 123 und zur Rezeption des sprechakttheoretischen Ansatzes in
den Bibelwissenschaften bzw. zur Definition performativer Rede als Sprechhandlung *C. Hardmeier*, Texttheorie und biblische Exegese. Zur rhetorischen Funktion
der Trauermetaphorik in der Prophetie (BEvTh 79), München 1978, 54ff.61.

wendet hast du meine Trauerklage ... mich mit Freude umgürtet«
(V. 12).
2.   Eine zweite Vergangenheitsebene greift – wiederum ringförmig in den Verscn 3a.bα und 9–11 – hinter dieses Heilswiderfahrnis zurück. Sie ruft das eindringliche Flehen des/r Betenden in der
Bedrängnis in Erinnerung (3bα und 9). Dabei zitieren die Verse
10f die Bittklage, die sich in todesbedrohlicher Not an JHWH gerichtet hatte. Durch die direkte Rede wird damit der maximale
Kontrast zur Rettungsbezeugung in V. 12 szenisch vergegenwär-
tigt und zur Bildung der Klimax in die Sprechsituation des Lob-
dankes hereingeholt[15].
3.   Im Mittelteil des Psalmes greifen dann die Verse 7 und 8 auf
eine letzte Vergangenheitsebene hinter das flehentliche Bittgebet
zurück: zunächst auf die Zeit, als es dem Beter bzw. der Beterin in
frommer Selbstsicherheit wohlerging, und dann auf den Zeitpunkt,
als bittere Todesnot jäh hereinbrach:»Und ich, ich dachte (damals)
in meiner ruhigen Zufriedenheit: ʼNicht werde ich wanken, niemals!ʼ JHWH, durch deine Huld ʼwar ich auf feste Berge gestelltʼ.
(Da) verbargst du dein Gesicht. Ich war schreckerstarrt.«
Was zeigen diese unterschiedlichen Zeit- und Vergangenheitsbe-
züge? Im aktuellen Gebetsvollzug der תודה wird auf vielschichti-
ge Beziehungserfahrungen mit JHWH zurückgeblickt. Eine span-
nungsreiche Beziehungsgeschichte entfaltet sich zwischen dem Betenden und JHWH. Sie umschließt nicht nur das befreiende
Heilswiderfahrnis, sondern auch das voraufgehende Klage- und
Bittgebet, ja sogar den schuldhaften Ausgangspunkt der jäh her-
eingebrochenen Existenzbedrohung: die fromme Selbstsicherheit
der nunmehr glücklich befreiten und geheilten Person. Dabei ist
wichtig, daß diese mehrstufige Retrospektive kontinuierlich in der
Du-Anrede an JHWH gehalten ist. Der oder die Betende vergewis-
sert sich damit im Gebetsvollzug der allumfassenden Kontinuität
der Gottesbeziehung – auch im Falle tödlicher Bedrängnis. Denn
selbst diese extremste Negativerfahrung wird rückblickend als Beziehungsstörung gedeutet, nämlich als Verborgenheit und Ferne
JHWHs und damit indirekt auch als eigenes Verschulden: »(Da)
verbargst du dein Gesicht«[16]. Diese mehrschichtigen Rückblicke

---

15   Zur vergegenwärtigenden Funktion der direkten Rede in narrativen bzw. ver-
gangenheitlichen Kontexten vgl. C. *Hardmeier*, Prophetie im Streit vor dem Untergang Judas. Erzählkommunikative Studien zur Entstehungssituation der Jesaja-
und Jeremiaerzählungen in II Reg 18–20 und Jer 37–40 (BZAW 187), Berlin /
New York 1990, 56f.78f.82.
16   Vgl. deutlicher Ps 6,2. Hier liegt der Ansatz zum Übergang der תודה zum
Schuldbekenntnis und zur Exhomologese (vgl. Ps 32,5 und *Bornkamm*, Lobpreis, 52.62f).

im Vollzug des Lobpreises bezeugen bzw. begehen somit eine
»behobene Krise«[17].
Für eine systematische Durchdringung des Diskursgeschehens im
Vollzug der תודה sind jedoch auch die Verse 5 und 6 von entscheidender Bedeutung. Im Anschluß an die erste Bekundung erfahrener Rettung in VV. 2aβ–4 hebt das Gebet in V. 5 erneut im Hier
und Jetzt der Sprechsituation zum imperativischen Hymnus an:
»Musiziert für JHWH, ihr seine Frommen, und lobdankt bekennend
im Gedenken seiner Heiligkeit! Ja, nur kurz verharrt er in seinem
Zorn (אף), lebenslang aber in seiner Huld (רצין) – am Abend '' ist
Weinen, zum Morgen hin aber Jubel.« Im Redevollzug des Lobdanks wird somit zugleich ein Forum in der 2. Pers. Pl. angesprochen, das seinerseits zum Lobpreis aufgerufen wird – auch hier
mit dem terminus ידה (hif.). Es ist ein Kreis von Menschen, dem
der Lobdank aus dem Munde des einzelnen zu Ohren kommt, der
darüber hinaus jedoch selbst im Diskursgeschehen aktiv werden
soll. Diesem Forum fällt es zu, im Lobpreis die individuell erfahrene Beziehungsstörung und ihre Aufhebung mit dem allgemeinen
Glaubenswissen zu verknüpfen, daß JHWHs רצון seinen Zorn mei-
lenweit überdauert. Bei diesem Forum wird man an תודה-Feiern am
Tempel zu denken haben, bei denen auch der זבח תודה dargebracht
wurde (vgl. Ps 107,22)[18]. Das ist für eine Theologie des Opfers im
systematischen Kontext des תודה-Geschehens von zentraler Bedeutung[19].

II.   Vier Wesensmomente des Redens von und zu Gott im Diskursgeschehen der תודה

Für eine Systematik des Redens von Gott ist am Beispiel von Ps 30
von Bedeutung, wie in diesem Ineinander von Lobdank des einzelnen und gemeindebezogenem Aufruf zum Hymnus die Gottesbeziehung verbal inszeniert bzw. im Sprechhandlungsvollzug reaktualisiert und rekonstruiert wird[20]. Was also vollzieht sich in die-

---

17   Zur Stilform der »behobenen Krise« im Kontext der JHWH-König-Psalmen
und zum ägyptischen Hintergrund der Form vgl. *B. Janowski*, Das Königtum Gottes in den Psalmen. Bemerkungen zu einem neuen Gesamtentwurf, in: *ders.*, Gottes Gegenwart in Israel. Beiträge zur Theologie des Alten Testaments, Neukirchen-Vluyn 1993, 148–213, hier 167ff.
18   Vgl. *Crüsemann*, Studien, 215.229f.245f.265f.
19   Vgl. dazu besonders *Bornkamm*, Lobpreis, 52ff.
20   Zur diskurssystematischen Analyse und Auswertung von Ps 30 vgl. auch *C.
Hardmeier*, »Denn im Tod ist kein Gedenken an dich ...« (Psalm 6,6). Der Tod des
Menschen – Gottes Tod?, EvTh 48 (1988), 292–311, bes. 304ff.

sem symbolisch-interaktiven Geschehen? Vier Momente sind hervorzuheben.
1. Zwar handelt es sich bei der תודה von Ps 30 um ein Danklied
des einzelnen. Denn es ist ein betendes Individuum, das sich aufgrund einer zurückliegenden Heilungserfahrung veranlaßt sieht,
vor versammelter Gemeinde die Heilsmächtigkeit JHWHs lobpreisend zu bekunden. Doch geht es dabei gerade nicht um eine private Zwiesprache mit Gott, wie eine vom Frömmigkeitsindividualismus geprägte Psalmenexegese vorschnell vermuten läßt. Vielmehr ist die *öffentliche Kundgabe* das Entscheidende[21]. Denn mit
der öffentlichen Preisung der individuell erfahrenen Rettung durch
Gott erweisen sich die Geretteten im Hier und Jetzt als wichtige Erfahrungszeugen. Sie nämlich sind es, die im Loben Gottes vor versammelter Gemeinde das allgemeine Glaubenswissen authentisch
bestätigen und *aus eigener Erfahrung* neu befestigen können, daß
JHWH sich trotz kurzzeitigem Zorn gnädig und heilsmächtig seinen
VerehrerInnen zuwendet. Dieser Logik folgt im Umkehrschluß
das Argument in V. 10, daß JHWH mit jedem, der dem Tode anheimfällt, selbst einen für ihn besonders kostbaren Zeugen verlieren würde; und V. 13a formuliert das Hauptziel des ganzen Lobpreises, daß JHWHs כבוד kundgetan wird. Konstitutiv für die Lebendigkeit der Gottesbeziehung ist somit die *öffentliche Zeugenschaft*, die die Relevanz des Glaubenswissens aufgrund leibhaftig
gemachter Erfahrung für die Gemeinde bekräftigt und damit im
kollektiven Gedächtnis neu befestigt.
2. Damit verbindet sich der zweite wichtige Aspekt, daß im rückblickenden Lobdank *Glaube und Erfahrung* zur Deckung kommen. Der Zeuge oder die Zeugin einer göttlichen Rettungserfahrung lassen in der preisenden Du-Anrede an Gott ihren Retter gegenwärtig werden und bekunden damit aus selbst gemachter Erfahrung Gottes Heilsmächtigkeit. Sie erneuern und beglaubigen
dadurch öffentlich das Deute- und Bewältigungsmuster von Lebenswiderfahrnissen, daß Not und selbst Todesbedrohung im Leben die Beziehung zu diesem heilsmächtigen, den Menschen stets
zugewandten Gott nicht abbrechen lassen. Gerade der Rückblick
auf die Not und die flehentliche Bitte in dieser Not – besonders in
den Versen 10 und 11 – lassen ja Grenzerfahrungen öffentlich
werden, die die Betenden von der Lebensgemeinschaft mit den
Menschen abgetrennt und die Gottesbeziehung auf die schwerste
Probe gestellt haben. Das ist auf der theologischen Diskurs- und
Deuteebene eine Zeit des Zorns und der Verborgenheit Gottes.

---

21 Den konstitutiven Öffentlichkeitscharakter betont besonders auch *Bornkamm*, Lobpreis, 51f.

Die öffentliche Bezeugung dieser Widerfahrnisse im Lobpreis holen solche Grenzerfahrungen auch für andere in den Raum des Lebensmöglichen herein. Ja, die Kundgabe des Bitt- und Klagegebets, das in der Situation einsamer Gottesferne gesprochen worden ist, läßt mögliche Artikulations- und Bewältigungsformen von Leid und Not im Klagegebet auch anderen zugänglich werden zur Bewältigung künftiger Not- und Leiderfahrung. Denn besonders durch das Zitat des Klagegebets im Rahmen des retrospektiven Lobpreises wird die Hoffnung bestärkt, daß die Verehrer und Verehrerinnen JHWHs selbst in der bittersten Notklage, ja sogar Anklage gegen Gott dennoch in der Beziehung zu ihm bleiben und trotz bitterster Gegenerfahrung sein rettendes Eingreifen erwarten dürfen. Aufs Ganze gesehen gewinnt das Glaubenswissen von der Heilsmächtigkeit und rettenden Zugewandtheit JHWHs in diesem Geschehen durch das Zeugnis des Geretteten eine neue, leibhaftige Gegenwartsrelevanz trotz bitterster Gegenerfahrung in Todesnot. Der oder die geheilte BeterIn sind dafür der lebendige Erweis. Durch ihre Person kommen Glaube und Erfahrung im Lobpreis authentisch zur Deckung.

3. Mit einer solchen erfahrungsgestützten, öffentlichen Zeugenschaft verbindet sich das dritte, bereits angedeutete Moment: die Aktualisierung des tradierten Glaubenswissens, seine Neuverankerung im kollektiven Gedächtnis der Gemeinde und damit seine Weitergabe. Angesichts der individuell gemachten Rettungserfahrung des bzw. der Betenden erfährt – wie ausgeführt – auch das *gemeinsam* tradierte Glaubenswissen von der Heilsmächtigkeit Gottes eine neue, erfahrungsgestützte Relevanz. Im Aufruf zum *gemeinsamen* Lobpreis in V. 5f fällt nun aber der Gemeinde die Rolle zu, die individuelle Rettungserfahrung mit dem *allgemeinen* Glaubenswissen zu verknüpfen, daß Gott nur kurz in seinem Zorn verharrt, lebenslang aber in seiner Huld. Die Rettungserfahrung des einzelnen wird zum Anlaß für die Gemeinde, auch ihrerseits im Modus des Lobdankens das kollektive Glaubenswissen zu bestätigen und der Heiligkeit JHWHs neu innezuwerden: הודו לזכר קדשׁו »Lobdankt bekennend im Gedenken seiner Heiligkeit!« Der Finalsatz in V. 13 bringt dies explizit zum Ausdruck: JHWHs Rettungstat wird öffentlich bezeugt, damit sein כבוד von der Gemeinde gepriesen und weitergesagt wird: »damit man für dich musiziert (zu deiner) Ehre und nicht schweigt.« Damit mündet die bezeugte Rettung des einzelnen unmittelbar ein in die Aktivierung auch des kollektiven Gedächtnisses. Die Gemeinde bekräftigt die Wahrheit des überlieferten Glaubenswissens im Lobdank neu in Korrespondenz zum Geretteten, für den dieses Glaubenswissen leibhaftig relevant geworden ist. Zugleich wird dadurch die individuelle Ret-

tungserfahrung im Mund der Gemeinde verallgemeinert, dem kollektiven Gedächtnis eingestiftet und als neu relevant gewordene Tradition weitergegeben[22].
4. Wichtig ist die Wechselseitigkeit dieses Diskursgeschehens und dies, daß sich darin zugleich die Gottesbeziehung des einzelnen und der Gemeinde angesichts leibhaftig gemachter Erfahrung (re)aktualisiert. Denn in diesem symbolisch-interaktiven תודה-Geschehen stellen sich Beter oder Beterin ebenso wie das angesprochene Forum der Versammelten aktual *in* die Beziehung mit JHWH. Sie rufen sich seine Heilsmächtigkeit und Zugewandtheit einerseits aufgrund einer individuell gemachten Rettungserfahrung, andererseits aus dem kollektiven Glaubenswissen heraus *wechselseitig* in Erinnerung, so daß das heilsam und freundlich zugewandte Du Gottes im Lobpreis selbst gegenwärtig wird. Zusammengefaßt heißt das: Im Diskurszusammenhang des wechselseitigen Lobpreises werden – gestützt auf reale Rettungserfahrung und bewährtes Traditionswissen – die Heilsmächtigkeit Gottes und sein möglicher Zorn in ihrer leibhaftigen Erfahrbarkeit und Gegenwartsrelevanz plausibel und stiften die Gewißheit, daß dies auch künftig zu erwarten ist. Das Traditionswissen wird in diesem Geschehenszusammenhang in seiner Relevanz neu bestätigt und damit als lebensrelevantes Glaubenswissen weitergegeben. Ja, die Gottesbeziehung selbst reaktualisiert sich in diesem wechselseitigen Diskursgeschehen.

III.   Strukturelemente einer Theo-logie der Hebräischen Bibel

Im folgenden ist kurz zu umreißen, inwiefern der Diskurszusammenhang der תודה für eine Theo-logie der Hebräischen Bibel grundlegend und zentral ist. M.E. ist darin die treibende Kraft zu sehen, sozusagen das Kernaggregat im Prozeß der Entstehung, der Transformation und der Weitergabe der biblischen Überlieferung in ihrer fast durchgängigen Gott- und Erfahrungsbezogenheit[23]. Denn zum einen vollzieht sich – wie gezeigt – in diesem gemeinsamen Lobpreis in elementarer Weise zugleich die Weitergabe des

22   Im Rahmen des »sozial-konstruktivistischen« Ansatzes von *J. Assmann*, Das kulturelle Gedächtnis. Schrift, Erinnerung und politische Identität in frühen Hochkulturen, München 1992 im Anschluß an M. Halbwachs (vgl. ebd., 47f) werden in diesem Geschehen Elemente des »kulturellen Gedächtnisses« (ebd., 52f) der Gemeinde mit Momenten des »kommunikativen Gedächtnisses« (ebd., 50ff) gemachter Rettungserfahrung wechselseitig verknüpft und bekräftigt.
23   Hier ist somit die im strengen Sinne theo-logische »dynamische Kraft« zu orten, die Albertz lediglich auf der umgreifenden gesellschaftlichen Diskursebene als »Grundtendenz« benannt hat (vgl. oben Anm. 6).

überlieferten Glaubenswissens. Im *actus tradendi* erneuert sich das *traditum* in seiner Relevanz und Gültigkeit kontinuierlich selbst, indem die Gemeinde durch Rettungserfahrungen von Zeugen ihrerseits zu neuer Zeugenschaft im Lobpreis motiviert und das Traditionswissen auf diese Weise neu bekräftigt und bezeugt wird. Dieses Diskursgeschehen liegt m.e. wesentlich auch dem Werden der biblischen Traditionsliteratur zugrunde. Zum andern ist dieses Diskursgeschehen ganz an die leibhaftige Unheils- wie Heilserfahrung des/r Geretteten gebunden. Sie wird retrospektiv als psychophysisches Zerbrechen (בהל, nif.) eingebracht, dann aber im תודה-Geschehen in einen gottbezogenen, transsubjektiven Sinnzusammenhang gestellt. Dieser Doppelaspekt der gott- und erfahrungsbezogenen Weitergabe des Glaubenswissens klingt wiederholt auch explizit im Kontext des Lobdanks an[24]. Er entspricht nun aber auch voll und ganz der fast durchgängigen Gottbezogenheit der biblischen Überlieferung als ganzer ebenso wie ihrer konsequenten Geschichts- und Erfahrungsbezogenheit. Der Lobdank ist somit als komplexes Diskursgeschehen in vierfacher Hinsicht ein zentrales Kristallisationsmoment alttestamentlicher Theologie: Erstens ist es der theologische Ort des *actus tradendi,* zweitens wird darin das *traditum* durch die Bekundung erfahrener Rettung und vorgängigen Zorns neu bekräftigt und plausibel gemacht. Ja, dieses Glaubenswissen bleibt nur solange relevant und lebendig, wie es in der Weitergabe durch neue Erfahrungen der Heilsmächtigkeit Gottes untermauert wird und dadurch zu neuer Zeugenschaft anzustiften vermag. Damit kommen drittens Glaubenswissen und leibhaftige Erfahrung in diesem Geschehen stets von neuem zur Deckung.
Der vierte Punkt ist allerdings noch etwas ausführlicher zu beleuchten. Im symbolisch-interaktiven Geschehen der תודה kommt es theo-logisch – im strengen Sinne des Redens von Gott – konkret zur Reaktualisierung und Rekonstitution der Gottesbeziehung selbst. Seine Heilsmächtigkeit und sein virtueller Zorn werden eben-

---

24 Vgl. z.B. Ps 107,21f. Ps 107 ist in diskurssystematischer Hinsicht auch insofern von besonderer Bedeutung, als sein Rahmen (vgl. bes. den Abschlußvers 43) weisheitliche Lehre zum תודה-Geschehen sein will. Dabei ist dieses Geschehen in 1–32 zunächst – sozusagen theoretisch und von außen – anhand von vier Fallbeispielen (V. 2–9.10–16.17–22.23–32) Gegenstand der Betrachtung, andererseits gehen sodann die Verse 33ff direkt zum lobpreisenden Erzählen der חסדי יהוה selbst über, um deren Verstehen es in V. 43 geht. Weisheitliche Reflexion hat hier somit einerseits primär die Praxis und den Vollzug der תודה zum Gegenstand (und nicht das bezeugte Gotteshandeln als solches) und ist andererseits als praktizierte יראת יהוה selbst Ausdruck dieses Lobpreises. Ps 107 zeigt somit sachgemäße Leitgesichtspunkte theologischer Rede ebenso wie objektivierender theologischer Lehre auf.

so gegenwärtig, wie seine Ansprechbarkeit im Du aktuell ist. Mit anderen Worten: Im Diskursgeschehen der תודה sagt sich die Gewißheit der Gläubigen weiter, daß sie im Unbestimmbaren und Unverfügbaren selbst der abgründigsten Lebens- und Erfahrungswirklichkeit geborgen bleiben – individuell wie als Gemeinde und als Gottesvolk. Im Lobdank wird zudem sinnfällig und je neu nachvollziehbar, daß dieses Jenseits aller Machbarkeit und Verfügbarkeit dennoch im Du Gottes personal ansprechbar ist und bleibt. Doch über diese Ansprechbarkeit als solche hinaus entzieht sich Gott in den alttestamentlichen Zeugnissen aufs Hartnäckigste jeglicher Faßbarkeit, Verfügbarkeit oder Manipulierbarkeit, ja sein Ich definiert sich in Ex 3,14 geradezu als Selbsterweis des Unbestimmbaren: »Ich erweise mich als derjenige, als der ich mich erweisen werde«. Seine Ungreifbarkeit kulminiert im Bilderverbot. Im Unterschied zu allen andern Göttern der Religionsgeschichte verkörpert der Gott des Alten Testaments personal diese Unbestimmbarkeit und Unverfügbarkeit selbst und als solche. Darin ist er als Gott unvergleichlich, einzigartig und jeder metaphysischen Objektivation enthoben. Doch wird JHWH durch die lange und wechselvolle Geschichte Israels hindurch auf vielfältigste Weise und in den unterschiedlichsten Traditionen und Bildern als ansprechbares Du bezeugt, d.h. als personales Du, das sich seinem Volk und den einzelnen Menschen zwar im Extremfall begründetermaßen auch zornig zeigen kann (wenn auch stets gegen seinen eigenen Willen), jedoch als ein personal ansprechbares Du, das sich vor allem und immer wieder gütig, gnädig und barmherzig, rettend und heilsam den Menschen zugewandt hat und stets von neuem zuwendet[25].

---

25   Diese Asymmetrie von gütiger Zuwendung und zornig verletzter Abwendung kommt auf andere Weise auch im zweiten Gebot (Dtn 5,9bf par Ex 20,5bf) zentral zum Ausdruck. Selbst die Unheilsprophetie, in der vor allem die radikaler nicht denkbaren Beziehungsstörungen zwischen Gott und Volk thematisiert werden und im Zentrum stehen (vgl. dazu unten Anm. 27), macht deutlich, daß göttlicherseits trotz aller Schuld kein unwiderruflicher Beziehungsabbruch intendiert ist; vgl. z.B. Hos 2,16f; 11,8 und dazu *J. Jeremias*, Der Prophet Hosea (ATD 24/1), Göttingen 1983, 20.46f.143f oder Jer 3,1f; 6,8 und dazu *C. Hardmeier*, Die Redekomposition Jer 2–6. Eine ultimative Verwarnung Jerusalems im Kontext des Zidkijaaufstandes, WuD 21 (1991), 11–42, bes. 29f.34–36. Auch Gen 8,21f weist diese Beziehungsstruktur urgeschichtlich auf. Das heißt allerdings nicht, daß das selbstverschuldete Unheil menschlicherseits nicht radikal und total sein kann, *ohne* daß dann Gott noch helfend »eingreift«, wenn und weil zuvor die Beziehung menschlicherseits *in praxi* aufgekündigt worden ist, wovor die Unheilspropheten stets, wenn auch vergeblich gewarnt haben; vgl. dazu für Jesaja (und implizit für die anderen Südreichspropheten) *C. Hardmeier*, Jesajaforschung im Umbruch, VF 31 (1986), 3–31, bes. 25ff und zu den selbstzerstörerischen Folgen eines einseitigen Beziehungsabbruchs menschlicherseits *ders.*, Tod, 309–311.

Eben dieses wird im Diskursgeschehen der תודה dankbar erinnert und als leibhaftig erfahrbare Wirklichkeit je neu bestätigt.

IV. Konsequenzen für eine Theo-logie der Hebräischen Bibel

Im Blick auf das Ganze der Hebräischen Bibel ist deshalb das theo-logisch Primäre nicht, in *welcher* Weise thematisch, in *welchen* Handlungseigenschaften oder Traditionen, durch *welche* Geschichtstaten oder Wunderwerke Gottes seine Verborgenheit oder Zuwendung zur Sprache kommt. Deshalb halte ich auch das Suchen nach einer wie auch immer gearteten inhaltssystematischen »Mitte« des Alten Testaments, wie sie jüngst noch H.D. Preuß zu bestimmen versucht hat[26], im Ansatz für verfehlt. Vielmehr kommt alles darauf an, *daß* und vor allem *wie* sich im jeweiligen *Reden* von und zu Gott die Beziehung zu ihm, aber auch seine Beziehung zu seinem Volk und zu den Menschen in den unterschiedlichen alttestamentlichen Überlieferungen sprachlich artikuliert hat und wie diese Beziehung textlich inszeniert wird. Entscheidend ist somit, *wie* sich die Gottesbeziehung etwa im Loben und Klagen, aber auch im prophetischen Argumentieren und heilsgeschichtlichen Erzählen in je neuen Erfahrungskontexten konstituiert[27]. Diskurssystematisch zentral dürfte dabei der symbolisch-interaktive Geschehenszusammenhang der תודה sein, wie ich zu zeigen versucht habe.

In der Diskussion um die angemessene Form einer »Theologie des Alten Testaments« nach G. von Rad sieht z.B. H.D. Preuß im Anschluß an W. Zimmerli einen besonderen Mangel darin, daß von Rad auf jede Systematisierung verzichtet und sich geweigert hat, eine »Mitte« bestimmen zu wollen[28]. Nach Preuß liefert von Rad in Ermangelung des Versuchs »einer Zusammenschau« möglicherweise doch »(›nur‹) eine theologisch angereicherte ›Einleitung in das AT‹«, die »seine Einzelbotschaften nur nebeneinander ordnet« ohne Verbindlichkeit und Autorität[29]. Dieser angebliche Mangel

26 Vgl. Theologie 1, 28.
27 Was die prophetische Rede betrifft, so unterscheidet sie sich (meist als Botenrede) von der die Beziehung bekräftigenden Anrede im Gebet nur dadurch, daß die Propheten insbesondere in der Ich-Rede JHWHs Gott als mißachtetem und vergessenem Beziehungspartner direkt und unmittelbar die Stimme leihen und auf diese Weise die aktuell *gestörte* oder *bedrohte* Gottesbeziehung im inszenierten Dialog mit den Angesprochenen thematisieren mit dem Ziel, ein weiteres Zerbrechen und seine selbstzerstörerischen Folgen zu verhindern (vgl. oben Anm. 25).
28 Vgl. *Preuß*, Theologie 1, 16.
29 Ebd., 16.

liegt vor allem darin begründet, daß für von Rad »die legitimste
Form theologischen Redens vom Alten Testament ... immer noch
die Nacherzählung« war, die in immer neuen Aktualisierungen erfolgte[30]. Dabei sind die biblischen Belege besonders aufschlußreich, die von Rad zur Stützung seiner mißverstandenen These
nennt: Ps 96,3 und Jes 43,21[31]. In Ps 96 ist dieses »Nacherzählen«
Ausdruck und damit eine Funktion des Lobpreises, zu dem im imperativischen Hymnus aufgerufen wird (vgl. Ps 30,5f), und nach Jes
43,21 ist es geradezu das Ziel der Neuschöpfung des Gottesvolkes
in der Wüste des Exils, daß dieses erwählte Volk JHWHs תהלה erzählen wird: die angekündigte und erfahrbare Rettung als Lobpreis
des schöpfungs- und geschichtsmächtigen Gottes (40,12–42,13),
der sich bereits darin bewahrheitet hatte, daß er den Beziehungs-
bruch seines Volkes nicht ungestraft ließ (Jes 42,24f; 43,27f)[32].
Der diskurssystematische Ort aktualisierenden Erzählens ist somit
in beiden Kontexten der Lobpreis, ohne daß von Rad, geschweige
denn seine Kritiker, *diesen* Zusammenhang weiter reflektiert haben, dem er intuitiv bereits auf der Spur war[33].

30   *G. von Rad*, Theologie des Alten Testaments, Bd. 1: Die Theologie der geschichtlichen Überlieferungen Israels, München [5]1966, 134f; vgl. auch *ders.*, Offene Fragen im Umkreis einer Theologie des Alten Testaments, in: *ders.*, Gesammelte Studien zum Alten Testament II (TB 48), München 1973, 289–312, bes.
311. Zu kritischen Einwänden gegen diese von Radsche Position vgl. auch *Albertz*, Religionsgeschichte I, 36.
31   Theologie 1, 135.
32   Vgl. dazu *C. Hardmeier*, »Geschwiegen habe ich seit langem ... wie die Ge-
bärende schreie ich jetzt«. Zur Komposition und Geschichtstheologie von Jes
42,14–44,23, WuD (1989), 155–179, bes. 174f und Anm. 59.
33   In die gleiche Richtung weist auch die Verhältnisbestimmung der zionsthe-
ologischen »Jerusalemer Konzeption« zur empirischen Erfahrungswirklichkeit der
JHWH-Verehrer, wie sie schon *O.H. Steck*, Friedensvorstellungen im alten Jerusalem. Psalmen. Jesaja. Deuterojesaja (ThSt[B] 111), Zürich 1972, 13–25 umrissen
hat. Zusammenfassend stellt er fest: »Was die eigene Welt für den Verehrer des
Jahwe vom Zion auf der Grundlage ihrer förderlichen Bestimmung und Einrichtung ist, dies – und nicht eine reflektierte Quersumme empirischer Einzeldaten –
ist es, was die Jerusalemer Konzeption ausspricht« (ebd., 24), wobei Steck hinzu-
fügt, daß »der *Lobpreis* (Hervorh. von mir) Jahwes ... deshalb die *sachnotwen-
dige* (Hervorh. v. mir) Gestalt der Aussagen dieser Konzeption ist« (ebd.). Die
»Eigentümlichkeit dieser Konzeption« liegt für Steck »nicht in einer nachträgli-
chen Systematisierung und Verallgemeinerung von Einzelerfahrungen, sondern
in der hymnischen Artikulation (Hervorh. von mir) dessen, was die eigene Welt
in ihrer dem Menschen vorgegebenen, als göttliche Gabe erfaßten Wohlgeord-
netheit ist« (ebd., 24). Doch zieht Steck daraus keine weiteren Konsequenzen.
Vielmehr verliert er im folgenden diese sprachlich primär artikulierte Bezie-
hungsebene zwischen JHWH und seinem Verehrerkreis aus dem Auge und bezieht
die Frage nach Gegenerfahrungen von Unheil und Zerstörung und ihrer Intergier-
barkeit in die Jerusalemer Konzeption ganz auf die Ebene der vorgestellten Inhal-

Insgesamt sehe ich deshalb die angemessenste Form, eine Theologie der Hebräischen Bibel zu entfalten, darin, dieses komplexe und facettenreiche Diskursgeschehen *literaturgeschichtlich* nachzuzeichnen, und zwar sowohl in seiner vollen historisch-sozialen Erfahrungsbezogenheit als auch in seiner durchgängig theo-logischen Gottbezogenheit. Denn in diesem Doppelbezug einerseits und in den zur Textpartitur geronnenen Prozessen andererseits, in denen stets von neuem die Gottesbeziehung sinnstiftend reaktualisiert wurde, sind die wesentlichen Formationskräfte zu sehen, die zur Ausgestaltung der biblischen Traditionsliteratur geführt haben. Diese gleichursprünglich integralen Faktoren machen die Besonderheit, ja die Einzigartigkeit dieser Literatur aus. Sie können deshalb in der Sache weder voneinander isoliert noch auseinandergerissen werden. Gleichwohl lassen sie sich ohne weiteres mit text- und sozialwissenschaftlichen Methoden beschreiben und erschließen. Entscheidend ist, daß wir nicht vorschnell *hinter* die Texte zurückfragen, bevor wir nicht *zuerst* mit aller text-, kommunikations- und sozialwissenschaftlichen Gründlichkeit das Augenmerk darauf richten, was sich *in* ihnen selbst vollzogen hat und vollzieht. Die überlieferten Partituren der gottbezogenen Erfahrungsdiskurse in der Hebräischen Bibel werden wir kaum je angemessen verstehen, wenn wir nicht unter Überwindung der abendländisch-metaphysischen Tradition mit dem Versuch beginnen, die innere, genuin *theo-logische* Diskursdynamik dieser Überlieferung nachzubuchstabieren und aufzudecken. Als erster hat dies m.E. G. von Rad klar erkannt und mit seiner Theologie einen wissenschaftlich verantworteten Anfang gemacht. Über von Rad hinaus ist allersings zu fragen, ob der innere Zusammenhang der biblischen Traditionsliteratur nicht doch auf einer diskurssystematischen Ebene gesucht und bestimmt werden kann, wie ich ihn am Modell der תודה als Kristallisationsmoment alttestamentlicher Theo-logie zu skizzieren versucht habe, so daß in konstruktiver Weiterführung der von Radschen Position nicht die »Nacherzählung«, sondern der Lobpreis »die legitimste Form theologischen Redens vom Alten Testament« sein dürfte[34], der das erzählende Erinnern wesentlich mit einschließt.

---

te (vgl. ebd., 24), was unweigerlich in den idealistischen Widerspruch von Anspruch und Wirklichkeit führt und theologisch die Theodizeefrage aufwirft, die sich aus einem diskurs- und beziehungssystematischen Blickwinkel bereits von ihren Voraussetzungen her als falsch gestellt erweist (vgl. dazu auch oben Anm. 25).

34 Daß damit ein zentrales Strukturmoment auch einer biblischen Theologie berührt wird, belegt unter anderem Röm 15,8f (vgl. in der anthropologischen Konsequenz komplementär dazu 1Kor 1,26–31 und Jer 9,23f).

In fünf Kurzthesen sind abschließend die Konsequenzen zu ziehen:

1. Die *Systematik* einer Theo-logie der Hebräischen Bibel hätte sich *an Strukturen der Gottesbeziehung in ihren diskursiven Inszenierungen zu orientieren*, in denen das Unverfügbare als zwar auch zorniges, jedoch primär heilsmächtig zugewandtes und ansprechbares Du nicht-metaphysisch bezeugt wird.

2. Eine solche Theo-logie wäre im wesentlichen als *Geschichte je neuer Inszenierungen der Gottesbeziehung im actus tradendi* zu schreiben, die ihren Ausdruck und Niederschlag in der Literaturgeschichte der Hebräischen Bibel und ihren einzelnen Stadien gefunden hat.

3. Jede literarisch greifbare Formation wäre unter dem *Doppelgesichtspunkt* sowohl ihrer integralen *Gottbezogenheit* als auch ihrer *historisch-sozialen Erfahrungsbezogenheit* darzustellen *sowie* unter der *Frage*, wie und in welchen *Diskursmodellen* sich in einer Literaturformation die Gottesbeziehung in immer neuer Zeugenschaft rekonstituiert hat.

4. Die verschiedenen literarischen Formationen laufen im wesentlichen auf *zwei kommunikative Ziele der Sinnstiftung* hinaus. Entweder zielen sie darauf ab, sich der *Heilsmächtigkeit* und *Zugewandtheit des unverfügbaren Gottes* je neu *innezuwerden* und solches Erinnern als sinnstiftende Lebensmöglichkeit plausibel zu machen selbst angesichts harter Gegenerfahrung. Oder sie wollen – wie insbesondere in der Unheilsprophetie und in den Geschichtserzählungen – *die todbringenden Selbstgefährdungen aufweisen*, die ein Ausbrechen aus der Gottesbeziehung zur Folge hat – sei es im Vergessen Gottes und seiner Tora, sei es im Verstummen-Lassen des Lobpreises –, *mit dem Ziel einer Wiederherstellung dieser Beziehung* und des daraus resultierenden Segens[35].

---

35 Daß der Toragehorsam spätestens in der dtn Konzeption wesentlich als praktizierter Bekenntnisakt zu JHWH verstanden wird, der der Erhaltung des Segens dient, geht aus einer Reihe von entsprechenden Gebotsmotivationen in Dtn 14,29; 15,10.18; 16,15; 23,21 und 24,19 hervor (vgl. dazu besonders auch Dtn 8,7–18a und zur Sache *F. Crüsemann*, Die Tora. Theologie und Sozialgeschichte des alttestamentlichen Gesetzes, München 1992, 262f). Im Blick auf den systematischen Zusammenhang von Gebotsgehorsam und Lobpreis ist es dabei um so bedeutsamer, daß die Schlußverpflichtung auf die dtn Tora als ganzer in Dtn 26, 16–19 in die lobpreisende Selbstverherrlichung JHWHs im Toragehorsam seines Volkes ausmündet, wobei sich nach *Crüsemann* »V. 17 ... em (sic!) ehesten als Kurzfassung des gesamten vorangehenden Deuteronomiums (erschließt)« und die Verse 18f »auf die Erhöhung des erniedrigten und gedemütigten Volkes zum Preis Gottes« hinzielen (ebd., 320 mit Anm. 336). Auch der ganze alltagspraktische Gebotsgehorsam wird somit implizit als Bekenntnisakt zu JHWH verstanden, der nicht die »behobene Krise« explizit feiert (vgl. oben Anm. 17), sondern eine Se-

5. *Summa summarum* wäre eine *Theo-logie der Hebräischen Bibel* – historisch-wissenschaftlich verantwortet – als *Literaturgeschichte* zu schreiben ohne das Ausweichen auf einen religionsgeschichtlichen Ansatz, wie R. Albertz unter Verkennung des genuin *theo-logischen* Diskurscharakters der biblischen Traditionsliteratur postuliert[36]. Ein solcher literaturgeschichtlicher Ansatz käme auch dem Dialog mit dem Judentum[37] besonders entgegen.

Eine letzte Nachbemerkung sei angefügt. Möglicherweise ist das Loben Gottes – diskurssystematisch betrachtet – wirklich das theologische Zentrum aller angemessenen Rede von und zu dem einen, einzigen und unsichtbaren Gott. Denn im gottbezogenen Lobdank relativiert sich die Selbstmächtigkeit jeder Art von Götzen und gottähnlicher Selbstverabsolutierung von innerweltlichen Größen[38]. Recht verstanden kann im lebenspraktisch verankerten Lobpreis Gottes ein heilsam-befreiendes Gegengewicht wirksam werden gegen alle suchthaft-neurotischen Formen von individuellem und kollektivem Götzendienst, der im Narzismus mit seinen selbstzerstörerischen Folgen kulminiert. Denn der nur um sich selbst kreisende Narzismus unterwirft alles menschliche Tun und Lassen dem unstillbaren Verlangen nach Selbstwertsteigerung und Eigenlob und zerstört damit fortwährend das, was er sucht: Geborgenheit und Anerkennung im und vom unverfügbaren Du her, von Gott und anderen Menschen, die als Gottes Ebenbilder ebensowenig verfügbar wie instrumentalisierbar sind.

---

genskrise präventiv zu vermeiden sucht im selbstrelativierenden praktischen Bewußtsein, daß JHWH es ist, der die Kraft verleiht, segensreichen Reichtum zu schaffen (Dtn 8,18a), und nicht eine sich selbst rühmende Eigenmächtigkeit (V. 17), die – zum Narzismus pervertiert – nur allzu leicht in selbstdestruktiver Weise ihre Maßstäbe zu verlieren droht.

36 Vgl. oben Anm. 6.

37 Vgl. *J.D. Levenson*, Warum Juden sich nicht für biblische Theologie interessieren, EvTh 51 (1991), 402–430, hier 420.425f sowie *M. Tsevat*, Theologie des Alten Testaments – eine jüdische Sicht, in: *M. Klopfenstein* (Hg.), Mitte der Schrift, Frankfurt a.M. u.a. 1987, 329–341, hier 335f.339.

38 Vgl. elementar Dtn 8,7–18a, bes. 17f und dazu oben Anm. 35.

Marie-Theres Wacker

»Religionsgeschichte Israels« oder »Theologie des Alten Testaments« – (k)eine Alternative?

Anmerkungen aus feministisch-exegetischer Sicht

Hinführung

Seine »Religionsgeschichte Israels« hat R. Albertz[1] mit dem Anspruch vorgelegt, nicht nur eine neue, längst fällige Zusammenschau dieses Gegenstandsbereichs zu bieten, sondern damit zugleich auch der »Theologie des Alten Testaments« ihren Rang als »Königsdisziplin« christlich-alttestamentlicher Wissenschaft streitig zu machen. Eine theologischer als bisher konzipierte Religionsgeschichte Israels könne die Fülle und Vielfalt historischer Detailforschung besser integrieren und weitervermitteln als die traditionell dafür stehende »Theologie des Alten Testaments«[2]. Diese pointiert vorgetragene und zugleich an einer überwältigen Materialfülle beeindruckend durchgeführte These fordert eine Grundlagendiskussion um die Verhältnisbestimmung von (religions)historischer und theologischer Arbeit am Alten Testament ein, die notwendig und an der Zeit ist.

Ob allerdings – nach einer Zeit, da man Theologie durch Religionsgeschichte ersetzen zu können glaubte[3], und als Reaktion darauf einer Betonung von Heilsgeschichte und Theologie[4] – gegenwärtig bereits eine Synthese möglich ist, scheint aus mindestens

---

1 Vgl. *R. Albertz*, Religionsgeschichte Israels in alttestamentlicher Zeit, 2 Bde. (GAT 8/1–2), Göttingen 1992.

2 Vgl. *R. Albertz*, Religionsgeschichte Israels statt Theologie des Alten Testaments! Plädoyer für eine forschungsgeschichtliche Umorientierung, in diesem Band S. 3–24.

3 Charakteristisch *B. Stade*, Biblische Theologie des Alten Testaments, Bd. 1: Die Religion Israels und die Entstehung des Judentums, Tübingen 1905, 1: »Unter Biblischer Theologie des AT versteht man (sic!) die Geschichte der Religion unter dem Alten Bunde«.

4 Dafür steht vor allem der Name *Gerhard von Rad* und seine »Theologie des Alten Testaments« in 2 Bänden (München [5]1966/[4]1960). Zur Forschungsgeschichte vgl. *Albertz*, Religionsgeschichte 1, 20–32.

drei Gründen fraglich. Zum einen ist zwar eine Konvergenz von religionsgeschichtlicher und theologisch-exegetischer Arbeit am Alten Testament auch darin zu beobachten, daß sich die drei neuesten »Theologien« von A.H.J. Gunneweg, H.D. Preuß und O. Kaiser[5] ihrerseits darum bemühen, das seit den 30er Jahren dieses Jahrhunderts neu erschlossene religionsgeschichtliche Material zu integrieren. Keiner der drei stellt dafür jedoch den Anspruch zur Disposition, eine »Theologie des Alten Testaments« vorzulegen. Zur Debatte steht damit die Alternative einer »theologischeren« Religionsgeschichte Israels oder einer »historischeren« Theologie des Alten Testaments, eine Alternative, die das Problem nur noch einmal anders bezeichnet. Sodann wird die protestantische Domäne der »Theologie des Alten Testaments«[6] in jüngerer Zeit zunehmend auch von katholischen Exegeten entdeckt[7] (die erste veritable »Theologie des Alten Testaments« hat soeben J. Schreiner vorgelegt[8]), und auch jüdische Gelehrte beginnen sich an der Diskussion zu beteiligen[9] – ein Sachverhalt, der erwarten läßt, daß diese »Disziplin« selbst vor tiefgreifenden Transformationen steht, da andersartige Traditionen des Umgangs mit den biblischen Texten ins Spiel kommen. Und schließlich: Weder der gegenwärtige Stand

---

5   Vgl. *A.H.J. Gunneweg*, Biblische Theologie des Alten Testaments. Eine Religionsgeschichte Israels in biblisch-theologischer Sicht, Stuttgart 1993; *H.D. Preuß*, Theologie des Alten Testaments, 2 Bde., Stuttgart 1991/1992; *O. Kaiser*, Der Gott des Alten Testaments. Theologie des Alten Testaments, Bd. 1: Grundlegung (UTB 1747), Göttingen 1993.
6   *Kaiser*, Gott, 75 spricht denn auch konsequent von der ihm gestellten Aufgabe einer »evangelischen Theologie des Alten Testaments«.
7   Nach dem frühen Vorstoß von *A. Deissler*, Die Grundbotschaft des Alten Testaments. Ein theologischer Durchblick, Freiburg i.Br. 1972 dürfte es gegenwärtig als Symptom bewertet werden, daß das »Jahrbuch für Biblische Theologie« von einem konfessionsgemischten Kreis herausgegeben wird. Vgl. auch die um einen »sach«gemäßen theologischen Umgang mit dem Alten Testament ringenden Anstöße von *N. Lohfink*, Das Jüdische am Christentum. Die verlorene Dimension, Freiburg i.Br. 1987; *M. Görg*, In Abrahams Schoß. Christsein ohne Neues Testament, Düsseldorf 1993; *E. Zenger*, Das Erste Testament. Die jüdische Bibel und die Christen, Düsseldorf 1991; *ders.*, Am Fuß des Sinai. Gottesbilder des Ersten Testaments, Düsseldorf 1993; *ders.*, Ein Gott der Rache? Feindpsalmen verstehen, Freiburg i.Br. 1994.
8   Vgl. *J. Schreiner*, Theologie des Alten Testaments (NEB Erg.-Bd. 1), Würzburg 1995.
9   Vgl. die kritischen Einwürfe von *J. Levenson*, Warum Juden sich nicht für biblische Theologie interessieren, EvTh 51 (1991), 402–430 (von R. Rendtorff und M. Henze übersetzte Fassung von »Why Jews are Not Interested in Biblical Theology«, in: *J. Neusner u.a.* [Hg.], Judaic Perspectives on Ancient Israel. Philadelphia 1987, 281–307); anders *Isaac Kalimi*, Religionsgeschichte Israels oder Theologie des Alten Testaments? Das jüdische Interesse an der Biblischen Theologie, in diesem Band S. 45–68.

der alttestamentlich-theologischen Diskussion noch auch der zur Religionsgeschichte Israels erscheint den anstehenden Problemen angemessen, wird er aus der kritischen Perspektive feministischer Theologie bzw. Exegese betrachtet, die sich ihrerseits an einer adäquaten Zuordnung von historischer und theologischer Hermeneutik und Methodik abarbeitet[10]. Sie hat ja, vermittelt über die feministische Herausforderung, nicht nur ihre jeweilige historiographisch-exegetische Hermeneutik zu reflektieren, sondern kann und will darüber hinaus den historiographischen Zugang nicht abgekoppelt sehen von der theologischen Auseinandersetzung mit den »Zeichen der Zeit«, steht also vor eben den Grundfragen, die R. Albertz aufwirft. Aus einer am feministischen Diskurs geschärften Perspektive sollen deshalb im folgenden Beobachtungen beigesteuert und Anfragen formuliert werden.

I.   Zur Hermeneutik einer »Religionsgeschichte Israels«

Daß feministische Exegetinnen sich in die Forschung zur Religionsgeschichte Israels einmischen[11], braucht nicht zu verwundern,

---

10   Vgl. zum Forschungsstand und zu den Ansätzen feministischer Exegese jetzt ausführlich *Luise Schottroff / Silvia Schroer / Marie-Theres Wacker*, Feministische Exegese. Forschungserträge zur Bibel aus der Sicht von Frauen, Darmstadt 1995.
11   Zu nennen sind hier vor allem aus den USA Phyllis Bird und Susan Ackerman, aus dem deutschsprachigen Raum Silvia Schroer, Renate Jost und Marie-Theres Wacker. Vgl. *Phyllis Bird*, The Place of Women in the Israelite Cultus, in: *P.D. Miller u.a.* (Hg.), Ancient Israelite Religion (FS F.M. Cross), Philadelphia 1987, 397–420; *dies.*, Israelite Religion and the Faith of Israel's Daughters. Reflections on Gender and Religious Definitions, in: *D. Jobling u.a.* (Hg.), The Bible and the Politics of Exegesis (FS N. Gottwald), Cleveland 1991, 97–108.311–317; *Susan Ackerman*, Under Every Green Tree. Popular Religion in Sixth-Century Judah (HSM 46), Atlanta/GA 1992; *dies.*, »And the Women Knead Dough«. The Worship of the Queen of Heaven in Sixth-Century Judah, in: *Peggy Day* (Hg.), Gender and Difference in Ancient Israel, Minneapolis 1989, 109–124; *Silvia Schroer*, Die Zweiggöttin in Palästina/Israel, in: *M. Küchler u.a.* (Hg.), Jerusalem. Texte – Bilder – Steine (FS O. Keel und H. Keel-Leu) (NTOA 6), Fribourg 1987, 201–225; *dies.*, Die Göttin auf den Stempelsiegeln aus Palästina/Israel, in: *O. Keel / H. Keel-Leu / S. Schroer*, Studien zu den Stempelsiegeln aus Palästina/Israel II (OBO 88), Fribourg/Göttingen 1989, 89–207; *dies.*, Die göttliche Weisheit und der nachexilische Monotheismus, in: *Marie-Theres Wacker / E. Zenger* (Hg.), Der eine Gott und die Göttin. Gottesvorstellungen des biblischen Israel im Horizont feministischer Theologie (QD 135), Freiburg i.Br. 1991, 151–169; *Renate Jost*, Frauen, Männer und die Himmelskönigin. Exegetische Studien, Gütersloh 1995; *dies.*, Von »Huren und Heiligen«. Ein sozialgeschichtlicher Beitrag, in: *Hedwig Jahnow u.a.*, Feministische Hermeneutik und Erstes Testament, Stuttgart 1994, 126–137; *Marie-Theres Wacker*, Feministisch-theo-

kommt diese doch feministischer Hermeneutik und Methodik in mehrfacher Hinsicht entgegen.

1. Perspektivität der biblischen Texte

Die alttestamentliche Disziplin der »Religionsgeschichte Israels« hat sich in Absetzung von einer »Biblischen Theologie« geradezu konstituiert dadurch, daß sie nicht bei den Geschichtsbildern der biblischen Schriften selbst stehenbleibt, sondern diese eben als Geschichts-Bilder durchschaut und ihre eigenen Re-Konstruktionen der religiösen Wirklichkeit des biblischen Israel in kritischer Auseinandersetzung mit ihnen gewinnt. Ein kritischer Umgang mit den biblischen Schriften als »Quellen« aber ist auch für die spezifisch an Frauengeschichte interessierte feministisch-exegetische Historiographie zentral, läßt sie sich ja von einem doppelten hermeneutischen Verdacht leiten. Zum einen hat sie davon auszugehen, daß die Schriften der Hebräischen Bibel[12], die durchweg von Männern redigiert sind, die konkrete Lebenswirklichkeit von Frauen nur selektiv und marginal wahrnehmen, damit aber den realen Ort von Frauen in der Gesellschaft Israels – insbesondere auch in seiner Religion – verzerren. Zum anderen ist die androzentrische Perspektive der (allermeisten[13]) Texte zu berücksichtigen, die ei-

logische Blicke auf die neuere Monotheismusdiskussion, in: *dies./Zenger* (Hg.), Gott, 17–48; *dies.*, Kosmisches Sakrament oder Verpfändung des Körpers? Zur sog. »Kultprostitution« im biblischen Israel und im hinduistischen Indien, in: *Renate Jost u.a.* (Hg.), Auf Israel hören. Sozialgeschichtliche Bibelauslegung, Luzern/Fribourg 1992, 47–84; *dies.*, Spuren der Göttin im Hoseabuch, in: *M. Klopfenstein / W. Dietrich* (Hg.), Ein Gott allein? JHWH-Verehrung und biblischer Monotheismus im Kontext der israelitischen und altorientalischen Religionsgeschichte (OBO 139), Fribourg/Göttingen 1994, 329–348; *dies.*, Figurationen des Weiblichen im Hoseabuch (Herders Biblische Studien 8), Freiburg i.Br. 1996 (im Druck), Kap. IX und X.
12   Mit diesem doppelten hermeneutischen Verdacht ist auch das Neue Testament aus feministischer Sicht gegenzulesen – ja die exegetische Methodik des hermeneutischen Verdachts wurde vor allem von Elisabeth Schüssler Fiorenza für die feministische (Re-)Lektüre des Neuen Testaments entwickelt; vgl. nur *E. Schüssler Fiorenza*, Zu ihrem Gedächtnis ... Eine feministisch-theologische Rekonstruktion der christlichen Ursprünge, München 1988 und *dies.*, Brot statt Steine. Die Herausforderung einer feministischen Interpretation der Bibel, Fribourg/Luzern 1988.
13   Eine – vielleicht die einzige – Ausnahme scheint das Hohelied darzustellen, in dem zumindest über manche der Einzellieder sich auch die »Stimme einer Frau« Gehör verschafft. Zu den methodischen und hermeneutischen Schwierigkeiten der Rückfrage nach »female voices« in der Hebräischen Bibel vgl. *Athalya Brenner / Fokkelien van Dijk-Hemmes*, On Gendering Texts. Female and Male Voices in the Hebrew Bible (BIS 1), Leiden 1993.

nem unmittelbaren Rückschluß auf die Selbstwahrnehmung von Frauen der biblischen Zeit – und damit der Rekonstruktion von Frauengeschichte im strengen Sinn (her-story) – entgegensteht. Im kontroversen Disput mit jüdischen Feministinnen haben christliche Frauen hier ihre eigenen Erfahrungen mit den Fallen des Antijudaismus gemacht und sind aufmerksam geworden auf die Notwendigkeit, nicht nur ihre Methoden zu prüfen und »unmethodische Relikte« auszuräumen[14], sondern grundlegender ihre Verstehensvoraussetzungen – zumal im deutschen Kontext – aufzudecken und kritisch durchzuarbeiten[15].

Der a priori kritische Zugang zu und Umgang mit den biblischen Texten als Geschichtsquellen, wie er von feministischen Exegetinnen praktiziert wird, erscheint umgekehrt als brillante Sensibilisierungsschule gegenüber anderen zu vermutenden Arten von Perspektivität[16]. So mehren sich etwa in letzter Zeit Stimmen, die den Quellenwert der prophetischen Schriften der Bibel für das Verständnis der vorexilischen Prophetie Israels grundlegend in Zweifel ziehen, da sie in den jetzt vorliegenden Prophetenbüchern keine ursprungstreuen Sammlungen der Worte des Meisters durch seine Schüler mehr erkennen können, sondern nachexilisch-literarische Neuschöpfungen sehen oder zumindest mit umfangreichen Redaktionen rechnen, und die deshalb die religionsgeschichtliche Kontur des Phänomens Prophetie stärker nach Analogie nichtbiblisch-altorientalischer Vorgaben gewinnen möchten[17]. In der Tat

14 Vgl. die Formulierung bei *Albertz*, Religionsgeschichte Israels statt Theologie des Alten Testaments, 21, die unterstellt, daß Antijudaismus in einer Biblischen Theologie systemimmanent sei, bei religionsgeschichtlicher Forschung dagegen nicht. Beide Behauptungen sind aber zu bestreiten!
15 Vgl. nur den Sammelband *Leonore Siegele-Wenschkewitz* (Hg.), Verdrängte Vergangenheit, die uns bedrängt, München 1988 sowie die Beiträge von *Leonore Siegele-Wenschkewitz, Judith Plaskow, Asphodel P. Long, Fokkelien van Dijk-Hemmes* und *Marie-Theres Wacker* in: Kirche und Israel 5/1–2 (1990).
16 Dies heißt nicht, daß alle feministischen Exegetinnen die folgenden Anfragen nun auch konkret teilen. De facto unterscheiden sie sich in der Einschätzung des notwendigen Ausmaßes einer feministischen Dekonstruktion biblischer Geschichte und Theologie erheblich.
17 Vgl. etwa *M. Nissinen*, Prophetie, Redaktion und Fortschreibung im Hoseabuch (AOAT 231), Kevelaer/Neukirchen-Vluyn 1991; *F.E. Deist*, The Prophets: Are We Heading For a Paradigm Switch?, in: *V. Fritz u.a.* (Hg.), Prophet und Prophetenbuch (FS O. Kaiser), Berlin / New York 1989, 1–18; *V. Fritz*, Amos, Amosbuch und historischer Amos, in: ebd., 29–43; *O. Loretz*, Die Entstehung des Amos-Buches im Licht der Prophetien aus Mari, Assur, Ishchali und der Ugarit-Texte (UF 24), Kevelaer/Neukirchen-Vluyn 1992, 179–215; *N.P. Lemche*, The God of Hosea, in: *E. Ulrich u.a.* (Hg.), Priests, Prophets and Scribes (FS J. Blenkinsopp) (JSOT.S 149), Sheffield 1992, 241–257; vgl. auch *Wacker*, Figurationen, Kap. I, VII und VIII.

führt das Ernstnehmen des unbestreitbar literarischen und damit
zugleich reflexiven – statt unmittelbar historisch-referentiellen –
Charakters der biblischen Prophetenbücher dazu, daß sich der Abstand zwischen dem Prophetenbild der biblischen Schriften und
einem religionsgeschichtlich zu rekonstruierenden Prophetenbild
vergrößert. Die »theologische« Orientierung einer »Religionsgeschichte« mag sich dadurch verkomplizieren – in feministisch-hi-
storiographischer Optik ist hierin zunächst ein Gewinn zu sehen,
wird so doch die Rückfrage nach der vorexilischen Prophetie mit
ihren Prophet*innen* noch einmal neu und schärfer möglich[18].
Analog und mit weitreichenden Konsequenzen für die Darstellung
einer »Religionsgeschichte Israels« stellt sich die Frage, in welchem
Ausmaß Textperspektivität in Anschlag zu bringen ist bei dem historiographischen Bemühen um vor- und frühstaatliche Gegebenheiten, insbesondere dem Exodusereignis. Dies betrifft sowohl die
wie auch immer zu konturierende Historizität eines solches Ereignisses[19] als auch die Interpretationsfigur des Rückgriffs auf einen
definiten Anfangsimpuls der Volksgeschichte Israels – darauf wird
zurückzukommen sein.

2.   Diversifizierung der Sachverhalte

Die Rekonstruktionsarbeit einer Religionsgeschichte Israel kommt
feministischen Exegetinnen nicht nur in ihrer quellenkritischen

---

18   Dabei erscheinen insbesondere die Texte der neuassyrischen Prophetie feministisch reizvoll, weisen sie doch nicht nur einen hohen Anteil an Prophet*innen*
auf, sondern werden auch weitgehend mit einer weiblichen Gottheit, der Ischtar/
Mulittu, in Verbindung gebracht. Vor allem Manfred Weippert hat diese Texte für
die alttestamentliche Exegese erschlossen. Vgl. *ders.*, Assyrische Prophetien der
Zeit Asarhaddons und Assurbanipals, in: *F.M. Fales* (Hg.), Assyrian Royal In-
scriptions: New Horizons (Orientis Antiqui Collectio XVIII), Rom 1981, 71–111
(plus 4 Tabellen); *ders.*, Die Bildsprache der neuassyrischen Prophetie, in: *Helga
Weippert / K. Seybold / M. Weippert*, Beiträge zur prophetischen Bildsprache in
Israel und Assyrien (OBO 64), Fribourg/Göttingen 1985, 55–93; *ders.*, Aspekte
israelitischer Prophetie im Lichte verwandter Erscheinungen des Alten Orients,
in: *Gerlinde Mauer / Ursula Magen* (Hg.), Ad bene et fideliter seminandum (FS K.
Deller) (AOAT 220), Kevelaer/Neukirchen-Vluyn 1988, 287–319 und jetzt auch
M. Nissinen, Prophetie. Verstreute Notizen in der hebräischen Bibel (Jes 8,3; Ez
13,17–21 [dazu vgl. jetzt *Jost*, Frauen, Kap. 4.2]; 1Kön 22,14ff; Neh 6,14; vgl.
Ex 15,20f) lassen darauf schließen, daß auch im biblischen Israel mehr Prophe-
tinnen begegneten, als sich in den Texten erhalten hat. Hingewiesen sei hier auf
die These von *K. Koch*, Die Profeten, Bd. II, Stuttgart 1980, 20, die Gestalt der
Hulda (1Kön 22,14ff) reflektiere möglicherweise die zu ihrer Zeit weibliche Be-
setzung des Amtes eines »Oberpropheten« in Jerusalem!
19   Vgl. den instruktiven Überblick zum gegenwärtigen Diskussionsstand von
M. Görg, Art. Exodus, NBL I (1991), 631–636.

Zugangsweise, sondern auch darin entgegen, daß sie ihr Interesse auf die Vielfalt religiöser Vollzüge im biblischen Israel lenkt und damit die Religiosität insbesondere der Frauen als eigenes Phänomen in den Blick zu nehmen erlaubt. Hier ist forschungsgeschichtlich eine zunehmende Differenzierung und Diversifizierung zu bemerken, die weiterzutreiben in feministischem Interesse liegt[20].

Schon die erste deutschsprachige Monographie zum Thema, Max Löhrs 1908 erschienene, schmale, aber gehaltvolle Studie zur »Stellung des Weibes zu Jahwereligion und -kult«[21], hatte grundsätzlich die vor- und nachexilische Epoche voneinander abgehoben, dabei allerdings die festgestellten geringeren kultischen Betätigungsmöglichkeiten der Frauen in nachexilischer Zeit auf das Konto der »jüdischen Priesterreligion«[22] gebucht und es in der antijüdischen Manier seiner Zeit[23] auch nicht versäumt, die »antifeminine Tendenz des jüdischen Kultus« in das nachchristliche Judentum hinein zu verlängern und für eine generelle »Geringschätzung des Weibes in sittlicher und geistiger Hinsicht«, wie sie für die nachexilische Zeit anzunehmen sei, zur Verantwortung zu ziehen[24]. Negativklischees solcher Art hat Albertz deutlich und wohltuend eine ausführliche und differenzierte Sozialgeschichte der nachexilischen Zeit entgegengestellt – in der aber der spezifische Blick auf den Ort von Frauen weitgehend fehlt. Dies ist um so auffallender, als das Modell des »religionsinternen Pluralismus« insgesamt gerade für eine Beschreibung von Frauenreligiosität bzw. kultischer Betätigung von Frauen im biblischen Israel viel austrägt, wie etwa Helgard Balz-Cochois bereits 1982 in ihrer Studie zum Hoseabuch – und damit für vorexilische Zusammenhänge – exemplarisch gezeigt hat[25]. Für den Bereich der nachexilischen Zeit ist hier vor al-

20 Vgl. die den Forschungsstand zusammenfassende und weiterführende Darstellung von Silvia Schroer in *Schottroff/Schroer/Wacker*, Exegese, Teil II.
21 Vgl. *M. Löhr*, Die Stellung des Weibes zu Jahwereligion und -kult (BWAT 4), Leipzig 1908.
22 *Löhr*, Stellung, 51.
23 Vgl. dazu *R. Rendtorff*, Das Bild des nachexilischen Israel in der deutschen alttestamentlichen Wissenschaft von Wellhausen bis von Rad, in: *ders.*, Kanon und Theologie. Vorarbeiten zu einer Theologie des Alten Testaments, Neukirchen-Vluyn 1991, 72–80 sowie ausführlich *U. Kusche*, Die unterlegene Religion. Das Judentum im Urteil deutscher Alttestamentler, Berlin 1991.
24 *Löhr*, Stellung, 52f.
25 Vgl. *Helgard Balz-Cochois*, Gomer. Der Höhenkult Israels im Selbstverständnis der Volksfrömmigkeit. Untersuchungen zu Hos 4,1–5,7, Frankfurt a.M. 1982. Sie hat in dieser Arbeit, soweit ich sehe, ausgehend von *R. Albertz*, Persönliche Frömmigkeit und offizielle Religion. Religionsinterner Pluralismus in Israel und Babylon (CThM A 9), Stuttgart 1978 eigenständig die dritte, die Zwi-

lem auf neuere, frauenspezifisch und/oder feministisch orientierte
Studien zur Weisheitsliteratur hinzuweisen, die zeigen, daß die Fi-
gur der Weisheit nicht nur männlicher Projektion entspricht, sondern durchaus Orte und Rollen von Frauen besonders in der nachexilischen Familie reflektiert[26]. Die biblisch-paternalistische Wahrnehmung der Familie als »Haus des Vaters« (בית אב) wäre eben in
einer veritablen »Religionsgeschichte *ganz* Israels« noch einmal
kritisch zu unterbrechen.
Ein frauenspezifischer Blick auf die in der Tat für die Religionsgeschichte Israels zentrale Familie, aber auch auf dörfliche Verhältnisse bis hin zum Kult der »offiziellen Religion« bestätigt zumindest für die vorexilische und exilische Zeit, daß »die Religiosität
der Frauen ... bei den Israeliten manche eigenen Wege (geht); auch
verborgene, die die Männerwelt nicht von Anfang an übersieht«[27].
Das Beispiel der Königinmutter Maacha, die der Göttin Aschera[28]
ein Kultbild errichten ließ (1Kön 15,13), zeigt hier gleichzeitig,
daß eine strikte Trennung der genannten Ebenen nicht möglich
ist: Die Notiz mag sowohl auf Maachas persönliche Verehrung der
Aschera verweisen als auch die öffentliche, womöglich den Staats-
kult tangierende Aktion der Gebira im Blick haben[29]. Aus solcherart Erwägungen und Beobachtungen aber ergeben sich wichtige
historische und daraus erwachsend theologische Differenzierungen in der neueren Diskussion um die Herausbildung des Monotheismus im biblischen Israel[30]. Wo nämlich, dem biblischen Bild
folgend, das ganze Israel als von seinen Anfängen an und in allen

schenebene der dörflichen Religiosität eingeführt, die in der Religionsgeschichte
von Albertz via Lang/Weippert erscheint (vgl. *Albertz*, Religionsgeschichte 1,
41, Anm. 78).
26   Vgl. bes. *Claudia Camp*, Wisdom and the Feminine in the Book of Proverbs, Sheffield 1985; *Schroer*, Weisheit; *Gerlinde Baumann*, »Wer mich findet,
hat Leben gefunden«. Traditionsgeschichtliche und theologische Studien zur
Weisheitsgestalt in Proverbien 1–9, Diss. masch. Heidelberg 1995; *Christl Mai-
er*, Die »fremde Frau«. Eine exegetische und sozialgeschichtliche Studie zu Proverbien 1–9, Diss. masch. Berlin 1994 (erscheint demnächst in OBO).
27   *W. Caspari*, Die Nachrichten über Heimat und Hausstand des Propheten Hosea und ihre Verfasser, NKZ 26 (1915), 143–168, hier 157.
28   Daß der Name Aschera als Name einer im Israel der Königszeit verehrten
Göttin – und nicht nur als Bezeichnung eines Kultobjekts – aufzufassen sei, hat
zuletzt H.-P. Müller gerade auch mit linguistischen Argumenten untermauert; vgl.
ders., Kolloquialsprache und Volksreligion in den Inschriften von Kuntillet ʿAj-
rud und Chirbet el-Qom, ZAH 5 (1992), 15–51.
29   Zu Amt und Bedeutung der Königinmutter/Gebira vgl. zuletzt *Susan Ackerman*, The Queen Mother and the Cult in Ancient Israel, JBL 112 (1993), 385–
401.
30   Vgl. den Stand der Diskussion zusammenfassend *Wacker*, Blicke und zuletzt
Dietrich/Klopfenstein (Hg.), Gott.

seinen Lebensbereichen auf den einen, einzigen und einzigartigen Gott verpflichtet gesehen wird, da kann jede Hinwendung zu anderen Gottheiten nur als Götzendienst qualifiziert werden. Mit der Unterscheidung verschiedener Ebenen der Religion Israels wird es möglich, ein zunächst selbstverständliches Nebeneinander von familialen und regionalen Kulten neben dem JHWH-Kult anzunehmen.

Dann jedoch besteht kein Grund mehr, die Religiosität der israelitischen Frauen als in höherem Grad zum Götzendienst neigend theologisch abzuqualifizieren, wie dies z.b. noch Gerhard von Rad tun zu müssen glaubte, wenn er konstatierte: »In der Geschichte des Jahweglaubens haben gerade die Frauen immer wieder einen Hang zu dunklen Afterkulten gezeigt«[31]. Vielmehr müßte umgekehrt vor jedem derartigen theologischen Urteil zunächst historisch geklärt werden, welche Ausdrucksformen der JHWH-Verehrung den Frauen überhaupt und zu welcher Zeit zugänglich oder gar frauenspezifisch waren. Ist die Einrückung der JHWH-Verehrung in die Familien bis zur Exilszeit tatsächlich soweit gediehen, daß auch die Frauen sie in ihre persönliche Frömmigkeit integriert hatten und gegenläufige Nachrichten lediglich im Sinne einer Aufnahme nichtisraelitischer Impulse (also doch wieder als »Rückfall«) zu werten sind[32]? Frauen sind gerade auch in nachexilischer Zeit als »desintegrative Elemente« wahrgenommen und gebrandmarkt worden: z.b. als »fremde« Frau, die ihre Sexualität quasi kultisch anbietet (Prov 6–7) oder als sexuell wie kultisch depravierte Frau des Propheten (Hos 1,2)[33]. Sollte nicht diese Polemik in einem Kontext, da Identität auf Familienstrukturen neu gegründet wird[34], auf eine Diffamierung bestimmter Formen von Frauenreligiosität, die diese Identität zu gefährden scheinen, verweisen – aber zugleich auch auf Defizite der JHWH-Religion selbst? Die Brisanz dieser Vermutung erhöht sich, wird sie bezogen auf die Frage nach der Verehrung weiblicher Gottheiten im biblischen Israel und deren immerhin partieller Integration[35].

31 G. von Rad, Das erste Buch Mose. Genesis (ATD 2–4), Göttingen 1949; ^{9}1972, 64.
32 Vgl. Albertz, Religionsgeschichte 1, 292f.
33 Die jetzige Fassung des Verses ist nachexilisch, wie viele Kommentatoren annehmen. Vgl. Wacker, Figurationen, Kap. VII, VIII und X.
34 So zu Recht Albertz, Religionsgeschichte 2, 422ff.
35 Das grundlegende Werk von O. Keel / Chr. Uehlinger, Göttinnen, Götter und Gottessymbole. Neue Erkenntnisse zur Religionsgeschichte Kanaans und Israels aufgrund bislang unerschlossener ikonographischer Quellen (QD 134), Freiburg i.Br. 1992 konnte von Albertz noch nicht benutzt werden; zum feministischen »Anstoß« des Werks vgl. das Vorwort zu Wacker/Zenger (Hg.), Gott, 10f.

Beide von der feministischen Exegese eingebrachten Perspektiven, die Verschärfung des kritisch-dekonstruktiven Umgangs mit den biblischen Texten als Quellen und die materiale Konzentration nicht allgemein auf die Menschen des biblischen Israel, sondern auf die Frauen, setzen hermeneutische Entscheidungen voraus, die dazu herausfordern, das Verhältnis von Theologie und Historiographie bei einem rekonstruktiven Unternehmen wie der »Religionsgeschichte Israels« zu präzisieren. Denn daß auch dieses vordergründig »rein« historiographische Unternehmen die genannte Verhältnisbestimmung für sich klären muß, dürfte außer Zweifel stehen – und brennend sein für diejenigen, die nicht nur faktisch im Rahmen eines christlich-theologischen Kontextes arbeiten, sondern sich auf diesen Kontext bei ihrer exegetischen Arbeit auch beziehen wollen.

3. Gender-Forschung oder parteiliche Forschung

Die materiale Konzentration feministischer Exegese auf die Frauen des biblischen Israel kann verstanden werden als konkrete Form der sogenannten »Gender-Forschung«, dem Insistieren darauf, daß die Kategorie Geschlecht (als selbst historisch-sozial-kulturell vermittelter)[36] neben geschichtlicher Zeit, geographischem Raum, kulturellem und politischem Umfeld als eine Grunddifferenzierung in der Historiographie (und damit auch der Exegese) zur Anwendung gebracht werden müsse. Zwar ist die Einführung der Gender-Perspektive ein Ergebnis feministischer Wissenschaftskritik, aber die Arbeit damit nicht auf frauenspezifische Fragen beschränkt (und dementsprechend auch etwa in der »traditionellen« Geschichtswissenschaft z.T. schon rezipiert). Frauenspezifische exegetische Gender-Forschung wäre gleichsam nur eine arbeitsteilige Fokussierung und würde Material erarbeiten, das in eine umfassende Religionsgeschichte Israels einzufließen hätte. Diese hätte bei ihrer Darstellung immer auch zu differenzieren, wie ein konkreter (religiöser) Sachverhalt sich im Lebenskontext von Männern bzw. Frauen präsentiert. Um hier nicht der Suggestion der Texte selbst mit ihrer Marginalisierung von Frauen und ihrer androzentrischen Perspektive zu erliegen, ist, unter Zuhilfenahme antiken, aber auch etwa ethnologisch erhobenen Materials, ein historisches Modell der Gesellschaft Israels zu entwickeln, in dem Räume und Rollen von Frauen wie Männern eigens bezeichnet sind. Exemplarisch in ihrer methodologischen Bewußtheit und historischen Nüchernheit

---

36   Von daher die Bezeichnung »gender« (sozio-kulturelles Geschlecht) statt »sex« (biologisches Geschlecht).

sind hier die Studien von Phyllis Bird zu Frauen im Kult bzw. Kulten von Frauen in Israel[37].

Die materiale Konzentration auf die Frauen des biblischen Israel kann darüber hinaus als bewußt parteiliche, genauer: optionale Entscheidung verstanden werden[38]: als Entscheidung, nicht bloß allgemein die Menschen des biblischen Israel als Subjekte ihres Handelns, sondern präziser gerade jene sichtbar zu machen, denen streckenweise ihr Subjektsein verweigert blieb oder die als Subjekte ihres Handelns hinter den androzentrischen Texten ausgelöscht wurden. Darin gleicht solch feministisch-kritische Geschichtsschreibung der befreiungstheologischen, die »die Armen« in die Sichtbarkeit hebt, sie der Geschichte und ihnen ihre Geschichte zurückzugeben sucht und sie damit auch als Subjekte einer Theologie ernst nimmt[39], mehr noch, ihr Subjektsein vor Gottes Angesicht voraussetzt wie einklagt[40]. Eine solche feministisch-optionale Geschichtsschreibung befragt historiographische Raster noch einmal kritisch daraufhin, wie sie auf die leitende theologische Option bezogen werden können. In diesem Sinne trägt auch die »Religionsgeschichte« von R. Albertz Züge einer optionalen Historiographie. Aus feministischer Perspektive wäre dann aber kritisch nachzufragen, ob eine Darstellung der Religionsgeschichte Israels, die pluralistisch auf alle Gruppen des biblischen Israel achten möchte, nicht gewichtige verzerrende Machtfaktoren ausblendet und die Härte der Antagonismen verschleiert, ob sie nicht vielleicht zu optimistisch auf das freie Spiel der gesellschaftlich-demokratischen Kräfte damals wie heute vertraut und – die ökologische Krise hier beiseite gelassen – die beiden Grundkonflikte der Menschheit, den sozialen Kampf und den Geschlechterkampf, unzulässig herunter-

37 Vgl. *Bird*, Place of Women; *dies.*, Israelite Religion. Vgl. auch die sozialgeschichtlichen Studien von *Carol Meyers*, zusammengefaßt in: *dies.*, Discovering Eve. Ancient Israelite Women in Context, New York 1988.
38 Vgl. zur Parteilichkeit feministischer Forschung allgemein *Hedwig Meyer-Wilmes*, Rebellion auf der Grenze, Freiburg i.Br. 1990, 152ff; zur Parteilichkeit feministisch-theologischer Exegese und Geschichtsschreibung ebd., 187ff. Eine ausgezeichnete Einführung in die entsprechende historiographische Debatte bieten *R. Koselleck / W.J. Mommsen / J. Rüsen* (Hg.), Theorie der Geschichte, Bd. 1: Objektivität und Parteilichkeit (dtv WR 4281), München 1977.
39 Die Frage allerdings, welche Art der Geschichtsschreibung die angemessene sei, wird gerade auch von deutschsprachigen feministischen Historikerinnen, Soziologinnen und Theologinnen kontrovers diskutiert; vgl. nur die entsprechenden Passagen in *Meyer-Wilmes*, Rebellion.
40 Die feministische Theologie im deutschsprachigen Raum hat dabei erst begonnen, sich mit post-subjektphilosophischen Positionen – vgl. exemplarisch *Judith Butler*, Das Unbehagen der Geschlechter, Frankfurt a.M. 1991 – auseinanderzusetzen; exegetisch hat sich dies noch nicht niedergeschlagen.

spielt. Solange allerdings in der Diskussion solcher (und verwandter) Fragen Etiketten – wie der hierzulande immer noch und schon
wieder rufschädigende Marxismusverdacht[41], aber auch Verdächti-
gungen aller Art gegenüber feministischen Theologinnen bis hin
zu Berufsverboten – Argumente ersetzen, ist eine ernsthafte und
konfliktfreudige öffentliche Auseinandersetzung darüber wohl
nicht möglich.

4. Historiographie und Theologie

Gerade weil sich die feministisch-optionale Arbeit an einer »Religionsgeschichte Israels« offen zu ihren Gegenwartsinteressen bekennt, wird sie auch zugeben können, daß die theologische Begründung ihrer historiographischen Option für die Frauen Israels
nicht unvermittelt, im scheinbar reinen Rückgriff auf die Schrift
(und/oder die kirchliche/theologische Tradition) erfolgt, sondern
einen dezidiert neuzeitlichen frauenspezifischen Bezugspunkt hat.
Konkret würde sie als eher befreiungstheologisch orientierte[42] die
Überzeugung artikulieren, das Bekenntnis zum Gott Israels, dem
Gott Jesu Christi, könne nicht in Widerspruch stehen zu den Men-
schenrechten, insbesondere der Gleichheit der Geschlechter. Wie
jedoch diese Grundüberzeugung dann wiederum biblisch zu begründen sei, ist ein davon zu unterscheidendes Problem, und ein
drittes ist es, historisch-konkrete Spuren, die ihr entsprechen, in
der Geschichte Israels (und des Urchristentums) zu benennen. Die
feministische Exegese hat zwar großes Interesse, eine solche biblische Begründung vorlegen zu können und historiographisch Spuren in ihrem Sinne aufzufinden[43]; auch ist nicht zu bestreiten, daß
etwa in der Stilisierung Jesu als eines »Feministen«[44] eine petitio

---

41   Vgl. *M. Oeming*, Rez. zu Albertz, Religionsgeschichte, Theologischer Li-
teraturdienst 2 (1994), 17–18, hier 18; vgl. *Gunneweg*, Biblische Theologie, 60.
42   Eine material andersartige Begründung wäre etwa aus matriarchal-feministi-
scher Richtung zu erwarten.
43   In diesem Interesse ist etwa die Rekonstruktion der christlichen Ursprünge
geschrieben, die *Schüssler Fiorenza*, Gedächtnis vorgelegt hat.
44   Eine solche ist im übrigen nicht von Feministinnen, sondern von Leonard
Swidler inauguriert worden; vgl. *ders.*, Jesu Begegnung mit Frauen: Jesus als Feminist, in: *Elisabeth Moltmann-Wendel* (Hg.), Frauenbefreiung, Mainz/München
³1978, 203–219. Gerade diese »ursprungsmythische« Wende zum feministischen
Jesus hat zu Recht harte Kritik von jüdischen Feministinnen erfahren; vgl. nur
die Serie von Beiträgen von Judith Plaskow, die immer wieder darauf hinweist:
dies., Christian Feminism and Anti-Judaism, Cross Currents 28 (1978), 306–
309; *dies.*, Blaming Jews for Inventing Patriarchy, Lilith 7 (1979), 9–11.14–
17; *dies.*, Feministischer Antijudaismus und der christliche Gott, Kirche und Israel 5/1 (1990), 9–25; *dies.*, Anti-Judaism in Feminist Christian Interpretation,

principii vorliegt; gerade deshalb aber ist darauf zu insistieren, daß die Ebenen der systematisch-theologischen, bibeltheologischen und historiographischen Begründung methodisch auseinandergehalten werden.

Daß die Religionsgeschichte Israels ihr eigenes theologisches Beurteilungskriterium historiographisch ausweisbar in sich trage, wie Albertz dies für seine Darstellung postuliert, scheint mir erkauft mit eben einer solchen Vermischung der Ebenen. Ein nur über seine biblischen Deutungen zugängliches Ereignis, der Exodus, wird historiographisch festgemacht, dann zum Anfangsimpuls der Religionsgeschichte Israels erklärt und darin zum kritischen Prinzip für den gesamten folgenden Geschichtsverlauf erhoben, um schließlich zum (systematisch-)theologischen Generalkriterium zu avancieren. Wohlgemerkt: Ich kritisiere nicht, sondern teile die Berufung auf den Exodus als Orientierungstradition einer biblisch fundierten (»neuen« politischen) Theologie bzw. Ethik, zumal gerade darin ein Konsens mit jedenfalls bestimmten jüdischen Denkern möglich erscheint[45]. Ich kritisiere auch nicht den Versuch, in der Exodustradition bibeltheologisch die kritische »Mitte« (oder den »Kanon im Kanon«) des Alten Testaments auszumachen, wenngleich bereits dabei – wie bei jedem Versuch der Bestimmung einer »Mitte« – zu bedenken ist, daß dies nicht wenigen biblischen Texten und Traditionen kaum gerecht wird[46]. Was mir Probleme bereitet, ist zum einen die Sicherheit, mit der angesichts der Quellenlage der Exodus als historisches Ereignis der vorstaatlichen Zeit festgehalten und zudem mit darauf folgenden »extremen Lebensbedingungen der Wüste«[47] verbunden werden kann, zum anderen

in: *Elisabeth Schüssler Fiorenza* (Hg.), Searching the Scriptures, New York 1993, 117–129. Um so unverständlicher ist es, daß Swidler seine Grundthese mitsamt seiner undifferenzierten und dadurch trotz gegenteiliger Versicherungen antijüdisch wirkenden Zeichnung des frauenfeindlichen Kontextes des Feministen Jesus auch in seinem jüngsten Buch »Der umstrittene Jesus« (Stuttgart 1991) reproduziert.

45 Vgl. bes. *M. Walzer*, Exodus und Revolution (Rotbuch Rationen), Berlin 1988.

46 Statt allerdings, wie dies *Gunneweg*, Biblische Theologie 59f tut, darauf hinzuweisen, daß das Exodusmotiv im Neuen Testament keine Rolle spiele, um daraus abzuleiten, daß es im Neuen Testament eben um Existentiale, nicht um Politik gehe, und daran den christlichen Wert des Alten Testaments theologisch zu messen (vgl. ebd., 35), wäre der von Gunneweg selbst für möglich gehaltene wissenschaftlich messende Vergleich des Neuen Testaments am Alten Testament auch theologisch zu etablieren (vgl. dafür die weiterführenden Überlegungen bei *Görg*, Abrahams Schoß) – wobei das Gesamtzeugnis des Alten Testaments selbst es verböte, etwa nun Gott ungebrochen als »Kriegsmann« (vgl. *Gunneweg*, Biblische Theologie, 95) zu proklamieren.

47 *Albertz*, Religionsgeschichte 1, 99.100.101.104; vgl. 89.

die Eindeutigkeit, mit der diese Ereignisse – wiederum mit historischem Anspruch – als »Befreiung«[48] näherbestimmt werden.
Die genannten Momente fügen sich einer Sicht, der es darum zu
tun ist, daß die »religiöse Symbolwelt« der JHWH-Religion Israels
von ihren Anfängen an »*direkt* auf den Prozeß geschichtlich politischer Befreiung bezogen« ist[49]. Um dieser theologisch-politischen
Option willen sieht sich Albertz offenbar genötigt, die Historizität
von Exodus und Wüstenaufenthalt Israels festzuhalten. Aber bedarf es dieses dem Exodus gleichsam ursprungsmythische Dignität
verleihenden historiographischen Rückgriffs, um das theologische
Anliegen, die JHWH-Religion als eminent geschichtsbezogen, poli-
tik- und sozial-kritisch zu erweisen, zum Tragen zu bringen? Wäre
nicht andererseits stärker zu bedenken, daß sich – die Kennzeichnung als zutreffend vorausgesetzt – zwischen den »direkten« Bezug der Symbolwelt der frühen JHWH-Religion auf geschichtlich
politische Befreiung das Medium der literarisch-biblischen Bezeu-
gungen geschoben, daß die Erinnerung an jene gründende Vergangenheit diese auch poetisch transformiert hat und die Suche
nach einer einlinigen historisch ursprünglichen Bedeutung – in
Entsprechung zu einer klaren theologisch-politischen Option heute – deshalb vielleicht von vornherein zu kurz greift? Damit soll
der eminent politische Impetus der JHWH-Religion nicht in Abrede gestellt, wohl aber an die Tradition politischer Funktionalisie-
rungen von Religion/Theologie bis zu den Fundamentalismen der
Gegenwart erinnert werden[50], mit denen sich die Option für eine
theologisch-politische Religionsgeschichte Israels explizit auseinanderzusetzen hätte[51].

II.   Die Spiegel der Frauen (Ex 38,8) – ein Beispiel

Wie sich religionsgeschichtliche Arbeit in feministisch-theologischer Absicht konkret darstellt, läßt sich exemplarisch zeigen im
Blick auf eine kleine Notiz aus dem Buch Exodus. Sie handelt von

48   Vgl. bes. *Albertz*, Religionsgeschichte 1, 76ff.
49   *Albertz*, Religionsgeschichte 1, 78 (Hervorhebung von mir).
50   Vgl. den Überblick bei *B. Wacker*, Art. Politische Theologie, NHThG[2] 4
(1991), 235–247.
51   Wenn Albertz neben »Befreiung« von »Destabilisierung« und »Herrschafts-
kritik« als gleichsam strukturellen Kennzeichen der Exodustradition spricht,
grenzt er sich zwar deutlich von vorschnellen affirmativen politischen Beerbun-
gen der Schrift ab – die Frage aber bleibt, ob mit historiographischer Rekonstruktion solche nachträglich-abstrahierenden begrifflichen Verallgemeinerun-
gen zu decken sind.

der Ausstattung des sog. Offenbarungszeltes: »Er (der von Mose be-
stellte Künstler בְּצַלְאֵל/Bezal'el) machte das Becken und sein Gestell
aus Kupfer, und zwar aus den Spiegeln der Frauen, die am Eingang
des Offenbarungszeltes Dienst taten« (Ex 38,8). An dieser Notiz vor
allem bemerkenswert ist die Kennzeichnung der Frauen als צֹבְאוֹת.
Die zugrundeliegende Verbbasis צבא bedeutet »dienen«, vor allem
in militärischen Kontexten, wird aber im Buch Numeri siebenmal[52]
für den kultbezogenen Dienst von Leviten im Offenbarungszelt
verwendet. Daß auch in Ex 38,8 kultischer Kontext gegeben ist,
zeigt die Nennung des אֹהֶל מוֹעֵד im Relativsatz, aus dem zugleich
hervorgeht, daß es einen präzis bestimmten Ort des Dienstes der
genannten Frauen gibt, den Eingang des Offenbarungszeltes.

1. »Kritischer müßten mir die Religionsgeschichtler sein ...«

Die Erwähnung der Frauen mit ihren Spiegeln an der Stiftshütte ist
ein Fall für das religionsgeschichtliche Interesse, das seinen Blick
auf die bunte synchrone und diachrone Vielfalt religiöser Vollzüge und Konzepte im biblischen Israel richtet. Dabei kann vorausgesetzt werden, daß hier nicht das Wüstenheiligtum am Sinai beschrieben wird, sondern eine (priesterschriftliche) literarische Rück-
projektion des Jerusalemer Tempels in die Anfänge Israel vorliegt.
Dementsprechend scheint die Erwartung begründet, daß Ex 38,8
in den vorliegenden Religionsgeschichten im Blick auf Verhältnisse am Zentralheiligtum Israels bzw. Judäas diskutiert wird. In den
Religionsgeschichten von Smend, Stade, Marti, Hölscher, Sellin,
Ringgren, Fohrer[53] und auch Albertz findet sich jedoch kein Hinweis auf die Frauen an der Stiftshütte – jedenfalls nach Ausweis
der Stellenregister[54]. Andererseits werden die Frauen mit den Spiegeln in der alttestamentlich-religionsgeschichtlichen Forschung
durchaus beachtet, angefangen bei der ersten thematischen Abhandlung zu Frauen im Kult Israels von I.J. Peritz, den beiden katholischen Beiträgen von A. Eberharter und H. Junker, die offen-

---

52 Num 4,3.23.30.35.39.43; 8,24.
53 Vgl. *R. Smend*, Lehrbuch der alttestamentlichen Religionsgeschichte, Freiburg i.Br. / Leizpig 1893; *Stade*, Biblische Theologie; *K. Marti*, Geschichte der
Israelitischen Religion, 5., verbesserte und vermehrte Auflage von A. Kaysers
Theologie des Alten Testaments, Straßburg 1907; *G. Hölscher*, Geschichte der israelitischen und jüdischen Religion, Gießen 1922; *H. Ringgren*, Geschichte der
israelitischen Religion, Stuttgart (1963) ²1982; *G. Fohrer*, Geschichte der israelitischen Religion, Berlin 1969.
54 Einzig bei *E. König*, Geschichte der Alttestamentlichen Religion, Gütersloh 1912, 177 findet sich ein Verweis auf Ex 38,8, aber auch hier lediglich als
Hilfsstelle zur Erklärung von Ri 11,34ff.

sichtlich von der Frage der Frau als Priesterin umgetrieben sind,
dem kleinen Band von G. Beer und der Monographie des damaligen Bischofs von Speyer, M. Faulhaber, mit dem Titel »Charakterbilder der biblischen Frauenwelt«, die er auf Bitten des katholischen Lehrerinnenverbandes geschrieben hat, bis hin zu U. Winters Studie zu »Frau und Göttin« und E. Gerstenbergers Buch
»Jahwe – ein patriarchaler Gott?«[55] Charakteristischerweise aber
handelt es sich hier ausnahmslos um Untersuchungen, die spezialisiert sind auf Frauenthemen.
Diesen Beobachtungen bestätigen den Eindruck, daß bei allem
kritischen Umgang der Religionsgeschichtler mit den biblischen
Schriften als Quellen doch noch zuwenig kritisch verfahren wird,
daß die durchgehende Perspektivität bzw. Standortgebundenheit
dieser Texte nicht konsistent reflektiert ist. Wenn eine Religionsgeschichte Israels sich nur auf die in den biblischen Texten selbst gut
dokumentierten Phänomene konzentriert, wiederholt sie die in den
Quellen selbst erfolgte Marginalisierung von Frauen. Das gleiche
gilt für die Auslagerung von sogenannten Frauenthemen in Spe-
zialliteratur: Auch hier werden die Frauen aus dem herrschenden
Diskurs ausgegrenzt. Der Anspruch aber, auf diese Weise *die* Religionsgeschichte des biblischen Israel zu erfassen, bleibt ebenso an-
drozentrisch, d.h. einseitig und damit historisch falsch, wie es seine
Wahrnehmung der faktischen Verhältnisse im biblischen Israel ist.

2.   Der Spiegel der Göttin

Ein grundlegendes Problem der Notiz Ex 38,8 besteht darin, daß
nicht deutlich wird, welcherart die Beziehung zwischen der kultbe-

---

55 Vgl. *I.J. Peritz*, Women in the Ancient Hebrew Cult, JBL 17 (1898), 111–
148; *A. Eberharter*, Gab es im Jahwekult Priesterinnen?, ThQ 94 (1912), 183–
190; *H. Junker*, Die Frau im alttestamentlichen ekstatischen Kult, ThGl 21
(1929), 68–74; *M. Faulhaber*, Charakterbilder der biblischen Frauenwelt, Pader-
born (1912) [6]1935, 62; *G. Beer*, Die soziale und religiöse Stellung der Frau im
israelitischen Altertum, Tübingen 1919, 39; vgl. auch *Löhr*, Stellung 50f; *Anna Paulsen*, Geschlecht und Person, Hamburg 1960, 49 (sie führt zwar den Dienst
der Frauen nicht weiter aus; bemerkenswert ist jedoch der egalitäre Kontext, den
sie herstellt, indem sie vorher davon berichtet, daß Frauen wie Männer »Spenden
und Gaben für die Stiftshütte« geopfert hätten); *U. Winter*, Frau und Göttin (OBO
53), Fribourg/Göttingen 1983 und *E.S. Gerstenberger*, Jahwe – ein patriarchaler
Gott?, Stuttgart 1988. Gerstenberger hält Ex 38,8 sogar für die Notiz eines
»highlights« weiblicher Kultfähigkeit (ebd., 68f): »Einer kultischen Betäigung
im alten Sinne kommen am nächsten die seltsamen Bemerkungen in 2 Mose 38,8
und 1 Sam 2,22, nach denen Frauen ›vor der Stiftshütte Dienst taten‹. Dabei han-
tierten sie mit heiligen Spiegeln. Näher sind Frauen in Israel wohl nie an den offiziellen Jahwetempel herangekommen«.

zogenen Tätigkeit der Frauen und ihren Spiegeln ist. Haben die
Frauen ihre Spiegel bei ihrem Dienst benutzt? Ausgehend von diesem Vorverständnis haben ältere Kommentatoren auf Cyrill von
Alexandrien verwiesen, der von Frauen im Isiskult wußte, die mit
Sistrum und Spiegel zu den Mysterienfeiern zogen[56], und sie haben vermutet, daß von den Frauen an der Stiftshütte Ähnliches zu
sagen wäre, sei es, daß sie als Teilnehmerinnen von Prozessionen
zu gelten hätten oder auch als Musikantinnen und Tänzerinnen[57].
Dabei entstanden durchaus nicht notwendigerweise Orthodoxie-
probleme. Ein katholischer Exeget der Jahrhundertwende, der Je-
suit F. Hummelauer, hält sogar explizit fest, hier sei »de legitimo
cultu« und von einem »ritus omnino per se innocens« die Rede; er
kann sich also sehr wohl vorstellen, daß zum Kult der Stiftshütte
Sistren und Spiegel gehörten[58]. 80 Jahre später sieht M. Görg die
Dinge komplexer[59]. Der Spiegel in ägyptischen Kontexten ist ja
keineswegs so »unschuldig«, wie Hummelauer es will, vielmehr
liegt aus der kuschitisch-saitischen Zeit Ägyptens eine Gruppe von
Bronzespiegeln vor, auf denen jeweils die Göttin Muth mitsamt einer spiegeltragenden Verehrerin eingeritzt ist, Hinweis auf eine
Kultgenossenschaft von Frauen im Dienst der ägyptischen Göttin.
Görg hält auch im zeitgleichen vorexilischen Jerusalem mit seinen
vielfältigen politischen und kulturellen Kontakten nach Ägypten
die Existenz einer solchen Kultgenossenschaft der Muth für möglich, und er stellt sich die Frauen aus Ex 38,8 als Verehrerinnen
der Muth vor, die auch bei ihrem Dienst im Jahwekult ihre Spiegel
nicht abgelegt hätten. Dies brauche im Juda der ausgehenden Königszeit nicht einmal als religiöse Provokation empfunden worden
zu sein, denn (so ist Görg zu verdeutlichen) die private Frömmigkeit zumal der Frauen ging noch lange neben dem offiziellen
Tempelkult her ihre eigenen Wege. Noch näher an den JHWH-Kult
heran rückt U. Winter[60]. Der Spiegel, so zeigt er mit ikonographi-
schem Material, ist Attribut einer Göttin nicht nur in Ägypten, son-

---

56 Vgl. *F. Hummelauer*, Commentarius in Exodum et Leviticum (CSS), Paris
1897, z.St.; *A. Clamer*, Exode (La Sainte Bible I/2), Paris 1956, 283f (ohne Cyrill zu nennen).
57 Diese Deutung nennt z.B. *J.I. Durham*, Exodus (WBC 3), Waco 1987, 487
als eine der vorgeschlagenen; vgl. auch *J.Ph. Hyatt*, Exodus (NCB), London
1971, 330 sowie *G.H. Davies*, Exodus (Torch Bible Commentary), London 1967,
247, der von Teilnahme an »musical rites« oder alternativ dazu von »menial duties« spricht, oder *Clamer*, La Sainte Bible I/2, 283.
58 *Hummelauer*, CSS Exodus, z.St.
59 *M. Görg*, Der Spiegeldienst der Frauen (Ex 38,8), BN 23 (1984), 9–13 und
in: *ders.*, Aegyptica-Biblica. Notizen und Beiträge zu den Beziehungen zwischen
Ägypten und Israel (ÄAT 11), Wiesbaden 1991, 143–147.
60 *Winter*, Frau und Göttin, 57–65.

dern auch im hethitischen Bereich und in Nordsyrien, und diese
Göttin erscheint verbunden mit dem Wettergott, dürfte also als dessen Partnerin angesprochen werden. Es wäre demnach durchaus
denkbar, daß die Frauen an der Stiftshütte nicht einer ägyptischen
Göttin anhingen, sondern einer autochthon westsemitischen. Winter sieht darin einen Affront gegen den JHWH-Kult, einen Affront,
der gemäß der Notiz Ex 38,8 mit der Transformation der Spiegel
in ein Becken für priesterliche Waschungen zum Verschwinden
gebracht worden wäre. Diese Stoßrichtung ist allerdings dem Wort-
laut von Ex 38,8 nicht zwingend zu entnehmen. Heute, zehn Jahre
nach Winters Arbeit, könnte sogar die noch weitergehende Überle-
gung gewagt werden, ob nicht die zahlreichen Hinweise des Alten
Testaments auf JHWH als Wettergott und die Diskussion um »JHWH
und seine Aschera« auf dieses Paar von Wettergott und spiegeltra-
gender Liebesgöttin zu beziehen sind und in Ex 38,8 ein Hinweis
auf den Kult JHWHs und seiner Paredros erblickt werden darf. Es
ginge dann in der Tat um einen Teil des genuinen vorexilischen
JHWH-Kultes selbst, der aber dyotheistisch vorzustellen wäre.
Die Göttin ist damit im Verlauf der religionsgeschichtlichen Forschung zu Ex 38,8 gleichsam bis ins Innerste der Religion Israels
selbst gerückt, ohne daß ihre Verehrung von vornherein als hete-
rodox disqualifiziert werden könnte. Der an Ex 38,8 abzulesende
Weg der Forschungsgeschichte entspricht im übrigen en miniature
einem Gesamttrend religionsgeschichtlicher Forschung des vergangenen Jahrzehnts, an dem nunmehr Frauen, gerade auch feministisch orientierte Exegetinnen, maßgeblich beteiligt sind[61]. Die
Palette feministisch-theologischer Konsequenzen aus diesem Befund reicht vom Ruf nach Ernstnehmen weiblicher Bedürfnisse
und Erfahrungen im kirchlichen Bereich bis hin zur Forderung
der Wiedereinführung weiblicher Gott-Rede in Liturgie und Theologie. Hier wird religionsgeschichtliche Forschung am Alten Testament theologisch hochaktuell und brisant.

3. Frauen im JHWH-Kult

Die soeben skizzierte Deutungslinie, die im übrigen mit der Voraussetzung arbeitet, hier liege in jedem Fall eine Reminiszenz an
vorexilische Verhältnisse vor, hat die kleine Notiz Ex 38,8 gewissermaßen religionsgeschichtlich »maximalistisch« ausgelegt. Ihr
steht die Auffassung gegenüber, daß die Spiegel der Frauen nicht
mit einer Kultfunktion zusammenhingen. Es gehe lediglich dar-

---

61 Vgl. nur den Sammelband *Wacker/Zenger* (Hg.), Gott sowie bes. die Arbeiten von *Schroer*, Zweiggöttin und *dies.*, Göttin auf den Stempelsiegeln.

um, daß die genannten Frauen eben Spiegel besaßen und diese für die Herstellung des kupfernen Beckens zur Verfügung stellten[62]. Die Absicht der Notiz läge wohl darin, die großherzige Freigebigkeit dieser Frauen lobend zu erwähnen[63] – um den Preis ihrer kostbaren Spiegel wurde das Becken hergestellt[64]. Nebenbei erfährt man so, daß es sich in jedem Fall um vermögende Frauen gehandelt haben muß, sind doch Bronzespiegel auch noch in nachexilischer Zeit durchaus kein weiblicher Allgemeinbesitz[65]. Diese religionsgeschichtlich »minimalistische« Deutung[66] könnte zwar hinterfragt werden mit der Beobachtung, daß das Thema der großherzigen Hergabe wertvoller Grundstoffe in Ex 35 und 36,1–7 breit entfaltet wird und hier ein Ort gewesen wäre, lobend auch der ihre Spiegel spendenden Frauen zu gedenken; sie ist als Interpretation von Ex 38,8 aber möglich und stimmig, vor allem dann, wenn man, wie sich aufgrund der umständlichen Syntax nahelegt, die zweite Vershälfte mit der Nennung der Stifterinnen und ihrer Stiftungsgabe für einen kommentierenden Nachtrag hält[67] und sie damit eher in nachexilische Zeit datiert. In dieser Auslegung kommt die aktive Teilnahme aller, der Männer wie der Frauen, an der Errichtung des Heiligtums zum Ausdruck und damit eine inklusive Sichtweise der Gemeinde Israels.

Es bleibt jedoch auch ohne Spiegel das mitgeteilte und zu erläuternde Faktum, daß Frauen am Eingang des Offenbarungszeltes levitenähnliche Dienste taten und deshalb auf jeden Fall als Kultfunktionärinnen anzusprechen sind[68]. Die alten Übersetzungen hatten hier konkrete Vorstellungen: Die Frauen fasten (Septuaginta), halten Wache (Vulgata[69]) oder kommen zum Beten (Peschitta

---

62   So z.B. *Durham*, WBC 3, 488.
63   In diesem Sinne *F. Michaeli*, Le Livre de l'Exode (CAT), Neuchâtel 1974, 298 mit Verweis auf die rabbinische Tradition.
64   Diese Paraphrase entspricht der polysemischen Wendung במראות, in der die Präposition ב durchaus im Sinne eines ב-pretii verstanden werden kann.
65   Vgl. *K. Galling*, Art. Spiegel, BRL (1937), 493f zum Häufigerwerden der Fundstücke in E-II und pers. Zeit; dies sind aber immer noch keine Massenzahlen.
66   Sie wird in der jüdisch-haggadischen Literatur breit entfaltet; vgl. *L. Ginsberg*, The Legends of the Jews, Bd. III (1911/1939), repr. Philadelphia 1968, 174f und die Anmerkungen dazu in Bd. VI (1928/1956), repr. Philadelphia 1968, 70f (wo die Quellen jedoch leider nur sehr bruchstückhaft mitgeteilt sind).
67   Vgl. etwa *B. Baentsch*, Exodus (HAT I/2), Göttingen 1900, 296, der ab »aus den Spiegeln ...« einklammert.
68   *Michaeli*, CAT, 298 weiß, daß diese Frauen keine »responsabilité cultuelle« besaßen; er übersetzt das Verbum צבא mit »s'assembler«. Für beides erfolgt jedoch keine Begründung.
69   »excubare«; wobei dieses Verb ebenfalls kultische und militärische Konnotationen hat.

und Targume[70]). All diese Umschreibungen der צבאות weisen auf Tätigkeiten, die man sich offenbar von Frauen im Umkreis des Tempels vorstellen konnte bzw. die in hellenistischer bzw. römischer Zeit und wohl noch darüber hinaus Praxis waren, die aber nicht mehr auf ein kultbezogenes Amt weisen, sondern als Akte persönlicher Frömmigkeit erscheinen. Daß man allerdings mit solcherart Übersetzungen die These belegen könne, in späterer Zeit habe man Frauen als Kultpersonal überhaupt für undenkbar gehalten[71], ist im Blick auf die Septuaginta exemplarisch anzuzweifeln (vgl. Ex 38,26f LXX). Daß sie die Frauen fasten läßt, hat seine innertextlich erkennbaren Gründe – ist doch in einer den entsprechenden Versen unmittelbar voraufgehenden Notiz, abweichend vom MT, von Räucherpfannen die Rede, die zum feuerfesten Überzug des Brandopferaltars umgeschmiedet werden; und von diesen Räucherpfannen heißt es, sie hätten den Männern aus der Rotte des Korach gehört, die nach Num 16 aufgrund ihres Aufstands gegen Mose lebendig vom Erdboden verschlungen wurden[72]. Analog soll wohl das Umschmelzen der Spiegel als Hinweis darauf verstanden werden, daß auch die Frauen am Offenbarungszelt Schuld auf sich geladen haben, daß sie aber im Unterschied zu den Männern den Trauer- und Sühneritus des Fastens auf sich nehmen, also bereit sind, Buße zu tun.

Mit alldem ist allerdings die Funktion der צבאות dem hebräischen Text nach noch nicht bestimmt. Die Kommentare denken hier gern an »niedere Dienste« wie waschen, putzen und backen[73]. Das klingt nach Reprojektion weiblicher Reinigungskolonnen aus den christ-

---

70   Zum Buch Exodus gibt es insgesamt vier (Targum Neofiti I, Targum Onqelos, Fragmententargum [Jerushalmi I] und Targum Pseudojonathan [Jerushalmi II]); vgl. *R. Le Déaut*, Targum du Pentateuque, II. Exode – Levitique (SC 256), Paris 1979.

71   Vgl. *Löhr*, Stellung, 51. Für Löhr ist zudem ausgemacht, daß Ex 38,8 eine vorexilische Notiz sein muß, die eine später verdrängte Erinnerung an kultbezogene Tätigkeit von Frauen enthalte.

72   Im MT ist von diesen umgeschmiedeten Räucherpfannen erst Num 17,1–5 die Rede.

73   Vgl. z.B. *F.K. Movers*, Die Phönizier, A, Bd. 1: Religion und Gottheiten, Bonn 1841 (repr. Aalen 1967), 678: »... Tempelmägde, denen etwa die Reinigung des Tempels, die Wäsche zu besorgen, oblag (vgl. Exod. 38,8. I. Sam. 2, 22)« (Movers nennt diese Tempelmägde neben den Holzhauern und Wasserträgern die »niedrigste Klasse« der Tempeldiener); *P. Heinisch*, Das Buch Exodus (HSAT I/2), Bonn 1934, 254; ferner *H. Ringgren*, Art. צבא, in: ThWAT VI (1989), 871–876, 872; *B. Jacob*, The Second Book of the Bible: Exodus, Hoboken/NJ 1992, 1029, um es jedoch zugunsten wirklicher kultischer Akte, wie Prozessionen oder Tanz und Gesänge, abzuweisen. *Beer*, Stellung, 39 versieht dies mit der (gönnerhaft wirkenden) Bemerkung, Frauen »durften auch niedere Tempeldienste verrichten«.

lichen Kirchen in den Tempel von Jerusalem, berücksichtigt wohl
auch zuwenig den gesellschaftlichen Status der Frauen, der durch
ihren Spiegelbesitz angezeigt ist[74], dürfte aber zumindest insofern
etwas Richtiges treffen, als auch von den männlichen Leviten in
Num 4 ein sehr handfester Dienst berichtet wird, z.B. das Auf- und
Abbauen des Zeltes oder die Reinigung der Opferaltäre. Von der
genauen Ortsangabe des Dienstes der Frauen her meint Faulhaber
schließen zu können, ihr Dienst sei »von den priesterlichen Oblie-
genheiten im Innern des Heiligtums deutlich unterschieden«, und
er stellt sich (gut katholisch) vor, die Frauen seien um die Ordnung
der äußeren Tempelräume und der Paramente besorgt gewesen«.
Vor allem aber sieht er diesen Dienst der Frauen als »persönliche(n)
Dienstleistungen«, bestreitet also implizit ein Amt der Frauen in
Analogie zu dem der Leviten[75]. Demgegenüber sei erwogen, ob
für die Frauen von Ex 38,8 nicht ein Dienst in Analogie zum späteren christlichen Ostiarier vorstellbar wäre, dessen Aufgabe unter
anderem das Öffnen und Schließen der Kirchentüren war.
Ein solches an Ex 38,8 herausgearbeitetes kultbezogenes Amt
scheint allerdings wenig geeignet, heutigen, zumal katholischen
Frauen, die sich für die Frauenordination einsetzen, ein schlagkräf-
tiges Argument aus der Schrift an die Hand zu geben, läuft der
Dienst der Frauen am Offenbarungszelt nach der soeben entwik-
kelten Deutung doch offenbar am ehesten auf den einer Küsterin
hinaus. Dieses zunächst enttäuschende Ergebnis mag Anlaß geben
zu der grundlegenden Frage, welche Frauenrollen im Kult Israels
denn überhaupt historisch zu erwarten seien, und dazu anregen,
sich genauer über feministische Erwartungen und deren Beziehung
zur historiographischen Arbeit Rechenschaft zu geben. Phyllis
Bird[76] geht aufgrund der Quellenlage sowie interkultureller diachroner und synchroner Vergleiche davon aus, daß Frauen in Israel zu strikt priesterlichen Funktionen keinen Zugang hatten und
ihre Rollen auch im Kult der geschlechtsspezifischen Arbeitsteilung
insgesamt entsprochen habe dürften. Innerhalb dieses Rasters sei
dann auch über die Frauen von Ex 38,8, die jedoch in jedem Fall
als Kultpersonal anzusprechen seien, weiter nachzudenken.
Solcherart Gender-Forschung rechnet zwar gerade auch mit androzentrischen Verzerrungen weiblicher Wirklichkeit in der Historiographie, hat insgesamt jedoch ein noch recht weitgehendes Zutrauen in die objektiven wie subjektiven Möglichkeiten, die der je-

---

74 So argumentiert *Winter*, Frau und Göttin, 60 mit Anm. 304 gegen *Heinisch*, HSAT I/2, 254.
75 *Faulhaber*, Charakterbilder, 62.
76 Vgl. *Bird*, Place of Women und *dies.*, Israelite Religion.

weiligen vergangenen Wirklichkeit einigermaßen entsprechenden
Orte der Frauen rekonstruieren zu können. Was aber, wenn die
herrschende Historiographie, ja mehr noch, auch die Quellen selbst,
in noch viel größerem Ausmaß als bereits durchschaut ideologisch
verzerrt sind? In der Tat: Wenn Frauen ihre feministischen Analysen von der alles beherrschenden Patriarchatsstruktur gegenwärtiger politischer, ökonomischer, psychischer Verhältnisse ernst nehmen, muß mit einer sehr radikalen Hermeneutik des Verdachts
gearbeitet werden. Für diesen Typ feministischer Historiographie
steht vor allem der Name der Neutestamentlerin Elisabeth Schüssler Fiorenza[77]. Sie nimmt auf der einen Seite die historisch-kritische Forschung mitsamt ihren Auslegungstraditionen in Dienst, sie
sichert sich aber auch vielfach dagegen ab, doch wieder im herrschenden Diskurs steckenzubleiben. Ein wesentliches Element solcher Absicherung ist ihre Forderung einer kritischen Interpretationsgemeinschaft feministisch bewußter Frauen, die den Reflexi-
onsprozeß in Gang halten, der die Prämissen der eigenen wissenschaftlichen Arbeit einer ständigen kritischen Prüfung unterwirft.
In einer solchen Interpretationsgemeinschaft berühren sich damit
konkretes feministisches Engagement der Frauen und ihre wissenschaftliche Forschung. Ein anderes Element solcher Absicherung
ist die explizite Einbeziehung des Elements Imagination in die historische Arbeit. Frauen sollen bewußt auch Wirklichkeit imaginie-
ren, um so die Wahrnehmung zu schärfen für Spuren in den zu
bearbeitenden historischen Quellen, die sonst vielleicht übersehen
oder unterschätzt würden. Hier berühren sich je eigene feministische Optionen und wissenschaftliche Forschung. Eine solche enge
Zusammenbindung von konkretem Engagement und eigenen Optionen, ja Visionen und historischer Forschung wird dazu neigen,
»feministisch-maximalistisch« zu interpretieren. Dies gilt wohl um
so mehr, je stärker die Notwendigkeit empfunden wird, die eigenen Optionen noch einmal biblisch zu vermitteln. Allerdings ist
in einer exegetischen Forschungssituation wie der gegenwärtigen
durchaus offen, welche der entwickelten Deutungen von Ex 38,8
die historisch bzw. philologisch zutreffendere ist, da in grundlegenden Datierungsfragen aller großen alttestamentlichen Überlieferungen tiefgehende Divergenz besteht und die Rekonstruktion
der Geschichte Israels, insbesondere auch seiner Religion, auf sehr
verschiedene Weise möglich erscheint[78]. Das feministisch-exegetische Bemühen um Klärung des Verhältnisses von historischer For-

---

77 Vgl. vor allem *Schüssler Fiorenza*, Gedächtnis und *dies.*, Brot.
78 Vgl. nur die Position von N.P. Lemche (siehe oben S. 79–92) und die oben
in Anm. 17 genannten Beiträge zum Bild der Prophetie im vorexilischen Israel!

schung und jeweiligen theologischen wie politischen oder existentiellen Optionen oder, anders gesagt, von Objektivität und Parteilichkeit könnte m.e. Modell stehen für die Arbeit an mehr Selbstaufklärung der religionsgeschichtlichen Forschung insgesamt.

4. Spiegel der Sinnlichkeit – Keuschheit der Frauen

Von den diensttuenden Frauen an der Stiftshütte ist neben Ex 38,8 noch 1Sam 2,22 MT die Rede. Den Söhnen des Priesters Eli wird vorgeworfen, sie häten nicht nur die eigentlich der Gottheit zustehenden Fleischstücke vorab aus den Opfertöpfen für sich abgezweigt, sondern darüber hinaus auch noch mit den Frauen, die an der Stiftshütte Dienst tun, geschlafen. Im Hintergrund dieses Vorwurfs steht die Problematisierung einer Vermischung von Kult und Sexualität. Die neueren Kommentare greifen zur Erklärung des gemeinten Vergehens meist zu der Annahme, bei den hier genannten Frauen handle es sich wieder einmal um die israelitischen Kultprostituierten, mit denen die Priester ihre Fruchtbarkeitsriten vollzogen hätten[79]. 1Sam 2,22 sei ein Beleg für die Existenz dieses vorexilisch anzunehmenden und zunehmend in Verruf geratenen Kultes. In der älteren Literatur ist eine alternative Deutungstendenz angelegt, die ihrerseits bei der Problematisierung einer Vermischung von Kult und Sexualität, wie sie im Text sichtbar wird, ansetzt: Die Anklage an die Priester lautet demnach, daß sie sich vor ihren kultischen Aktivitäten nicht der Sexualität enthalten haben, wie von ihnen zu erwarten gewesen wäre[80], oder auch, daß sie die Frauen dazu verführt hätten, ihrerseits ihren kultbezogenen Dienst und die Ausübung von Sexualität nicht getrennt zu halten. Hier stellt man sich die Frauen am Offenbarungszelt also ganz im Gegenteil als Frauen vor, die Kult und Sexualität trennen, die sich möglicherweise sogar durch ein Keuschheitsgelübde gebunden haben. Diese Deutung ist keineswegs Reprojektion einer prüden Sexualmoral, sondern reicht bis in die Antike selbst zurück: Daß man mit den Frauen am Zelteingang Keuschheit assoziierte, zeigen etwa bereits der Fragmententargum und der Targum Pseudojonathan in ihren jeweiligen Übersetzungen[81].

---

79 So z.B. bereits eine vom damaligen Herausgeber der BWAT, Rudolph Kittel, als Anmerkung dem Band von *Löhr*, Stellung, 50 beigegebene Notiz; dann *G.A. Barrois*, Art. Mirror, IDB 3 (1962), 402f, hier 403; *Hyatt*, NCB, 330; vgl. auch *Durham*, WBC 3, 486f, wo er 487 auf F.M. Cross verweist, der seinerseits 1Sam 2,22 mit Num 25,1ff verbinde.
80 Vgl. Ex 19,15, ein wohl ebenfalls später Nachtrag, und 1Sam 21,5.
81 *Le Déaut*, Targum, 296f: »... avec les miroirs des femmes chastes qui se tenaient modestement à la porte ...« (Fragmententargum); »Il fit le bassin de

Beiden Interpretationen ist gemeinsam, daß sie den Spiegel der
Frauen als Symbol weiblicher Sinnlichkeit auffassen, sei es, daß er
den Frauen weggenommen und in eine dem JHWH-Kult gemäße
Form und Funktion transformiert wird, sei es, daß vorausgesetzt
wird, wohlhabende Frauen, die sich in den Dienst des Tempels
stellten, hätten ein Objekt abgegeben, das zugleich kostbar war
und ein Inbegriff weiblicher Sinnlichkeit, eine sowohl ökonomisch
wie symbolisch bedeutungsvolle Gabe[82]. Vielleicht sollte die Rede
von weiblicher Sinnlichkeit hier noch präzisiert werden: Geht man
von der Eigenart des Spiegels aus, daß er das Urbild verdoppelt,
dann kann er aufgefaßt werden als Symbol der Fähigkeit von
Frauen, ein Kind zu gebären[83] und damit gewissermaßen sich
selbst zu verdoppeln, also als Symbol des Weiblichen als Lebens-
spendendem. Dann ist die Rede von Keuschheit der Frauen im
Tempelbezirk ungenau: Es geht nicht um sexuelle Enthaltsamkeit
um der Enthaltsamkeit willen, sondern darum, Kinder von solchen
Frauen zu verhindern.

Damit ist das Thema der weiblichen Sexualität insbesondere in seiner Verbindung zum Kult angesprochen, und es werden zugleich
schon die beiden exegetisch-historisch für möglich gehaltenen
Ausprägungen deutlich: Entweder ist die Sexualität der Frauen im
Tempeldienst für kultische Zwecke oder im Kult verfügbar (Kultprostitution), oder sie bleibt tabu (Keuschheitsgelübde). Die Entscheidung für die eine oder andere Deutunglinie hängt nicht un-
wesentlich an der Einschätzung des Alters von Ex 38,8 und 1Sam
2,22. Denn dürfen die Notizen als alte Traditionsstücke gelten,
muß gefragt werden, welche Funktionen Frauen am *vor*exilischen

bronze et sa base bronze, avec les miroirs des femmes chastes ...« (Targum Pseudojonathan). Unter dieser Voraussetzung konnte man sich sogar ein Leben von
Frauen im Tempelbezirk selbst vorstellen, wie dies etwa von der Prophetin Hanna
aus dem Lukasevangelium gilt; vgl. etwa *Clamer*, La Sainte Bible I/2, 283: »Peut-
être s'agit-il de personnes vouées à une vie pieuse et vivant dans le Temple à la
manière de la prophétesse Anne«. *F. Hummelauer*, Commentarius in Libros Sa-
muelis (CSS), Paris 1886, 50 zu 1Sam 2,22 denkt entsprechend an »virgines«
oder »viduae« und verweist ebd., 51 ebenfalls auf die Prophetin Anna.
82 Aus Ex 38,8 spräche also keineswegs, wie *G. Beer*, Exodus (HAT I/3), 172
will, die »Naivität, mit der der Verfasser von den dienenden Weibern und ihren
›Aphrodite-Spiegeln‹ – angesichts von 1 Sam 2,22 und 2 R 23,7 – spricht«, sondern ein bewußter Gestaltungswille. Daß die Spiegel mit weiblicher Sinnlichkeit
assoziiert werden, zeigen die bei *Ginsberg*, Legends, III mitgeteilten haggadi-
schen Notizen zu Ex 38,8. *U. Hübner*, Kiel, machte mich freundlicherweise auf
palmyrenische Reliefs aufmerksam, die Spiegel und Spindel als Symbole von
Weiblichkeit verbinden.
83 Vgl. zu dieser (Be-)Deutung des Spiegels *P. Bieler*, Art. Spiegel, in: *H.
Bächtold-Stäubli* (Hg.), Handwörterbuch des deutschen Aberglaubens, Bd. 9, repr.
Berlin 1987, 547–577, 550 u.ö.

JHWH-Tempel gehabt haben können; nur in diesem Kontext kann denn auch sinnvoll über Kultprostitution diskutiert werden[84]. Hält man dagegen 1Sam 2,22 und auch die zweite Vershälfte von Ex 38,8 für späte Zusätze, gewinnt die Interpretation an Plausibilität, die mit einer Trennung von Sexualität und Kult (und entsprechend mit einer Trennung von kultischem Amt der Frauen und Funktion der Spiegel) rechnet.

Daß in Fragen des Kults im biblischen Israel die weibliche Sexualität wichtig wird, braucht nicht zu verwundern. Denn zum einen wird auch die männliche Sexualität in Kultfragen strikten Reglements unterworfen[85]. Zum anderen aber präsentieren die Texte der Bibel Frauen ganz überwiegend in Rollen, die durch das biologisch-weibliche Geschlecht definiert sind, vor allem als Tochter, Ehefrau und Mutter, aber auch etwa als Hure oder Ehebrecherin. Dies dürfte noch einmal die patriarchalische Struktur der israelitischen bzw. der nachexilisch-judäischen Gesellschaft reflektieren und ist auf der Ebene der historischen Deskription nüchtern zur Kenntnis zu nehmen.

Wenn jedoch in der erst kürzlich erschienenen »Theologie des Alten Testaments« von H.D. Preuß der § 11 des 2. Bandes überschrieben ist mit *»Der* Israelit und *seine* Gottesbeziehung (Anthropologie)«, darauf als Unterpunkt 1 folgt *»Der* Mensch als Geschöpf (Biologisches und Biographisches)«[86] und darunter wiederum als Abschnitt e) »Die Frau« erscheint, dann ist hier eine bibeltheologische Systematik gewählt, die in gut androzentrischer Manier die Frau dem Mann als dem eigentlichen Menschen subsumiert und darin zumindest Gen 1,26f unterbietet. Zudem wird durch eine solche Systematik der Anschein erweckt, als könne man dem biblischen Befund gemäß in der Tat die Frau auf Biographie und Biologie, also auf ihren privaten Lebenszyklus reduzieren, was bereits den bei aller Androzentrik wesentlich aspektreicheren Perspekti-

---

84 Allerdings stimme ich Albertz in seiner grundsätzlichen Skepsis bezüglich eines solchen »Phänomens« im biblischen Israel zu. Vgl. *Wacker*, Kosmisches Sakrament und *dies.*, Figurationen, Kap. IX.4.2

85 Allein dieser Hinweis vermag das verbreitete Vorurteil, die israelitisch-jüdische Religion sei gegenüber der Sexualität von Frauen besonders feindlich-abwehrend, zu falsifizieren. Vgl. dazu die Beiträge von *Gerburgis Feld* (»... wie es eben Frauen ergeht« [Gen 31,35]. Kulturgeschichtliche Überlegungen zum gegenwärtigen Umgang mit der Menstruation der Frau in Gesellschaft und Theologie) und *Ina Petermann* (Machen Geburt und Monatsblutung die Frau »unrein«? Zur Revisionsbedürftigkeit eines mißverstandenen Diktums) in: *Luise Schottroff / Marie-Theres Wacker* (Hg.), Von der Wurzel getragen. Feministische Exegese in Auseinandersetzung mit Antijudaismus (Biblical Interpretation Series), Leiden 1995 (im Druck).

86 Hervorhebungen jeweils von mir.

ven des Alten Testaments widerspricht[87]. Theologisch geradezu desasträs aber wirkt sich aus, daß die Übernahme eines systematisch-theologischen Rasters zur Darstellung von Lebenspraxis und Vorstellungen des biblischen Israel suggeriert, dic Bibel vermittle nun auch die Strukturen der theologischen Anthropologie überhaupt. Genau diesen Überschritt vom Historischen zum Theologischen aber hätte eine »Theologie des Alten Testaments« zu reflektieren bzw. zu problematisieren statt schlichtweg zu praktizieren.

Schlußbemerkungen

Die »Theologien« von Gunneweg und Kaiser haben sich entschlossen eben jenem Problem gestellt und es dadurch zu lösen gesucht, daß sie »Daseinshaltungen«[88] bzw. jeweiliges »Existenzverständnis«[89] aus den alttestamentlichen Texten im Rückbezug auf deren historischen Kontext erheben. Zudem erklären sie in aller Deutlichkeit die protestantisch(-lutherisch)e Auslegung des Neuen Testaments zum hermeneutischen Rahmen ihrer alttestamentlichen Theologie. In der Tat sind wohl, mehr als gemeinhin bedacht, auch konfessionelle Differenzen zu beachten, wenn gemeinsam eine theologische Auslegung des Alten Testaments und gar der gesamten Bibel angestrebt wird. Die zentralen bibeltheologischen Topoi des »Bundes«[90] bzw. von »Gesetz und Evangelium«[91] treten dabei in den Vordergrund – Themen bzw. Differenzen, die im religionsgeschichtlichen Zugang in ihrer interkonfessionellen Brisanz nicht genügend zum Tragen kommen, vielleicht nicht einmal sichtbar werden. Gerade diese Grundthemen aber reißen quer durch die Konfessionen die Frage nach einer angemessenen christlichen Theologie des Alten Testaments im Blick auf das Judentum auf – auch dies ist eine Frage, die in der rein religionsgeschichtlichen Arbeit wohl weder in ihrer ganzen Schärfe sichtbar wird noch zu lösen ist. Was schließlich die Entscheidung betrifft, »Daseinshaltungen« bzw. »Existenzverständnisse« zum Mittel der Überbrückung des »garstigen breiten Grabens« zwischen israelitischer und heuti-

---

87   Preuß kommt zwar an diversen anderen Orten seiner »Theologie des Alten Testaments« auf »die Frau« oder auf namentlich genannte Frauengestalten zurück; dies verändert jedoch nicht die Entscheidung, »der Frau« gerade den oben beschriebenen Platz im System zuzuweisen.
88   *Gunneweg*, Biblische Theologie 31 und passim in Anlehnung an *G. Fohrer*, Theologische Grundstrukturen des Alten Testaments, Berlin 1972.
89   *Kaiser*, Theologie, 74 und passim.
90   Vgl. *Gunneweg*, Biblische Theologie, 61–85, bes. 71ff.
91   Vgl. *Kaiser*, Theologie, 84ff.

ger Welt(deutung) zu machen: Sollte sich (neben dem Wunsch, die »neue Unübersichtlichkeit« der Gegenwart wenigstens theologisch zu bändigen) auch hier ein konfessionsspezifischer Zwang niederschlagen, ein bestimmtes Paulusverständnis als die beiden Teile der christlichen Bibel sowie auch die gegenwärtige Theologie verbindend in den Vordergrund stellen zu müssen und so das »Jüdische am Christentum«[92] bleibend zu bestreiten? Um solche Fragen (die jeweils noch einmal, nicht zuletzt feministisch, auszudifferenzieren wären[93]) weiterzutreiben, bedarf es nach wie vor einer »Theologie des Alten Testaments«, der allerdings eine »Reformation« – diesmal unter evangelischer, katholischer und hoffentlich auch jüdischer Beteiligung – noch bevorsteht.

---

92 So der bereits genannte Titel von *N. Lohfink,* der damit unter anderem Themen wie »Option für die Armen«, »Das Gottesreich und die Wirtschaft«, »Das Königtum Gottes und die politische Macht« oder »Der Gott der Bibel und der Friede auf Erden« als Themen einer Theologie in Erinnerung zu rufen sucht, die gerade das Alte Testament als Buch der Christenheit ernstnehmen will.

93 So sind etwa zur grundlegenden Verfaßtheit »des« Sünders vor Gott aus feministisch-theologischer Sicht wichtige Anfragen und Differenzierungen eingebracht worden; vgl. nur *Lucia Scherzberg,* Sünde und Gnade in der Feministischen Theologie, JBTh 9 (1994), 261–284.

Thomas L. Thompson

Das Alte Testament als theologische Disziplin[*]

I

Ich bin mir nicht sicher, ob es überhaupt eine Basis für eine Annäherung zwischen der von Lemche repräsentierten Position der
Minderheit und der mehrheitlich vertretenen Position der sog. historisch-kritischen Forschung gibt. Letztere ist keineswegs eine historische Position, sondern die tendenziöse Rekonstruktion einer
fiktiven Vergangenheit, die fundamentalistischen Absichten dient.
Demgegenüber zeichnet sich die Position der Minderheit durch einen historischen Ansatz aus, der die Polarität von Text und Kontext berücksichtigt und beide getrennten historischen Analysen
unterzieht. Ich behaupte in meiner Replik, daß keine Grundlage für
einen Kompromiß vorhanden ist. Die historisch-kritische Schule
hat ihr Fundament verloren. Sie ist tot, und wir sollten sie in An-
stand und mit Respekt begraben, anstatt uns über etwas zu streiten,
was ohnehin ein äußerst klägliches Erbe darstellt.
Während das von uns Orientalisten, Archäologen und Historiker
für die Bibelwissenschaft neu entworfene Paradigma bereits die
letzten Nägel in den Sarg der sog. historisch-kritischen Generation
schlägt, ist es notwendig, die theologischen Impulse, die traditio-

* Dieser Vortrag wurde erstmals auf dem »Teologisk Forening« der Universität
Kopenhagen am 5. Mai 1994 gehalten. Eine Kurzfassung wurde als »response«
auf dem International Meeting der Society of Biblical Literatur 1994 in Löwen
vorgetragen. Eine dänische Übersetzung von cand. teol. Tilde Binger ist unter
dem Titel »Det Gamle Testamente som teologisk disciplin« erschienen in DTT 57
(1994), 177–198. Die vorliegende deutsche Übersetzung wurde von Wolfgang
Hüllstrung, Evangelisch-Theologische Fakultät der Universität Tübingen, ange-
fertigt.
Zur hier verhandelten Fragestellung wird im nächsten Jahr ein Sammelband erscheinen, auf den ich bereits hinweisen möchte: Th.L. Thompson (ed.), Chang-
ing Perspectives in Biblical Interpretation: From Ancient Israel to Biblical Israel, Sheffield 1996.

nellerweise von unserem Gebiet ausgegangen sind, neu zu überdenken. Diese Neugestaltung der alttestamentlichen Wissenschaft
im Verhältnis zum Judentum steht in deutlichem Kontrast zu der
mehr als ein Jahrhundert während antijüdischen Interpretation
der Bibel, die unter anderem den Gegenstand der alttestamentlich-
theologischen Disziplin im wesentlichen mit dem Jahr 586 v.Chr.
abschloß. Der Paradigmenwechsel, der gegenwärtig erfolgt, schlägt
sich am deutlichsten in der von uns entworfenen Geschichte Israels
in Palästina nieder, die erst lange Zeit nach 586 v.Chr. beginnt[1]!
Heutzutage über das Alte Testament als einer theologischen Disziplin zu schreiben, wirft viele Fragen auf, nicht zuletzt die nach unserer Definition von Theologie und im Zusammenhang damit von
alttestamentlicher Wissenschaft. Meine Versuche, das, was Theologie und alttestamentliche Wissenschaft ausmacht, zu definieren
und ihr Verhältnis zueinander zu bestimmen, basieren nicht bloß
auf meinen eigenen Ansichten. Auch sind diese Definitionsver-
suche nicht spezifisch auf die Theologie oder auf die alttestamentliche Wissenschaft gemünzt. Sie reflektieren vielmehr die Veränderungen, die sich während der letzten zwei Generationen innerhalb unseres Fachgebiets ereignet haben: Veränderungen, die zu
durchdringend waren, als daß man sie einfach abtun oder ignorie-
ren könnte.
Meiner Meinung nach kann man heute zu Recht behaupten, daß
sich die alttestamentliche Wissenschaft selbst nicht mehr länger als
eine theologische Disziplin versteht. Der Alttestamentler von heute
hat sich von der Theologie abgewandt und ist Orientalist, Historiker, Archäologe, Philologe geworden. Ob dies der alttestamentlichen Wissenschaft guttut oder nicht, sei dahingestellt. Diese fundamentale und, wie ich hinzufügen möchte, rascher fortschreitende
Umorientierung unseres gesamten Fachgebiets hat jedenfalls einige schwerwiegende semantische und konzeptionelle Probleme mit
sich gebracht[2]. Das »Weltbild« der Alttestamentler wie auch das ihrer Leserschaft hat sich gewandelt. Es ist heutzutage weder spezifisch protestantisch noch überhaupt christlich geprägt, ja es hat
sich selbst aus einem ökumenischen Kontext herausbewegt. Man
versteht das Fach als säkulare Disziplin, die inzwischen enger an
die Linguistik, Literatur-, Geschichts- und Religionswissenschaft
gebunden ist, als sie jemals an die Theologie gebunden war. Die

---

1   Th.L. Thompson, The Early History of the Israelite People (SHANE 4), Leiden ²1994, 415–423.
2   Diese Umorientierung hat sich natürlich stärker in Ländern wie den Vereinigten Staaten und Israel ausgeprägt; sie ist aber zunehmend auch in Europa wahrnehmbar.

Diskussion innerhalb dieses Kreises hier birgt Spannungen, die denen der ökumenischen Diskussionen der 50er und 60er Jahre vergleichbar sind: Unsere Worte mögen zwar übereinstimmen, aber das, was wir mit ihnen meinen, trennt uns radikal voneinander. Es gibt zwei Disziplinen, nämlich Altes Testament und Theologie, und wir diskutieren darüber, ob beide aufeinander bezogen sind oder in einer Art und Weise aufeinander bezogen werden können, die es uns ermöglicht, die alttestamentliche Wissenschaft als eine eigenständige theologische Disziplin zu beschreiben.

Mein Fachgebiet, das Alte Testament, ist in der Vergangenheit in zweifacher Hinsicht durch seine ehemalige Rolle als theologische Disziplin vorgeprägt gewesen. Als Folge dieser Vorprägung hat es inzwischen beträchtlich an Spielraum verloren, sich in reflektierter Weise als Theologie zu betätigen – zumindest außerhalb der allmählich aussterbenden Kreise, die an jener Vorprägung noch festhalten. Es handelt sich um zwei ganz einfache Voraussetzungen: 1. Da die Bibel nach reformatorischer Lehre das Fundament christlicher Theologie ist, muß sie in irgendeiner Weise selbst theologischen Charakter haben. Als alttestamentliche Theologen haben wir daher lediglich zusammenzufassen, was die Bibel sagt. Das Resultat wird per definitionem Theologie sein. 2. Da die Wahrheit der alttestamentlichen Theologie in ihrer Funktion als historischer Hinführung zum Neuen Testament liegt, dessen Wahrheit wiederum für die kirchlichen Theologen seit jeher als erste Prämisse feststand, hat man den Geschichtsgehalt des Alten Testaments als Essenz seiner Theologie angesehen: die »Heilsgeschichte«. Diese zweite Voraussetzung diente ausschließlich der Darstellung konfessionsgebundener Platitüden, und dies im Gewand einer Sprache, die nur scheinbar historisch und kritisch war[3].

Seit dem Zusammenbruch der Biblische-Theologie-Bewegung der 60er und frühen 70er Jahre wurde das bis dahin propagierte theologische Zentrum der alttestamentlichen Wissenschaft zunehmend ausgehöhlt. Nur eine christlich akzentuierte Interpretation der Bibel konnte noch ein bescheidenes Interesse am Alten Testament als einem theologisch ernst zu nehmenden Dokument aufrechterhalten. Selbst im Protestantismus, der gemessen an seiner Rhetorik stets einen Platz für die Bibel innerhalb der Theologie reserviert

---

3   Z.B. in den klassischen Studien von *G.E. Wright*, God Who Acts (SBT 8), London 1962 und *G. von Rad*, Theologie des Alten Testaments, München 1957, aber auch in neueren Werken wie *H. Hagelia*, Numbering the Stars: A Phraseological Analysis of Genesis 15 (CB.OT 39), Stockholm 1994. Vgl. dazu *Th.L. Thompson*, Martin Noth and the History of Israel, in: The History of Israel's Traditions: The Heritage of Martin Noth, ed. by *S.L. McKenzie / M.P. Graham*, Sheffield, 81–91.

hatte, wurde die Rolle des Alten Testaments zunehmend auf die eines biblischen Kommentars zum Neuen Testament reduziert. Die Entfremdung der alttestamentlichen Wissenschaft von der Theologie, die sich vor allem während der Jahre zwischen 1965 und 1985 vollzogen hat, ist aber keinesfalls eine einseitige Entfremdung. Wie viele unter Ihnen betrachten sie noch als eine maßgebliche theologische Disziplin, vergleichbar etwa mit der Systematik oder der Wissenschaft vom Neuen Testament?

Zudem gibt es auch viele akademische Gründe dafür, die Bibelwissenschaft von der Theologie zu trennen, und es besteht auf internationaler Ebene ein erheblicher Druck, eben dies zu tun. Die Bibelwissenschaft, insbesondere die alttestamentliche Wissenschaft, hat einen äußerst großen Interessentenkreis. Theologische Fakultäten stellen lediglich den traditionellen Kontext dieser Disziplin dar. Die Frage nach dem Alten Testament als einer theologischen Disziplin lautet daher nicht nur: Von welchem Nutzen ist die alttestamentliche Wissenschaft für die Theologie? Sie lautet auch und ebenso dringend: Von welchem Nutzen ist die Theologie für die Disziplin des Alten Testaments? Diese Seite der Fragestellung hat einige rauhe Ecken und Kanten. Darunter fällt nicht zuletzt das Problem der Legitimität von Theologie als einer akademischen Disziplin, die dieser nur mit Vorbehalt zuerkannt wird.

Es handelt sich eigentlich um eine ganz einfache Frage. Kann man angesichts der Tatsache, daß sich die Bibelwissenschaft in der zweiten Hälfte des 20. Jahrhunderts zu einem außerordentlich modernen und säkularen Fachgebiet mit einem weiten, sehr komplexen untheologischen Rezipientenkreis entwickelt hat, deren zunehmend unnatürliche Verbindung mit der Theologie weiterhin aufrechterhalten?

Der Mißbrauch antiker Texte zu Zwecken, die der Tradition entgegengesetzt sind, wird nun schon über zwei Generationen hinweg durch die theologische Verwendung der Bibel betrieben. Solche Veruntreuung von Texten ist eine der üblichen Arten des intellektuellen Mißbrauchs, wie sie Salman Rushdie in seinem Buch »Haroun and the Sea of Stories« beschrieben hat – als ein Beitrag zu der Verschmutzung des Ozeans unserer Sprache. Daß diese Verschmutzung gerade in der Tiefe des Wassers, nahe bei der Quelle der Menschheitstraditionen auftritt, läßt sie als besonders virulente und gefährliche Form der Verschmutzung erscheinen. Als Theologen und offizielle Interpreten der Tradition haben wir eine Verpflichtung gegenüber der Gesellschaft, die mit der der »flood gardener« aus der Rushdieschen Metaphorik vergleichbar ist. Statt zu der Verschmutzung beizutragen, müssen wir das Unkraut herausreißen, das die Sprache unserer Tradition erstickt und das zu leerem Schweigen führt. Daß das Alte Testament nicht mehr glaubwürdig ist, stellt für die Theologie kein wirkliches Problem dar. Schließlich ist es sehr alt, und mit Mythos und Story hat man keine Probleme. Traditionen müssen zwar verstanden, gereinigt, erklärt und verteidigt werden, aber sie haben ihre eigene Kraft: die Kraft, die der Sprache innewohnt. Jenseits der Bibel, die wir hier das Alte Testament nennen, und jenseits des Christentums, wie es die älteren von uns noch kannten, gibt es die Lebenswelt unserer Sprache, und um die geht es hier. Die Umformung der Tradition, durch die die Wahrheit anderer manipuliert und bevormundet wird, die Lügen, die Khomeinischen Interpretationen und Beurteilungen sind die Ursache der Verschmutzung. Eine Theologie ohne Mythologie ist wie ein Judentum ohne Tora, wie ein Christentum ohne Auferstehung: wie eine Tradition ohne Inhalt. Von der Entmythologisierung dessen, was in seinem Kern mythologisch ist, gilt: *Ḥatm Šauṭ*. Sie ist erledigt, ohne Erbarmen, am Ende.

Wir brauchen weder unser altes jüdisches Erbe zu verneinen, noch brauchen wir es zu taufen. Wichtig ist nur, daß wir keine Lügen über unsere Vergangenheit entwickeln. Theologie ist nicht oder sollte zumindest nicht auf die blinde Suche nach einer Wahrheit eingeengt werden, die es gar nicht gibt und nie gegeben hat. Theologie ist eben auch unsere Sprache. Sie ist ein Mittel, mit dem wir unsere Welt zu verstehen und unserer Menschlichkeit Ausdruck zu geben versuchen. Wie es der Rikscha-Fahrer in »City of Joy« so einfach ausgedrückt hat: »Die Götter haben es uns nicht leicht gemacht, ein Mensch zu sein.« Das einzige Mittel, das wir haben, um ihnen zu widerstehen, ist unsere Sprache: unsere Wörter, unsere Texte und unsere Traditionen.

Sprache und Metaphorik, d.h. kommunizierbare Ausdrucksweisen menschlicher Erfahrung, sind uns in verschiedenen Traditionsströmen überliefert, und jeder Strom, der überlebt hat, bildet eine lebendige Quelle. Die Moderne verlangt genausowenig nach einer Theologie ohne Metaphorik, wie sie nach einer Bibel ohne Geschichten verlangt. Man erwartet von uns lediglich, daß wir ehrlich über unsere Texte und unsere Traditionen sprechen, über unsere Geschichten und unsere Träume. Was haben wir mit ihnen gemeint? Und inwiefern prägen sie unsere Meinungen? Dies sind die beiden zentralen Fragen, die es rechtfertigen und zugleich erforderlich machen, daß das Alte Testament als eine eigenständige theologische Disziplin verstanden wird und nicht als das, wozu es in letzter Zeit geworden ist: eine untergeordnete Hilfswissenschaft für die offenbar als interessanter und lebendiger wahrgenommene Tradition des Neuen Testaments bzw. eine Art historischer Prolegomena zu dem, was nichts anderes ist als eine lutherische Kapitulation gegenüber Rom, d.h. Prolegomena zu der Disziplin, die wir hier mit deutlicher Ironie »Systematische Theologie« nennen.

Die Fakultät in Kopenhagen hat sich in jüngster Zeit sehr darum bemüht, gemeinsam mit den neutestamentlichen Kollegen eine historische Verbindungslinie zwischen den beiden Testamenten zu schaffen, und zwar auf der Grundlage des hellenistischen Kontextes, der beiden Textkorpora gemeinsam ist[4]. Wenn es uns gelingen sollte, den Jahrhunderte später etablierten Kanon aufzubrechen, indem wir zunächst die sog. Apokryphen der Septuaginta einbeziehen und dann auch die Pseudepigraphen sowie die anderen hellenistisch-jüdischen und frühchristlichen Schriften von Philo und Qumran bis Nag Hammadi, dann verspricht diese Verbindungslinie sich ebenso produktiv für die biblische Exegese auszuwirken, wie es bei der von der alttestamentlichen Wissenschaft längst hergestellten Verbindung zur altorientalischen Geschichte und Literatur der Fall ist. Seit mehr als einer Generation hat sich die Disziplin des Alten Testaments von der Disziplin seines dominanteren und scheinbar relevanteren Kommentars, des Neuen Testaments, getrennt. Jene hellenistische Verbindungslinie läßt auf eine Wiedervereinigung hoffen, die wir alle begrüßen sollten[5].

Die vom Hellenismus her konzipierte Neugestaltung der alttestamentlichen Wissenschaft steht in deutlichem Kontrast zu der mehr als ein Jahrhundert währenden antijüdischen Interpretation der Bibel, die unter anderem den Gegenstand der alttestamentlich-theologischen Disziplin im wesentlichen mit dem Jahr 586 v.Chr. abschloß. Der Paradigmenwechsel, der gegenwärtig erfolgt, schlägt sich am deutlichsten in der von uns entworfenen Geschichte Israels nieder, die mehr als ein Jahrhundert nach 586 v. Chr. beginnt[6]! Dabei geht es um weit mehr als um eine Umorientierung im Hinblick auf die Chronologie und Historie. Ich behaupte, es handelt sich in erster Linie um einen theologischen Paradigmenwechsel[7].

Wenn nach unserem Verständnis das Alte Testament nichts anderes ist als eine Reflexion der religiösen Vorstellungen und Praktiken des frühen Judentums[8], sollte es nicht Gegenstand der Theologie

---

4 *N.P. Lemche*, Det gamle Testamente som en hellenistik bog, DTT 55 (1992), 81–101; *ders.*, Det gamle Testamente, David og hellenismen, DTT 57 (1994), 20–39; *Thompson*, Early History; *ders.*, Hvorledes Jahve blev Gud: Exodus 3 og 6 Pentateukens centrum, DTT 57 (1994), 1–19.

5 Siehe jetzt auch *M. Müller*, Kirkens første Bibel, Århus 1994.

6 *Thompson*, Early History, 415–423.

7 *Th.L. Thompson*, The Intellectual Matrix of Early Biblical Narrative: Inclusive Monotheism in Persian Period Palestine, in: *D. Edelman* (ed.), Yahwism and Monotheism (erscheint demnächst).

8 So *Lemche*, Det gamle Testamente, David og hellenismen, 38.

sein, sondern Gegenstand der Religionsgeschichte[9]. Eine solche Position birgt aber einige Schwierigkeiten, die m.E. unüberwindbar sind.

1. Das Alte Testament spiegelt keine bestimmte Periode oder Phase der palästinischen Religion direkt wider, weder die Eisenzeit noch die persisch-hellenistische Zeit. Das Bild, das wir aus archäologischen und schriftlichen Quellen erhalten, unterscheidet sich ganz wesentlich von der Sichtweise der biblischen Traditionen. Aber auch die oft gepriesene Unterscheidung zwischen einer »Volksreligion«, die uns in den westsemitischen Inschriften und in anderen archäologischen Funden belegt ist, und einer Religion der »Elite«, die uns in den literarischen, insbesondere prophetischen Texten des Alten Testaments begegnet, ist unbegründet und unberechtigt. In Wahrheit spiegeln nämlich die Inschriften und archäologischen Funde viel häufiger die Religion von Eliten wider. Die Armen sind die schweigende Mehrheit der Geschichte. Die hypothetische Religion der höfischen Eliten Samarias und Jerusalems, die so oft in biblischen Erzählungen, prophetischen Streitschriften und in der Weisheitsliteratur attackiert wird, erhält implizit durch viele biblische Texte eine Bestätigung. Die religiösen Phänomene, gegen die sich die biblische Polemik richtet (von den Angriffen gegen die בעלים bis hin zu den Angriffen gegen die »deuteronomistische Theologie« selbst), unterscheiden sich nicht sonderlich von den Phänomenen, die die sog. archäologischen Zeugnisse der Eisenzeit und das breite Spektrum der altorientalischen Texte erkennen lassen. Dies trifft insbesondere dann zu, wenn man die Gattungsunterschiede und die beträchtliche chronologische und geographische Distanz berücksichtigt, die diese Zeugnisse von den biblischen Traditionen trennen.

2. Das »Israel« des Alten Testaments ist eine fiktive Realität, nicht eine soziale. Es kann mit keinem historischen Israel identifiziert werden, auch nicht mit einem jüdischen Israel[10]. Es geht in der Hauptsache gar nicht um die Chronologie oder um die materielle Kultur, sondern um die Wahrnehmungsperspektive.

3. Die Rekonstruktion einer prophetischen Religion eines monotheistischen Jahwismus, sei sie das Produkt der Reformbewegung einer Minderheit oder nicht, setzt sich über die spezifischen literarischen Funktionen der prophetischen Texte hinweg. Darüber hinaus führt sie zu einer wesentlichen Verzerrung des alttestamentli-

---

9 So argumentiert auf der Grundlage einer Frühdatierung der biblischen Traditionen z.B. *R. Albertz*, Religionsgeschichte Israels in alttestamentlicher Zeit, 2 Bde. (GAT 8/1–2), Göttingen 1992.

10 *Thompson*, Early History, 412–415.

chen Monotheismus, indem dieser in einen falschen Kontext der Polarität und des Konflikts mit dem Polytheismus gestellt wird[11]. Unsere Ablehnung des religionsgeschichtlichen Modells, sei es palästinisch oder israelitisch konzipiert, führt uns dazu, die Ausgangsfrage neu zu formulieren und ihr dabei eine theologische Richtung zu geben, und zwar in der Perspektive einer Ideengeschichte. Das Alte Testament ist inzwischen als ein Dokument des frühen Judentums erkannt worden, und zwar als eines mit konstitutiver Bedeutung: eine Sammlung von Traditionen der Vergangenheit, die zwar verloren, zerstört, verraten und zerschlagen sind, die aber dennoch Überreste eines Israels darstellen, als dessen geretteter Rest man sich selbst verstand. Die Texte spiegeln überhaupt nicht Religion wider. Sie sind vielmehr geordnete und interpretierte Sammlungen einer verlorenen Vergangenheit[12]. Solche Reflexion und Neuinterpretation kennzeichnen sie als kritische Texte, sowohl in intellektueller als auch in theologischer Hinsicht. Der Akzent liegt auf dem Hören und Lesen, auf dem Bewahren, auf der gedanklichen Auseinandersetzung und auf dem Selbstverständnis sowie dem Verständnis der eigenen Tradition. Er liegt nicht auf der glaubenden Bejahung oder dem Engagement für Kult und Religion. Insofern erscheint das Alte Testament insgesamt als ein spezifisch philosophisches Dokument, dem es um Aufklärung geht. Damit ist uns das Alte Testament nach längerer Abwesenheit von der Theologie doch wieder zu einem theologischen Dokument geworden.

Dennoch kann die alttestamentliche Theologie als moderne Disziplin – und an dieser Stelle gehe ich das Risiko ein, den Konsens mit meinen Kollegen aufzugeben – nicht einfach auf der kritischen und historischen Theologie, die der Text selbst enthält, basieren. Wir haben diese Theologie nicht und können sie auch gar nicht mehr rekonstruieren. Sie gehört der Vergangenheit an und ist für uns endgültig und unwiederbringlich verloren. Es ist zwar durchaus noch Evidenz für eine solche Theologie vorhanden, und wir können viele Texte klar und gründlich verstehen. Wenn wir aber von einer legitimen alttestamentlichen Theologie sprechen wollen, müssen wir den rationalistischen Standpunkt aufgeben, der die Interpretation als primäre Funktion der Exegese ansieht. Wir dürfen nicht vergessen, was wir inzwischen gelernt haben. Wir sind Orientalisten. Wir interpretieren nicht die Texte, wir rekonstruieren viel-

11 Siehe *Th.L. Thompson*, Intellectual Matrix (erscheint demnächst).
12 *Th.L. Thompson*, Some Exegetical and Theological Implications of Understanding Exodus as a Collected Tradition, in: Fra Dybet. Festschrift John Strange (Forum for Bibelsk Eksegese 5), Århus 1994, 233–242.

mehr die Kontexte, in denen die Texte eher richtig als falsch gelesen werden. Wollen wir hingegen dem Text treu sein, dann müssen wir auf ihn hören und ihn lesen. Nur so kommt unserem Bemühen um eine biblische Theologie Integrität zu. Die Wahrheit der Schrift gibt es nicht. Sie gehört per definitionem der Vergangenheit an, und selbst unsere besten Versuche, das, was tatsächlich geschrieben steht, zu interpretieren, bleiben partiell und unvollständig. Sie bleiben völlig inadäquate Versuche, das wiederzugeben, was für uns zum größten Teil verlorengegangen ist. Das Weltbild des Alten Testaments gehört einem anderen Zeitalter an als dem unseren. Wir sind keine hellenistischen Juden, wir können es gar nicht sein, und wir sollten auch nicht versuchen, es zu werden, nur damit der Text uns anspricht. Der Text spricht uns nicht an. Wir sind gar nicht seine Adressaten. So zu tun, als sei dies der Fall, gehört zu den unkritischsten und selbstdienlichsten Lügen der Theologie. Dies führt uns zur Frage der Hermeneutik.

Vom Standpunkt einer hermeneutischen Lektüre des Alten Testaments aus kann es keine legitime Theologie des Alten Testaments geben. Dieses Buch ist in einer toten Sprache geschrieben, die ihren Sinn und ihre Bedeutung innerhalb einer längst vergessenen Kultur hatte. Es ist niemals für uns aufgeschrieben worden und kann daher für uns nur unzutreffende, wenn nicht gar widerlegte Botschaften bieten[13]. Eine gegenwärtige Theologie, die ihre Grundlage in den Themen, Metaphern und Motiven der Geschichten und Gedichte des Alten Testaments sehen möchte, ist ein äußerst künstliches, um nicht zu sagen: willkürliches Unternehmen. Es könnte noch am besten antiquarischen oder nostalgischen Zwecken dienen. Immerhin tragen aus solchen, durchaus lobenswerten Gründen unsere Bischöfe Hirtenstäbe und essen wir an Ostern ein Lamm! Schlimmstenfalls sind derartige hermeneutische Unternehmungen aber nichts anderes als manipulative Versuche, eine bestimmte gegenwärtige Exegese als die Wahrheit der Schrift anzupreisen.

Der theologische Wert der alttestamentlichen Texte besteht ebensowenig wie der der neutestamentlichen Texte darin, daß sie Botschaften enthalten, die ewig wahr oder normativ sind und die uns Bausteine für unsere Theologien liefern. Ihr Wert liegt vielmehr darin begründet, daß sie unser Bewußtsein und unsere Sprache geprägt haben. Sie sind Überreste des Fundaments derjenigen intel-

---

13 Dies ist eins der schwerwiegenderen Defizite in K. Nielsens Studie zur Metaphorik, in der die sog. Intertextualität verschiedener, eigenständiger antiker Motive zur Konstruktion einer verfälschten harmonisierenden Texttradition führt, die unhistorischen eisegetischen Zielen dient. Siehe insbesondere *K. Nielsen*, Satan den Fortabte Søn, Århus 1991.

lektuellen Tradition, die der westlichen Welt gemeinsam ist. Sie
statten uns mit den Mitteln aus, die uns zur Wahrung der Integrität,
zur Kritik und zur Reform befähigen.

Historisch gesehen hat das Alte Testament Metaphern für das
Göttliche, für die Menschen und für die Welt hervorgebracht, von
denen in späteren Zeiten und in anderen Kontexten ein entscheidender Anstoß für die intellektuellen und politischen Bewegungen
ausgegangen ist, die wir als Christentum, Judentum und Islam kennen.

Und was die in den Texten selbst enthaltene Theologie angeht, so
ist das Alte Testament ein ganz wesentliches Verbindungsstück
zwischen der polymorphen intellektuellen und literarischen Welt
des Alten Orients und dem internationalen Humanismus des Hellenismus. Die Neuinterpretation der nicht länger lebensfähigen personalen palästinischen Götter der Vergangenheit aus der Sicht der
frühjüdischen Anschauung von einer transzendenten, unfehlbaren
Wahrheit – eine der Hauptfunktionen der alttestamentlichen Texte –
eröffnet uns Zugangswege zu so zentralen westlichen Konzeptionen wie der der göttlichen Person oder der einer Philosophie der
Religion. Die gegenwärtige geistige Situation, die sich der zuneh-
menden Bedeutungslosigkeit vieler unserer religiöser Traditionen
und insbesondere der des Alten Testaments bewußt ist, stellt eine
gewisse Analogie zu den vergleichbaren Krisenzeiten dar, in denen
unsere biblischen Texte entstanden sind und auf die sie eine Antwort gewesen sind. Bei dem Bemühen um die Bestimmung und
Rekonstruktion des frühjüdischen Denkens und der frühjüdischen
Theologie des Alten Testaments ist es notwendig, die spezifisch
theologischen Funktionen der so reichhaltigen und verschiedenar-
tigen Texte klar zu erfassen. Nur auf diese Weise läßt sich das besondere Profil dieser Theologie erkennen, ohne sie einerseits mit
den Traditionen zu verwechseln, die sie kommentiert, oder aber
andererseits mit irgendeiner Theologie, die für uns passender oder
angenehmer wäre[14].

II

In der Hoffnung, damit größere Klarheit zu erreichen, möchte ich
ein Beispiel für die Perspektive anführen, die ich hier im Blick habe und die m.E. für eine historisch legitime alttestamentliche Theologie notwendig ist. Da aufgrund der erforderlichen Kürze ein

---

14 Siehe *Thompson*, Some Exegetical and Theological Implications, 233–
242.

einziges Beispiel zur Veranschaulichung ausreichen muß, wähle ich das Motiv des »Propheten« aus (gemeint ist der religiöse Held der biblischen Erzählungen, nicht der quasikultische Funktionär der antiken Religionen)[15]. Bei der Komposition des Alten Testaments dienten solche Protagonisten wie die Propheten oft als Anziehungspunkt für die Entwicklung großer Sammlungen von Predigten und Streitschriften, die uns in den sog. prophetischen Büchern überliefert sind, einschließlich des Zwölfprophetenbuchs, bei dem man von den Kleinen Propheten spricht. Dieses Beispiel vermag hoffentlich klarzumachen, daß das Alte Testament als theologische Disziplin nicht bloß in einer Zusammenfassung oder Beschreibung der frühjüdischen Theologie bestehen kann. Eine gegenwärtige biblische Theologie muß eben auch eine kritische Selbstreflexion unseres eigenen theologischen Gedankenguts und unserer theologischen Sprache beinhalten. Zumindest an diesem Punkt ist der Reformation zuzustimmen.

Wir haben uns daran gewöhnt, die Bücher über die Propheten aus der Perspektive zu lesen, die der so fruchtbare Zweig der Forschung vorgegeben hat, der sich selbst als historisch-kritische Erforschung der alttestamentlichen Traditionsgeschichte bezeichnet. Viele Traditionsgeschichtler sympathisieren in jüngster Zeit mit denen, die bei derartigen historisch-kritischen Analysen behaupten, von der Endform des Textes auszugehen[16]. Mein kleinlicher Gebrauch des Wortes »behaupten« hat sich hier deshalb in den Vortrag eingeschlichen, weil es mir unmöglich ist, irgendeinen Unterschied zu erkennen, den die angeblich neue Perspektive gebracht hat. Diese spiegelt vielmehr eine Reihe historisch-psychologischer Übertragungen wider, die in der Vergangenheit schon von Forschern wie M. Noth und B.S. Childs vorgenommen wurden, die uns dazu angeleitet haben, einen durchgehenden historischen Kommentar mittels der Annahme einer Abfolge nicht existenter vorexilischer und exilischer Texte zu konstruieren[17]. Daß man solche Kunststücke tatsächlich auf der Grundlage des mehr als 1500 Jahre späteren Leningrader Textes, den Karl Elliger unserer Generation vorgegeben hat[18], durchführen kann, macht allerdings eine präzise Bestimmung dessen schwierig, was der endgültige, uns erhaltene allgemein anerkannte oder kanonische Text denn nun sein soll.

15 Bei den folgenden Überlegungen verdanke ich vieles den Diskussionen in unserem alttestamentlichen »seniorseminar« in Kopenhagen während des Wintersemesters 1993.
16 *Ch. Seitz*, Zion's Final Destiny, Minneapolis 1992.
17 Siehe *Th.L. Thompson*, Martin Noth, 81–91.
18 *K. Elliger / W. Rudolph* (Hg.), Biblia Hebraica Stuttgartensia, Stuttgart 1967/77.

Aber was wäre, wenn die biblischen Schriften viel älter sind als die
mittelalterlichen Formen, in denen sie uns heute vorliegen. Möglicherweise reichen sie in eine viel frühere Zeit zurück – vielleicht
sogar in eine so frühe Zeit wie die hellenistische oder spätpersische
Epoche? Daß unser Text tatsächlich aus solch altehrwürdigen Zeiten stammen könnte, muß natürlich erst noch bewiesen werden. Immerhin sind uns in Qumran Texte überliefert, die dem Codex Le-
ningradensis stark ähneln und die nur ein Jahrhundert nach dem
Ende der frühhellenistischen Periode in Palästina entstanden sind.
Wird mir die frühe Datierung aber zugestanden, obwohl ich noch
kein schlüssiges Argument für sie anführen kann, dann möge man
sich einmal vorstellen, welche Bereicherung unsere Interpretation
dadurch erfahren würde, und zwar gerade als eine theologische Interpretation. Wir könnten nämlich das Buch Jesaja als eine wohl-
durchdachte Sammlung moralischer Predigten über Barmherzigkeit und Vergebung verstehen. Eine hellenistische Sammlung moralischer Predigten und Streitschriften, die den moralischen Status
des Israels der Tradition reflektiert, ist nicht undenkbar. Eine solche Sammlung würde die lyrische Verherrlichung der göttlichen
Gnade, die in Jes 40ff besungen wird, nochmals unterstreichen.
Viele historisch-kritisch arbeitende Forscher haben eine Grundvoraussetzung übernommen, die bei Vertretern der Traditionsgeschichte üblich ist, nämlich die Annahme, daß die Texte geistige
Veränderungen über Jahrhunderte hinweg widerspiegeln. Ich
möchte diese Veränderungen dagegen lieber im Genre der Emotionen verstehen, die wir jederzeit erleben können – so als gingen
wir in die Oper –, d.h. als metaphorische und nicht als historische
Emotionen. Wer fühlte nicht Schrecken angesichts der Untergangs-
prophetien Protojesajas, falsche, illusionäre Hoffnungen angesichts
der Hiskija gewährten Gnade und Verzweiflung angesichts der
Zerstörung Jerusalems? Wie anders könnten wir der Lyrik von Jes
40 begegnen, die die unaussprechliche Gnade des universalen
Gottes preist. Dies ist nicht mehr als ein ganz gewöhnliches Argument für textliche Kohärenz. Solche heftigen Gefühlsschwankun-
gen, wie sie Jesaja entfaltet, lassen keine Hinweise auf eine Geschichte sich verändernder Traditionen erkennen. Diese Texte spiegeln in sich überhaupt keine Unterschiede in bezug auf Perspektive und Weltbild wider, vielmehr Einheitlichkeit und Gleichzeitig-
keit – und in der Tat einen gemeinsamen Hintergrund, dessen historischer Kontext aber um Jahrhunderte später anzusetzen ist als
seine fiktiven Bezugsgrößen. Der Text als ganzer gibt Zeugnis von
der unaussprechlichen Gnade Gottes, wie sie sich in der Vergebung des Unvergebbaren manifestiert. Die wenig spektakuläre Beobachtung, daß der sog. Deuterojesaja von Protojesaja vorausge-

setzt wird und daher älter ist, stellt uns in Distanz zu der Grundbehauptung der bisherigen Forschung, daß das Jesajabuch etwas mit Geschichte zu tun habe.
Traditionen brauchen Tradenten. Was auch immer man von Jeremia behaupten mag, muß nicht für Protojesaja zutreffen. Dessen Prophetien sind nicht aufbewahrt worden, weil sie wahr wurden. Sie wären längst in Vergessenheit geraten. Man bewahrt keine unheilvollen Botschaften als kostbare Dokumente der Tradition auf. Man versucht vielmehr, die Boten loszuwerden. Auch würde eine in gewisser Weise wahrere Prophezeiung gemilderten Zorns keine überzeugende Geschichte abgeben. Schwarz und weiß sind funktionale moralische Protagonisten. Zudem wäre eine solche Darstellung keine adäquate Beschreibung der göttlichen Gnade. Zeichnet sich diese in ihrem Wesen theologische Aussage doch gerade durch eine Vergebung aus, die das Unvergebbare vergibt. Geschichten von der göttlichen Gnade setzen Geschichten voraus, nach denen das Objekt der Gnade eigentlich die Verdammung verdient hätte. Worin bestünde sonst die Göttlichkeit der Gnade? Es ist menschlich, nicht göttlich, das zu vergeben, was vergebbar ist! Das ist grundlegend für jede Theologie der Vergebung.
Man beachte aber, was dies im Hinblick auf solche Sammlungen wie das Buch Jesaja impliziert. Sie gehen in ein weisheitliches Genre über: philosophische Reflexionen, Predigten. So wie Gott unaussprechlich ist, so muß Protojesaja von Deuterojesaja abhängig und damit notwendig später sein, und zwar sowohl in thematischer als auch in funktionaler Hinsicht. Dies impliziert ferner, daß Jesajas Prosatexte einen fiktionalen Rahmen wiedergeben und nicht einen historiographischen Exkurs darstellen.
Die Prophetenforschung ist leider ein Spiel mit Spiegeln. Ich kann in den Phantasiewelten der prophetischen Bücher und ihrer kritischen Erforscher nichts entdecken, was für die Historie, wie sie normalerweise verstanden wird, von Relevanz sein könnte. Auf die Frage, ob die Propheten irgend etwas mit der Historie zu tun haben, kann es gar keine andere Antwort geben als ein Nein. Ich spreche diesen Punkt deshalb so unverblümt und emphatisch aus, weil man in der Prophetenforschung viel zu lange von dieser Voraussetzung ausgegangen ist.
Meine Probleme mit der heutzutage vorherrschenden historisierenden Interpretation der Prophetenbücher begann vor einigen Jahren, als ich über das Buch Exodus arbeitete, genauer über den Propheten von Ex 23[19]. Der dort erwähnte Prophet ist ein göttli-

---

19   *Th.L. Thompson*, The Origin Tradition of Ancient Israel (JSOT.S 55), Sheffield 1987, 151f.

cher מלאך, der innerhalb der Geschichte als eine Art Mafia-Erpres-
ser angekündigt wird: Er verspricht, Israel zu beschützen, wenn es
gehorsam ist, und es mit gnadenlosem Zorn zu bestrafen, wenn es
ungehorsam ist.

In gewisser Weise stellt die uns aus dem Pentateuch bekannte Rolle
Moses und Abrahams als Propheten eine Analogie zu der Gestalt
von Ex 23 dar. Die zentrale Aussage der Abrahammetapher ist,
daß die Völker von Gott in der Weise und mit dem Maßstab behandelt werden, wie sie sich zu Abraham verhalten. Ähnliches gilt
von der Moserolle. In der Wüstengeschichte wird Israel danach beurteilt, ob es Mose gegenüber gehorsam war oder gegen ihn auf-
begehrte. Diese prophetische Thematik durchdringt auch andere
biblische Geschichten, die ihre Protagonisten in ähnlicher Weise
als Richter, Könige und Propheten porträtieren. Das Urteil über
das Israel der biblischen Tradition bemißt sich daran, ob es denen,
die im Namen Gottes sprachen, gehorsam war oder ob es gegen sie
rebelliert hat. Es handelt sich hier um ein sowohl literarisches als
auch theologisches Thema. Dieses Thema bezieht sich auf ein re-
formerisches, auf die Zukunft gerichtetes Ziel. Es ist keineswegs
ein historiographischer Verweis auf die Vergangenheit, sondern
einfach nur eine Predigt. Es ist eine typologische Bezugnahme auf
die vorgegebene Tradition, die in einer bestimmten Situation Hoffnung ermöglichen soll.

Von daher gilt es auch im Hinblick auf den מלאך יהוה von Ex 23,
den außerhalb der Exodusgeschichte liegenden Bezugspunkt zu
beachten. Bei dem Aufbruch in das verheißene Land in Ex 23 ergeht die Warnung an das Volk Israel, daß es keine Vergebung erwarten kann, wenn es dem Propheten Gottes nicht gehorsam bleibt.
Ungehorsam wird unvergebbar sein. Wir kennen alle den weiteren
Verlauf der Geschichte. Wir wissen, daß die Tradition tatsächlich
keine Geschichte des Gehorsams gegenüber den Propheten erzählt
und daß sie durchaus Geschichten von Bestrafungen erzählt. Doch
ist Israel wirklich jemals im Sinne dieser breiten Tradition vom
nicht verzeihenden Zorn, der in Ex 23 und Jes 1–36 angekündigt
wird, bestraft worden? Alle vorexilischen Propheten, und darin ähneln sie Ex 23, reden wie überreizte Eltern! (Dies ist übrigens der
Grund, weshalb man sie in der Forschung vorexilische Propheten
nennt.) Es wird volle Bestrafung geben. Diese Ankündigung ist
das spezifische Merkmal von Unheilspropheten. Im Kontext von
Literatur jedoch ist die Vorandeutung von Unheil eine implizite
Voraussetzung für das klassische Erzählmotiv vom »Erfolg des
Aussichtslosen«, das geläufigste Erzählelement in der Hebräischen
Bibel. Die angedrohte Bestrafung wird Unheil bringen. Israel ver-
dient nichts anderes als seine totale Vernichtung. Israel und mit

ihm Jerusalem wird es bald nicht mehr geben. In Traditionsliteratur, und darum handelt es sich im Alten Testament, kündigen solche Motive jedoch nicht Zerstörung und Exil an, ja sie kündigen überhaupt keine Ereignisse an, sondern psychische Phänomene wie Barmherzigkeit, Rettung und Selbstfindung.

Aber welche Funktion kann solche Fiktion haben, wenn sie nicht als eine historiographische Aussage, als ein Urteil über die Vergangenheit Israels verstanden werden soll? Was man gewöhnlich als historischen Bezugspunkt von Ex 23 vorausgesetzt hat, läßt sich unmöglich identifizieren, obwohl jeder überzeugende traditionsgeschichtliche Ansatz eine Identifikation erfordern würde. Welches war die kommende Vernichtung, auf die die Erzählung so deutlich hinweist: der Untergang Samarias im 8. Jahrhundert oder der Untergang Jerusalems im 6. Jahrhundert?

Es ist kein Zufall, daß es für uns keine Möglichkeit gibt, diese Frage zu beantworten, obwohl es sich hier doch um einen Unterschied von zwei Jahrhunderten handelt. In der biblischen Literatur sind aus solchen geschichtlichen Bezugspunkten – falls es sich jemals tatsächlich um solche gehandelt haben sollte – typische Bezugspunkte geworden, die durch die Verwendung der von der Tradition vorgegebenen Motive aufgerufen werden. Der Bezug auf die zukünftigen Zerstörungen findet innerhalb der Erzählwelt der Tradition statt, und insofern existiert der Bezugspunkt ausschließlich im Bereich der literarischen Metaphern, die immer wieder zur menschlichen Aufklärung verwendet werden. Der auf die Zukunft gerichtete Bezug von Ex 23 ist zugleich ein Bezug auf Ereignisse der Geschichte, wenn auch nur als Analogie, wie auch ein Bezug auf Ereignisse der Tradition. Als literarische Bezugspunkte haben sie entsprechende thematische Funktion, denn ihnen kommt im wesentlichen theologische Bedeutung zu. Die Zerstörungen großer Städte in der Vergangenheit sind bewegende Ereignisse, die uns alle unabhängig von einem historischen Interesse ansprechen. Der eigentliche Bezugspunkt ist nämlich eine bestimmte moralische Haltung. Es geht der Erzählung nicht um die Verpflichtung zu einer Vergangenheit oder zu einer Gegenwart, sondern um die Verpflichtung zu einer bestimmten Weise des Seins. So spiegelt, um ein Beispiel zu nennen, das Leitmotiv von der Vergebung des Unvergebbaren eine Funktion der traditionellen altpalästinischen Erzählung wider, die zu Gehorsam und Glaube an die göttliche Barmherzigkeit aufrufen möchte und Ungehorsam und göttlichen Zorn verabscheut.

Die übliche Bezeichnung der biblische Prosa als »Historiographie« ist nichts anderes als die Behauptung einer Pseudogattung, die eher unser Mißverständnis der Texte widerspiegelt als unser Verständnis[20]. Nachdem die Forschung der letzten beiden Jahrzehnte gezeigt hat, daß die Welt des Pentateuchs eine literarische Welt ist, sollte man sich vorstellen können, daß dies auch für biblische Prosaerzählungen gelten könnte, die formal und thematisch denen des Pentateuchs gleichen. Und tatsächlich hat sich in einem Großteil der biblischen Erzählungen nicht eine Welt vergangener Ereignisse niedergeschlagen, sondern eine literarische Welt, die den Bezugspunkt innerhalb der biblischen Prosa schlechthin darstellt.

In bezug auf Jesaja läßt sich die kritische Frage nach Bezugspunkt und Kontext prägnant so zusammenfassen: Ist die Welt, die in solchen Prosapassagen wie Jes 36–39 (auch 1,1) als interpretativer Kontext des Propheten etabliert wird, eine externe reale Welt oder eine interne literarische Welt: eine historische Welt der Ereignisse oder eine textliche Welt der Bedeutung?

Um diese Frage zu beantworten, müssen wir weiter ausholen. Es ist ein interessantes Phänomen, daß die Jonageschichte, obwohl Jesus in den Evangelien auf sie anspielt, nach weitverbreiteter Meinung der Forscher eine Fiktion sein soll, während dies bei dem Propheten Jona des zweiten Königsbuches nicht der Fall ist. Letzterer wird wie der Gilgamesch der babylonischen Königsliste für historisch gehalten, lediglich deshalb, weil kein Wal vorkommt! Doch spielt mehr als nur der Wal eine Rolle bei unseren frommen Unterscheidungen der verschiedenen Legenden; denn vergleichbare Wunder sind geradezu alltägliche Ereignisse im Leben eines Mose oder eines Josua, ohne daß es hier aber einen ähnlichen Konsens hinsichtlich ihrer Fiktionalität gibt. Warum gilt derselbe moralistische Ton und dasselbe philosophische Thema der unaussprechlichen Gnade Gottes im Hinblick auf das Buch Jona als klarer Hinweis auf fromme Fiktion, nicht aber im Hinblick auf die vergleichbare Literatur des sog. deuteronomistischen Geschichtswerks oder der anderen prophetischen Bücher? Meiner Meinung nach ist die Antwort ganz einfach und hat nichts zu tun mit der Frage der Gattung: Das Buch Jona liegt, ähnlich wie die Paradiesgeschichte der Genesis, bereits außerhalb der Tendenz der Bibelwissenschaft, die Texte dem geschlossenen hermeneutischen Zirkel des Konsenses zu unterwerfen, der die sog. »Wahrheit« der Bibel primär in ihrer Geschichte sieht. Dieser hermeneutische Zirkel bricht aber gegenwärtig vollends auseinander.

Wie lange können wir noch behaupten, daß der Jona der Erzählung fiktionaler ist als der Jesaja der Erzählung oder der Hosea jener großartigen Metaphorik? Inwiefern sollen Jeremias Prosatexte hi-

20 *Th.L. Thompson*, Art. Historiography (Israelite), ABD III (1992), 206–212.

storischer sein als die Hiobs? Und wir dürfen auch nicht den Elija und Elisa des zweiten Königebuches vergessen. Steht hinter der Verwendung von 2. Könige durch den Autor des Jeremiabuches tatsächlich ein Bemühen um die Geschichte? Oder macht sich der Text nicht in freier Weise einen literarischen Bezugspunkt für literarische Zwecke zunutze?

Die prophetischen Bücher enthalten, ähnlich wie die Bücher Exodus, Leviticus und Deuteronomium, neben den Prosaerzählungen Literatur anderer Genres. Um was für Genres handelt es sich da? Kaum um Orakel! Sie sehen überhaupt nicht wie Orakel aus. Sie ähneln vielmehr poetischen Streitschriften, Weisheitssprüchen oder Predigten. Nach meinem Dafürhalten sind die prophetischen Bücher als umfangreiche Sammlungen pädagogisch wertvoller poetischer Lieder und Metaphern anzusehen, denen ähnlich wie beim Buch Hiob pro forma ein Erzählkontext beigegeben wurde. Wenn wir von den sog. Kleinen Propheten sprechen, ist es mehr als zweifelhaft, ob wir es tatsächlich mit einzelnen selbständigen Büchern zu tun haben und nicht eher mit einer reichhaltigen, in sich kohärenten Sammlung, die in eine fiktive Form von zwölf Büchern gefaßt wurde, die von zwölf fiktionalen Propheten der Vergangenheit aufgeschrieben worden sind[21].

Es ist deutlich geworden, daß es sich beim Alten Testament um Literatur handelt, die im Kontext der Ausbildung des Frühjudentums entstanden ist und die dieser Religion ihren ersten Zusammenhalt gab. Es ist ferner klar geworden, daß wir es beim Alten Testament mit explizit theologischen Schriften zu tun haben, die die Tradition interpretieren, nicht mit Zeugnissen über die religiöse Praxis im frühen Palästina. Mit anderen Worten: Wir haben es eher mit Ideengeschichte als mit Religionsgeschichte zu tun.

---

21 Siehe neuerdings die interessante Arbeit von *J. Nogalski*, Redactional Processes in the Book of the Twelve (BZAW 218), Berlin / New York 1993.

II

Stellungnahmen

Rainer Albertz

Hat die Theologie des Alten Testaments doch noch eine Chance?

Abschließende Stellungnahme in Leuven

Auf dem SBL-Meeting in Münster 1993 hatte ich meinen Vortrag – bewußt provokativ – unter den Titel »Religionsgeschichte Israels statt Theologie des Alten Testaments!« gestellt und für eine klare forschungsgeschichtliche Umorientierung plädiert. Die Mehrzahl der Referenten und Respondanten hat sich heute dieser Alternative widersetzt, und zwar mit der überwiegenden Tendenz, einer wie auch immer gearteten alttestamentlichen bzw. biblischen Theologie innerhalb oder neben der religionsgeschichtlichen Perspektive eine Existenzberechtigung zu erweisen[1].

Ich hatte allerdings den Eindruck, daß meine These zuweilen grundsätzlicher verstanden worden ist, als sie gemeint war. Es war nicht meine Absicht, die Theologie durch die Religionswissenschaft zu ersetzen, auch nicht, den Alttestamentler aus der Pflicht zu entlassen, sich auch theologisch mit der Hebräischen Bibel auseinanderzusetzen; noch wollte ich leugnen, daß dieses hinreißende Buch voll ist von wichtigen theologischen Einsichten und Klärungen. Ich möchte vielmehr nur darum werben, die Disziplin »Theologie des Alten Testaments« durch die Disziplin »Religionsgeschichte Israels« zu ersetzen, weil ich meine, daß erstere nur schlecht in der Lage ist, die historisch-kritischen Ergebnisse unseres Fachgebietes

---

1 Das ist offensichtlich eine andere Diskussionslage als in Amerika, wo etwa *J.J. Collins*, Is a Critical Biblical Theology possible?, in: *W.H. Propp / B. Halpern / D.N. Freedman* (eds.), The Hebrew Bible and Its Interpreters, Winona Lake, 1990, 1–17, 1 feststellen konnte: »Biblical theology is a subject in decline. The evidence of this decline is not so much the permanent state of crisis in which it seems to have settled, or the lack of a new consensus to replace the great works of Eichrodt or von Rad. Rather the decline is evident in the fact that an increasing number of scholars no longer regard theology as the ultimate focus of biblical studies or even as a necessary dimension of those studies at all.« Hier ist die Theologie des Alten Testaments so in den Hintergrund geraten, daß der theologische Horizont der religionsgeschichtlichen Arbeit wieder aufgedeckt werden muß, wie ich es in meiner Religionsgeschichte Israels versuche.

zusammenzufassen, auf einen Konsens der Detailforschungen hinzuwirken, das Gespräch mit den Nachbardisziplinen zu fördern und
den theologischen Ertrag alttestamentlicher Forschung in Theologie und Kirche zu transportieren. Und wenn ich diesen Tag Revue
passieren lasse, sehe ich wenig, was meine Kritik, die ich in Münster an der Theologie des Alten Testaments geübt habe, entkräften
würde. Ich lasse mich jedoch gern von unserem jüdischen Kollegen I. Kalimi korrigieren, daß J.D. Levensons Kritik an Antijudais-
men christlicher Theologien des Alten Testaments nicht ausschließt,
daß Juden ein theologisches Interesse an der Hebräischen Bibel haben[2]. Wichtig war mir jedoch Kalimis Hinweis, daß die bisherigen
jüdischen bibeltheologischen Beiträge sich durchaus weise darauf
beschränken, wichtige Einzelthemen aus der Bibel zu bearbeiten
und nicht darauf aus sind, das Ganze darzustellen. Ob dies so bleiben wird, bleibt abzuwarten; gegenwärtig scheint mir an dieser Stelle jedoch ein wesentlicher Unterschied zum christlichen Unternehmen »Theologie des Alten Testaments« markiert.
Gestatten Sie mir, den Horizont der Diskussion wieder ein wenig
auf meine Ausgangsthese zu verengen und dabei auf einige Voten
einzugehen.

I

Ich werde den Verdacht nicht los, daß die alttestamentliche bzw.
biblische Theologie auf einige von uns vor allem deswegen weiterhin eine Faszination ausübt, weil sie als wohlfeiles Immunisierungsmittel gegen eine noch so radikale historische Kritik einge-
setzt werden kann.
Schon in der Theologie Gerhard von Rads hat sich ja ein Hiatus
zwischen der kritisch rekonstruierten Geschichte Israels und seinen
geschichtsbezogenen Glaubenszeugnissen aufgetan, indem dieser
beide unverbunden nebeneinanderstellte und die Theologie nur
auf die Glaubenszeugnisse, d.h. die »geschichtlichen« bzw. »prophetischen Überlieferungen« bezog[3]. Was zur Zeit von Rads noch

---

2   Siehe oben S. 55–61.64–67. Mit Recht weist *I. Kalimi* auf den eigenartigen
Umstand hin, daß *J.D. Levenson* trotz seines Angriffs auf die Theologie des Alten
Testaments selbst biblisch-theologische Abhandlungen geschrieben hat; vgl.
z.B. seinen Aufsatz: Exodus and Liberation, in: *ders.*, The Hebrew Bible, the Old
Testament and Historical Criticism: Jews and Christians in Biblical Studies,
Louisville 1993, 127–159.
3   Vgl. Theologie des Alten Testaments, Bd. I, München ⁴1957, 17ff; 117ff und
das Vorwort zur vierten Auflage, 10–13. Siehe auch die ähnliche forschungsgeschichtliche Einschätzung bei *H.-P. Müller* oben S. 103f.

von vielen als methodische Not beklagt wurde, scheint sich heute, da von einigen die Geschichte Israels Stück für Stück geradezu mit Lust dekonstruiert wird, als rettende Tugend anzubieten: Die Fundierung einer Theologie des Alten Testaments allein auf der Basis einer – sozusagen über den Wassern schwebenden – literarischen Tradition, die ihren Anlaß in der Realgeschichte weitgehend verloren hat. Der Entwurf einer kanonischen Theologie des Alten Testaments etwa, den R. Rendtorff vorgelegt hat, scheint, zumal er sich grundsätzlich auf das Letztstadium der Traditionsgeschichte bezieht, den großen Vorteil zu bieten, von aller bisherigen oder noch zu erwartenden historischen Kritik nicht mehr berührt werden zu können. Der kanonische Text liegt vor, selbst dann, wenn es kaum etwas, von dem er redet, realgeschichtlich je gegeben haben sollte. Und es ist doch schon merkwürdig, daß N.P. Lemche, der die Masse der alttestamentlichen Traditionsbildung auf wenige Jahrzehnte der hellenistischen Zeit zusammenschiebt und die Ausbildung des gesamten hebräischen Kanons der neutestamentlichen Traditionsbildung nachordnet, diese extreme Spätdatierung als Basis einer ausdrücklich Biblischen Theologie anbietet, in der das Alte Testament sozusagen zeitgenössisch um so direkter vom Neuen Testament her gedeutet werden kann[4]. Hier schlägt eine radikale historische Kritik unmittelbar in eine durchaus traditionelle Theologie um, für die geschichtliche Abstände bedeutungslos geworden sind.

Der Preis, der für diese Immunisierung der Biblischen Theologie gegenüber der Geschichte bezahlt werden muß, ist jedoch hoch: Der geschichtliche Interpretationskontext wird ganz vage. Er schwebt irgendwo zwischen der persisch-hellenistischen Zeit und der Gegenwart[5]. Damit geht aber nicht nur eine wichtige Kontrollinstanz

---

4   Er schreibt in seinem Aufsatz: The Old Testament – a Hellenistic Book, SJOT 7 (1993), 163–193; 191f: »A Theology that also acknowledges the Old Testament as Part of the Christian canon, will in a Christian Enviroment look to the New Testament for guidance, according the scheme ›promise and fullfillment‹. As a result of this, a Christian theological discussion that also involves Old Testament matters will have to be an issue of interest for biblical theology; it is not a specificly Old Testament theme.« Nun ist das Schema »Verheißung und Erfüllung« so ziemlich das traditionellste Deutungsmuster, nach dem in der Kirchengeschichte die Testamente zusammengeordnet wurden. Und es bleibt Lemches Geheimnis, wie er sichern will, daß das Alte Testament gegenüber dem Neuen auch sein eigenes Wort sagen darf.

5   Hier sehe ich ein Hauptproblem einer »Kanonischen Theologie des Alten Testaments«, wie sie *R. Rendtorff* konzipiert hat. Auf meine Diskussionsfrage, ob er seinen Interpretationskontext in die Zeit der Ausbildung der hebräischen Kanonteile legen würde, sei es nun in die persische, hellenistische oder Bar-Kochba-Zeit oder nicht doch eher in die Gegenwart, antwortete er, in der Datierung

für die Auslegung verloren, sondern es wird auch der geschichtliche Lebenshintergrund religiöser Aussagen und theologischer
Konzepte ausgeblendet, der ihnen – nicht immer, aber doch häufig – erst ihre Konkretheit und Schärfe verleiht. Ist dies, wenn man
die Erfahrungsgesättigtheit der israelitischen Religion bedenkt,
nicht aber ein zu hoher Preis? Und ich frage: Warum soll eigentlich die zusammenfassende Disziplin der alttestamentlichen Wissenschaft aus dem Bann historischer Angreifbarkeit befreit werden,
wo diese doch sonst historisch-kritisch arbeitet? Etwa nur deshalb,
weil sie insgeheim zeitlose normative Ansprüche hegt?
Ich gestehe gerne ein, daß die Religionsgeschichte Israels gegenüber der historischen Kritik eine offene Flanke hat. Jede Widerle-
gung bestimmter historischer Abläufe betrifft sie, und jede neue
historische Einsicht macht ihre Revision notwendig. Eine Religionsgeschichte Israels, die, wie die meine, nicht als bloße Ideengeschichte konzipiert ist, sondern die gerade das Wechselspiel zwischen politisch-sozialen und religiös-kultischen Entwicklungen
darstellen will, kann sich mit dem Hiatus bei G. von Rad nicht ab-
finden, sondern muß darauf insistieren, daß eine religiöse Traditionsbildung oder Neuinterpretation in der Regel einen Anlaß in der
Realgeschichte gehabt hat. Sie kann sich nicht mit der Annahme
purer literarischer Erfindungen zufriedengeben.
Ich erkenne dankbar an, daß mir H.-P. Müller an dieser Stelle mit
grundsätzlichen erkenntnistheoretischen Erwägungen beispringen
will, indem er aufweist, daß der von mir verwendete funktionale
Religionsbegriff auch dann noch greift, »wenn der althebräische
Geschichtsmythos fast völlig seinen geschichtlichen Anlaß verliert«[6], weil es offenbar zu einer Grundausstattung menschlichen
Denkens gehört, Seinsbegriffe über Sollenskriterien zu definieren.
Doch möchte ich mich auf diese hohe Abstraktionsebene, in der
die Wahrheit religiöser Traditionen über ihre Funktion, »die Identität und das Überleben der Gruppe zu sichern«[7], unabhängig von
ihrem konkreten geschichtlichen Anlaß oder Inhalt, definiert wird,
nicht flüchten. Drohen doch dabei das konkrete geschichtliche

---

wolle er sich nicht festlegen, stände aber voll und ganz auf dem Boden der historisch-kritischen Forschung. Das kann ich nur als ein Ausweichen vor der hermeneutischen Fragestellung verstehen oder als Versuch einer rein textimmanenten
Interpretation, die die historisch-kritische Methodik verläßt. Da der Kanon eine
Festlegung der Kirche ist (vgl. Luthers Entscheidung, auf den hebräischen Kanon
zurückzugehen), hielte ich es für konsequent, wenn eine »Kanonische Theologie
des Alten Testaments« auch die (gegenwärtige) Kirche zu ihrem Interpretationskontext machen würde.
6 Vgl. etwas anders formuliert oben S.106f.
7 Vgl. oben S. 108.

Auf und Ab, die Umstrittenheit der religiösen Rede und die auch stark dysfunktionalen Elemente der israelitischen Religion verlorenzugehen[8].

Ich gebe offen zu: Wenn es keine Geschichte des Volkes Israels geben sollte, gibt es auch keine Religionsgeschichte Israels. Das ist der Grund, warum ich teilweise auf konservativen historischen Maximalpositionen verharre. Ich betrachte aber diese Angreifbarkeit der Religionsgeschichte durch historische Kritik keineswegs als einen Nachteil. Sie ist die Voraussetzung dafür, daß alle Streitfragen der alttestamentlichen Wissenschaft in ihrem Rahmen und – da auf die historische Argumentationsebene begrenzt, auch einigermaßen überschaubar – ausgefochten werden können[9]. Die Religionsgeschichte vertritt keine normativen Ansprüche und braucht sich deswegen nicht historisch unangreifbar zu machen. Indem sie aber aufweist, wie es im theologischen Diskurs um die geschichtlich richtige Entscheidung und die geschichtliche Wahrheit in Verantwortung vor Gott immer wieder zu Konsensbildungen kommt, hinter die nicht mehr zurückgegangen werden soll, überwindet sie den Hiatus zwischen Geschichte und Theologie und weist die heutige Theologie auf ihre geschichtliche Aufgabe.

II

Der geäußerte Verdacht soll nicht in Abrede stellen, daß es selbstverständlich legitime sachliche Gründe gibt, einen theologischen Zugang zum Alten Testament zu wählen, sei es nun im Nachvollzug des biblischen Lobes und Bekenntnisses, wie es Chr. Hardmeier vorschwebt[10], sei es, um für wichtige theologische Aussagen, die in der Gegenwart virulent sind, die dazu durchaus in Spannung stehenden biblischen Ursprünge zu erschließen, wie es J. Barton vorgeführt hat[11], oder sei es, um das Alte Testament einer femini-

---

8   Vgl. etwa die prophetische Gerichtspredigt, die erst von hinten her eine das Überleben ermöglichende Funktion bekommt.
9   Vgl. *Collins*, Theology, 15: »historical criticism remains the most satisfactory context for biblical Theology ... since it provides a broad framework for scholary dialogue«, wobei das, was er »Critical Biblical Theology« nennt, sich notwendigerweise mit der Religionsgeschichte überlappt (9).
10   Siehe oben S. 111–126. Vieles, was er durchaus eindrucksvoll ausgeführt hat, kommt mit dem überein, was ich als »persönliche Frömmigkeit« beschrieben habe. Doch sehe ich noch nicht, wie sich von einer solchen »Geschichte je neuer Inszenierungen der Gottesbeziehung« eine theologische Gesamtdarstellung der Hebräischen Bibel gewinnen läßt, die deren Facettenreichtum wahrt.
11   Siehe oben S. 23–34. Überzeugt hat mich an seiner Sicht die notwendig bleibende theologische Reflexion über die Bibel und ihre dogmatische Wirkungs-

stischen *relecture* zu unterziehen, was für M.-Th. Wacker den theologischen Zugang unverzichtbar macht[12]. Auch ich habe schon
sowohl in meiner Religionsgeschichte[13] als auch in meinem Mün-
steraner Vortrag angedeutet, daß ich mir neben der Disziplin Religionsgeschichte Israels durchaus einen bewußt theologischen Umgang mit dem Alten Testament vorstellen kann, der aber anders
aussieht als die bisherigen Theologien des Alten Testaments. Ich
kann ihn hier nur thesenaritg skizzieren:
1. Dieser theologische Umgang kann meiner Meinung nach nicht
am Alten Testament allein, sondern muß von vornherein an der
ganzen Bibel aus Altem und Neuem Testament orientiert sein[14].
2. Interpretationskontext einer solchen »Biblischen Theologie«
ist eindeutig das heutige kirchliche Reden und Handeln angesichts
der bedrängenden Herausforderungen der Gegenwart[15]. Indem sie,
ausgehend von Problemen und Kontroversen der Gegenwart, die
dafür wichtige biblische Tradition klärend in den systematisch-
theologischen Diskurs einbringt, ist sie Theologie im vollen Sinne,

geschichte, die am besten im Dialog von Exegeten und Systematikern erfolgt.
Von allen Vorträgen kommt seine Zuordnung von Religionsgeschichte Israels
und Theologie des Alten Testaments meinen Vorstellungen am nächsten.
12   Siehe oben S. 138–141.
13   37f.
14   Hier komme ich durchaus mit *N.P. Lemche* überein; siehe oben S. 91f. In der
Kirche ist das Alte Testament nie ohne einen – wie auch immer gearteten – Bezug
auf Jesus Christus bzw. das Neue Testament theologisch wirksam geworden. Die
gleiche Konsequenz zieht von der Position des »canonical criticism« her *B.S.
Childs*. Seine Biblical Theology of the Old and New Testaments. Theological Reflection on the Christian Bible, London 1992 ist aber eher eine Forschungs- und
Dogmengeschichte als eine Theologie.
15   Obgleich *Childs* in seiner Biblical Theology die kirchliche Auslegungs- und
Lehrtradition stark berücksichtigt, weicht er doch einer solchen klaren Festlegung des Interpretationskontextes aus. Er wendet gegen eine Sicht, die Theologie
funktional auf die (gegenwärtige) Kirche bezieht, ein: »My reaction to this eccle-
siastically functional view of theology is to question whether on can speak
meaningfully about faithful forms of life within the Christian community before
establishing the identity and the will of God who in Christ calls the church into
beeing, and whose prupose encompasses the entire creation. In sum, I remain
highly critical of any theological position in which ecclesiology takes preced-
ence over christology« (23). Doch müßte man hier doch wohl zwischen geneti-
scher und noetischer Reihenfolge unterscheiden; zudem ist festzuhalten, daß wohl
der Glaube an Jesus Christus die Kirche geschaffen hat, nicht aber die Theologie,
mit der die Gemeinde ihren Glauben durchdenkt und klärt; siehe unten das Theolo-
gieverständnis von K. Barth. Ich meine, daß *B.C. Ollenburger*, Biblical Theology: Situating the Discipline, in: Understanding the Word (FS B.W. Anderson),
hg. von *J.T. Butler / E.W. Conrad / ders.* (JSOT.S 37), Sheffield 1985, 37–62,
bes. 51, recht hat, wenn er die Biblische Theologie auf die gegenwärtige Kirche
und vor allem auf deren aktuelle Praxis bezogen sieht; doch würde ich sie dabei
nicht so stark, wie er es tut, von der Systematischen Theologie trennen.

d.h. sie trägt zur kritischen Rechenschaft der Gemeinde Jesu Christi über die Angemessenheit oder Unangemessenheit ihres Redens und Handelns bei[16]. Wie nötig eine solche profunde bibeltheologische Arbeit wäre, wird daran deutlich, daß viele kirchliche Denkschriften zu Gegenwartsproblemen die biblische Tradition mehr als »Aphorismus« verwenden, als sie ernsthaft in die theologische Argumentation einzubeziehen[17].

3. Auf virulente kirchliche Fragestellungen bezogen arbeitet eine solche »Biblische Theologie« an konkreten Einzelthemen der biblischen Überlieferung. Wichtige Themen, die aber nicht ausschließlich gemeint sind, wären z.b.: Allmacht Gottes und wirtschaftliche Sachzwänge, Rechtfertigung und Leistung, Gerechtigkeit, Krieg und Frieden, Schöpfung und Natur, Schuld und Vergebung u.a.. Mit dieser thematischen Beschränkung ist die »Biblische Theologie« aber davon entlastet, die Gesamtheit der biblischen Botschaft »quasi-historisch« unter einer problematischen und scheinbar zeitlosen Systematik darstellen zu müssen[18]. Letzteres leistet eine Religionsgeschichte Israels und des frühen Christentums weitaus sachgemäßer. Auch die Zuordnung von Altem und Neuem Testament läßt sich meiner Meinung nach nur bezogen auf solche konkreten Themen und Aufgaben historisch vertretbar und theologisch verantwortbar lösen, nicht hingegen in einer allgemeinen Theorie der Biblischen Theologie, da sich das Verhältnis der Testamente je nach gewählter Thematik ganz unterschiedlich darstellt, beim Thema Schöpfung etwa anders als beim Thema Schuld und Vergebung.

16 Ich lehne mich mit diesem Theologiebegriff an *K. Barth* an: »In der Theologie gibt die Gemeinde sich selbst und der auch hier mithörenden Welt kritisch Rechenschaft über die Angemessenheit oder Unangemessenheit ihres Gotteslobes, ihrer Predigt, ihres Unterrichts, ihrer Evangelisation und Mission, aber doch auch ihres von dem allen nicht zu trennenden Handelns und also ihres Zeugnisses im ganzen, umfassenden Sinn dieses Begriffs in dessen Verhältnis zu seinem Ursprung, Gegenstand und Inhalt. Im Dienst der Theologie prüft die Gemeinde ihr ganzes Tun am Maßstab dessen, was ihr aufgetragen ist: endlich und letztlich im Licht des Wortes ihres Herrn und Auftraggebers« (KD IV/3, Zollikon/Zürich 1959, 1007). Ohne Bezug auf die Gemeinde würde die Theologie nach Barth »ihren theologischen Charakter verlieren und in den Bereich der allgemeinen, besonders der historischen Geisteswissenschaft zu verweisen sein« (ebd., 1007).
17 Als Beispiel nenne ich die EKD-Denkschrift »Gemeinwohl und Eigennutz. Wirtschaftliches Handeln in Verantwortung für die Zukunft«, Gütersloh ³1992; man vergleiche etwa den Hiatus zwischen den zum Thema Armut und Reichtum – sehr eklektisch ausgesuchten – Bibelstellen und den theologischen Ausführungen (92ff).
18 Daß dies heute offenbar kaum noch möglich ist, zeigt der neueste Versuch von *Childs*, Biblical Theology, dessen Themenauswahl im systematischen Teil (349ff) eklektisch bleibt.

4. Eine solche aktuelle »Biblische Theologie« ist zugleich ein exegetisch-historisches und systematisch-theologisches Unternehmen, das sowohl von Alt- und Neutestamentlern als auch von Systematischen und Praktischen Theologen – oder besser noch von allen im Dialog – getan werden kann. Es ist ohne einen Bezug auf die kirchengeschichtlichen Entwicklungen und die kirchlichen Bekenntnisse und Lehren nicht zu bewältigen und schließt eine Analyse der gegenwärtigen gesellschaftlichen Situation und eine Klärung gegenwärtiger Begriffe und Vorstellungen mit ein. Damit würde eine so verstandene »Biblische Theologie« den forschungsgeschichtlich verständlichen, aber sachlich höchst problematischen Bruch zwischen Bibelwissenschaft und Dogmatik, den J.Ph. Gabler eingeleitet hat, überwinden helfen[19].

Zu klären bleibt abschließend, welche Rolle der Religionsgeschichte Israels bzw. des frühen Christentums für eine solche neu verstandene »Biblische Theologie« zukommt.

Nach meiner Meinung bietet ihr die Religionsgeschichte, indem sie die Gesamtheit der religiösen, kultischen und theologischen Entwicklungen darzustellen sucht, erstens eine breite Materialbasis, aus der sie in Längs- und Querschnitten nach aktuellem Interesse auswählen kann. Indem die Religionsgeschichte die Alterität der biblischen Überlieferung in ihrem damaligen geschichtlichen Kontext betont, bildet sie zweitens für letztere ein phantasiestiftendes und kritisches Potential, das vergessene Möglichkeiten theologischen Denkens und religiösen Handelns ins Spiel bringt und moderne Sichtweisen in Frage stellt. Und indem die Religionsgeschichte die traditionsgeschichtlichen Entwicklungen als fortdauerndes Ringen israelitischer bzw. frühchristlicher Gruppen um theologische Klärung und ethischen Konsens historisch aufzuschließen sucht, wird für die »Biblische Theologie« drittens eine Richtung erkennbar, in der auch unter vergleichbaren Herausforderungen der Gegenwart eine theologische Klarstellung oder ein kirchlicher Konsens, was heute notwendig zu tun sei, gefunden werden kann. Was in einer biblisch-theologischen Untersuchung mit normativem Anspruch formuliert werden kann, läßt sich sicher nicht auf der religionsgeschichtlichen Basis allein entscheiden, sondern bedarf der systematisch-theologischen Reflexion in Verantwortung vor Gott und der Gemeinde, aber es erhält doch von deren historisch-kritischer Fundierung her eine gewisse externe und auch argumentativ begrenzbare Kontrolle[20].

19 Siehe oben S. 36f.
20 Wenn *M.-Th. Wacker* in Leuven die Theologie des Alten Testaments ganz bewußt auf »Querschnitte durch die Religionsgeschichte Israels« begrenzen woll-

III

Lassen Sie mich am Schluß noch auf Einwände gegen meine Religionsgeschichte eingehen, wie sie vor allem von M.-Th. Wacker benannt worden sind: Sie kritisiert, ich vermische, indem ich theologische Beurteilungskriterien in der Religionsgeschichte Israels verwende, auf unzulässige Weise die systematisch-theologische, bibeltheologische und historiographische Ebene; und sie unterstellt, ich folge, wenn ich den Exodus zum Ausgangspunkt meiner Religionsgeschichte mache und in »christlich-bibeltheologischer Manier zum Prinzip« erhöbe, nicht historischer Sorgfaltspflicht, sondern meinen eigenen politisch-theologischen Interessen. Einem solchen Vorgehen aber spricht sie – trotz politischer Sympathien – die Konsensfähigkeit ab[21].

Ich will gar nicht leugnen, daß ich meine Religionsgeschichte unter anderem auch mit politischen Interessen geschrieben habe, wie das für jede Geschichtsschreibung gilt. Ich würde aber für mich in Anspruch nehmen, daß mein soziales und politisches Interesse – anders etwa als das feministische von M.-Th. Wacker – in dem untersuchten Gegenstand selber einen so breiten Anhalt hat, daß es nicht von außen herangetragen, sondern von den Texten selbst gefüllt und auch kontrolliert wird. Es kann doch kein Zweifel sein, daß – ganz abgesehen vom Exodus – angefangen vom Jerobeamaufstand über die soziale und politische Kritik der Propheten, den staatlichen Zusammenbruch mit dem Exil und dessen Deutungen, die Reformgesetzgebungen von Bundesbuch, Deuteronomium und Heiligkeitsgesetz bis zu den sozialen, politischen und religiösen Auseinandersetzungen der persischen und hellenistischen Zeit, die sich in den Psalmen, der Weisheit, der späten Prophetie und der Apokalyptik widerspiegeln, der theologische Streit um eine Gott angemessene soziale Gerechtigkeit und politische Herrschaft ein wesentliches Element der offiziellen Religion Israels ausmacht, egal, ob es einem gefällt oder nicht. Daß es daneben noch viele andere wichtige Elemente gibt, auch Bereiche, wie etwa die persönliche Frömmigkeit, die wenig oder nichts damit zu tun haben, habe ich, so meine ich, deutlich genug gezeigt.

Die Frage, die ich mir stellte, lautete: Woher kommt dieser auffällige soziale und herrschaftskritische Impuls in der Religion Israels? Und meine Antwort, zu der ich mich nach langem Hin und Her durchrang, war: Er ist ohne die speziellen Befreiungserfahrungen

---

te und für die Zulassung anderer literaturwissenschaftlicher Methoden zur Texterschließung plädierte, frage ich, wie eine Kontrolle eingebaut werden kann.
21 Vgl. jetzt im Ton milder oben S. 141f.

der Exodusgruppe und die antiherrschaftlichen Ideale der vorstaatlichen Zeit nicht zu erklären. Es war also ein genetisch-historischer
Erklärungsbedarf, nicht mein politisch-theologisches Interesse, der
mich bewog, die Religionsgeschichte Israels – heute ganz unmo-
dern – beim Exodus beginnen zu lassen.

Um einer Mythenbildung vorzubeugen: Ich nehme nicht, auch
nicht nach skandinavischem Vorbild, eine untergründig verlaufen-
de mündliche Tradition an[22], um den geschichtlichen Abstand von
ca. 800 Jahren zwischen historischem Exodus (1250) und dem
vorpriesterlichen Pentateuch (um 500–450) zu überbrücken. Immerhin gibt es bekanntlich Hosea in der zweiten Hälfte des 8.
Jahrhunderts und – was alle meine Kritiker notorisch zu übersehen
scheinen: Ich rechne aus guten Gründen mit der ersten literarisch
greifbaren Ausformung einer Exodusüberlieferung (»Mose-Er-
zählung«)[23] aus der Zeit des Jerobeamaufstandes[24], also aus einer
kaum späteren Zeit, als man gemeinhin den Jahwisten datierte. Die
polemische Funktion der Erzählung zur Legitimierung des Auf-
standes gegen die salomonische Fron setzt voraus, daß erstens der
Exodus schon in der Zeit Salomos im geschichtlichen Bewußtsein
zumindest der mittelpalästinischen Stämme verankert war und daß
ihm zweitens ein sozialrevolutionärer Impuls eignete. Damit steht
aber die Historizität des Exodus keineswegs auf so wackligen Fü-
ßen, wie heute gerne behauptet wird. Ich gebe gerne zu, daß die
Einschätzung vieler Details um dieses Ereignis aufgrund der Quellenlage umstritten ist. Aber ich halte es für historisch begründbar,
hier eine Wurzel des sozialen und herrschaftskritischen Impulses,
der die Religion Israels auszeichnet, zu sehen.

Wenn ich meine Religionsgeschichte Israels mit dem Exodus beginnen lasse, so verwende ich ihn doch keineswegs als systematisch-theologisches Generalkriterium. Dies geht allein schon deshalb nicht, weil sich der soziale oder der herrschaftskritische Impuls auch in priesterlichen, weisheitlichen oder apokalyptischen
Vorstellungen äußern kann, die nichts mit dem Exodus zu tun haben[25]. Außerdem schildere ich ausführlich, wie es trotz dieses revolutionären Ausgangspunktes zu gegenläufigen, Herrschaft und
Reichtum sanktionierenden Entwicklungen und Parteiungen gekommen ist.

---

22 So *Müller* oben S. 103f.
23 Ex 1,9–12; 1,15–2,23aα; 4,19–20a; 5* (?); 14,5a (?).
24 Religionsgeschichte, 72.217–219.
25 Vgl. die »Gewaltenteilung«, die Ezechielschüler auf der Basis priesterlicher
Heiligkeitsvorstellung vornehmen (Ez 45,1–9; 47,13–48,35): vgl. meine Religionsgeschichte, 457–459.

Ist die hermeneutische Einsicht akzeptiert, daß der Religionshistoriker nicht in einer unbeteiligten Beobachterrolle verharren kann, sondern auch immer wieder in die Rolle eines Beteiligten schlüpfen muß, um die Ernsthaftigkeit des politischen und theologischen Ringens der israelitischen Menschen zu begreifen und angemessen darstellen zu können[26], dann kommt er nicht darum herum, in den damaligen Auseinandersetzungen Partei zu ergreifen. Eine reinliche Trennung von »historiographischer« und »bibeltheologischer« Ebene, wie sie M.-Th. Wacker vorschwebt, erweist sich von daher als illusionär. Wenn ich mehr den Positionen der Oppositions- und Reformgruppen und der sozial engagierten Oberschicht zuneige, dann hat das natürlich mit meinen eigenen politisch-theologischen Optionen zu tun, rechtfertigt sich aber genügend aus dem Gang der Religionsgeschichte Israels selbst, in der diese Gruppen zwar nicht den politischen Sieg, wohl aber doch die Meinungsführerschaft bei der Ausformulierung der religiösen Tradition Israels errungen haben[27].

Trotz dieser meiner Meinung nach unumgänglichen Parteinahme habe ich mich bemüht, die politischen, sozialen und theologischen Auseinandersetzungen der israelitischen Menschen fair darzustellen, d.h. auch die Positionen in ihren gesellschaftlichen Interessen und theologischen Anliegen ernst zu nehmen und in der Auseinandersetzung stark zu machen, die ich selbst nicht teile oder gar als Irrweg beurteile[28]. Das wird mir von anderen als Apologetik angekreidet[29]. Sicher werden in der Zukunft neue Religionsgeschichten Israels – abgesehen von differenten exegetischen und historischen Einschätzungen – je nach Richtung und Ausmaß der Parteinahme voneinander abweichen, wenn aber die Fairness gegenüber allem, was sie darzustellen haben, gewahrt bleibt, ist mir eigentlich um eine Konsensbildung in weiten Bereichen nicht bange.

---

26 Vgl. oben S. 19f.

27 Natürlich könnte man theoretisch auch eine Religion aus der Sicht des Königtums oder aber der unsolidarischen Oberschicht (Frevler) schreiben. Doch würde man erstens nur wenige authentische Quellen finden, weil ersteres unterging und letztere theologisch offenbar wenig Beeindruckendes zu sagen hatten, und man müßte sich zweitens fragen lassen, ob man damit nicht eine andere Religion beschriebe als diejenige, die sich nach langen Kämpfen schließlich als »die israelitische« durchgesetzt hat. Dabei ist das, »was sich durchgesetzt hat«, kein Zufallsbefund in einem anonymen Prozeß, sondern Ergebnis einer theologischen Auseinandersetzung an Jahwe glaubender Menschen und darum sehr wohl ein theologisches Kriterium.

28 Dies wird z.B. von *W. Brueggemann* in seiner Besprechung meiner Religionsgeschichte ausdrücklich anerkannt (JBL 113 [1994], 115–120, 119).

29 So etwa von *U. Hübner* in seiner Besprechung in: OLZ 89 (1994), 159–163, 161f.

Theo Sundermeier

Religionswissenschaft versus Theologie?

Zur Verhältnisbestimmung von Religionswissenschaft und
Theologie aus religionswissenschaftlicher Sicht

Zum Gespräch mit Rainer Albertz

Carsten Colpe zum 65. Geburtstag

»Drängt die Religionsgeschichte nach einer Summe?« fragte vor
Jahren C. Colpe und griff mit dieser Frage nicht nur in die Metho-
dendiskussion innerhalb der religionswissenschaftlichen Forschung
ein, sondern hinterfragte zugleich die Versuche, mit religionsgeschichtlichen Mitteln eine »Theologie der Religionsgeschichte« zu
entwerfen, denn seine Antwort war eindeutig: Das »Wesen« der Religionsgeschichte läßt sich nicht historisch ermitteln. Damit entfällt
auch die Möglichkeit, eine entsprechende Theologie mit religionswissenschaftlichen Mitteln zu entwerfen oder auch nur zu bestätigen[1].
R. Albertz hat eine eindrückliche »Religionsgeschichte Israels in
alttestamentlicher Zeit« vorgelegt[2]. Sie macht die Frage unumgänglich, ob nicht die Religionsgeschichte Israels das Wesen dieser
Geschichte selbst enthüllt, so daß jenes Geheimnis sichtbar wird,
auf das beide Religionen, Judentum und Christentum, sich beziehen, von dem sie leben und von dem her sie ihre Legitimation bekommen. Drängt nicht die religionsgeschichtliche Vorarbeit von
Albertz nach einer theologischen Summe? Ist nicht die Religionsgeschichte Israels geradezu der Ermöglichungsgrund einer Theologie des Alten Testaments, wenn anders wir dem Impuls Israels
folgen und seinen und unseren Gott als den Gott der Geschichte
bekennen? Während das opus magnum von Albertz noch ein um-
schreibendes, tastendes »vielleicht« ausspricht, wird dieses in seinem
Vortrag in Münster[3] kategorisch abgelehnt: Eine Wissenschaft, die

---

1 *C. Colpe*, Theologie, Ideologie, Religionswissenschaft, München 1980,
251ff (der Aufsatz erschien zuerst 1978).
2 *R. Albertz*, Religionsgeschichte Israels in alttestamentlicher Zeit, 2 Bde.
(GAT 8,1–2), Göttingen 1992.
3 *R. Albertz*, Religionsgeschichte Israels statt Theologie des Alten Testments!
Plädoyer für eine forschungsgeschichtliche Umorientierung (1993), in diesem
Band S. 3–24.

sich der historisch-kritischen Forschungsmethode verpflichtet weiß, kann keine Theologie des Alten Testaments entwerfen. Punktum![4] Keine Frage, das kommt einer Palastrevolution innerhalb der alttestamentlichen Wissenschaft gleich. Die Königin dieser Disziplin – die Theologie des Alten Testaments – soll von ihrem Thron gestürzt werden, die Religionsgeschichte sie beerben. Wellen solchen revolutionären Erdbebens sind auch vor dem Palast zu spüren, deshalb darf die religionsgeschichtliche Garde draußen vor der Tür dazu nicht schweigen, denn der »Revolutionär« hat schließlich mit ihren Mitteln gegen die bisher gültige Front der alttestamentlichen Wissenschaft gekämpft. Die Konsequenzen seiner Neuausrichtung sind weitreichend und berühren auch das Verhältnis von Religionswissenschaft und Theologie. Um das richtig einschätzen zu können, müssen wir deshalb das Zusammenspiel dieser zwei Disziplinen nachzeichnen, und zwar zunächst aus der Sicht der Theologie, dann aus der der Religionswissenschaft. Da der erste Aspekt in der Literatur verschiedentlich diskutiert wurde, kann ich mich kurz fassen[5]. Der zweite bedarf einer breiteren Darstellung. Sie ist die Voraussetzung dafür, den Ansatz von Albertz richtig einzuordnen.

I

Es war A. von Harnack, der in seiner berühmten Rektoratsrede aus dem Jahre 1901 der selbstverständlichen Verbindung von Religionswissenschaft und Theologie ihre Unschuld nahm, die diese seitdem nicht mehr wiedergewinnen konnte. Von zwei Seiten wurde die Vernetzung von Religionswissenschaft und Theologie in Frage gestellt. Von Harnack nannte vor allem religionswissenschaftliche Gründe: Die Religionswissenschaft solle sich emanzipieren und sich auf ihre eigene Sache, besonders die Philologie, konzentrieren, aber

---

4   In seinem Vortrag in Leuven: »Hat die Theologie des Alten Testaments doch noch eine Chance? Abschließende Stellungnahme in Leuven«, in diesem Band S. 177–187, wird diese Härte wieder abgemildert. Allerdings will R. Albertz diese Aufgabe nicht den Alttestamentlern allein überlassen. Im folgenden halte ich mich an den Text aus Münster und die »Religionsgeschichte« selbst, da sich damit die anstehenden Probleme deutlicher auflisten und klären lassen.
5   Zum folgenden vgl. *H.-W. Gensichen*, Religionswissenschaft und Theologie, in: *G. Picht / E. Rudolph* (Hg.), Theologie – was ist das?, Stuttgart/Berlin 1977, 107–137; *Th. Sundermeier*, Zur Verhältnisbestimmung von Religionswissenschaft und Theologie aus protestantischer Sicht, ZMR 1980, 241–258; *G. Lanczkowski*, Einführung in die Religionswissenschaft, Darmstadt 1980, 66ff; *S. Hjelde*, Die Religionswissenschaft und das Christentum. Eine historische Untersuchung über das Verhältnis von Religionswissenschaft und Theologie, Leiden / New York 1994.

nicht die Theologie von innen heraus bedrohen. Theologische
Gründe machte später die Dialektische Theologie geltend. Wenn
Religion nach Barth der »konzentrierte Ausdruck des menschlichen Unglaubens« ist (KD I/2, 330), Theologie aber ausschließlich
vom Wort Gottes herkommt, dann verhalten sich Religionswissenschaft und Theologie nach diesem Verständnis zueinander wie zwei
Kreise, die keine Berührungspunkte haben.
Dieser doppelte Angriff auf die enge Verflechtung von Religionswissenschaft und Theologie hat zwar im deutschsprachigen Raum
der Religionswissenschaft nicht den Todesstoß versetzt, sie aber so
sehr im Innersten erschüttert, daß sie sich über lange Zeit davon
kaum erholen konnte. Impulse zu ihrer Erneuerung oder Neuausrichtung im universitären Bereich sind von der Religionswissenschaft in Deutschland kaum ausgegangen. Daß die Diastase zwischen ihr und der Theologie, wie sie von der dialektischen und kerygmatischen Theologie gefordert war, auch als neue Möglichkeit
zum freien Forschen hätte begriffen und genutzt werden können,
da die Religionswissenschaft nun nicht mehr unter theologischer
»Fremdbestimmung« und »unsachgemäßer« Verpflichtung steht,
wurde gar nicht oder erst sehr spät erkannt[6]. Aus Aktualitätsgründen haben sich die von Barth beeinflußten Theologen mehr dem
Gespräch mit dem Atheismus, der nach Barth gleichrangig neben
der Religion steht, zugewandt und beginnen erst jetzt, wiederum
aus Aktualitätsgründen, die »Aufholjagd« in Sachen Religion.
Trotz dieses prophetischen Kahlschlags hat es stets einen »kleinen
Grenzverkehr« (G. Rosenkranz) zwischen den Disziplinen gegeben. Auf dem ersten deutschen Theologentag in Eisenach (1927)
haben sich Vertreter aller theologischer Disziplinen für eine enge
Zusammenarbeit mit der Religionswissenschaft ausgesprochen[7].
Bezeichnenderweise haben die lutherischen Theologen den Kontakt stärker bewahrt und in ihren theologischen Entwürfen frucht-
bar gemacht als die aus der reformierten Tradition. So ist es nicht
zufällig, daß es der Lutheraner C.-H. Ratschow war, der auf dem
Europäischen Theologentag in Wien 1967 das Eis brach und die
Bedeutung der nichtchristlichen Religionen für die Theologie her-
ausstellte[8]. Auch wenn man sich von solch einem Kongreß keine
Wunder erhoffen konnte, und die Systematische Theologie nun

6   Hier müssen W. Holsten und C. Colpe genannt werden, bedingt auch G. Rosenkranz. Vgl. *W. Holsten*, Zum Verhältnis von Religionsgeschichte und Theologie, in: FS für Walter Baetke, Weimar 1966, 191–209; *Colpe*, Theologie, bes.
275ff; *G. Rosenkranz*, Religionswissenschaft und Theologie, München 1964,
bes. 11ff.
7   Vgl. *Lanczkowski*, Einführung, 67.
8   *C.H. Ratschow*, Die Religionen und das Christentum, NZSTh 1967, 88–128.

keineswegs die Türen für die Religionswissenschaft sperrangelweit
öffnete, das Thema Religion wurde nicht mehr tabuisiert[9] und eine
kooperationsbereite Partnerschaft öffnete sich, von der besonders
die Religionspädagogen profitierten[10].

Wollte man diese Partnerschaft in einer Graphik darstellen, müßte
man zwei sich zur Ellipse überschneidende Kreise zeichnen. Beide
Disziplinen haben ihr eigenes Zentrum, das unabhängig von dem
der anderen besteht, doch Arbeits- und Interessengebiete über-
schneiden sich. Man bietet sich gegenseitig Zubringerdienste an,
ein partieller, gelegentlich fruchtbarer Austausch findet statt. Es-
sentielles wird nicht berührt.

Ein ganz anderes Bild bieten die theologischen Entwürfe Pannen-
bergs, Tillichs und das II. Vaticanum[11]. Hier gehören die anderen
Religionen integral zum eigenen Entwurf hinzu, man ist auf die
Forschungen der Religionswissenschaft angewiesen. Sie werden
zur Außenwand der eigenen Dogmatik. Wie bis dahin die Philosophie, so wird jetzt – partiell jedenfalls – die Religionswissenschaft
zur ancilla theologiae. Das bedeutet Aufwertung und Indienstnah-
me in einem. Daß sich die Religionswissenschaftler gegen solch eine Umarmung wehren, ihr zumindest mit ambivalenten Gefühlen
begegnen, ist verständlich und wird im folgenden Abschnitt noch
zu verdeutlichen sein.

In einer Graphik müßte dieses Modell durch zwei konzentrische
Kreise dargestellt werden, wobei der äußere Kreis die Religionswissenschaft, der innere die Theologie bezeichnet.

II

Das Verhältnis von Theologie und Religionswissenschaft aus religionswissenschaftlicher Sicht ist komplexer und schwieriger zu
umreißen als aus theologischer Perspektive. Das hat einen zweifa-
chen Grund: 1. Viele Religionswissenschaftler sind (ehemalige)
Theologen. Einige haben das Verhältnis zu ihrer »ersten Liebe«
aufgegeben und sich ganz der Religionswissenschaft gewidmet,
andere mußten dieses Fach aus kirchenrechtlichen Gründen aufgeben und wurden der neuen Disziplin zugeteilt. Eine weitere Grup-

---

9   Vgl. *G. Ebeling*, Evangelium und Religion, ZThK 1976, 241ff.
10 Vgl. *U. Tworuschka*, Partner auf getrennten Wegen, LuMo 1975, 191ff.
11 Vgl. *W. Pannenberg*, Grundfragen systematischer Theologie, Göttingen
1967, 252ff; *U. Mann*, Theologie und Religionswissenschaft. Der gegenwärtige
Stand ihrer Forschungsergebnisse und Aufgaben im Hinblick auf ihr gegenseiti-
ges Verständnis, Darmstadt 1973.

pe vereinigt in ihrem Lehrstuhl Religionswissenschaft mit der Theologie. Andere wieder sind als Religionswissenschaftler an einer theologischen Fakultät tätig und müssen hier ihren Platz finden, obwohl sie sich von ihrer Überzeugung her liebend gern woanders unterbrächten. Der 2. Grund liegt in der Methodenunsicherheit, die noch immer die Religionswissenschaft kennzeichnet. Möglicherweise bedingt sich beides: Aus der Theologie mit ihren sicheren, sowohl auf protestantischer als auch auf katholischer Seite erprobten Methodengewißheit herausgestoßen, findet man sich auf unsicherem Gelände wieder und kann sich nur durch Abgrenzung profilieren oder riskiert durch Anpassung an die bisherigen Aufgabenstellungen und Methoden seinen Ruf in der neuen Wissenschaft.

Wie kompliziert das Verhältnis aus biographischer Sicht auch immer ist, einige Grundmodelle der Verhältnisbestimmung von Religionswissenschaft und Theologie lassen sich aber dennoch skizzieren:

1.   Parallel zur Verhältnisbestimmung aus theologischer Sicht gibt es auch aus religionswissenschaftlicher Sicht eine »getrennt-harmonische« Zuordnung. Religionswissenschaft und Theologie werden hier als verwandte Wissenschaften angesehen, die getrennte, aber aufeinander bezogene Forschungsgegenstände haben und sich deshalb in einem fruchtbaren Austausch befinden. Berührungsängste gibt es nicht. Man ist sich seiner Sache sicher und sucht den Kontakt. Der gemeinsame Forschungsgegenstand ist die Religion, die hier als eine Sache sui generis verstanden wird, die mit eigenen Methoden erforscht werden muß, ohne daß die benachbarten Wissenschaften auszuschließen sind[12].

Eine enge Zusammenarbeit praktizieren auch jene Religionswissenschaftler, die sich konfessionell-kirchlich gebunden fühlen, ja ihre religionswissenschaftliche Arbeit in den (apologetischen) Dienst ihrer Kirche stellen. Unter diese Kategorie fallen auf protestantischer Seite Autoren der »evangelischen Religionskunde« (wie z.B. G. Rosenkranz), auf katholischer Seite sind es Wissenschaftler, die sich dem weiten Raum verpflichtet fühlen, den das II. Vaticanum ihrer Arbeit öffnete und den zu nutzen aller Grund besteht. Apologetische Obertöne sind hier zu hören[13]. Das muß sich nicht

---

12   Vgl. hierzu *Lanczkowski*, Einführung; *F. Stolz*, Grundzüge der Religionswissenschaft, Göttingen 1988. Auch *H.J. Klimkeit* wäre hier zu nennen, wie neben seinen Publikationen seine problemlose Mitarbeit bei der Herausgabe der TRE zeigt.
13   Vgl. die Arbeiten von *M. Fuß*, aber auch von *H.-R. Schlette*.

auf die wissenschaftliche Qualität auswirken und wird vor allem
dort bedeutsam, wo man sich, über die reine religionswissenschaftliche Basis- und Kernerarbeit hinausgehend, um eine Theologie
der Religionen bemüht. Neben H.-R. Schlette wäre H.
Bürkle[14] hier zu nennen, aber auch – wenn auch mit anderer Intention arbeitend – H.C.W. Smith und C. Colpe[15]. Während sich Colpe dagegen wehrt, mit religionswissenschaftlichen Mitteln eine Theologie der Religionsgeschichte zu entwerfen, sucht Smith ganz im Gegenteil, die Einheit der Religionen zu erspähen und die Religionen
untereinander dialogfähig zu machen. Daß die Nähe zur Theologie gerade die Objektivität in der Erforschung der anderen Religionen freisetzt und Verstehen erleichtert, könnte vielfach belegt
werden. Jede andere Behauptung ist von tiefen Vorurteilen her begründet[16]. Dennoch wird gerade diese Gruppe von Wissenschaftlern von denen ins Visier genommen, die für eine radikale Trennung der beiden Disziplinen eintreten.

2.   Ehe wir uns ihnen ausführlicher zuwenden, muß zuvor eine
Gruppe von Religionswissenschaftlern genannt werden, die ihre
Wissenschaft nahe an die Theologie heranrücken, ja sie gelegent-
lich mit ihr identifizieren.
Die Vertreter dieser Gruppe gehen fast durchgehend von der Einheit der Religionen aus, die hinter der Vielfalt ihrer Erscheinungen
nicht nur postuliert, sondern auch aufgewiesen werden kann.
Durch die Erfassung der religiösen Phänomene wird der Sinn von
Religion gedeutet und erkannt, ihr Wesen sichtbar. Religionswissenschaft tendiert hier dazu, selbst zur Theologie zu werden. F.
Heiler zieht diese Konsequenz[17], andere jedoch wollen die Grenze
von der einen zur anderen Wissenschaft gewahrt wissen. Die Nähe
zur Theologie aber ist einer der Gründe, warum die Religionsphänomenologie (mit ihren Vertretern R. Otto, N. Söderblom, G. van
der Leeuw, F. Heiler, auch J. Waardenburg) so scharf angegriffen
wurde und der phänomenologische Ansatz zeitweise ganz aus der
Religionswissenschaft eliminiert werden sollte (s. unten).

---

14   *H. Bürkle*, Einführung in die Theologie der Religionen, Darmstadt 1977.
15   Vgl. u.a. *W.C. Smith*, Menschlicher Glaube – Das gemeinsame Zentrum aller religiösen Traditionen; jetzt in: *R. Bernhardt* (Hg.), Horizontüberschreitung.
Die pluralistische Theologie der Religionen, Gütersloh 1991, 156ff. Zu Smith
vgl. *A. Grünschloß*, Religionswissenschaft als Welt-Theologie. Wilfred Cant-
well Smiths Interreligiöse Hermeneutik, Göttingen 1994.
16   Darauf hat C. Colpe zu Recht verschiedentlich hingewiesen; vgl. nur *ders.*,
Theologie, 16ff.36f.
17   Vgl. *F. Heiler*, Erscheinungsformen und Wesen der Religion, Stuttgart
1961, bes. 17: »Alle Religionswissenschaft ist letztlich Theologie«.

3. Die Vorwürfe gegen die Vernetzung von Theologie und Religionswissenschaft auf seiten derer, die die radikale Trennung beider Disziplinen propagieren, sind oftmals harsch, leidenschaftlich und unter dem Mantel der Objektivität selten fair. Ich greife einen der objektivsten heraus und folge seinen Argumenten[18]. H.-J. Greschat listet vier Unterschiede auf:

a) Der Religionswissenschaftler erforscht fremde Religionen, der Theologe immer die eigene. Dieser ist seiner Kirche verpflichtet und muß »das eigene Glaubensgut schützen und mehren«, jener ist niemandem »Rechenschaft schuldig«[19]. Der implizite Vorwurf lautet: der Theologe kann die notwendige Objektivität bei der Erforschung einer anderen Religion nicht durchhalten.

b) Das wirkt sich auf das Forschungsmotiv aus. »Man kann sich leicht ausmalen ... wie ein Systematiker sich für den muslimischen Gottesbegriff interessiert ...«[20] Er wird im Vergleich immer das eigene Glaubenssystem als maßgebend voraussetzen. Religionswissenschaftler dagegen »sind frei, fremden Glauben voraussetzungslos zu erforschen«[21].

c) Der Theologe kann nicht anders, als sein Netz auszuwerfen, das aus seiner eigenen Dogmatik geknüpft ist, der Religionswissenschaftler jedoch entwickelt seine Forschungsmethoden an der fremden Religion selbst und zeigt sich variabel und anpassungsfähig.

d) Theologen fragen nach der Wahrheit einer Religion und wollen Wahres von Lüge unterscheiden, sie wollen im besten Fall dialogisieren. Der Religionswissenschaftler aber will allein den Forschungsgegenstand objektiv und richtig darstellen. Die fremde, nicht die eigene Religion ist die »Norm«.

---

18 *H.-J. Greschat*, Was ist Religionswissenschaft?, Stuttgart/Berlin 1988, 129ff; *ders.*, Wie unterscheiden sich Religionswissenschaftler von Theologen?, ZMR 1980, 259–267; Greschat war Mitglied einer theologischen Fakultät. Vgl. vor allem *K. Rudolph*, Die Religionsgeschichte an der Leipziger Universität und die Entwicklung der Religionswissenschaft. Ein Beitrag zur Wissenschaftsgeschichte und zum Problem der Religionswissenschaft, Berlin 1962. Rudolph führt das leidenschaftlichste Plädoyer für eine Trennung der Religionswissenschaft von der theologischen und für ihre Zuordnung zur philosophischen Fakultät, obwohl er selbst später einen Ruf an eine theologische Fakultät annahm. Seine Voreingenommenheiten sind bei *Colpe*, Theologie, 36, Anm. 21 zusammengetragen, der sie zu Recht schlichtweg »kurzschlüssig« nennt. Vgl. zur Sache auch *F. Stolz*, Theologie und Religionswissenschaft – Das Eigene und das Fremde, in: *J. Ohlemacher / H. Schmidt* (Hg.), Grundlagen evangelischer Religionspädagogik, Göttingen 1988, 163–182.
19 *Greschat*, Religionswissenschaft, 129.
20 *Greschat*, Wie unterscheiden sich, 263.
21 *Greschat*, Religionswissenschaft, 130.

Daß hier, wenn auch in freundlicheres Gewand gehüllt, die gleichen Vorurteile wiederholt werden, die schon C. Colpe bei K. Rudolph kritisiert, ist offensichtlich. Die Argumentation hängt deshalb in der Luft, weil es prinzipiell eine voraussetzungslose Forschung auch in der Religionswissenschaft nicht gibt. Wie oft muß man diese hermeneutische Einsicht, die jeder geisteswissenschaftliche Student im Grundstudium lernt, noch wiederholen?

Der Religionswissenschaftler ist in gleicher Weise Voraussetzungen unterworfen wie der Theologe, nur eben anderen. Dieser ist sich dessen bewußt, jener aber verdrängt es allzu gern. Implizite, nicht reflektierte Voraussetzungen sind jedoch oft störender und wirksamer als offen erkannte. Gerade der angeblich voraussetzungslose, objektive Religionswissenschaftler entpuppt sich bei näherem Hinsehen als »Kryptotheologe«. Das wird besonders deutlich, wenn er die eigene Religion darstellt. Er vertritt dann meistens eine liberale, gelegentlich »freisinnige« Theologie und propagiert dies als objektive Darstellung. Wie »normativ« er dabei vorgeht, wird dann sichtbar, wenn er seine Sicht mit leidenschaftlichem Sendungsbewußtsein vorträgt. Einem »Prophetiesyndrom«[22] unterliegen diese Forscher allemal.

Aufschlußreich und für unser Thema von äußerstem Belang ist Greschats Hinweis auf die Methodenfrage (Punkte c und d). Auch wenn es innerhalb dieser Gruppe von Wissenschaftlern durchaus nicht einhellige Meinung ist, man müsse die »Binnenperspektive« einer Religion wahrnehmen[23], was im Blick auf die eigene Religion aus den genannten Vorurteilen auch nicht erstrebenswert wäre, so sind die methodischen Konsequenzen dieses Ansatzes doch einschneidend.

Da sich die Religionswissenschaft trotz ihres besonderen Gegenstandes im Konzert der übrigen Wissenschaften behaupten will, gewinnen Annäherungen an die humanwissenschaftlichen Fächer an Bedeutung. Zwar bleiben für alle die historische und philologische Orientierung unbestritten und zentral, doch bekommen jetzt Soziologie, Psychologie und Ethnologie ein stärkeres Gewicht. Ethnologische Methoden werden bei der Erforschung der Primalreligionen selbstverständlich übernommen, auch wenn unter Religionswissenschaftlern noch immer eine merkwürdige Abstinenz im

---

22   Das hat R. Flasche überzeugend dargestellt; vgl. *ders.*, Religionsmodell und Erkenntnisprinzipien der Religionswissenschaft in der Weimarer Zeit, in: *H. Cancik* (Hg.), Religions- und Geistesgeschichte in der Weimarer Republik, Düsseldorf 1982, 261–276, hier 262. Vgl. weiter *Hjelde*, Religionswissenschaft (siehe oben Anm. 4).

23   Z.B. *B. Gladigow*, in: Handbuch religionswissenschaftlicher Grundbegriffe I, 35f; *Stolz*, Theologie und Religionswissenschaft, 170f.

Blick auf die Stammesreligionen festzustellen ist und man sich Unkenntnis auf diesem Gebiet leisten zu können meint. Hegels Urteil, die Stammesreligionen nicht unter den bedeutungsschweren Begriff »Religion« subsummieren zu können, wirkt sich weiter negativ aus. »Magie« und ähnliche Begriffe werden weiter angewandt und perpetuieren die Vorurteile[24]. Wo man sich jedoch der ethnologischen Forschung annähert, muß das grundsätzliche Problem des Verstehens fremden Denkens mitbedacht werden. Im allgemeinen aber wird von den Vertretern der hier zu besprechenden Gruppe das hermeneutische Problem, das für die ältere Religionswissenschaft zentral war (H.-J. Wach u.a.), bemerkenswert ausgeblendet[25]. Damit hängt aufs engste die schon erwähnte Zurückweisung der Religionsphänomenologie zusammen[26]. Dabei geht es nicht nur um eine zu Recht geführte Kritik an den Einseitigkeiten der Phänomenologie, die die Geschichte und den Kontext religiöser Phänomene zuwenig beachtete, sondern um ihre prinzipielle Verwerfung. Sie gilt als »verkappte Theologie«, Ergebnisse ihrer Arbeit seien neue »überkonfessionelle Konfessionen«, sie nähme remythologisierende Positionen ein. Eine »empirische, mit historischen, philologischen und sozialwissenschaftlichen Methoden arbeitende Wissenschaft« könne sich solche unwissenschaftlichen, sprich phänomenologischen Seitensprünge nicht leisten; sie dürfe man der Theologie überlassen[27]. Das heißt aber, daß mit der Phänomenologie die Sinnfrage, zentral für jede Religion, hinfällt, denn sie ist nicht am Forschungsgegenstand als solchem abzulesen. Damit wird ein wesentlicher Aspekt von Religion, ihr Sinn und der Wahrheitsanspruch ihres Systems, in der religionswissenschaftlichen Forschung ausgeklammert. Die empirische Sozialwissenschaft

---

24 Vgl. *H.G. Kippenberg / B. Luchesi* (Hg.), Magie, Frankfurt a.M. 1989. Zur Methodik der Religionswissenschaft insgesamt vgl. *C.-H. Ratschow*, Methodik der Religionswissenschaft, in: Enzyklopädie der geisteswissenschaftlichen Methoden, München/Wien 1973, 347–400.
25 Im grundlegenden Teil des Handbuchs religionswissenschaftlicher Grundbegriffe I wird dem Thema Hermeneutik kein Artikel gewidmet! Zum hermeneutischen Problem in der Religionswissenschaft vgl. *O.F. Bollnow*, Religionswissenschaft als hermeneutische Disziplin, ZRGG 1979, 225–379; *W. Gantke*, Die Bedeutung des hermeneutischen Ansatzes O.F. Bollnows für die Religionswissenschaft, Diss. phil. Bonn 1989.
26 Vgl. vor allem *P. van Baaren / H.J.W. Drijvers* (Hg.), Religion, Culture and Methodology, Den Haag 1973; *H.G. Kippenberg*, Diskursive Religionswissenschaft, in: *B. Gladigow / H.G. Kippenberg* (Hg.), Neue Ansätze in der Religionswissenschaft, München 1983, 9–28; *Z. Zinser*, in: Handbuch religionswissenschaftlicher Grundbegriffe I, 308f.
27 *Zinser*, in: Handbuch religionswissenschaftlicher Grundbegriffe I, 308.

beherrscht das Feld und verdrängt selbst die »verstehende Soziologie«[28]. Es geht außschließlich um die »richtige Darstellung« einer Religion, nicht um ihr Verstehen; es geht um Wissens-, nicht Erkenntniserweiterung, um Religionskritik im Gewand einer Ideologiekritik. Die Gültigkeit religiöser Aussagen steht nicht zur Debatte, auch nicht innerhalb eines bestehenden religiösen Systems, sondern seine Regeln und ihre Wirkung. Der an der Religion Beteiligte will sich aus seinem religiösen Zusammenhang lösen und zum Beobachter werden, der Beobachter darf seinerseits die Rolle des anderen zeitweise einnehmen. Nicht Engagement, sondern Austausch von Rollen, Analyse der Sprechakte, soziale Dekodierung von Symbolen, nicht ihre Transzendierung und die Explikation des ihnen zugrundeliegenden Wertesystems, sondern ein Diskurs zur Erhebung sozialer Bestände ist angesagt, zu denen auch die Religion gehört, die deshalb so formal wie möglich definiert werden muß[29].

4. Mit fließenden Übergängen zu der besprochenen Gruppe zeichnet sich neuerdings in der Religionswissenschaft eine Aufwertung des Theologiebegriffs ab. Die Religion wird zwar ihres umfassenden Anspruches beraubt und statt dessen dem kulturellen Gesamtgefüge einer Gesellschaft ein- und untergeordnet, dem inneren Sinn einer Religion, ihrem spezifischen, unverwechselbaren Wertekodex wird jedoch neue Aufmerksamkeit geschenkt. »Theologie« ist dann nicht mehr das Proprium der christlichen Religion, was ja auch historisch unzutreffend ist, sondern jeder Religion immanent, sei es implizit oder explizit, denn sie reflektiert, ja arrangiert das Verhältnis von Menschen und Gottheit. Die Theologie, soweit sie besondere Träger dazu legitimiert, »bewertet die disparaten Einzelaussagen überlieferter religiöser Erfahrung« und fügt sie in

---

28 Vgl. die Polemik gegen *P.L.* Berger bei *H.G. Kippenberg*, Einleitung: Zur Kontroverse über das Verstehen fremden Denkens, in: *ders./Luchesi* (Hg.), Magie 9–51, hier 11. Ich will ausdrücklich hinzufügen, daß das Pendel nach diesem Extremausschlag zur Zeit wieder zurückschwingt und diese Forschergruppe nicht mehr repräsentativ für die Religionswissenschaft als ganze ist. Vgl. dazu *J. Waardenburg*, Religionen und Religion, Berlin / New York 1986, 241ff.250ff; *C. Colpe*, Zur Neubegründung einer Phänomenologie der Religionen und der Religion, in: *H. Zinser* (Hg.), Religionswissenschaft. Eine Einführung, Berlin 1988, 131–154; *Ch. Elsas*, Interreligiöser Dialog mit Außen- und Innensicht zu Bild und Wort: Personalisierung in der Religionswissenschaft, in: *H.-M. Barth / Ch. Elsas* (Hg.), Bild- und Bildlosigkeit, Beiträge zum interreligiösen Dialog, Hamburg 1994, 177–189. Vgl. weiter die ausführliche Diskussion dieses Problems bei *W. Gantke*, Der umstrittene Begriff des Heiligen. Eine problemorientierte religionswissenschaftliche Untersuchung, unpublizierte Habil.-Schrift, Bonn 1993.
29 Vgl. dazu *H.G. Kippenberg*, Einleitung, 10f.

ein »konsistentes gedankliches System« ein[30]. Für den Religionswissenschaftler, der den Spuren der Theologie folgt, ja folgen muß,
wenn er das Ganze einer Religion zur Darstellung bringen will, ergibt sich daraus ein Perspektivenwechsel. Er muß die immanente
Sichtweise einer Religion nachzuvollziehen versuchen. Das verändert die Darstellung der betroffenen Religion. Auch wenn der Forscher nicht ihr Prediger sein kann noch will, da er die Wahrheits-
frage nicht stellt, so muß er doch die Plausibilitätsstrukturen einer
Religion verstehen und vermitteln, ihre Gültigkeit für die jeweilige
Kultur im Religionsvergleich aufweisen und sie in das interkultu-
relle Gespräch einbringen. Ohne daß damit die historisch-diachro-
ne Betrachtungsweise aufgegeben wird, die synchrone Orientierung wird notwendig, die Phänomenologie aufgewertet. Die rein deskriptive, szientistische Sprache kann dabei gelegentlich in asserto-
rische, hymnisch-prädikative Sprache übergehen, die Deskription
sogar zum »theologischen Text« werden, wie H. Cancik überzeugend an Walter F. Ottos Werk aufgezeigt hat[31], ohne daß der religionswissenschaftliche Rahmen wesentlich überschritten wird.
Unter den Forschern, die den Theologiebegriff zentral in die religionswissenschaftliche Forschung einbeziehen, wäre hier an her-
ausragender Stelle J. Assmann zu nennen. Es ist nicht zufällig, daß
sein Ägyptenbuch den Untertitel »Theologie und Frömmigkeit einer frühen Hochkultur« trägt[32]. Aus kulturvergleichender Perspektive wird bei ihm der Übergang von impliziter zu expliziter Theologie entfaltet (diese Unterscheidung ist ihm wichtig), diachrone
mit synchroner Perspektivität verbunden, die disparaten Einzeltexte
untereinander vernetzt, die religiösen Erfahrungen gesammelt, geordnet und das implizite System einer »konstellativen Theologie«,
wie er es nennt, entfaltet, d.h. einer Theologie, die das Wesen der
Götter aus ihren Bezügen zu anderen Göttern bestimmt. Hier wird
nicht soziologisch-funktionalistisch gedacht, sondern ein theologischer »Diskurs« entfaltet, der sich ausdrücklich von dem gesellschaftspolitischen Kommunikationsbegriff von J. Habermas unterscheidet und darunter »Ausarbeitung und Tradierung von Wissen
im Rahmen von Institutionen« (hier Priestertum und Tempelver-
waltung) versteht[33]. Wie ungemein fruchtbar solch eine theologi-

---

30 *H. von Stietencron*, Gedanken zur Theologie, in: *ders.* (Hg.), Theologen und
Theologie in verschiedenen Kulturkreisen, Düsseldorf 1986, 9ff, hier 12.
31 *H. Cancik*, Die Götter Griechenlands, 1929; *ders.*, Walter F. Otto als Religionswissenschaftler und Theologe am Ende der Weimarer Republik I, in: *von
Stietencron* (Hg.), Theologen und Theologie, 214–238, hier 217.
32 *J. Assmann*, Ägypten. Theologie und Frömmigkeit einer Hochkultur, Stuttgart 1984.
33 Ebd., 52.

sche Entfaltung ägyptischer Religion für die exegetische Arbeit
ebenso wie für den interkulturellen Austausch und die religionswissenschaftliche Komparatistik ist, muß nicht weiter ausgeführt
werden und ist durch andere Publikationen von J. Assmann genügend unter Beweis gestellt[34].

III

Auch ein nur flüchtiger Überblick über die bisherigen Konstellationen des Verhältnisses von Religionswissenschaft und Theologie
macht deutlich, wo der Ansatz von R. Albertz unterzubringen ist:
sachlich und methodisch bei denen, die eine strikte Trennung von
Theologie und Religionswissenschaft vertreten. Interessant ist dabei, wieweit die methodische Übereinstimmung geht: Ganz im Sinne jener Forscher wendet sich Albertz 1. einer Fremdreligion zu.
Diese soll und darf 2. nicht unter vereinnahmenden, also christlich-
theologischen Gesichtspunkten, sondern nur unter Absehung ihrer
Rezeptionsgeschichte erforscht werden. Das eigene Glaubenssystem wird radikal zur Seite gelegt. Als Religionswissenschaftler will
Albertz die Außenperspektive der Fremdreligion darstellen, wie es
K. Rudolph, B. Gladigow und andere aus dieser Gruppe fordern.
Albertz ist jedoch 3. zu sehr hermeneutisch geschult, um nicht zu
wissen, daß es eine voraussetzungslose Geschichtswissenschaft
nicht gibt. So legt er mit großem Freimut auch seine inneren Motive bloß. Er will nach Auschwitz die vereinnahmenden Tendenzen
einer (christlichen) Theologie des Alten Testamentes überwinden
und den Dialog mit dem Judentum vorantreiben, der (angeblich)
durch eine wie auch immer geartete Theologie des Alten Testamentes verhindert wird. Als Konsequenz seiner hermeneutischen
Grundvoraussetzung folgt 4., daß er neben der Außenperspektive
die Binnenperspektive der Religion nicht ganz außer acht lassen
will. Aus der Ethnologie übernimmt Albertz darum die Methodik
des Rollentausches: Aus dem Beobachter wird – zeitweise jedenfalls – (gelegentlich auch leidenschaftlich) ein Beteiligter und umgekehrt: Der Beobachter wird zum Subjekt (so im Vortrag unter
Verweis u.a. auf Kippenberg)[35].
Hier sind allerdings »natürliche« Grenzen für seine Methodik gesetzt, denn anders als der Ethnologe kann er die »teilnehmende

---

34 Vgl. bes. *J. Assmann*, Maʿat. Gerechtigkeit und Unsterblichkeit im Alten
Ägypten, München 1990.
35 *Albertz*, Religionsgeschichte I, 30ff; *ders.*, Religionsgeschichte Israels,
19f; das befreiungstheologische Interesse legt er im Leuvener Vortrag offen dar.

Beobachtung« nur auf Texte beschränken, sonst müßte er die Binnenperspektive des heutigen Judentums als authentisch akzeptieren. Das darf er jedoch nicht, denn auch das Judentum kann zur fernliegenden Vergangenheit nur die gleiche Doppelperspektive von außen und von innen einnehmen wie ein christlicher Theologe respektive Religionswissenschaftler. Daß das Alte Testament zwei Fortsetzungsgeschichten hat, davon kann Albertz selbstverständlich nicht absehen. Um aber nicht den Weg »einer unverbindlichen Einfühlung«, wie er mit deutlicher Spitze gegen die Religionsphänomenologen sagt, gehen zu müssen, will er, anders als in dieser Gruppe von Religionswissenschaftlern üblich, zumindest die innerisraelitischen Wahrheitsentscheidungen in den geschichtlichen Situationen nachvollziehbar machen, ohne dabei selbst normativ zu werten.

Dazu verhilft ihm ein soziologischer Perspektivenwechsel, der sonst selten zu finden ist. Albertz favorisiert die Binnenperspektive der Unterschicht. Dadurch eröffnet er oftmals bemerkenswerte Durchblicke. Der befreiungstheologische Einfluß auf sein Denken ist dabei zu spüren. Schon in seiner Habilitationsschrift[36] versuchte er die Perspektive der unteren Kleingruppe als Familienreligion religionsgeschichtlich-ethnologisch zu eruieren. Diesem Ansatz bleibt er treu. Da die Familie überall Nukleus der Volksreligiosität ist und diese sich in ihr – wenn auch konturenloser, auch synkretistischer – durchhält und verbreitet, wird durch seinen Ansatz die Volksreligiosität aufgewertet, die Religion der Elite jedoch kritisch betrachtet. Zu der gehören jedoch die Theologen, Propheten, Priester, diejenigen also, die schreiben können. Wie wertend er dabei vorgeht, ja gelegentlich gegen die Entscheidungen der elitären Theologie Partei ergreift, dafür sei auf das Beispiel des vorstaatliche Synkretismus verwiesen, gegen den die Propheten, Hosea an erster Stelle, polemisieren. Daß die Einbeziehung eines weiblichen Elementes in die israelitische Religion als eine »Bereicherung empfunden worden« ist, konstatiert er als Religionswissenschaftler. (Woher weiß er das?) Daß dieser ganze Bereich wieder ausgeschieden wurde, entbehrt, so Albertz, »aus heutiger Sicht« »nicht einer gewissen Tragik«! Dieser »leider« (sic!) gescheiterte Synkretismus hat nun dafür gesorgt, daß dem Höhenkult insgesamt, »diesem der Jahwereligion in anderen Punkten so angemessenen, volksnahen, dörflichen Heiligtumstyp« der Garaus gemacht worden ist[37]. Deutlicher und engagierter kann man seinen Standpunkt kaum einbringen.

---

36 *R. Albertz*, Persönliche Frömmigkeit und offizielle Religion. Religionsinterner Pluralismus in Israel und Babylon, Stuttgart 1978.
37 *Albertz*, Religionsgeschichte I, 135.

Spätestens an dieser Stelle wird 5. deutlich, daß Albertz letztlich in
seiner Darstellung »Wahres« und »Falsches« in der israelitischen
Religion nicht voneinander trennen und in der innertheologischen
Auseinandersetzung möglichst wenig Partei ergreifen, sondern nur
historisch beschreiben will, was sich durchgesetzt hat und der Jahwereligion am adäquatesten ist. Ob sich die Wahrheit durchgesetzt
hat und ob Israels Religion überhaupt »wahr« ist, ist Glaubensüber-
zeugung, die in die Erforschung der Religion nicht einfließen darf,
ebensowenig wie jene Frage, ob die christliche Religion als Fortset-
zungsgeschichte des Alten Testamentes Wahrheit repräsentiert oder
nicht. Die im Alten Testament »dokumentierte Religion (ist) eine
unter vielen«. Das gilt ebenso für das Neue Testament.
Albertz hat sich in seinem religionsgeschichtlichen Ansatz vollständig auf die Gruppe derer eingelassen, die für die radikale Trennung von Theologie und Religionswissenschaft plädieren[38]. Wie
konsequent er sich an sie gebunden hat, wird auch daran deutlich,
daß er einen rein formalisierten Religionsbegriff vertritt und den
von Inhalten absehenden, sich an der gesellschaftspolitischen Kommunikation orientierenden Diskursbegriff von H.-G. Kippenberg
übernimmt. Daß solche Einseitigkeit zu dem von Kippenberg vertretenen soziologischen Ansatz als solchem paßt, ist einsichtig. Bei
Albertz mag sie überraschen, dennoch entbehrt sie nicht einer gewissen Folgerichtigkeit, weil er der Familienfrömmigkeit/Volksre-
ligiosität erhöhte Aufmerksamkeit schenkt und in der Familienreligion den Kitt israelitischer Religion überhaupt sieht. Ebenso wie
Kippenberg muß er dann die religionsphänomenologische Methode ablehnen. Und in der Tat, die Religionsphänomenologie ist in
seiner Arbeit abwesend. Symbolinterpretationen kommen z.B. über
den Rahmen archäologischer Beweisführung hinaus kaum vor.
Fragen nach dem Sinn von Riten und Formen des Tempelkults,
Fragen nach dem, was über die reine Performanz prophetischer
und kultischer Handlungen hinausgeht, findet man nur spuren-

---

38   In seinem Vortrag auf dem Wiener Theologenkongreß 1994: »Wieviel Pluralismus kann sich eine Religion leisten? Zum religionsinternen Pluralismus im
alten Israel« bekennt sich R. Albertz selbst zum »funktionalen« Religionsver-
ständnis. Damit wird noch einmal und endgültig deutlich, warum Religionswissenschaft und Theologie bei ihm soweit auseinanderdriften. Seit Feuerbach und
Durkheim hat der funktionalistische Religionsbegriff zur Erschließung der anthropologischen und sozial-anthropologischen Dimension der Religion Wesentliches geleistet. Ich selbst habe in meinen ethnologischen Forschungen und Publikationen gern davon Gebrauch gemacht. Er hat mir den Zugang zu sonst vielleicht unerschlossen gebliebenen Riten und Praktiken afrikanischer Stammesreligionen erleichtert. Den Sinn und das Ganze einer Religion erreicht man damit
jedoch nicht. Im Gegenteil, wer sich darauf einläßt, muß wissen, was er tut: Die
Tür zur Theologie schließt sich.

haft. Theologische Einsichten, soweit sie das Wesen der Gottesbeziehung und die Eindrücklichkeit des Heiligen betreffen, können auf diese Weise nicht gewonnen werden. Die Phänomenologie ist in der Religionswissenschaft von jeher die Brücke zum Verstehen und zur Theologie gewesen. Bricht man sie ab, kann auch der nächste Schritt, die Frage nach der »Summe«, nach der Theologie einer Religion, nicht erfolgen. Es bleibt der Absturz in den soziologisch geprägten Diskurs im religionswissenschaftlichen Gewand. Die Tür zur Theologie bleibt verschlossen. Allerdings argumentiert Albertz – und das darf 6. nicht übersehen werden – nicht nur aus religionswissenschaftlicher Sicht gegen den Entwurf einer alttestamentlichen Theologie, sondern offenbar auch aus theologischem Interesse. Er trifft eine Vorentscheidung, die verschiedene Quellen hat: der Holocaust, die Inkompatibilität der bisherigen verschiedenen Entwürfe einer Theologie des Alten Testamentes, die Bedeutung der Geschichte für das Selbstverständnis Israels, die Verwerfung des Absolutheitsanspruchs des Christentums, die Ablehnung jeder Normativität, die angeblich die Dialogfähigkeit des Christentums zum Judentum behindert[39].

Die Frage nach der Tragfähigkeit dieser disparaten Argumente lassen wir beiseite, denn wichtiger ist zu sehen, ob sich dahinter implizit eine dogmatische Entscheidung verbirgt und in welches der Zuordnungsmuster von Religionswissenschaft und Theologie aus systematisch-theologischer Sicht, die im ersten Abschnitt dargestellt wurden, er einzuordnen ist. Es läge prima vista nahe, Albertz bei dem Trennungsmodell, wie es von der Dialektischen Theologie vertreten wird, unterzubringen. Fraglos sind hier Affinitäten festzustellen. Doch trotz aller Formalisierung des Religionsbegriffs findet eine Aufwertung der Religion statt, die schwerlich mit jenem Modell zu vereinbaren ist. Da die beiden anderen Modelle, das des sich überschneidenden respektive das der konzentrischen Kreise ebensowenig in Frage kommen, müssen wir also nach einem weiteren Modell suchen. Der von der VELKD und der Arnoldsheimer Konferenz herausgegebenen Studie »Religionen, Religiosität und christlicher Glaube«[40] liegt ein anders zu bestimmendes Modell zugrunde. Bei aller Differenzierung und Eigenständigkeit der beiden Wissenschaften wird ein gemeinsamer Grund für beide postuliert. Es ist die allen Religionen gemeinsame und von mir so genannte »primäre Religionserfahrung«, die in den Stammesreligionen noch greifbar ist. An ihnen läßt sich zeigen, wie Religion dem Wohl des Menschen dient und ihn in seinem Huma-

---

39 Vgl. *Albertz*, Religionsgeschichte I, 38f.
40 Religionen, Religiosität und christlicher Glaube, Gütersloh 1991.

num festhält. Theologisch gesprochen: In ihnen ist in besonderer Weise das Schöpfungshandeln Gottes und sein erhaltendes Walten greifbar. Die Religionen haben es mit Gott zu tun. Durch sie segnet er die Völker, um mit C. Westermann zu sprechen[41]. Sie gehören zum »Welthandeln« Gottes und sind dogmatisch im Rahmen des ersten Glaubensartikels zu bedenken[42].

Mit dem schon in seiner Habilitationsschrift begonnenen Ansatz, die Religion besonders in den Familien anzusiedeln und hier das Ferment der altisraelitischen Religion zu sehen, setzt Albertz in der Forschung genau an dem Punkt an, wo sich Religionswissenschaft und Theologie treffen, ehe sie sich ihrem eigenen spezifischen Gebiet zuwenden. Folgen wir den eingangs skizzierten Graphiken, müßte man das Verhältnis von Religionswissenschaft und Theologie mit zwei Ellipsen vergleichen, die einen gemeinsamen Brennpunkt haben, im übrigen im spezifisch eigenen Wissenschaftsbereich unabhängig voneinander sind.

Die Frage lautet nun, ob dieses Modell die Ergänzung der religionsgeschichtlichen Forschung durch die theologische ermöglicht oder ausschließt. Was Albertz im ersten Band seiner Religionsgeschichte Israels noch für möglich hält[43], schließt er später kategorisch aus, öffnet aber in Leuven vorsichtig wieder die Tür. Wenn ich ihn richtig interpretiere, muß er in der Tat diese Option auch aus seinem religionsgeschichtlichen Ansatz heraus offenhalten. Zu Recht hat Albertz die Bedeutung der Familie respektive der Klein- oder Stammesgesellschaft, wie ich aufgrund meiner eigenen ethnologischen Forschung lieber sagen würde, für die Formung der altisraelitischen Religion herausstellt. Dennoch ist unübersehbar, daß Albertz sich mit dieser Option ein zu enges Korsett angelegt hat. Auch als Religionswissenschaftler muß er sich offenhalten für die »sekundäre Religion« der ausdifferenzierten Gesellschaft[44], der Institutionen und ihrer Träger, der Elite, der Reformer und Stifter. Zu wichtige Details der Religionsgeschichte bleiben sonst ausgeblendet. Wenn Albertz, um ein Beispiel herauszugreifen, den Theologien des Alten Testamentes Einebnung von Differenzen vorwirft, dann ist ihm eben dieser gleiche Vorwurf zu machen. Bekommen der innertheologische Diskurs, die Erweiterung der prophetischen

---

41   *C. Westermann*, Die Zukunft der Religionen, in: *Th. Sundermeier* (Hg.), Fides pro mundi vita. Missionstheologie heute (FS H.-W. Gensichen), Gütersloh 1980, 151ff; *Th. Sundermeier*, Religion, Religionen, in: Lexikon missionstheologischer Grundbegriffe, Berlin 1987, 411–422.
42   Vgl. Religionen, Religiosität und christlicher Glaube, 126.
43   *Albertz*, Religionsgeschichte I, 38.
44   Zu dieser Unterscheidung von »primärer« und »sekundärer Religion« vgl. *Sundermeier*, Religion, Religionen, 417f.

und priesterlich-theologischen Traditionen durch Abgrenzung, Neusetzung und Integration außer- und innerisraelitischer Traditionen das ihnen zukommende Gewicht? Die Theologien der Propheten des 8. Jahrhunderts z.b. werden nicht mehr in ihrer spezifischen Besonderheit miteinander verglichen und voneinander abgegrenzt, ihr innertheologisches Gespräch nicht nachvollzogen, sondern geradezu nivelliert dadurch, daß sie fast ausschließlich von ihrem gemeinsamen Gegenüber und von der sozio-politischen Auseinandersetzung her dargestellt werden[45]. Seine antielitäre Haltung schlägt hier durch, auch in einer oftmals sprachlich emotional überhöhten Darstellung. Die Propheten werden ihrer Funktion untergeordnet, ihre Theologien besitzen kein eigenes Gewicht. Dem muß widersprochen werden. So wichtig der jeweilige historische Kontext zur Formung eines Propheten ist, die prophetische Geistesgeschichte hat ihr eigenes Gewicht und auch eine vom konkreten politischen Zusammenhang unabhängige Wirkung. Die Darstellung dieser Geistes- und Theologiegeschichte, zumal wenn sie noch durch eine institutionenorientierte Priestertheologie erweitert wird, verdient in einer Religionsgeschichte Israels einen eigenständigen Platz. Gerade aus religionsgeschichtlicher Sicht muß gefordert werden, diesen Theologien und ihrer Geschichte besondere Aufmerksamkeit zu widmen. Die genannten neueren religionswissenschaftlichen Aufsätze, die im Rahmen kulturwissenschaftlicher Forschung mit Hilfe historischer, soziologischer und phänomenologischer Methoden den Spuren »impliziter« Theologie und der Hinwendung zur »expliziten« nachgehen und diese in ihrem inneren Diskurs entfalten[46], machen deutlich, daß auch in einer Religionsgeschichte Israels Platz sein muß für Theologie und theologiegeschichtliche Entwicklungen.

Nein, die Alternative »Religionsgeschichte versus Theologie« besteht auch aus religionswissenschaftlicher Sicht nicht. Gerade nachdem ein so breit angelegter Entwurf zur Religionsgeschichte Israels vorliegt, wird eine Theologie des Alten Testaments um so erforderlicher, da sie mit dieser Arbeit auf ein ganz neues Fundament gestellt wird. Daß die neu zu entwerfende Theologie des Alten Testaments keinen Anspruch auf universelle Gültigkeit haben kann, sondern ihrerseits wieder intensiv im Gespräch mit unserer gegenwärtigen geistigen Situation entworfen wird und darin »sub-

---

45 Vgl. *Albertz*, Religionsgeschichte I, 275ff.321ff.
46 Ausdrücklich sei auf den in methodischer und sachlicher Hinsicht vorbildlichen Aufsatz von *J. Assmann*, Arbeit am Politheismus. Die Idee der Einheit Gottes und die Entfaltung des Theologischen Diskurses in Ägypten, in: *Von Stietencron* (Hg.), Theologen und Theologie (siehe oben Anm. 29), 46–49 verwiesen.

jektiven« Charakter trägt, ist selbstverständlich und gehört essentiell zum theologischen Geschäft. Kaum jemand hat das so deutlich gewußt wie G. von Rad. Als ich in den 60er Jahren aus Namibia bei ihm anfragte, ob wir für ein Textbuch für afrikanische Seminare Teile seiner Theologie (es ging um das Thema »Mose«) übersetzen dürften, stimmte er dem nur sehr zögerlich zu. Seine Theologie sei im engsten Gespräch mit den gegenwärtigen Problemen der Theologie in Deutschland geschrieben worden, schrieb er mir. Er hätte schon große Bedenken gehabt, einer Übersetzung ins Englische zuzustimmen, wieviel mehr gälte das für eine Übersetzung in eine afrikanische Sprache.

Religionsgeschichte oder Theologie des Alten Testaments? Die Alternative ist falsch gestellt. Das klingt wie die Frage nach »Bild oder Zahl«, nach den zwei Seiten einer Münze. Die religionsgeschichtliche Erforschung des Alten Testaments hat ihr eigenständiges Recht. In seinem großen Entwurf hat Albertz dieses Problem höchst anregend und gelegentlich recht eigenwillig angepackt. Das entbindet jedoch nicht davon, im kulturwissenschaftlichen oder theologischen Rahmen auf die theologischen Probleme des Alten Testaments einzugehen und die »Summe«, die Theologie seiner Religion darzustellen, denn durch seine Theologie hat Israel geistesgeschichtlich und theologisch stärker gewirkt als durch seine Religionsgeschichte. Eine Theologie des Alten Testaments kann aber nicht unabhängig von dieser entworfen werden, sondern muß auf den religionswissenschaftlichen Erkenntnissen aufbauen. Die beiden Disziplinen, Religionsgeschichte und Theologie, sind wie zwei Ellipsen, die einen gemeinsamen Brennpunkt haben.

Norbert Lohfink

Fächerpoker und Theologie

Herausgeber-Nachgedanken zu der Diskussion

I. Einladung zum Fächerpoker

Nachdem Rainer Albertz eine nicht nur imponierende, sondern auch spannend zu lesende zweibändige »Religionsgeschichte Israels in alttestamentlicher Zeit« geschrieben hatte[1], stach ihn der Hafer. Er brach aus der Koppel aus und problematisierte den heiligen Fächerkanon der Theologischen Fakultät. Darum nämlich ging es ihm, als er für das Internationale Treffen der Society of Biblical Literature in Münster 1993 ein »Plädoyer für eine forschungsgeschichtliche Umorientierung« (so der Untertitel) mit dem Haupttitel »Religionsgeschichte Israels statt Theologie des Alten Testaments!« anmeldete[2].

Der Ausdruck »forschungsgeschichtliche Umorientierung« konnte zwar auch anders gehört werden: als sei jemand alamodisch geworden und posiere, gleich anderen Erfolgsautoren, mit einem neuen »wissenschaftlichen Paradigma«. Aber dem war nicht so. Das Leitwort des Referats hieß »zusammenfassende Disziplin«, und an entscheidender Stelle fragte Albertz, welche der beiden »Disziplinen« in Zukunft die »Rolle der ›Königsdisziplin‹ in der alttestamentlichen Wissenschaft« spielen solle[3]. Wurde hier nicht zum Fächerpoker, zu einer Art Miß-Wahl aufgerufen? Nach den Diskussionen auf einem weiteren Treffen der Society of Biblical Literature in Leuven 1994 beklagte er sich in seiner »abschließenden Stellungnahme«[4]

---

1 (GAT 8/1–2), Göttingen 1992. – Um den Charakter einer Reflexion über die in diesem Bande dokumentierte Diskussion streng einzuhalten, beziehe ich mich im folgenden nur noch auf die Beiträge selbst und verzichte ich auf jede Bezugnahme auf andere eigene oder fremde Veröffentlichungen, erst recht auf deren Diskussion.
2 Oben S. 3–24.
3 Oben S. 6.
4 Hat die Theologie des Alten Testaments doch noch eine Chance? Abschließende Stellungnahme in Leuven (oben S. 177–187).

darüber, daß seine »These zuweilen grundsätzlicher verstanden
worden (sei), als sie gemeint war«. Er habe keineswegs »den Alttestamentler aus der Pflicht ... entlassen« wollen, »sich auch theologisch mit der Hebräischen Bibel auseinanderzusetzen«. Er habe
nicht die »Theologie durch die Religionswissenschaft« ersetzen
wollen, sondern die »Disziplin ›Theologie des Alten Testaments‹
durch die Disziplin ›Religionsgeschichte Israels‹«[5]. Er hatte also
nicht die Forschung, sondern die Studien- und Prüfungsordnung
beim theologischen Lehrbetrieb im Sinn.

Noch deutlicher wird das in einer nachträglich seinem ersten Referat hinzugefüg-
ten Fußnote, wo er Rolf Rendtorffs Bemerkung, ihm fehle jedes Bedürfnis nach
einer »zusammenfassenden Disziplin«[6], als »Äußerung eines Emeritus« bespöt-
telt, der »nicht mehr Sorge dafür zu tragen hat, wie das ... Fachgebiet Altes Testament noch gelehrt und gelernt werden kann«. Im gleichen Zusammenhang weist
er darauf hin, daß die Alttestamentlichen Theologien von Gerhard von Rad und
von Walter Eichrodt lange Zeit »in Studium und Examen faktisch die Rolle zusammenfassender Standardwerke übernommen haben«[7]. Hier spricht ein akademi-
scher Lehrer, der seine liebe Not damit hat, ein immer weiter expandierendes Fach
seinen Studenten noch zu vermitteln. Er braucht eine »zusammenfassende Disziplin«[8]. Dazu scheint ihm die Religionsgeschichte geeigneter als die Theologie.
Am Ende seines ersten Referats läßt er seine Zuhörer einen fraglos am Lehrbetrieb
orientierten Einwand vorbringen: »Warum können wir nicht beides nebeneinander betreiben?« Seine Antwort ist einmal ein Hinweis auf die »Begrenztheit unserer Arbeitskraft«[9], zum andern das Urteil, faktisch habe die »Zweigleisigkeit«
zur »Verkümmerung der religionsgeschichtlichen Forschung in Deutschland« geführt[10]. Das Zweite halte ich zwar für eine etwas zu einfache Deutung der Fächer-
geschichte, doch jetzt kommt es nur darauf an, daß Albertz auch hier wieder von
akademischen Lehranstalten spricht.

Dann ist aber fast die ganze in diesem Jahrbuch dokumentierte Diskussion an der von Albertz gemeinten Sache vorbeigegangen. Abgesehen von Rolf Rendtorff, der »keineswegs das Bedürfnis nach
einer zusammenfassenden Disziplin« zu empfinden behauptet[11],
und Frank Crüsemann, der die Weise, wie man zusammenfaßt, lieber dem »Charisma« des jeweiligen akademischen Lehrers überlassen möchte[12], hat keiner der Gesprächspartner die Frage, wie man
die Forschungsverzettelung durch eine »zusammenfassende Disziplin« reduzieren könne, aufgegriffen. Keiner hat sich mit dem

5   Alle Zitate oben S. 177.
6   Oben S. 35.
7   Oben S. 3, Anm. 4.
8   Oben S. 23.
9   Oben S. 24; hierzu kritisch Crüsemann (oben S. 76, Anm. 32).
10 Oben S. 24.
11 Oben S. 35.
12 Oben S. 76, Anm. 32.

Anliegen auseinandergesetzt, man brauche doch nun einmal eine »Disziplin«, die »in der Lage ist, die historisch-kritischen Ergebnisse unseres Fachgebietes zusammenzufassen, auf einen Konsens der Detailforschungen hinzuwirken, das Gespräch mit den Nachbardisziplinen zu fördern und den theologischen Ertrag alttestamentlicher Forschung in Theologie und Kirche zu transportieren.«[13] Alle sind sofort zu der von ihrer jeweiligen Miß-AT vertretenen Sache übergegangen, zum Teil sogar zu viel umgreifenderen Fragen.

Außer von Rendtorff und Crüsemann wird das Vermittlungsproblem, das Albertz beunruhigt, höchstens noch indirekt berührt. So, wenn Isaac Kalimi aus der konkreten Struktur des jüdischen wissenschaftlichen wie nichtwissenschaftlichen Umgangs mit der Bibel erklärt, warum dort im universitären Bereich »die theologischen und religiösen Perspektiven weniger Aufmerksamkeit« finden[14]. Oder, wenn Rolf Rendtorff und Frank Crüsemann darauf aufmerksam machen, daß nicht nur in einer Theologie des Alten Testaments manches nicht zur Sprache kommt, was in einer Religionsgeschichte hervortritt, sondern umgekehrt auch eine Religionsgeschichte zentrale Themen der biblischen Texte nicht erfassen kann[15] – das läßt ja bei beiden Disziplinen Zweifel an ihrer Fähigkeit aufkommen, im Sinne von Albertz alles »zusammenzufassen«. Oder, wenn Frank Crüsemann die Frage aufwirft, ob die Disziplin »Theologie des Alten Testaments« im Sinne einer »griffigen« Aufbereitung des gesamten biblischen Zeugnisses nicht vielleicht »spezifisch protestantischen Bedürfnissen«, speziell im pragmatischen Bereich des »akademischen Unterrichts«, entspringe – weil nämlich einerseits »die Bibel alleinige Grundlage von Glauben und Kirche ist«, andererseits aber »im Studium nur wenige Schriften exemplarisch studiert werden können«[16]. Schließlich, wenn Thomas L. Thompson meint, es sei an der Zeit, die alttestamentliche Wissenschaft aus ihrem »traditionellen Kontext«, nämlich den theologischen Fakultäten, überhaupt herauszulösen[17] – die Folge wäre ja, daß dann auch mehrere Bedürfnisse entfielen, derentwegen Albertz eine »zusammenfassende Disziplin« fordert.

II. Theologie!

Albertz muß an Fragen gerührt haben, die tiefer sitzen und die jeden, der sich ihren hochschuldidaktischen und wissenschaftsorganisatorischen Ausläufern nähert, sofort in ihr Sachzentrum saugen. Das gilt selbst da, wo man im ersten Augenblick den Eindruck hat, ein Gesprächspartner habe einfach die Gelegenheit benutzt, seine eigenen Interessen wieder einmal in Erinnerung zu rufen.

13 So Albertz da, wo er die Aufgabe einer »zusammenfassenden Disziplin« am deutlichsten formuliert (oben S. 177f).
14 Oben S. 63.
15 Oben S. 36f (Rendtorff) und 70–72 (Crüsemann), vgl. auch oben S. 154f (bei Marie-Theres Wacker).
16 Oben S. 76.
17 Oben S. 160.

Wenn Rolf Rendtorff und Christof Hardmeier bei nur recht knappen Bezugnahmen auf Albertz[18] einfach eigene Modelle »Alttestamentlicher Theologie« vorstellten; wenn Isaac Kalimi die jüdische Wissenschaft gegen die Unterstellung in Schutz nahm, kein theologisches Interesse zu haben; wenn Niels Peter Lemche und Thomas L. Thompson in nicht gerade üblicher Tonart nun in der Tat ein neues Kopenhagener »Paradigma«[19] proklamierten, für das Albertz einige Argumentationshilfen liefern durfte, um alsdann wie ein begossener Pudel auf sich leerendem Marktplatz von ehedem stehengelassen zu werden; wenn Hans-Peter Müller sich zwecks Schützenhilfe an »grundsätzliche erkenntnistheoretische Erwägungen«[20] machte; wenn schließlich Marie-Theres Wacker auch der feministischen Sicht zur Stimme verhalf – durch alle diese scheinbar nur an einer eigenen, andersartigen Sache interessierten Plädoyers zieht sich doch wie ein roter Faden das Bedürfnis, gegen eine offenbar gespürte Gefährdung das Recht dessen zu sichern, was so oder so mit dem Wort »Theologie« gemeint ist. Selbst der religionswissenschaftliche Beitrag von Theo Sundermeier, der nicht aus der Kongreßdiskussion über die Thesen von Albertz stammt, endet beim Thema »Theologie«.

Genau besehen will auch Albertz selbst jene Sache, um die es in einer Alttestamentlichen Theologie gegangen wäre, nur in eine andere Disziplin umlagern.

Die Religionsgeschichte Israels sei, wie oben schon zitiert, einfach geeigneter, »den *theologischen* Ertrag alttestamentlicher Forschung in Theologie und Kirche zu transportieren.«[21] Dafür muß sie sogar noch ein wenig umerzogen werden[22]. Es gilt, sie »besser in die Theologie zu integrieren«, als das am Anfang unseres Jahrhunderts, wo die Exegeten sie aufgaben, möglich war[23]. Albertz spielt selbst mit dem Gedanken, sie in »Theologiegeschichte« umzutaufen, wenn er ihn dann auch wieder fallenläßt[24]. Dagegen verordnet er ihr andere, wohlangebrachte Kuren[25], und abschließend wagt er zu »behaupten«, sie könne am Ende »theologischer‹ als eine Theologie des Alten Testaments« sein, könne »besser als diese das lebendige religiöse und theologische Erbe der alttestamentlichen Tradition bewahren und an die übrigen Fächer der Theologie und in die Kirche hinein weitergeben«[26]. Hier kürt Paris als seine Helena die Religionsgeschichte, doch es geht um die Weitergabe von Theologie. Wer das verkennt, hat Albertz verkannt.

18   Bei Hardmeier muß man dafür bis auf Fußnote 6 warten (vgl. oben S. 113).
19   Das Wort erscheint sofort in Lemches Exordium (oben S. 79), ebenso in dem von Thompson (oben S. 157).
20   So Albertz selbst oben S. 180.
21   Oben S. 178 (Kursivierung von mir).
22   Dieser Gedanke allein zeigt schon, daß Albertz offenbar nicht in einem theoretisch entworfenen und damit auch logisch sauberen Fächersystem denkt, sondern das vor Augen hat, was sich unter den einzelnen Fächernamen historisch entwickelt hat und was man deshalb auch wieder anders weiterentwickeln kann. Das gilt auch für seine gesamte kritische Analyse der »Disziplin Theologie des Alten Testaments«.
23   Oben S. 16.
24   Oben S. 17.
25   Das ist der Sinn des ganzen dritten Hauptteils seines ersten Beitrags (oben S. 16–23).
26   Oben S. 23.

Ich glaube, daß dieser Sachverhalt unterstrichen werden sollte. Er allein legitimiert es, daß wir für die Dokumentation der Diskussion praktisch einen ganzen Band unseres Jahrbuchs zur Verfügung gestellt haben. Es geht um die Sache, deretwegen dieses Jahrbuch gegründet wurde. Auch wenn kein einziger Fakultätsrat den Vorschlägen von Albertz folgen sollte – was er sagte, lag in der Luft, und es ist für die Sache der biblischen Theologie gut, daß es ausgesprochen ist und diskutiert werden kann.

III. Stimmen die Voraussetzungen?

Um nun ein wenig über die ganze Diskussion zu reflektieren: Albertz macht Voraussetzungen, die vielleicht nicht so evident sind, wie sie scheinen. In dem auf das zuletzt gebrachte Zitat folgenden Satz schauen uns gleich zwei davon mit sanftem Unschuldsblick an, so daß sie kaum auffallen. Es heißt da, die Religionsgeschichte Israels sei »genau die zusammenfassende Disziplin, die wir für das *historisch-kritisch arbeitende* Fach Altes Testament *innerhalb der theologischen Fakultät* brauchen.«[27]

1. Um mit der zweiten von mir kursiv gesetzten Wendung zu beginnen: Es wird als selbstverständlich insinuiert, daß die »Forschungsgeschichte«, von der bei Albertz der Untertitel spricht, sich »innerhalb der theologischen Fakultät« abspielt. Das mag nun früher einmal so gewesen sein, und in Mitteleuropa mag es heute fast noch so sein. Doch bald hinter dem Rhein ändert sich das Bild.

Isaac Kalimi berichtet von der jüdischen Welt anderes. Auch von manchen katholisch geprägten Ländern, etwa Italien, ließe sich anderes berichten[28]. Dort gibt es zum Beispiel aus antiklerikalen Traditionen, die mit der Entstehungsgeschichte

---

27 Oben S. 23 (Kursivierung von mir).
28 Das Bild im katholischen Bereich ist buntscheckig. Marie-Theres Wacker sagt zwar, in jüngerer Zeit werde die Theologie des Alten Testaments »zunehmend auch von katholischen Exegeten entdeckt« und weist auf die soeben erschienene »Theologie des Alten Testaments« von Josef Schreiner hin (oben S. 130). Aber das ist in Deutschland der Fall, wo es auch katholische theologische Fakultäten an den großen Universitäten gibt. Was die »Entdeckung« angeht, so wäre ich etwas zurückhaltender. Ich konsultiere zum Beispiel gern das noch aus der Zeit vor der Öffnung der katholischen Exegese für die moderne Bibelwissenschaft stammende, gründliche wie handliche Manuale von Paul Heinisch (1940). Daß in den vergangenen Jahrzehnten wenige derartige »Zusammenfassungen« erschienen sind, dürfte andere Gründe haben, als daß deren Möglichkeit erst noch hätte entdeckt werden müssen. Der alte Kardinal Augustinus Bea hat in seinen letzten Jahren immer wieder versucht, die katholischen Exegeten dazu zu bringen, biblische Theologie zu treiben.

des italienischen Nationalstaats zusammenhängen, an den staatlichen Universitäten grundsätzlich keine theologische Fakultät. Die Theologie, und damit auch die Auslegung des Alten Testaments, haben sich fast ganz in bischöfliche Seminare geflüchtet, wo chronischer Geld- und Personalmangel bei bestem Willen nicht viel aus der Forschung werden läßt. An den Universitäten, zumindest an manchen, wird aber im Rahmen anderer Fakultäten durchaus auch das betrieben, was sich beim »Fach Altes Testament« an unseren theologischen Fakultäten immer mehr ins Historische und Philologische ausdifferenziert. Doch kräht dort kein Hahn nach einer zur Theologie hinübergeleitenden »zusammenfassenden Disziplin«. In England befindet sich das inzwischen zumindest von der Publikationskraft her mächtigste bibelwissenschaftliche Zentrum in Sheffield. Es steht in erklärtem Gegensatz zu der an den großen Traditionsuniversitäten selbstverständlichen Bindung der Bibel an die Theologie. Im nordamerikanischen Bereich ist auf doppelte Weise eine Lockerung des Zusammenhangs mit der Theologie eingetreten. Einerseits ist die Bibel als Lehrgegenstand auch in das Programm anderer – literaturwissenschaftlicher, religionswissenschaftlicher, orientalistischer – Fachbereiche eingerückt, dazu in das, was wir als Studium Generale bezeichnen würden. Viele unserer Kollegen dozieren und forschen in solchen institutionellen Zusammenhängen. Dort ist jedoch nicht speziell die Theologie gefragt – ich komme unten darauf zurück. Andererseits holt sich ein großer Teil des Professorennachwuchses der »Schools of Divinity« und der »Theological Seminaries« nicht an diesen theologischen Institutionen selbst, sondern anderswo und bei anderen Fächern, etwa Altorientalistik oder Archäologie, seine wissenschaftliche Qualifikation. Man braucht, um eine Stelle zu bekommen, eher einen »PhD« als den weniger hoch eingeschätzten »ThD« oder »STD«. Die gewonnene Spezialausbildung pflegt man dann in den innerlich sowieso immer mehr auseinanderfallenden theologischen Institutionen weiter, so daß in denselben im Fach Altes Testament das Theologische oft nicht gerade im Vordergrund steht[29]. Die religionsgeschichtliche Betrachtung, die in Nordamerika in den letzten Jahren ja nicht müßig gewesen ist, wird sich dort wohl kaum den Kuren unterziehen wollen, die Albertz ihr zumutet. Doch hoffen wir, daß seine beiden Bände, die ja schon übersetzt sind, etwas bewirken!

Auf jeden Fall wird man fragen müssen, ob Albertz mit seiner Voraussetzung, die alttestamentliche »Forschung« spiele sich, und zwar mit letztlich theologischem Interesse, in der »theologischen Fakultät« ab, für unsere Zeit nicht Opfer einer mitteleuropäischen Blickverengung geworden ist.

29   Beide Sachverhalte dürften das Zitat von John J. Collins von der »Divinity School« der »University of Chicago« erklären, das Albertz am Anfang seines zweiten Referats fast erstaunt der Reaktion seiner Diskussionspartner auf seine Vorschläge entgegenstellt (vgl. oben S. 177, Anm. 1). Aus der amerikanischen Situation dürfte wohl auch die These Thomas L. Thompsons von der »Entfremdung der alttestamentlichen Wissenschaft von der Theologie, die sich vor allem während der Jahre zwischen 1965 und 1985 vollzogen hat«, zu erklären sein. Vielleicht dramatisiert er etwas zu sehr. Er empfindet jedenfalls diese als faktisch behauptete Entfremdung sogar nicht nur als inneramerikanisches Phänomen, sondern meint, schon »einen erheblichen Druck« auf »internationaler Ebene« feststellen zu können, »die Bibelwissenschaft von der Theologie zu trennen« (alle Zitate oben S. 160).

In den neuen akademischen Konstellationen kann das Fach Altes Testament durchaus auch von Atheisten und Agnostikern betrieben werden. Wenn diese sich nicht mehr mit Ablösungsproblemen herumquälen, können sie auch zu friedlichem Dialog mit altgläubigen Kollegen aus den »theologischen« Institutionen kommen. Die großen Kongresse und das meiste, was in den wissenschaftlichen Organen veröffentlicht wird, beweisen, daß die Zusammenarbeit normalerweise funktioniert. In der hier dokumentierten Diskussion spricht eigentlich nur Thomas L. Thompson theoretisch über diese Dinge, allerdings vielleicht mit etwas zuviel Totengräbermetaphorik. »Kann man angesichts der Tatsache, daß sich die Bibelwissenschaft in der zweiten Hälfte des 20. Jahrhunderts zu einem außerordentlich modernen und säkularen Fachgebiet mit einem weiten, sehr komplexen untheologischen Rezipientenkreis entwickelt hat, deren zunehmend unnatürliche Verbindung mit der Theologie weiterhin aufrechterhalten?«[30] Doch sogar für ihn gibt es einen »theologische(n) Wert der alttestamentlichen Texte«. Er besteht nur nicht darin, »daß sie Botschaften enthalten, die ewig wahr oder normativ sind und die uns Bausteine für unsere Theologien liefern. Ihr Wert liegt vielmehr darin begründet, daß sie unser Bewußtsein und unsere Sprache geprägt haben. Sie sind Überreste des Fundaments derjenigen intellektuellen Tradition, die der westlichen Welt gemeinsam ist.«[31] Das ist natürlich nicht das, was Albertz und andere unter »Theologie« verstehen.

Ist die internationale Lage der Bibelwissenschaft von mir richtig skizziert, dann müßte Albertz sein Programm etwas bescheidener vortragen. Es kann nicht mehr um eine Wende in der »Forschungsgeschichte« gehen, sondern allenfalls um eine neue Aufgabenverteilung im Lehrprogramm der noch existierenden theologischen Fakultäten.

2. Die andere von mir kursiv gesetzte Wendung, das Attribut »historisch-kritisch arbeitend«, hat Albertz sicher nicht einschränkend gemeint (also: das Fach Altes Testament, *insoweit* es historisch-kritisch arbeitet), sondern identifizierend oder charakterisierend (also: das Fach Altes Testament, *welches bekanntermaßen stets* historisch-kritisch arbeitet). Lassen wir vielleicht noch beim Wort »historisch-kritisch« das an sich für jede Wissenschaft selbstverständliche Element »kritisch« weg! Es ist ja nur eine klebengebliebene Eierschale aus der Aufklärungszeit, Erinnerung an die damalige Frontstellung des Fachs gegen Kirche und Dogmatik. Was dann bleibt, ist die Überzeugung, daß im Fach Altes Testament stets »historisch« gearbeitet werde. Genau das ist jedoch nicht mehr wahr. Vielleicht war es niemals ganz wahr. Nur war es früheren Generationen, die noch das humanistische Gymnasium besucht hatten, zu selbstverständlich, daß im Fach Altes Testament auch Textinterpretation getrieben wurde. Sie hielten es nicht für nötig, so etwas aus-

30 Oben S. 160.
31 Oben S. 165f.

drücklich auf ihre Fahnen zu schreiben. Inzwischen ist es nötig
geworden, und inzwischen flattern auch neubestickte Fahnen.
Allerdings wieder weniger in Mitteleuropa. Ausgelöst vor allem
durch Bibelwissenschaftler aus jüdischer und katholisch-romani-
scher Tradition ist im angelsächsischen und romanischen Raum
ein Paradigmenwechsel im Gang. In diesem Fall ist das Wort Paradigmenwechsel vielleicht endlich sachgemäß. Es geht nicht nur um
neue Thesen, die Interessen verschieben sich. Man entwirft das Fach
im ganzen nicht mehr »diachron« als ein Stück Geschichtswissenschaft, sondern »synchron« als Textinterpretation. Der geschichtliche Aspekt ist damit nicht überflüssig. Beide Betätigungen bedin-
gen sich ja bei alten Texten gegenseitig. Aber formal hat nun die
Synchronie die Führung.

Manche Adepten des Neuen üben sich noch in Kahlschlagrhetorik gegenüber allem Historischen. Das kann man auf Konvertiteneifer zurückführen. Er wird sich
legen. Doch wird im neuen Paradigma das Geschichtliche zum Hintergrund, vor
dem auf der Vorderbühne die Textauslegung agiert. Einige Ansätze, insbesondere
bestimmte Formen des »reader response criticism«, drücken das Geschichtliche
bis tief in die Kulissen zurück. Zum fast alleinigen »Kontext« des Textes wird
dort dann die Erwartungswelt des aktuellen Lesers. Doch das sind Kinderkrankhei-
ten. Entscheidend ist, daß sich die Bibelwissenschaft auf der Universität nun eher
an den Literaturwissenschaften, vor allem der Anglistik, orientiert als an den Ge-
schichtswissenschaften. Daß deren Geschäft daneben im gleichen Fachbereich
noch durchaus blüht, ebenfalls expandiert und zum Teil wilde Sprünge macht, beweisen in der hier dokumentierten Diskussion die beiden Gesprächspartner aus
Kopenhagen, die, von Dielheimer Vorläufern abgesehen, der Sache nach wohl
beide eher der amerikanischen Szene als der europäischen zuzuordnen sind, wenngleich sie selbst nur eine lockere Beziehung zum dortigen textorientierten Neuansatz des Faches erkennen lassen[32]. Spätdatierung und Abwertung historischer
Auskunftskraft der biblischen Schriften einerseits und Zuwendung zur synchronen
Textauslegung andererseits können sich gegenseitig hochschaukeln, wenngleich
das ein psychologischer Effekt ist und logisch das eine aus dem andern keineswegs folgt[33]. Auch bei frühdatierten und historisch auskunftsträchtigen bibli-

---

32 Thompson (oben S. 167) zeigt Skepsis, ob sich bei denen, die behaupten,
»von der Endform des Textes auszugehen«, wirklich etwas geändert habe.
33 Man achte bei Lemche darauf, wie aus den »späten Datierungen der alttestamentlichen Bücher«, die er für seine Position als »etwas Fundamentales« ansieht,
bei ihm »die diachrone Perspektive fast synchron wird«, worauf er prompt auch
sofort Ideen über den Umgang mit dem Text entwickelt, die denen des »reader
response criticism« ähneln: Die »Verbindung zwischen dem Text und seinem
Leser« ist »die wichtigste und primäre« (oben S. 82). Mit einer Reihe von Ein-
schränkungen hält er gegen Ende seines Beitrags dann in der Tat auch eine synchron gewonnene biblische Theologie für möglich, während ihm statt einer Religionsgeschichte Israels höchstens eine »Mentalitätsgeschichte«, und diese offenbar nur für die Spätperiode, machbar erscheint (oben S. 87–92). Auch die Ausführungen von Thompson oben S. 161–166 dürften dieses Denkraster bezeugen.
Vermutlich sieht auch Albertz in seinem zweiten Beitrag (oben S. 178f) solche

schen Büchern ist Textauslegung möglich, ja unumgänglich. Synchronie ist mehr als ein Schleudersitz, mit dem der Alttestamentler oder die Alttestamentlerin sich dann noch auf den festen Boden eines Broterwerbs retten könnte, wenn die Historie bei Kopenhagen abstürzt.

Bei der von Albertz arrangierten Miß-Wahl könnte nun also aufgrund der faktischen Entwicklung des Fachs eine dritte Disziplin als weitere Bewerberin auftreten: eine zu imaginierende »zusammenfassende Disziplin« aus dem Bereich der Textauslegung. Denn daß die Religionsgeschichte nicht in der Lage ist, Textanalysen, die gerade nicht zur Erzielung historischer Information gemacht worden sind, zusammenzufassen, dürfte auf der Hand liegen. Texte sind nicht identisch mit ihrem historischen Hintergrund.

Vielleicht ist es nützlich, die Differenz der jeweiligen Erkenntnisakte an einem Aspekt zu verdeutlichen, den Albertz mehrfach argumentativ einsetzt: dem des »Kontexts« oder auch »Interpretationskontexts«[34]. Die religiösen Aussagen und theologischen Konzepte erhalten bei einer gut gearbeiteten Religionsgeschichte in der dort entfalteten zeitgeschichtlichen Situation einen Interpretationskontext, werden dadurch erst mit Erfahrung gesättigt, gewinnen erst Konkretheit und Schärfe. Albertz hat damit sicher recht. Gerade das ist die Leistung der historischen Rekonstruktion des Ursprungsraums der Texte, so hypothetisch sie oft sein mag. Albertz wird nicht der Unterlegene sein, wenn ein Leser seiner Aufforderung folgt, die »Biblical Theology« von Childs mit seiner eigenen »Religionsgeschichte« daraufhin zu vergleichen, wo mehr »pralles religiöses Leben« und »mehr von den spannenden theologischen Auseinandersetzungen und Entscheidungen im Alten Israel« eingefangen sei[35]. Obwohl die Aufforderung ein wenig unfair ist, weil hier ja nicht nur die Methodik des Unternehmens, sondern vielleicht auch die fiktional-schriftstellerische Begabung des jeweiligen Autors eine Rolle spielen könnte. Außerdem ist letztlich nicht die Prallheit im Leserbewußtsein, sondern die Sachgemäßheit entscheidend. Und unter dieser Rücksicht kann ein angelieferter erfahrungspraller »Kontext« unter Umständen auch erkenntnisstörend werden.
Ich will solche Möglichkeiten andeuten. Die übliche, weit hinter die konkreten Psalmentexte zurückgreifende Formgeschichte rekonstruiert für die einzelne Gattung einen farbenfroh beschreibbaren »Sitz im Leben«, und auch Albertz hat in seinen Studien über die Volksreligion dazu beigetragen. Sieht man sich jedoch die individuellen Psalmen an, dann ist ihre Gattungszuteilung gar nicht so eindeutig. Zumindest scheinen sie oft zugunsten einer offenbar neuen, entschränkteren Verwendung dekontextualisiert zu sein. Man kann zum Beispiel ernsthaft darüber streiten, ob es im Psalter überhaupt noch echte individuelle Krankenpsalmen gibt. Die Dekontextualisierung vieler Psalmen hängt zwar schon daran, daß es sich um Formulare für vielfältigen Gebrauch handelt. Doch

Zusammenhänge und ordnet sie als ein »wohlfeiles Immunisierungsmittel gegen eine noch so radikale historische Kritik« ein. Das dürfte zumindest bei Lemche und Thompson kaum zutreffen, und vielleicht doch auch nicht bei einigen anderen, die das neu-alte Geschäft der Textinterpretation betreiben.
34   Vgl. vor allem oben S. 8–11, 15 und 179f.
35   Oben S. 12, Anm. 42.

außerdem dürfte sie mit einer nur auf der literarischen Ebene faßbaren textlichen Rekontextualisierung im Psalter als ganzem einhergehen, die in ihrer Eigenart noch kaum erforscht ist. Wenn das so ist, verdeckt die Prallheit, die eine Schilderung von ursprünglichen »Sitzen im Leben« vermittelt, unter Umständen die wirkliche Textintention. Der Text des Hoseabuches wird für den heutigen Leser natürlich erst spannend, wenn er vor dem historischen Hintergrund der dramatischen Ereignisse und Entwicklungen des 8. Jahrhunderts präsentiert wird. Aber für mich besteht kein Zweifel, daß im Hoseabuch die hoseanischen Texttraditionen bewußt dekontextualisiert und gerade dadurch auf eine höchst subtile Weise für spätere Adressaten, in einer ersten Annäherung in den hergestellten Juda-Bezügen faßbar, reaktualisiert sind. Sie verlieren damit nicht ihre auch textinterne Bindung an den historischen Hosea[36]. Aber eine Interpretation durch möglichst plastische Rekonstruktion der ursprünglichen Hoseaauftritte kann den vollen Textsinn des Buches verzerren, wenn nicht verstellen[37]. Ähnliches läßt sich vielleicht für viele Texte sagen, die als geschichtlich gelten. Vielleicht verfolgen sie, indem sie Historisches aufgreifen und es darzustellen vorgeben, ganz andere Ziele als reines Nacherzählen und haben deshalb bewußt auch vieles dekontextualisiert. Es gibt viel mehr bibelinterne Typologie, als wir meinen. Ich kann auf all dies nicht näher eingehen. Es kommt nur darauf an, daß die synchrone Textanalyse Sachverhalte aufdeckt, die durch historische Hintergrundgemälde eher in eine falsche Landschaft geraten. Die synchrone Untersuchung hat ein Eigenrecht und einen Eigenwert, die die Diachronie nicht ersetzen oder gar überbieten kann.

Ich meine noch nicht einmal, daß damit bei der Textauslegung die religionsgeschichtliche Frage vor die Tür gewiesen wäre. Wenn ich dem modernen Adressaten wahrnehmbar machen will, daß der antike Leser des Hoseabuches einen dekontextualisierten Hosea wahrnehmen sollte, kann ich das vielleicht nur, indem ich mir von der Religionsgeschichte den ursprünglichen Kontext (Hoseas – die Frage nach dem Kontext des Hoseabuches ist davon zu unterscheiden) anliefern lasse, ihn vorstelle und sodann zeige, wie das Hoseabuch ihn wegschneidet. Vielleicht wiegt es dann auch gar nicht mehr so schwer, wenn die Rekonstruktion des Kontexts sehr hypothetisch bleiben mußte. Sie hat Stellvertretungswert.

Es geht also nicht um eine Ablehnung der Religionsgeschichte, sondern nur um die Feststellung der religionsgeschichtlich nicht aufholbaren Andersheit und Nichtersetzbarkeit des textorientierten Zugangs. Im übrigen war der Aspekt »Kontext« nur ein einziges Beispiel aus vielen möglichen. Aus der dokumentierten Diskussion selbst ließe sich vielleicht Crüsemanns These heranziehen, daß »eine religions-*geschichtliche* Darstellung tendenziell kaum in der Lage ist, dem Faktum Rechnung zu tragen, daß die Frühzeit in der Spätzeit immer wichtiger, ihre Darstellung immer breiter wird«[38].

---

36   Das ist mit Crüsemann gleichzeitig festzuhalten (oben S. 72).
37   Theo Sundermeier (oben S. 204f) meint, Albertz habe in seiner »Religionsgeschichte« sogar seine religionsgeschichtliche Aufgabe nicht voll erfüllt, indem er in »oftmals sprachlich emotional überhöhter Darstellung« die Propheten »fast ausschließlich von ihrem gemeinsamen Gegenüber und von der sozio-politischen Auseinandersetzung her« geschildert habe, ohne zugleich das »innertheologische Gespräch« zwischen den einzelnen Propheten nachzuvollziehen und ihre »spezifischen Besonderheiten« miteinander zu vergleichen. Doch diese Kritik bewegt sich noch im Rahmen der Religionsgeschichte selbst. Meine Entgegensetzung bezieht sich auf die Beziehung von Prophet und Prophetenbuch.
38   Oben S. 71. Man vergleiche auch den bestürzenden Hinweis Rendtorffs darauf, daß in der Religionsgeschichte von Albertz »das Kapitel Gen 1 als ganzes

Es wird also nach dem zur Zeit anscheinend stattfindenden Paradigmenwechsel nicht mehr so sein, daß »alle Streitfragen der alttestamentlichen Wissenschaft« im »Rahmen« der historisch arbeitenden Religionsgeschichte »ausgefochten werden können«[39]. Es gibt Aspekte an unserer Vorgabe, dem Text, zu denen diese Disziplin den Zugang eher verbaut. Man müßte daher doch für das »historisch« nicht Faßbare so etwas wie eine nichthistorische zusammenfassende Disziplin erfinden.

Vermutlich hat Johann Philipp Gabler bei seiner folgenreichen Altdorfer Antrittsrede vom 30. März 1787 eigentlich so etwas vorgeschwebt. Denn er hat zwar seine »Biblische Theologie« der »Dogmatischen Theologie« als eine »geschichtliche« Wissenschaft gegenübergestellt (sie sei »e genere historico«), aber bei näherem Zusehen zeigt sich: Er hat damit kaum mehr als die über die Jahrhunderte verteilte Mehrheit der wenigen damals angenommenen biblischen Autoren gemeint, und eine religionsgeschichtliche Rekonstruktion der hinter den Texten liegenden Vorgänge wäre ihm etwas völlig Fremdes gewesen[40]. Er wollte die vorhandenen biblischen Texte lesend auswerten (»wahre Biblische Theologie«) und diese, obwohl unter sich verschieden und aus verschiedenen Zeiten stammend (und deshalb die Bezeichnung »historisch«) dann in ihren wesentlichen Aussagen abstrahierend zusammenschauen (»reine Biblische Theologie«), so wie sein Zeitgenosse Tiedemann es nach seiner Meinung mit Erfolg für die stoische Philosophie getan hatte. Diesem Programm lugt natürlich die rationalistische Naivität aus allen Knopflöchern.

Man muß schon grundsätzlich fragen, ob bei textauslegenden Wissenschaften überhaupt zusammengefaßt werden kann, und dazu in unserem Zusammenhang, ob in jenem Sinn zusammengefaßt und rekapituliert werden könnte, in dem das bei historischen Wissenschaften geht, ja notwendig ist. Es gibt wohl auch dort so etwas wie Zusammenfassung. Die Erfassung des Ganzen ist aber nicht ein Endziel, wie die (recht leicht ins Fiktionale gleitende) Rekonstruktion einer »kontinuierlichen Geschichte«[41] es sein kann, sondern ein inneres Moment des Erkenntnisprozesses, in der Dialektik zwischen Gesamtschau und Einzelanalyse, die zum Wesen der synchronen Textauslegung gehört. Natürlich kann man auch knappe Ergebnisresümees herstellen. Aber sie behalten den Charakter von »Abstracts«, die nur eine erste Information liefern wollen und dann weiterverweisen. Crüsemann hat – nach meinem Gefühl durchaus

---

überhaupt nicht behandelt wird, sondern nur die Verse 2, 26, 28 und 31, und zwar im wesentlichen unter der Überschrift ›Das Ringen um die Identität des Gemeinwesens‹« (oben S. 42, Anm. 21).

39 So Albertz oben S. 181.
40 Ich halte es für möglich, daß Albertz oben S. 8, Anm. 26 Gabler für seinen ersten Schritt nicht ganz richtig einordnet.
41 So die Formulierung von Albertz oben S. 14.

im Blick auf den hier verhandelten Sachverhalt – in seinem Beitrag gut gesagt: »Die Summe der Texte bleiben die Texte selbst.«[42]
Sie bleiben es, da man nach jeder Auslegung wieder auf sie selbst
zurückfallen muß.

Das Programm von Albertz könnte also nicht nur ein Programm
sein, das sich fast nur noch auf dem Markt der mitteleuropäischen
theologischen Fakultäten vertreiben läßt, sondern aufgrund der
Entwicklung des Fachs wird es auch in Mitteleuropa zweifelhaft
werden, ob die Religionsgeschichte Israels als *die* »zusammenfassende Disziplin« in Frage kommt, selbst wenn man sie so faszinie-
rend anlegt wie Albertz. Natürlich stellt sich dann nur um so intensiver die Frage, die alle Gesprächsteilnehmer eigentlich bewegt hat,
nämlich, wie verhindert werden könne, daß dem Fach Altes Testament die Lampe der Theologie ausgehe.

IV.   Das synchrone Paradigma

Dem neuen, textorientierten Paradigma scheint unter dem, was in
der hier dokumentierten Diskussion vorgetragen wurde, das »kanonische« Programm Rendtorffs am nächsten zu stehen. Überdies
will Rendtorff eine »Theologie des Alten Testaments« entwickeln.
Sein Ansatz verdient also genau an dieser Stelle eine nähere Betrachtung.

1.   Doch einleitend möchte ich generell sagen, daß ein synchroner, an der Textauslegung orientierter Entwurf des *Fachs* Altes
Testament als solcher keineswegs eine größere Affinität zur Theologie aufweisen muß als ein diachroner, an der Geschichte ausge-
richteter. Zumindest hat sich das faktisch ergeben – ob die Texte
aus ihrer Sachsubstanz heraus auf die Dauer dann doch dem Fach
die ihm zustehende theologische Aura wieder verleihen werden,
muß sich erst zeigen.

Der textorientierte Ansatz hat sich nämlich bisher vor allem im Umgang mit erzählenden Teilen der Bibel entfaltet. Das entspricht der Dominanz dieser Gattung
in der Bibel ebenso wie den Hauptinteressen der anderen Literaturwissenschaften,
die als Modell dienten. Ihr interessantestes Arbeitsfeld waren in den letzten Jahrzehnten zweifellos der Roman und die ganze erzählende Literatur. Eine beachtli-
che Hörergemeinde der Alttestamentler ist, wie oben ausgeführt, in den Vereinigten Staaten und Kanada inzwischen in den kulturwissenschaftlichen Fachberei-
chen angesiedelt, nicht da, wo Geistliche für eine Kirche ausgebildet werden.
Christen verschiedenster kirchlicher Herkunft ebenso wie Juden, in beiden Grup-

---

42 Oben S. 76.

pen Gläubige wie Distanzierte, bilden eine bunte Mischung. Sie sind an der Bibel als einem der Basisdokumente unserer westlichen Kultur und einem für das Verständnis der abendländischen Kunst, Literatur und Gesellschaftsgeschichte unentbehrlichen Hintergrund interessiert. Solche Interessen sind in einer Neuen Welt, deren »Zivilreligion« aus den Bibelträumen der Pilgerväter stammt, vielleicht stärker, als wir uns das in der kühl gewordenen Alten Welt vorstellen können. Doch interessiert in dieser Konstellation weder die Rekonstruktion der Vorgeschichte der biblischen Schriften noch eine Hypothesenwelt über die Geschichte Palästinas im zweiten oder ersten Jahrtausend vor Christus. Was allein interessiert, ist die Bibel selbst, das Buch, das in den letzten zweitausend Jahren unsere jetzige Welt geprägt hat. Sie wird wie eine Literatursammlung gelesen, weithin wie ein Roman. Es geht um ihre Tragödien und ihre Utopien, um ihre großen Gestalten, um die menschlichen Dramen, um die gewaltigen Leidenschaften und vor allem auch um die große, für vieles exemplarische Form. Die Bibel interessiert ähnlich, wie die Ilias interessiert oder Dante oder Shakespeare. Sie interessiert, wie sie als Text vorlag und ausstrahlte und immer noch vorliegt und ausstrahlt. Die in ihr sich aussprechende Theologie ist nur einer der vielen Aspekte, die sie kennzeichnen, selten der prominenteste.

Nicht die Hinwendung zur Bibel als Literatur macht also die Bibel schon theologischer. Wie kommt daher in diesem Zusammenhang die Theologie dennoch neu ins Spiel?

2.   Man beschäftigt sich mit der Bibel, weil sie zum »literarischen« oder zum »Bildungskanon« gehört – das Wort »Kanon« in diesem Sinne war in Nordamerika durch Jahre hindurch eine vieldiskutierte Größe, da die klassischen Abgrenzungen unsicher wurden. Das Wort lag in der Luft. Fast unvermeidlich schob sich auch die christliche Auffassung von der Bibel als theologischem »Kanon« ins Blickfeld. Natürlich hat das Wort, für eine »heilige Schrift« gebraucht, einen etwas anderen Sinn als in der Pädagogendiskussion, welche Autoren ein Schüler gelesen haben müsse. Zu dieser Andersartigkeit gehört, daß die kanonischen Schriften in der jeweiligen Glaubensgemeinschaft deren Rede von Gott begründen und regeln. Aber das ist genau die Stelle, wo der Kanongedanke sich mit der Frage nach der Theologie verband. Den ersten Schritt zur neuen Wertung des Kanons für die Exegese haben James A. Sanders und Brevard S. Childs[43] getan. Zu ihnen gesellte sich dann auch Rolf Rendtorff[44].

Während Sanders, indem er die Kräfte des »kanonischen Prozesses« (canonical process) in den Vordergrund stellt, bei allem theo-

---

43   Childs wird in einer ganzen Reihe von Beiträgen der Diskussion erwähnt: bei Albertz, Barton, Rendtorff, Kalimi, Crüsemann und Lemche. Sanders scheint weniger bekannt zu sein.
44   Den biographischen Zusammenhang hat er selbst unterstrichen (vgl. oben S. 38).

logischen Interesse eigentlich weiterhin im historisch orientierten Paradigma verbleibt, konzentriert sich der allerdings nicht leicht wirklich zu fassende Childs eher auf die textliche Schlußgestalt (canonical shape). Dennoch orientiert er sich zu deren Bestimmung häufig an deren Werdegang, indem er zum Beispiel auf redaktionsgeschichtliche Analysen zurückgreift. Demgegenüber will Rendtorff offenbar unter noch stärkerer Hintanstellung der Büchervorgeschichte[45] eine nur synchron erarbeitete Alttestamentliche Theologie vorlegen. Von diesem Projekt hat er in seinem Beitrag berichtet.

Nach meiner Meinung kann man gar nicht genug unterstreichen, wie neu und wie nötig so etwas ist. Hier klaffen alte Lücken, und das neue Paradigma hat uns die Augen dafür geöffnet. Selbst wenn der erste Versuch einer synchron-kanonischen Theologie des Alten Testaments noch sehr tastend geraten sollte, muß er unbedingt gewagt werden.

Natürlich ist auch die Geschichte, aus der heraus es zum Kanon kam, von Religion, und in ihr von Theologie, erfüllt. Wir können in glücklichen Fällen, wie bei der Priesterschrift oder bei Deuterojesaja, auch faszinierende Entwürfe von Theologie nachzeichnen, die aus der Vorgeschichte der kanonischen Schriften stammen. Andere Theologien, die sich nicht im Kanon niedergeschlagen haben, haben während der Kanonentstehung und nach ihr geblüht. Aber jene Theologie, die für die aus der Religionsgeschichte Israels hervorgegangenen Glaubensgemeinschaften »kanonisch« geworden ist, ist nach deren eigener Setzung nur die in ihren »Kanon« eingegangene. Genau besehen ist das noch nicht einmal die Summe der Einzeltheologien der zahlreichen kanonischen Bücher. Es ist erst jene Theologie, die einerseits aus der Abgrenzung gegenüber allen nicht zum Kanon zugelassenen theologischen Entwürfen resultiert[46] und sich andererseits im Miteinander der verschiedenen im Kanon selbst vorfindbaren und durch eine innere Kompositionsgestalt des Kanons strukturiert aufeinander bezogenen Theologien formt.

Bei Rendtorffs Projekt hängt alles am praktischen Vorgehen. Er will in seiner Darstellung der Alttestamentlichen Theologie zunächst einmal »der kanonischen Struktur der Texte« folgen[47]. Das bedeutet bei ihm, falls er nicht für ihn Selbstverständliches einfach unerwähnt gelassen hat, daß er nur die einzelnen Theologien der Bücher, Bücherteile oder Büchergruppen je für sich in der kanonischen Reihenfolge der Bücher nachzeichnen möchte. Kann er so jedoch über die additive Summe der Einzeltheologien hinaus zu

---

45   Wobei er diese weder leugnet noch überhaupt nicht zum Zug kommen lassen will (vgl. oben S. 37f).
46   Hierzu macht Isaac Kalimi oben S. 49f auf die eindeutige Meinung der jüdischen Tradition aufmerksam.
47   Oben S. 40.

einer »kanonischen Theologie« gelangen? Läßt sich so eine »Zusammenfassung« gewinnen – um dieses für Albertz so wichtige Wort einzuführen? Wäre dann nicht doch jeder Versuch, die Vielheit der Konzepte in eine Einheit zu überführen, nur durch ein von außen kommendes Metakonzept zu lösen? Das scheint Rendtorff wiederum nicht vorzuhaben.

Ich selbst sehe, wie andere vor mir, eine bescheidenere, aber vielleicht sachlich ausreichende Möglichkeit: Es gibt durchaus literarische Signale und Strukturen, durch die die verschiedenen Bücher auf Kanonebene zusammengehalten und einander zugeordnet werden, über die reine Nebeneinanderordnung hinaus. Sie wären deskriptiv zu erfassen. Die so sichtbar werdende innere Kanonstruktur könnte dann gedeutet werden. Zum Beispiel wäre am Text mit Sicherheit ein Autoritätsgefälle zwischen der Tora und allen dann folgenden Büchern aufzeigbar. Dessen Sinn müßte erschlossen werden. Ich finde in Rendtorffs Beitrag keinen Hinweis auf Pläne, derartiges zu tun.

Möglicherweise will er die Einheit der kanonischen Theologie jedoch im zweiten, nicht mehr den Kanon entlanggehenden, sondern nach Themen geordneten Teil seines Projekts aufweisen[48]. Dann wäre das fast der wichtigere Teil, dem der erste nur zuarbeitete. Hier würde es auch forschungsgeschichtlich geradezu spannend, wenn die Kategorien der neueren Intertextualitätsdiskussion breit zum Zug kämen.

Mir bleiben jedoch gerade gegenüber diesem zweiten, in seinem Programm nur knapp angedeuteten Teil Fragen. So will Rendtorff die Themen, die er behandelt, nicht von der »klassischen Systematik der christlichen Theologie« oder von den »eigenen Konzepten« her gewinnen, sie also nicht irgendwie von außen her eintragen, sondern er will sie sich »aus der Behandlung der Texte selbst geben lassen«[49]. Das geht natürlich. Doch wie er dabei zu einer »gewissen Systematik« kommen kann[50], aber auch schon, warum er das denn muß, wird seine Durchführung uns erst noch zeigen müssen.

Als die beiden ersten Themen nennt er in Anlehnung an die Abfolge der »großen Themen« der Genesis »Schöpfung« (Genesis 1) und »Bund« (Genesis 9)[51]. Hier frage ich mich zum Beispiel, wo die »Sünde« geblieben ist und wie die beiden aufgegriffenen Themen »systematisch« zusammenhängen. Aber vielleicht wird das kommende Buch uns solche Fragen sehr befriedigend beantworten. Bei meiner augenblicklichen Erkenntnislage scheint es mir jedoch problematisch, angesichts eines gerade nicht systematischen Schriftkanons auf rein »kanonischer« Basis dessen Systematik anzuzielen – falls man »Systematik« im üblichen Wortsinn versteht. Sollte das in der Tat nicht gehen, dann bleibt natürlich die Frage, wie kanonische Theologie als *eine* Theologie sichtbar gemacht werden kann.

48 Zum ersten Teil des Projekts vgl. oben S. 40–42, zum zweiten Teil oben S. 42f.
49 Oben S. 42.
50 Oben S. 42.
51 Oben S. 42f.

Eine andere Frage, die Rendtorff in seinem oben abgedruckten
Beitrag zwar nicht berührt, die ihm aber nach sehr vielen anderen
Äußerungen zutiefst bewußt ist, ist die der Differenz zwischen jüdi-
schem und christlichem Kanon (wobei er so gut wie kein theologisches Problembewußtsein dafür zu haben scheint, daß es auch in-
nerchristlich massive Differenzen in der Umschreibung des Kanons gibt). Wenn ich recht sehe, will er eine kanonische Theologie
des Alten Testaments schreiben, die von Juden und Christen glei-
cherweise akzeptiert werden kann oder über deren Einzelaussagen
die beiden Gruppen sich jedenfalls auf gleichem Plan und mit gegenseitig anerkannten Argumenten streiten können[52]. Ich halte so
etwas für anstrebbar. Es muß sogar unbedingt angestrebt werden.
Doch damit wird das Alte Testament noch nicht wirklich so ausgelegt, wie es der Jude von heute oder der Christ von heute auslegen
müßte, nämlich in engster Verbindung der schriftlichen Tora mit
der mündlichen Tora beziehungsweise des Alten Testaments mit
dem Neuen Testament. Man trifft sich in einer Hermeneutik der
gemeinsamen Kultur. Es ergibt sich eine Art texterschließend-ide-
engeschichtlicher Auslegung. Sie zeichnet sich nur dadurch aus,
daß sie sich an den bisher in der modernen Bibelwissenschaft be-
dauerlicherweise viel zuwenig beachteten Endtext hält, der allein
historisch wirksam geworden ist. Dieses Unternehmen ist fällig.
Doch zugleich möchte ich es durch meine eingrenzende Charak-
terisierung davor bewahren, als jene eigentliche »Theologie« betrachtet zu werden, die sowohl Juden wie Christen aufgegeben ist,
die sie aber nicht mehr als gemeinsames Unternehmen betreiben
können und über die nun zu sprechen ist.

In seinem Schlußbeitrag erzählt Albertz in Fußnote 5, er habe Rendtorff gefragt,
wohin dieser seinen »Interpretationskontext« lege: »in die Zeit der Ausbildung
der hebräischen Kanonteile« oder »nicht doch eher in die Gegenwart«? Für die Ka-
nonbildung habe er als Möglichkeiten die »persische, hellenistische oder Bar-
Kochba-Zeit« genannt. Rendtorff habe sich in der Datierung nicht festlegen wollen, doch betont, er stehe »voll und ganz auf dem Boden der historisch-kritischen
Forschung«. Ich verstehe das so, daß er letztlich doch eine historische Aussage
machen will, wenn auch über den Endtext. Albertz selbst legt bei der religionsgeschichtlichen Fragestellung seinen Interpretationskontext natürlich in die Zeiten, aus denen die Texte ursprünglich stammen, was in vielen Fällen durchaus eine große Distanz zur »Ausbildung der Kanonteile« bedeuten kann. An Rendtorff
dagegen stellt er die Forderung, wenn er schon eine »Kanonische Theologie des
Alten Testaments« schreiben wolle, müsse er »die (gegenwärtige) Kirche zu ihrem Interpretationskontext machen«. Denn der Kanon sei »eine Festlegung der
Kirche«[53]. Er scheint mir damit die ganz spezifische Fragestellung Rendtorffs, die

52 Albertz spielt oben S. 14, Anm. 48 darauf an.
53 Oben S. 179, Anm. 5. Etwas später ordnet er Childs unter dieser Rücksicht
ähnlich wie Rendtorff ein: Obwohl dieser »in seiner Biblical Theology die kirch-

ich oben deutlich zu machen versucht habe, nicht in den Blick zu bekommen. Andererseits stellt er klarsichtig fest, daß das, was Rendtorff anzielt, vielleicht noch gar nicht das ist, was bei wirklicher kanonischer Theologie vor sich gehen müßte. Er denkt offenbar an eine Theologie, die nicht mehr berichtetes, sondern geschehendes Denken ist, Theologie im strengeren Sinne des Wortes, nicht mehr wiederum eine historische Aussage, die nur einstiges Denken und Reden referiert.

V. Die Theologie, der Albertz eine Chance gibt[54]

In der Diskussion ist fast unerwartet an verschiedenen Stellen, natürlich mit leichten Variationen, eine Vorstellung von Alttestament-

liche Auslegungs- und Lehrtradition stark berücksichtigt, weicht er doch einer solchen klaren Festlegung des Interpretationskontextes aus«. Er wende sich »gegen eine Sicht, die Theologie funktional auf die (gegenwärtige) Kirche bezieht« (oben S. 182, Anm. 15; vgl. auch schon S. 9, Anm. 28). Daß in der Absicht, eine kanonische Theologie des Alten Testaments zu konzipieren, die für Juden wie Christen zugleich zugänglich ist, Childs und Rendtorff gar nicht soweit auseinanderliegen, könnte sich mir schon aus der Tatsache erklären, daß zumindest zeitweise die Mehrzahl der Studenten von Childs Juden waren, wie er mir einmal erzählt hat.
54   In dem, was nun folgt, geht es nur um die christliche Variante. Im jüdischen Bereich, für den ich alle analogen Bemühungen als außerordentlich wichtig betrachte, fehlt mir die Kompetenz. Die hier, weil an den Grundsetzungen der jeweiligen eigenen Glaubensgemeinschaft orientiert, von der Natur der Sache her notwendigerweise auseinandergehenden »theologischen« Denkwege müßten im übrigen mit höchstem Interesse gegenseitig verfolgt und studiert werden, denn es könnte sein, daß sich dabei auf die Dauer viele scheinbare Divergenzen als gar nicht gegeben erweisen und andere nur jeweils Leerstellen im eigenen Bereich aufdecken. An dieser Stelle noch eine kurze Bemerkung zum Thema »Antijudaismus in der Biblischen Theologie«, das in verschiedenen Beiträgen berührt wurde. Es ist eine bleibende Schande, daß es dieses Thema gibt und daß darüber gesprochen werden muß, ja noch entschieden deutlicher gesprochen werden müßte, als es endlich langsam geschieht. Andererseits halte ich es für eine Grenzüberschreitung zu behaupten, die Disziplin sei aus ihrem Wesen heraus antijudaistisch, und für gefährlich, es als Sachargument bei wissenschaftstheoretischen Diskussionen über die Eigenart und die gegenseitige Abgrenzung von Disziplinen einzusetzen. Es war nur zu erwarten, daß auf die sanfte Antijudaismuswarnung für die Theologie des Alten Testaments bei Albertz (oben S. 13: »trägt den Keim des Antijudaismus in sich«) ein Gesprächspartner, konkret war es Crüsemann, prompt eine entsprechende Gegenrechnung für die Religionsgeschichte Israels anblätterte (oben S. 74; vgl. auch die Beobachtungen von Kalimi oben S. 61). Es ist interessant, daß Rendtorff das Thema nicht berührt hat. Bei diesen Dingen schlägt jeder besser an die eigene Brust. Kollektivdiffamierungen aller »historisch-kritisch« arbeitenden Alttestamentler ohne jede Differenzierung aus dem Zeitraum von »mehr als ein(em) Jahrhundert« (oben S. 158) lassen mich ratlos. Vor allem auch, wenn ich darüber nachdenke, was an volksmythologischem Propagandagebräu aus einigen neuen, für das frühe Israel oder den König David eher desolaten Hypothesen noch in den Fabrikhallen der nahöstlichen Anti-Israel-Hetze gemixt werden könnte, wenn sie dorthin nur durchdringen.

licher (oder sofort Biblischer) Theologie aufgetaucht, die Albertz
schließlich in seinem abschließenden Beitrag in einer recht attrakti-
ven Form ans eigene Land gezogen hat – natürlich nicht als »zusammenfassende Disziplin«. Er beruft sich dabei auf Anregungen
von Hardmeier, Barton und Wacker, ja in einem entscheidenden
Punkt sogar auf Lemche, und er erinnert auch an eigene frühere
Äußerungen[55].
Diese Theologie sollte, sagt er, von vornherein biblisch, das heißt
»an der ganzen Bibel aus Altem und Neuem Testament orientiert
sein«. Ihr »Interpretationskontext«[56] sollte das »heutige kirchliche
Reden und Handeln angesichts der bedrängenden Herausforderungen der Gegenwart« sein. Sie müßte an »konkreten Einzelthemen« arbeiten, die sich aus »virulenten kirchlichen Fragestellungen« ergeben. Damit wäre die »scheinbar zeitlose Systematik« ab-
getan. Das Ganze wäre »zugleich ein exegetisch-historisches und
systematisch-theologisches Unternehmen, das sowohl von Alt- und
Neutestamentlern als auch von Systematischen und Praktischen
Theologen – oder besser noch von allen im Dialog – getan werden
kann«[57].
Ein Herausgeber des »Jahrbuchs für Biblische Theologie«, dem
selbst ähnliches im Kopf herumgeht, kann sich natürlich nur freu-
en, so etwas zu hören. Es ist etwas wert, einen Albertz auf seiner
Seite zu wissen.

Vielleicht ist ein wenig Atemlosigkeit in dem Programm. Die Seiten klingen, als
eile ihr Verfasser gerade von einer Demonstration herbei oder aus einem Gre-
mium, das kirchliche Denkschriften verfaßt. Es könnte ja sein, daß auch manche
sehr traditionelle Themen endlich wieder aufgegriffen und in einer solchen »Biblischen Theologie« diskutiert werden müßten. Es scheint mir aufschlußreich,
daß John Barton, auf dessen Idee von Alttestamentlicher Theologie Albertz sich
beruft, als Beispiel das Thema »Allmacht Gottes« besprochen hat (und zwar noch
ohne die Und-Brücke zu den »wirtschaftlichen Sachzwängen«)[58], oder daß Frank
Crüsemann als drängendste Aufgabe einer Alttestamentlichen Theologie die im

---

55   Oben S. 181f; zu Lemche S. 182, Anm. 14. Man achte bei den Rückbezügen
auf eigene Äußerungen allerdings auf feine Nuancen. So ist in dem von Barton
oben S. 27 zitierten Text aus der »Religionsgeschichte« davon die Rede, die ge-
meinte »Theologie« habe die Aufgabe, »thematische Querschnitte durch die Religionsgeschichte Israels und des frühen Christentums zu legen«. Diese deutliche
Klassifizierung als eine Art Sekundärauswertung der Religionsgeschichte scheint
mir oben S. 182–184 zu fehlen.
56   Spätestens an dieser Stelle würde man wünschen, daß Albertz für die gemein-
te Sache eine differenziertere Terminologie einsetzte. Man kann einfach nicht die
gleiche Kategorie für historisches Fragen und jenes Fragen, um das es hier geht,
benutzen.
57   Alle Zitate oben S. 182–184.
58   Oben S. 29–34. Zur »Und-Brücke« vgl. oben S. 183.

strengsten Sinn verstandene Frage nach Gott sieht[59]. Man wird bei der zu bejahenden Zusammenarbeit mit Systematikern auch nicht vermeiden können, daß diese an neuen oder neubearbeiteten Themen auch deren systematischen Aspekt entdecken, ja vielleicht zu dem Ergebnis kommen, daß die aufgeworfenen Fragen erst dann wirklich einer Antwort zugeführt sind, wenn sie bis in alle ihre systematischen Verästelungen durchdacht sind. Insofern darf man, wenn nur die Frage nach der »Mitte des Alten Testaments« einmal im Archiv der wirklich unlösbaren Welträtsel eingeheftet ist, sogar dem Gedanken der Systematik ein wenig gleichmütiger entgegentreten.

Eines sollte noch ausdrücklich gesagt werden: Mit diesem Konzept Biblischer Theologie hat Gabler zugleich gewonnen und ausgedient. Soweit ich ihn verstanden habe, sollte seine Biblische Theologie eine Gesamttheologie sein, Systematik eingeschlossen, wenn auch eher auf der Ebene einer Vernunftreligion[60]. Er hob sie ja nicht von der systematischen, sondern von der Dogmatischen Theologie ab. Den normativen Anspruch gab er ihr, nicht der Dogmatischen Theologie[61]. Diese versetzte er ins »genus didacticum«, das heißt, er machte sie zu einer Art »angewandter Theologie«, bei der die vernunftgereinigte Wahrheit, zu der die Biblische Theologie schon gelangt war, noch in ihre traditionsgeheiligten und durchsetzungsträchtigen Vermittlungsgestalten gekleidet werden mußte. So hat sie sich selbst natürlich nicht verstanden. Aber die Rezipienten Gablers haben auch ihre Biblische Theologie bald nicht mehr systematisch verstanden, sondern sie als reine Religionsgeschichte durchgeführt. Aus dem beiderseitigen Mißverständnis resultierte dann ein nun schon ziemlich altes Problem. Es wäre gelöst, gingen alle Seiten auf ein Konzept von der Art des von Albertz formulierten ein. Das würde allerdings nicht nur eine Bekehrung bei den Exegeten Alten und Neuen Testaments, sondern ebenso eine bei den Systematikern und wohl inzwischen auch bei den Praktischen Theologen fordern. Dann könnte Theologie gar nichts anderes sein als biblische Theologie.

Durchdenkt man das Theologiekonzept von Albertz und bemerkt man am entscheidenden Punkt die Berufung auf Karl Barth[62], dann ergibt sich notwendig, daß solche Art von Theologie als originäres Subjekt nicht den Wissenschaftler, sondern den in der Gemeinde dem Wort Gottes geöffneten gläubigen Menschen hat. Vielleicht bin ich für manche Leser zu »katholisch«, wenn ich sage: Ursprünglichster Ort von Theologie ist der Umgang mit dem Wort Gottes im Gottesdienst[63]. Auf jeden Fall aber ist in dieser Sicht wissenschaftliche Theologie nur eine besondere, wenn auch deshalb, weil wir Menschen nun einmal unser Tun reflektieren und uns darüber rationale Rechenschaft ablegen müssen, unbedingt notwendige Form dessen, was Kirche auf vorwissenschaftliche Wei-

---

59 Oben S. 76f. Zu beiden genannten Themen vgl. auch Hans-Peter Müller oben S. 99–103.
60 Vgl. Albertz oben S. 8, Anm. 26.
61 Vgl. Albertz oben S. 8, Anm. 24.
62 Oben S. 183, Anm. 16; vgl. auch S. 10, Anm. 31.
63 In diesem Zusammenhang ist der Beitrag von Christof Hardmeier (oben S. 111–127) für die hier dokumentierte Diskussion ein wahrer Glückspfennig.

se immer schon tut. Vielleicht müßte man, wenn man die Dinge so
sieht, einige Implikationen für jene Tätigkeit der Alt- und Neutestamentler aufdecken, die in der ganzen Diskussion so gut wie gar
nicht zur Sprache kam, aber eigentlich den größeren Teil ihrer Zeit
füllen sollte: die Kommentierung und auslegende Erschließung
von Texten.

Man kann das zur Theologie als Wissenschaft gehörende reflexe Tun nicht auf
Einzelmethoden reduzieren, im Fall der Bibelwissenschaft weder auf synchrone
Textinterpretation im Sinn der Literaturwissenschaften noch gar auf historische
Forschung. Derartige Prozeduren und die durch sie vermittelten Perspektiven sind
unentbehrlich, bleiben aber Teileelemente umfassenderer Erkenntnisvorgänge.
Sie müssen sich deshalb auch nicht gegenseitig ausstechen, sondern können mit-
einander existieren.
Weiter: Das kirchliche Tun, von dem die theologische Wissenschaft nur eine Re-
flexionsform darstellt, entspringt nicht nur dem Bedenken von Problemen und
Themen. Dem Denken vorgeordnet ist das Hören. Die Durchleuchtung der andrän-
genden Probleme und Themen geschieht im Hören auf die kanonische Basis der
Existenz der Kirche, auf das Wort der Schrift. Hier ist eigentlich der Anfang von
Theologie. Das bedeutet aber für die wissenschaftliche Theologie, daß es problematisch sein dürfte, die Fächer, die sich mit der Bibel direkt beschäftigen, die
also eigentlich nicht themen-, sondern textorientiert sind, nur dort als theologische Fächer gelten zu lassen, wo sie sich mit anderen theologischen Fächern zu-
sammentun, um Sachfragen zu lösen. Sie sind auch Theologie, wo sie ihr eigenes
Geschäft treiben, nämlich Texte auslegen[64].
Ich sehe Theologie so, daß sie sich gleichwertig entweder entwickeln kann, indem sie ihre Grundtexte auslegt und daraus zu Sachaussagen kommt, oder indem
sie, Sachfragen bedenkend, sich zu ihren Texten zurückwendet. In beiden Fällen
ist der hermeneutische Zirkel am Werk. Der Unterschied der Prozeduren ist äußer-
lich, wenn er natürlich auch zu verschiedener Quellenzuwendung und Akzentset-
zung führt. Jegliche Hintereinanderordnung – »erst Exegese, dann aufgrund von
deren Extrakt zur Systematik« – ist aber falsch. Man kann die gleiche Sache
»Theologie« textauslegend und themenorientiert betreiben. Alles kann man nie
auf einmal tun. Dennoch kann sich jedesmal ganze Theologie entfalten. Auch der
Exeget, der einen Text auslegt, sollte sich nicht allein als Historiker oder Litera-
turwissenschaftler verstehen dürfen, sondern als Theologe[65]. Er schlüpft nicht
erst in eine Theologenrobe, wenn er eine Lehrveranstaltung »Alttestamentliche

64   Ich wende mich damit gegen die übliche und auch von Albertz bei seiner Kritik der »Theologie des Alten Testaments« geteilte Auffassung, daß mit dem Theologiebegriff »die Forderung nach einem systematischen Aufbau ... mitgegeben«
sei (oben S. 11).
65   Ich vermute, daß ich hier Crüsemann auf meiner Seite habe, wenn er (oben
S. 75) formuliert: Der Kanon stellt bereits »eine oder vielmehr, theologisch gesehen, *die* Reduktion aus einer Fülle möglicher Weisen, über Gott, Welt und
Mensch zu reden, dar. Jede weitere Reduktion der mit dem Kanon gegebenen Komplexität führt zu theologischen Verlusten. Die biblischen Texte selbst stellen die
Summe der Gotteserfahrungen Israels dar, und die Exegese ist der Versuch ihrer
Übersetzung in uns heute Verstehbares« – also die Exegese selbst, nicht eine wie
auch immer geartete Zusammenfassung ihrer Ergebnisse und deren Weiterverar-
beitung. Auch die Fortsetzung des zitierten Texts ist sehr lesenswert.

Theologie« ankündigt. Vielleicht sollte uns zugunsten dieser Sicht auch die Tatsache zu denken geben, daß im Judentum biblische Theologie traditionellerweise offenbar nur in der Form des Kommentars, nicht aber in der eines systematischen Entwurfs zum Ausdruck kam[66].

Diese Überlegungen könnten einem Einwand begegnen, der dort zu erwarten ist, wo man halt doch glaubt, es gehe etwas verloren, wenn man nicht den Exegeten selbst das Geschäft läßt, ihre theologischen Früchte aufzukochen und in wohlbeschrifteten Marmeladegläsern an die anderen theologischen Fächer weiterzuverkaufen. Denkt man so, dann muß ja eine »Alttestamentliche Theologie«, die nicht aufs systematische Ganze aus ist und sich mit Einzelthemen begnügt, sich wie ein unterernährtes Flüchtlingskind ausnehmen. Diese Schreckensvision löst sich auf, wenn die Exegese ihr eigentliches Tun, die Textauslegung, schon als volle »Theologie« verstehen darf, die der Theologiestudent in seiner späteren Praxis ja auch weithin wieder textorientiert weitergeben wird, ohne daß sie ihm erst noch von einer anderen theologischen Disziplin aufs Brot geschmiert werden müßte. Dann kann man jenen Teil der eigenen Tätigkeit, der die Kommunikation mit dem anderen, themenorientierten Typ von Theologie pflegt, entschieden lockerer, zugleich aber wirkungsvoller handhaben.

VI. Einige praktische Vorschläge

Eigentlich wollte Albertz nur neue Ordnung in die »Disziplinen« des Fachs Altes Testament bringen. Es mag mir deshalb gegönnt sein, am Ende einige persönliche Vorschläge praktischer Art zu machen. Sie haben sich mir beim Studium der Beiträge dieser Diskussion ergeben. Sie gelten nach dem, was ich weiter oben ausgeführt habe, natürlich nur für theologische Fakultäten, nicht für andere Orte, die dem Fach Altes Testament inzwischen ebenfalls zur Heimat geworden sind.
Mein Ausgangspunkt ist, daß zumindest jede historische Forschung durch »zusammenfassende« Disziplinen aufgearbeitet und auf diese Weise mit sich selbst und ebenso nach außen vermittelt werden muß. Vermutlich hat auch jede synchrone Literaturwissenschaft ein solches Bedürfnis, doch ist es im einzelnen etwas anderer Art und steht nicht so im Vordergrund. Ferner gehe ich davon aus, daß inzwischen der Religionsgeschichte Israels im Bereich theologischer Fakultäten eine führende Rolle für die historische Zusam-

---

66 Vgl. oben bei Kalimi S. 55f.

menfassung zukommen sollte und daß die synchrone Betrachtung
der Bibel, speziell auf Kanonebene, in ihrer ganzen Dringlichkeit
erkannt werden muß. Schließlich meine ich, daß das Fach »Theologie des Alten Testaments« zwar auf keinen Fall beseitigt, wohl aber
sehr gründlich überdacht werden sollte. Ich sympathisiere in diesem Zusammenhang durchaus mit dem, was Albertz, mehrere Anregungen aus der Diskussion aufnehmend, in seinem zweiten Referat angedeutet hat – es entspricht auch meiner eigenen Praxis, zu
der ich im Laufe der Zeit gekommen bin[67].
So drollig es klingen mag: Mir scheint, wir könnten bei den üblichen Disziplinen bleiben. Sie müßten nur zum Teil neue Perspektiven erhalten oder inhaltlich ergänzt werden.
Zunächst sollte man bedenken, daß wir längst über zwei zusammenfassende Disziplinen verfügen: die »Geschichte Israels« und die
»Einleitung in das Alte Testament«. An sie ist die Frage zu stellen,
ob sie denn noch das Rechte »zusammenfassen« und für welchen
der neuen Inhalte sie eigentlich jeweils das naturgegebene Auf-
fangbecken darstellen.
In der gesamten Geschichtswissenschaft vollzieht sich vielfacher
Wandel: Zu den früher vor allem behandelten punktuellen politischen Ereignissen treten die großen und allmählichen Wandlungen,
zur Elitegeschichte tritt die Sozial- und Lebensweltengeschichte,
die auch die schweigenden Massen und die Frauen in den Blick
bekommt. Allein dies müßte schon das Gesicht unserer Disziplin
»Geschichte Israels« völlig verändern. Der Staat und seine Macher
müßten aufhören, Leitkategorien zu sein. Nichts liegt im Rahmen
einer theologischen Fakultät näher, als vor allem die gesellschaftliche und in Verbindung mit ihr die religiöse Dimension der Geschichte Israels zur Hauptperspektive zu machen. Gerade der sozi-
alorientierte religionsgeschichtliche Ansatz, den Albertz ausgear-
beitet hat, könnte dafür wegweisend sein. Daher: Die »Religionsgeschichte Israels« sollte unbedingt gepflegt werden. Doch sollte sie
nicht die Disziplin »Theologie des Alten Testaments« ersetzen,
sondern zur neuen Gestalt der längst existierenden Disziplin »Geschichte Israels« werden[68].
Die Einleitungswissenschaft muß, ohne die Rückfrage nach Vorgeschichte und Nachgeschichte der biblischen Schriften preiszuge-

---

67   Vgl. oben S. 130, Anm. 7 und 155, Anm. 92.
68   Vermutlich meint Crüsemann (oben S. 76) ähnliches, wenn er von einer
»Geschichte Israels mit Elementen von Literatur- und Religionsgeschichte«
spricht, allerdings, nachdem er vorher die »Religionsgeschichte« auch als eigene
Größe erwähnt hat. Doch er macht an dieser Stelle keinen Fächerentwurf für eine
theologische Fakultät.

ben, die synchrone Betrachtung derselben in ihrer kanonischen Gestalt nicht nur integrieren, sondern sogar zu ihrer leitenden Perspektive machen. Das sollte vor allem auch die Disposition des Stoffes in den Vorlesungen und Lehrbüchern der Einleitung prägen. Auf diesem Gebiet ist im übrigen schon ein Wandel im Gang. Die derart angelegte »Einleitung« ist eigentlich der Ort, wo auch bei jedem Buch dessen »Theologie« und bei der Behandlung des Gesamtkanons dessen Gesamttheologie zusammenfassend dargestellt werden könnte. In diesem Zusammenhang müßte das Anliegen von Rendtorff zum Zug kommen, zumindest das des ersten Teils seines Projekts. Es hieße, einen profan-untheologischen Charakter der Bibel zunächst zu insinuieren und diesen Irrtum dann später mühsam wieder zu korrigieren, wenn man die Theologie aus der Einleitungsdisziplin heraushielte und anschließend in einer eigenen »kanonischen Theologie« nachtrüge. In eine solche Einleitung, nicht in eine eigene biblische Theologie, gehört auch das, was Hardmeier als Inhalt einer »Theo-logie der Hebräischen Bibel« vorschlägt: die Beschreibung der »diskursiven Inszenierungen« der Gottesbeziehung in den einzelnen Texten[69].

Gerhard von Rad hat seine »Theologie des Alten Testaments« faktisch in zwei Schritten entwickelt. Erst auf einen »Abriß einer Geschichte des Jahweglaubens und der sakralen Institutionen in Israel« folgen die Theologien der verschiedenen »Überlieferungen« Israels – vom letzten, überschriftlosen »Hauptteil« zur Beziehung zu Neuem Testament und christlichem Glauben kann man hier absehen. Nun findet sich schon in der 1. Auflage von 1957 im Vorwort des 1. Bandes der seitdem häufig zitierte Satz: »Charakteristisch für die heutige Situation ist nach meiner Meinung die überraschende Annäherung, ja gegenseitige Überschneidung von Einleitungswissenschaft und biblischer Theologie.« Mir scheint, daß Gerhard von Rad im Grunde seinen ersten Schritt der »Geschichte Israels«, seinen zweiten Schritt der üblichen »Einleitung in das Alte Testament« zuordnen wollte. Auf den Landkarten beider Fächer sah er weiße Flecken. Bei der Geschichte sprach man nicht vom Glauben und vom Kultus, in der Einleitung begann man damals zwar von der Überlieferungsgeschichte zu reden, doch deren theologische Dimension war noch nicht systematisch erfaßt. Beides lieferte er nach, wobei er durch den Titel seines Werkes, in dem an entscheidender Stelle das für den Erfolg zweifellos wichtige, aber ihm selbst auch sehr teure Reizwort »Theologie« stand, sich und viele andere in die große Verlegenheit brachte, nun das, was er so überzeugend dargestellt hatte, da unterbringen zu müssen, wo man bisher eine ganz andere »Theologie des Alten Testaments« getrieben hatte. Die einzige wirklich sachgemäße Reaktion auf die »Theologie« von Gerhard von Rad wäre gewesen, ihre rasanten Neuheiten in die Disziplinen der Geschichte Israels und der Einleitung in das Alte Testament heimzuholen. Vielleicht ohne es selbst voll zu durchschauen, hatte er auf der ersten Seite seines Vorworts den richtigen Hinweis gegeben. Crüsemann sieht in der »theologisch orientierten Religionsgeschichte« von Albertz »trotz anderer Fragestellung und in einer sehr veränderten Forschungslage«

---

69 Oben S. 126.

einen »Ausbau« von Gerhard von Rads vorangestellter Religions- und Kultusgeschichte[70]. Er wird recht haben, auch wenn Albertz nach der Nennung von Gerhard
von Rad im ersten Satz seines ersten Beitrags (»mein Lehrer Gerhard von Rad«)
sich nachher nicht mehr sehr häufig auf ihn bezieht. Wenn das aber so ist, dann
bekräftigt das meinen Vorschlag, als den wahren Adressaten des von Albertz gehaltenen Plädoyers für die Religionsgeschichte Israels als zusammenfassende
Disziplin nicht die »Theologie des Alten Testaments«, sondern die »Geschichte
Israels« zu betrachten. Daß da, wo in den fünfziger Jahren die »Überlieferungen
Israels« das innovative Stichwort für die Einleitungswissenschaften bildeten,
heute die Rede von der »kanonischen Auslegung« das wichtige Wort ist, dürfte
auch klar sein. Ich glaube daher, mit meinen Vorschlägen auch in der Tradition
des großen Meisters Gerhard von Rad zu stehen.

Über die Umfunktionierung der Disziplin »Theologie des Alten
Testaments« ist oben schon alles Nötige gesagt worden. Ich stimme
hier im wesentlichen dem zu, was Albertz vorschlägt. Da das Fach
im Rahmen meiner Vorschläge nicht durch ein anderes, nämlich
eine zur »Geschichte Israels« additiv hinzutretende »Religionsgeschichte Israels«, verdrängt werden müßte, hat die neue und so
wichtige Konzeption ihren Raum, ohne daß den Studierenden neue
Lasten aufgebürdet würden. Der zweite, themenorientierte Teil des
Projekts von Rolf Rendtorff könnte wohl ebenfalls hier seine Heimat finden.

Doch entscheidend bliebe für mich, daß wir die Exegese der Texte
selbst, die doch das Hauptgewicht des Faches Altes Testament im
theologischen Studienbetrieb haben sollte, weder als rein historisch
in die Textvorgeschichte zurückfragende Aktion betreiben noch,
wenn wir synchron auslegen, uns hermeneutisch nur als Zeitgenos-
sen und als Kinder der abendländischen Kultur benehmen. Beides
ist als Teilelement unentbehrlich, und vielleicht raubt es oft die
meiste Zeit und Kraft. Aber es sollte eingebettet sein in ein umfas-
senderes Verständnis des eigenen Tuns als Theologie. Hier ist der
eigentliche Ort jener »biblischen Theologie«, die für die Bibelwissenschaft spezifisch ist.

Zwei Dinge zum Abschluß: Einmal der Dank an Rainer Albertz
dafür, daß er eine so interessante und wichtige Diskussion angesto-
ßen hat. Ich sage das auch im Namen aller anderen Herausgeber
unseres Jahrbuchs. Zum andern die Bemerkung, daß dies zwar
»Herausgeber-Nachgedanken« zur hier dokumentierten Diskussion
sind, aber nur meine eigenen. Ich habe natürlich nicht im Namen
aller Herausgeber des Jahrbuchs gesprochen, sondern nur, und zwar
mit großem Vergnügen, ihrem Wunsch entsprochen, ein Nachwort
zu schreiben.

70   Oben S. 69.

III

Rezension

Traugott Holtz

Neutestamentliche Theologie im Horizont der ganzen Schrift[*]

Zu Peter Stuhlmachers Biblischer Theologie des Neuen Testaments[1]

1. Gewiß bedarf das Problem einer Biblischen Theologie der grundsätzlichen Diskussion ihrer geschichtlichen und hermeneutischen Probleme sowie der exemplarischen Darstellung anhand einzelner Glaubenssätze und Sprachmuster. Die Möglichkeit einer Biblischen Theologie, ihrer geschichtlichen und theologischen Legitimität, kann indessen erst ihre Darstellung selbst erweisen. Peter Stuhlmacher, der zu den wichtigen Initiatoren und Wortführern der Debatte um die Biblische Theologie gehört, hat den ersten Band einer Biblischen Theologie des Neuen Testaments vorgelegt und damit die Biblische Theologie darzustellen begonnen, wie sie sich von seinem Ansatz her entfaltet. Er hat ein beeindruckendes Werk vorgelegt, dem bedeutendes theologisches Gewicht zukommt.

2. Der Untertitel »Grundlegung. Von Jesus zu Paulus«[2] nennt die Bereiche, die dieser erste Band behandelt. In der »Grundlegung« führt Stuhlmacher in großer Dichte vor, wie sich für ihn die Aufgabe, eine Theologie des Neuen Testaments zu entwerfen, darstellt, wie sie zu lösen ist und wie er seinen Weg dahin in die Diskussion um ihre Lösung eingeordnet sieht. Den elementaren Ausgangspunkt seiner Arbeit nennt Stuhlmacher in einem ersten Grundsatz: »Eine Theologie des Neuen Testaments hat sich ihr Thema und ihre Darstellungsweise vom Neuen Testament selbst vorgeben zu lassen« (S. 2). Mit Recht bemerkt er dazu, daß damit »nur scheinbar eine Selbstverständlichkeit ausgesprochen« sei. Denn daraus ergibt sich einerseits der dezidiert theologische Charakter des Unterneh-

---

* Otto Böcher zum 60. Geburtstag als Zeichen der Verbundenheit und des Dankes.

1 *P. Stuhlmacher*, Biblische Theologie des Neuen Testaments, Bd. I: Grundlegung. Von Jesus zu Paulus, Göttingen 1992.

2 Seine Wiedergabe durch die CIP-Einheitsaufnahme der Deutschen Bibliothek mit »Grundlegung: von Jesus zu Paulus« zeigt ein arges Mißverständnis an.

mens, andererseits seine wesentliche Ausrichtung als ein gesamtbiblisches.

Das erste ergibt sich gleichsam historisch daraus, daß das Neue Testament seine vorliegende Gestalt dem Umstand verdankt, daß es das grundlegende Zeugnis des Glaubens der Kirche ist. Es will mithin von seinem Wesen her als solches Zeugnis verstanden werden. Freilich impliziert dieser Ansatz weitreichende Probleme bezüglich dessen, was denn nun in einer Theologie des Neuen Testaments darzustellen ist; darauf wird alsbald einzugehen sein.

Das zweite, daß eine neutestamentliche Theologie eine biblische sein muß, will sie der Vorgabe des Neuen Testaments selbst entsprechen, ergibt sich einerseits ebenfalls aus seiner historischen Bestimmung als zweiter Teil des Kanons, andererseits und vor allem aber aus dem Anspruch der in ihm versammelten Schriften, mit ihrer Christusverkündigung die Geschichte desselben Gottes zu bezeugen, von dem die Texte des Alten Testaments handeln.

3. Der Bezug einer Biblischen Theologie auf den kirchlichen Kanon setzt zunächst historische Fragen frei. Stuhlmacher definiert den Umfang des für die neutestamentlichen Schriften verbindlichen Kanons von der Septuaginta her. Das ist im ganzen auch zweifellos sachgerecht, wenn man dabei nur im Auge behält, daß der Umfang der Septuaginta nicht streng definiert war (wie übrigens der Vergleich unterschiedlicher Septuaginta-Ausgaben auch heute noch zeigen kann). Darüber hinaus ist eine unterschiedliche Gewichtung der einzelnen Bestandteile der Septuaginta in Rechnung zu stellen (was für die uns hier interessierende Zeit schon die Möglichkeit ihrer materiellen Verfügbarkeit, die in der Regel nur eine partielle gewesen sein kann, bedingte). Eine besondere Frage ist überdies, wie der Umfang und die sprachliche Beschaffenheit des Kanons für Jesus, dessen Verkündigung Stuhlmacher intensiv behandelt, sowie für die früheste Gemeinde bestimmt werden muß. Dagegen kommt m.E. Erwägungen zur jüdisch-rabbinischen Fixierung des Kanons keine besondere Bedeutung zu. Sie betreffen Bereiche, die schwerlich die Überzeugungen derjenigen berührten, deren Zeugnis das Neue Testament bekundet. Ob man freilich mit Stuhlmacher lapidar im blick auf den am Ende des 1. Jahrhunderts definierten hebräischen Bibelkanon formulieren sollte: »Christlich ist dieser Kanon nicht« (S. 6), ist dennoch fraglich.

Hans Hübner hat in dem ersten Band seiner »Biblischen Theologie des Neuen Testaments«[3] ausführlich und erhellend das Problem

---

3 *H. Hübner*, Theologie des Neuen Testaments, Bd. I: Prolegomena, Göttingen 1990.

des alttestamentlichen Kanons behandelt. Seine Scheidung freilich zwischen dem Vetus Testamentum per se und dem Vetus Testamentum in Novo receptum (so z.B. S. 18), die er als Diastase beurteilt, ist kaum geeignet, die Frage des Bezugs beider Testamente aufeinander zu klären. Von einem Vetus Testamentum in Novo receptum mag man zusammenfassend sprechen können, ein Vetus Testamentum per se indessen, das dem gegenüberstände, gibt es gewiß nicht. Es kann immer nur ein irgendwie rezipiertes, verstandenes Altes Testament geben. Deshalb kann man nicht sagen: »Inneralttestamentliche Grundaussagen und christliche Grunddeutungen des Alten Testaments sind – so ist unbedingt festzuhalten – nicht deckungsgleich«[4]. Die »Grundaussage« einer Überlieferung, zumal wenn sie einer so komplexen Größe wie dem als »Schrift« begriffenen Alten Testament abgewonnen werden soll, wird immer nur durch den Rezeptienden konstituiert. Per se kann es sie schon deshalb nicht geben, weil das Alte Testament als kanonische Schrift in der Welt und der Zeit des Neuen Testaments immer erst durch den Rezeptienden konstituiert wird; gerade das hat Hübner selbst überzeugend gezeigt.

Stuhlmacher läßt sich zu Recht auf die Diastase, die Hübner konstatiert, nicht ein. Ihm geht es um die Kontinuität im Verhältnis zwischen Altem und Neuem Testament. Er ist sich völlig dessen bewußt, daß sich diese Kontinuität nicht in einer einfachen Identität darstellt, schon deshalb nicht, weil sie eine vermittelte ist. Sie ist vermittelt durch die kontinuierliche Arbeit an dem ursprünglichen Zeugnis der Zeugen, die im Alten Testament zu Wort kommen. Bei den Propheten geschieht das etwa durch die früheste Tradierung und Sammlung von Prophetenworten, durch ihre Einarbeitung in ein geschlossenes Korpus unter dem Namen des Propheten (evtl., wie bei Jesaja, die Zusammenstellung mit Sammlungen, die ursprünglich in die Traditionslinie anderer Propheten gehörten) und schließlich durch ihre Einfügung in den weiteren Horizont der »Schrift« (wie diese auch immer im Umfang definiert und in welcher Sprache sie rezipiert worden ist). Das Verständnis einer so vermittelten Überlieferung ist endlich bedingt und geprägt durch ihre Aufnahme in der Welt, aus der heraus derjenige, der sie aufnimmt und bearbeitet, kommt und in die er hineinwirkt. Für das Neue Testament ist das die Welt des Frühjudentums in seiner Vielgestaltigkeit, etwa als sadduzäisches, pharisäisches, essenisches, hellenistisches. Dieser ganze komplizierte und komplexe Vorgang vollzieht sich keineswegs ohne Sprünge und Brüche, wohl auch bisweilen gegenläufig. In diesen Prozeß hinein gehört die Rezep-

---

4 *Hübner*, Theologie I, 65.

tion der »Schrift« durch die Zeugen, die im Neuen Testament zu
Wort kommen.

4. Die entscheidende Frage nun, die sich aus Stuhlmachers fun-
damentalem Ansatz ergibt, ist, wenn man die neutestamentliche
Theologie als Biblische Theologie verstehen will, die, ob sich das
Neue Testament selbst als in der Kontinuität des Zeugnisses, das
das Alte Testament verkündet, stehend begreift oder nicht. Da es
die Identität des Zeugnisses von seinem Wesen als ein geschichtli-
ches her nicht in der identischen Reproduktion, sondern nur in der
Kontinuität des Bezeugten geben kann, geht es um die Frage nach
geschichtlicher Identität. Man kann schwerlich in Abrede stellen,
daß das Neue Testament den Anspruch auf solche Identität erhebt
– durch seine wesentlichen Zeugen explizit erhebt, z.B. Mt 5,17–
19; für Matthäus selbst die Reflexionszitate; Mk 1,1–3; Lk 4,31;
Joh 5,39.46; Apg 26,22f; 28,20.28; Röm 1,2; 1Kor 10,11; Hebr 1,
1f; 1Petr 1,10–12.
Freilich wird dieser Anspruch von zwei Seiten her kritisch befragt.
Die Anfragen, die hier laut werden, sind ernst zu nehmen. Sie gründen einmal in der Gegenwart der Zeugen des Neuen Testaments,
einmal in unserer Gegenwart.
Der Anspruch des Neuen Testaments, in der geschichtlichen Identität mit dem Zeugnis des Alten Testaments zu stehen, wird vehe-
ment bestritten von denjenigen, die sich dem Christuszeugnis mit
Berufung auf das Zeugnis der »Schrift« verweigern und sich gerade darin als solche begreifen, die sich in der geschichtlichen Identität mit Israel befinden. In unserer Zeit wird die Anfrage religionsgeschichtlich begründet, ob nämlich der Bezug auf das Alte
Testament nicht nur eine Selbsttäuschung oder ein leeres dogmati-
sches Postulat sei. Denn in Wahrheit sei die dominante Voraussetzung und ihr tatsächlicher religionsgeschichtlicher Horizont nicht
das Alte Testament und das in seiner Nachfolge stehende Frühjudentum, sondern der hellenistische Synkretismus.
Die letztgenannte Frage ist deshalb so schwierig zu beantworten,
weil das neutestamentliche Zeugnis natürlich in der geschichtlichen Gestalt seiner Zeit ergeht, die hellenistisch geprägt ist. Aber
ebenso, wie man Philo trotz seiner Prägung durch die Form hellenistischen Denkens nicht als hellenistischen Synkretisten, sondern
nur als Vertreter jüdischen Glaubens wirklich begreifen kann, so
verhält es sich auch mit denen, die im Neuen Testament zu Wort –
zuweilen zu durchaus hellenistisch geprägten Worten – kommen.
Stuhlmacher zeigt das für den von ihm bisher behandelten Bereich
in überzeugender Weise. Vielleicht hätte allerdings die Auseinandersetzung mit einem Verständnis, welches das hellenistisch-syn-

kretistische Element als das dominante ansieht, auch im Einzelfall noch konkreter geführt werden können.

Die erstgenannte Anfrage, die darauf zielt, ob in der Jesusgeschichte die Geschichte Gottes mit Israel wirklich zu ihrem Ziel kommt, sie mithin als die Christusgeschichte bezeugt werden will, ist vom Alten Testament her nicht stringent zu beantworten. Denn die Kontinuität der Gottesgeschichte gründet allein in der Identität Gottes, der in ihr in geschichtlicher und mithin gerade nicht in sich identisch reproduzierender Gestalt handelt. Nach dem Glauben, der sich im Neuen Testament bezeugt, definiert die Christusgeschichte Jesu die vorangegangene Gottesgeschichte (so wie die Erfahrung der Auferstehung Jesu für diejenigen, die ihrer teilhaftig wurden, die vorangegangene Geschichte Jesu neu definierte – zumal dem Tag seiner Verhaftung und Kreuzigung gegenüber) und erschließt ihre Wahrheit. Für denjenigen freilich, der in der Geschichte Jesu die Geschichte eines von Gott Verfluchten erkennt, definiert sich die vorangegangene Gottesgeschichte ganz anders, und es bleibt das Zeugnis davon, das Alte Testament, offen für ein Verständnis von der Erfahrung der eigenen Geschichte als der Gottesgeschichte her. Deshalb kann denn auch der Dialog zwischen der Kirche und der Synagoge niemals allein über die Auslegung des Alten Testaments entschieden werden.

Allerdings will nicht nur das Alte Testament vom Neuen her gelesen, sondern auch das Neue Testament vom Alten her gelesen und verstanden werden, wenn seine fundamentale Überzeugung ernst genommen wird, daß es von der Geschichte des Gottes zeugt, von dem auch das Alte Testament redet. Zugespitzt kann man sagen: Die spezielle Theologie des Neuen Testaments enthält das Alte. Und dabei ist es – natürlich – das Sch^{e}ma Dtn 6,4, das den grundlegenden Glauben bestimmt: Gott ist einer, verstanden als Ansage seiner Einheit und seiner Einzigkeit. Daß Gott einer ist, offenbart sich in seiner Geschichte mit seinem Volk und der Welt; von ihr her will denn auch die Geschichte, von der das Neue Testament handelt, begriffen werden.

Für Stuhlmacher ist die Identität des einen Gottes durch das Zeugnis der ganzen Bibel hindurch entscheidend für dessen Wahrheit. Er zeigt sie in besonderer Weise auf durch das Aufdecken des expliziten und impliziten Bezugs auf geschriebenes Zeugnis des Alten Testaments im Neuen. Allerdings kann (und muß) man immer wieder fragen, in welcher Weise es bei dem Rückgriff auf alttestamentliche Texte als Schlüssel für zentrale theologische Aussagen im Neuen Testament Verbindungslinien gibt, über die die alttestamentliche Aussage in die neutestamentliche Welt vermittelt worden ist, d.h. welche Bedeutung dem Frühjudentum zukommt. Stuhlmacher hat das Frühjudentum durchaus im Blick und stellt seine Bedeutung für die Theologiebildung der christlichen Gemeinde heraus. Weil Identität nur über geschichtliche Kontinuität zu haben ist, ist ihr Aufweis notwendig (auch wenn er aufgrund der Überlieferungslage nicht allemal zu führen ist). Natürlich gilt auch hier, daß der Verlauf der Geschichte sie definiert, daß das Frühjudentum sich als Zeugnis von dem einen Gott von seiner Kontinuität im Weg vom Alten Testament zum Neuen her erschließt. Übrigens ist es bemerkenswert, daß der gesamte uns bekannte Bereich des hellenistischen Frühjudentums nur durch seine Aufnahme in christliche Überlieferung bewahrt worden ist, aus der Kontinuitätslinie des nachchristlichen Judentums indessen ausgeschieden wurde (wie etwa auch die Qumranliteratur). Dieses Faktum sollte bei der Frage nach der Legitimität des christlichen Anspruchs auf das Alte Testament und das Zeugnis des vorchristlichen Judentums gebührende Beachtung finden.

Weil die Aufnahme des Alten Testaments im Neuen immer nur eine vermittelte sein kann, vermittelt durch die Tradition und die eigene Erfahrung der Geschichte, umfaßt sie nicht alle seine Teile in gleicher Weise. Das war gewiß bereits durch die materialen Gegebenheiten bedingt. Bei Stuhlmacher tritt deutlich das Jesajabuch hervor, daneben die Psalmen und das Deuteronomium. Schon ein Blick in das »Stellenverzeichnis« ergibt einen aufschlußreichen Eindruck von der Verteilung der Bezüge auf die Schriften, die im Alten Testament vereinigt sind. Sie entspricht im ganzen dem Bild, das sich auch sonst im Frühjudentum darbietet. Das weist darauf hin, daß Stuhlmacher nicht subjektiv-willkürlich Bezüge zum Alten Testament gefunden hat. Für die neutestamentlichen Zeugen ist dabei das Wort des jeweils herangezogenen alttestamentlichen Buches das Wort der (ganzen) »Schrift«, nicht sosehr eines einzelnen Autors, der von anderen inhaltlich zu differenzieren wäre. Das Alte Testament ist eine Einheit, auch wenn zwischen dem Gesetz und den Propheten (und Psalmen/Schriften) geschieden wird. Zitatkombinationen unterstreichen das, sie wollen nicht etwa einem Defizit aufhelfen.

5.   Hinsichtlich des Neuen Testaments meldet sich in diesem Zusammenhang, zumal für einen betont »biblisch« orientierten Entwurf einer neutestamentlichen Theologie, ein tiefgreifendes Problem. Nimmt man Stuhlmachers ersten Grundsatz ganz ernst, dann müßte die Darstellung darauf gerichtet sein, die Theologie des Neuen Testaments als eine in sich bestehende Einheit darzustellen. Das Neue Testament ist nämlich nicht einfach eine Zusammenfassung heterogener, möglicherweise divergenter Einzelschriften oder

Schriftengruppen, die lediglich zufällig durch einen gemeinsamen Buchdeckel zusammengehalten werden. Es will vielmehr ein Werk eigenen Wesens sein und hat als solches seine Wirkung entfaltet. Gewiß hatten die einzelnen Bestandteile auch eine Zeit und einen Ort eigener Geltung und Wirkung. Aber das sind jeweils nur sehr begrenzte Bezirke. Ihre Geltung und Wirkung haben sie fast ausschließlich als Bestandteil des – allerdings im jetzigen Umfang im Grenzbereich erst über eine deutlich längere Zeit endgültig fixierten – Neuen Testaments gehabt und sind auch nur in solcher Einheit auf uns gekommen. Von daher ist die Vorgehensweise von K.H. Schelkle, die Stuhlmacher im Zusammenhang einer instruktiven Übersicht über die neueren Entwürfe einer Theologie des Neuen Testaments (respektvoll) darstellt (S. 14), durchaus ernst zu nehmen[5].

Allerdings meldet sich dabei das Problem des Verhältnisses von Schrift und Tradition oder, für hier genauer: Neuem Testament und Kirche mit Dringlichkeit. Es kann hier jedoch nicht diskutiert werden. Geht man mit der protestantischen, theologisch wohlbegründeten und auch historisch durchaus nicht willkürlichen Tradition davon aus, daß die Kirche sich dem Zeugnis, das ihr im Neuen Testament begegnet, verdankt, dann darf man sehr wohl nach der je eigenen Ausformung dieses Zeugnisses in den Einzelschriften und Schriftenkorpora fragen. Diejenigen, die solche unterschiedlichen Ausformungen des Christusglaubens zur Einheit des Neuen Testaments zusammenfügten, waren überzeugt, daß das geschichtlich vielgestaltige Zeugnis in seinem Wesen doch identisch sei. Auch das wird eine Theologie des Neuen Testaments zu prüfen haben, ob diese Überzeugung für uns noch gültig sein kann. Dabei wird dann der Frage, in welchem Verhältnis das Zeugnis der Einzelschriften zu dem des Alten Testaments steht, eine nicht geringe Rolle zukommen. Man darf die Erörterung dazu durch Stuhlmacher im abschließenden Band erwarten.

Stuhlmacher schlägt indessen zunächst den Weg ein, die Theologie der einzelnen Zeugen im Neuen Testament herauszuarbeiten. Daß das verantwortet ist, haben wir gesehen; nur heißt das, daß er sich wiederum strenggenommen Thema und Darstellungsweise nicht vom Neuen Testament, sondern von den Zeugen, die in ihm zu Worte kommen, vorgeben läßt. Und auch dabei ist noch einmal eine Einschränkung zu machen. Zu den besonders wichtigen Teilen der Darstellung gehört der ungemein dichte und tiefgrabende Ab-

---

5 Wenigstens erwähnt sei die ebenfalls thematisch-gesamtneutestamentlich angelegte »Theologie des Neuen Testaments« von *E. Stauffer* (Stuttgart [4]1948), die kriegs- und nachkriegsbedingt eine weitere Verbreitung erfuhr.

schnitt über »die Verkündigung Jesu« (S. 40–161). Das hier anstehende Problem, daß die Verkündigung Jesu als solche, wie sie
einstmals etwa gegen Ende des dritten nachchristlichen Jahrzehnts
in Palästina erging, nicht Gegenstand des Neuen Testaments und
der in ihm zu Wort Kommenden ist, bemüht sich Stuhlmacher in
sehr geschickter Weise abzufangen durch die Orientierung seiner
Darstellung an dem Resümee der Jesusgeschichte in der Petrus-
predigt Apg 10,34–43. Gleichgültig, ob dieses Resümee sich allein
Lukas verdankt oder aber »in seinen Grundelementen ... (ein)
vorlukanische(r) Bericht von der Sendung Jesu« ist[6], in jedem Fall
wird dadurch die Darstellung des Weges Jesu in der neutestamentlichen Verkündigung festgemacht.

6. Gleichwohl bleibt ein Unterschied zwischen dem (mit exegetischen Methoden aus der kerygmatischen Christusgeschichte Jesu der neutestamentlichen Zeugen gewonnenen) Zeugnis des vorösterlichen Jesus und dem neutestamentlichen Zeugnis von ihm.
Da letzteres nun aber Christusverkündigung mit dem Mittel der Jesusgeschichte sein will, ist die Frage nach der Wahrheit der Jesusgeschichte berechtigt und notwendig. Stuhlmacher ist sich der
Problematik, vor der hier jeder mit dem Gegenstand Befaßte steht,
wohl bewußt. Für ihn ist der Abstand zwischen beidem, dem Zeugnis Jesu und dem Zeugnis von Jesus, nicht so groß wie für viele andere Neutestamentler, da er der Jesusüberlieferung der frühen Gemeinde größeres Zutrauen entgegenbringt als sie. Darüber ist hier
im einzelnen nicht zu streiten. Ich kann Stuhlmacher durchaus ein
gutes Stück folgen; jedenfalls ist es nach meinem Urteil zu begrüßen, daß ein entschlossener Versuch gemacht wird, die bisweilen fast dogmatisch verhärtete Skepsis gegenüber der urchristli-
chen Jesustradition aufzubrechen. Im übrigen ist es für das Programm Stuhlmachers, die Kontinuität des Zeugnisses vom Heilshandeln Gottes im Wandel seiner geschichtlichen Darstellung aufzuweisen, nicht entscheidend, wie man über die Historizität dieser
oder jener Einzelüberlieferung urteilt, wenn man sich über die
Grunddaten einig ist. Dazu zähle ich, daß Jesus den Anspruch er-
hob, in seinem Wirken das anbrechende Gottesreich zu vergegenwärtigen, daß sich damit ein (explizites) Messiasbewußtsein verband,
daß er bewußt seiner Passion entgegenging und daß er diesem Weg
eine Deutung von Gott und seinem Heilshandeln her gab. Und
schließlich halte ich für zutreffend, daß Jesus sich von eben dem
Gott berufen und beauftragt wußte, von dem das Alte Testament
zeugt.

6   So *Stuhlmacher*, Biblische Theologie I, 50 m.E. zutreffend.

Angesichts solcher nicht nur theologisch, sondern auch historisch betont herausgearbeiteten Kontinuität Jesu sowohl zum alttestamentlichen (immer frühjüdisch vermittelten) als auch zum neutestamentlichen (d.h. nachösterlichen) Zeugnis verwundert es nun aber, daß Stuhlmacher als methodisch brauchbares Kriterium zur Unterscheidung des (im historischen Sinne) authentischen Jesusguts von der erst später zugewachsenen nachösterlichen Tradition (mit der er natürlich durchaus entschieden rechnet) an erster Stelle das sog. »Unableitbarkeitskriterium« nennt. Gerade von den Voraussetzungen Stuhlmachers her ist es nach meinem Urteil schlichtweg abwegig zu nennen. Seine Ergebnisse bei der Bearbeitung der Überlieferung bestätigen dieses Urteil[7].

Hinsichtlich der Bewertung der theologischen Relevanz der vorösterlichen Jesusgeschichte kommt dem Ort, an dem »Jesu Auferweckung von den Toten« behandelt wird, eine besondere Bedeutung zu. Stuhlmacher beginnt mit dem so überschriebenen Paragraphen[8] den zweiten Abschnitt seiner Darstellung der »Entstehung und Eigenart der neutestamentlichen Verkündigung«, der die »Verkündigung der Urgemeinde« zum Inhalt hat. Das ist nun allerdings problematisch, da es dadurch so scheinen könnte, als gehörte das, was »Auferstehung« genannt wird, erst zur Geschichte der Urchristenheit und noch nicht auch zur Geschichte Jesu. Das ist so wohl nicht die Meinung von Stuhlmacher. Ihm geht es in dem genannten Paragraphen um die Darstellung der frühen theologischen Aufarbeitung der Erfahrung des Auferstandenen. Doch ist uns auch die gesamte vorösterliche Jesusüberlieferung nur über den Weg ihres Verständnisses durch die frühe Gemeinde, das von der Erfahrung des Auferstandenen her geleitet ist, vermittelt; deshalb ist die Behandlung der »Auferstehung« an einem anderen Ort als die der Jesusgeschichte nicht gerechtfertigt und viel eher irreführend.

Daher dürfte der Weg, den der von Stuhlmacher zu Recht hochgeschätzte L. Goppelt geht, der »das Ostergeschehen und das Osterkerygma« zusammen mit der »Passion« im abschließenden Kapitel (»Jesu Ausgang«) des ersten Teils (»Jesu Wirken in seiner theologischen Bedeutung«) zu behandelt[9], zumindest plausibler sein. Man ist versucht, zwischen dem Vorgehen Stuhlmachers und seiner überraschenden Hochschätzung der Neutestamentlichen Theologie

---

7 Vgl. z.B. ebd., 116 zu Mk 14,61f (auch wenn man gerade hier Stuhlmacher nicht fraglos folgen muß).

8 Ebd., 162–179 (§ 13).

9 *L. Goppelt*, Theologie des Neuen Testaments. Erster Teil: Jesu Wirken in seiner theologischen Bedeutung, hg. von *J. Roloff*, Göttingen 1975, 277–299.

von J. Jeremias[10] eine innere Verbindung zu vermuten. Freilich sieht Stuhlmacher sehr genau das Problem, das sich bei Jeremias stellt:»Das geschichtliche Ursprungsdatum des christlichen Glaubens liegt nicht allein beim Auftreten Jesu, sondern erst und vor allem bei Ostern, d.h. bei der Auferweckung Jesu und seinen Erscheinungen vom Himmel her vor den zuvor erwählten Zeugen«[11].

7. Der zweite der drei Teile, die sich mit der inhaltlichen Entfaltung der neutestamentlichen Theologie befassen, ist der »Verkündigung der Urgemeinde« gewidmet. Auch hier regt sich die Frage, wieweit das dem ersten Grundsatz Stuhlmachers entspricht, sich das Thema und die Darstellungsweise vom Neuen Testament selbst vorgeben zu lassen. Denn die Verkündigung der Urgemeinde begegnet uns im Neuen Testament, der Jesusgeschichte vergleichbar, nicht als solche, sie muß aus Texten späterer Zeit durch historisch-kritische Scheidung zu rekonstruieren versucht werden. L. Goppelt hat das anstehende Problem so zu lösen unternommen, daß er sich auf als für bestimmte Situationen und Gruppen maßgeblich erkennbare Überlieferungen und formulierte Sätze in seiner Darstellung der Theologie der frühen Gemeinde konzentrierte. Stuhlmacher geht insofern einen inhaltlich ähnlichen Weg, als er sich gleichfalls auf grundlegende Bekenntnisaussagen, die oder deren Wurzeln sich mit hinreichender Sicherheit in der Frühzeit der Gemeinde verorten lassen, konzentriert und dadurch eine gemeinsame Basis aufweist, von der aus sich die weitere theologische Entwicklung verständlich machen läßt, so daß man es »in der Alten Kirche wagen konnte, das Ganze der kirchlichen Glaubenstradition in der einen ›Glaubensregel‹ und im Kanon der biblischen Schriften zusammengefaßt zu sehen«[12].
Besonders beeindruckend ist wieder, mit welcher Intensität Stuhlmacher die Verbindung zum Alten Testament und Frühjudentum

10 *J. Jeremias*, Neutestamentliche Theologie. Erster Teil: Die Verkündigung Jesu, Gütersloh 1971. Vgl. *Stuhlmacher*, Biblische Theologie I, 21: »An wissenschaftlichem Gewicht ist das Buch mit Bultmanns ›Theologie des Neuen Testaments‹ vergleichbar« (auch wenn Stuhlmacher vielleicht bewußt von »wissenschaftlichem« statt »theologischem« Gewicht redet, bleibt das Urteil erstaunlich, da gerade im Sinne Stuhlmachers hier »wissenschaftlich« nicht von »theologisch« getrennt oder gar beides gegeneinandergestellt werden kann).
11 Ebd., 23; siehe auch z.B. 164.
12 Ebd., 221. Freilich drängt sich die Frage nach der Entstehung der paulinischen Gegner auf, die sich wenigstens z.T. offenbar, wie ihre aus 2Kor 11,23 (.15) zu erschließende Selbstbezeichnung διάκονοι Χριστοῦ anzunehmen nahelegt, ebenfalls auf die Jesusüberlieferung und apostolische Sendung (2Kor 11,13) beriefen. Ähnliche Fragen sind für eine spätere Zeit auch mit Blick auf Marcion zu stellen.

herausarbeitet. Eine strikte Scheidung zwischen palästinischem und hellenistischem Judentum erfolgt dabei nicht; ebensowenig setzt Stuhlmacher in der frühen christlichen Gemeinde zwischen palästinischen und hellenistischen Judenchristen eine traditionsgeschichtlich getrennte theologische Entwicklung voraus. Vielmehr geht er davon aus, daß sich sehr früh eine vor allem griechischsprechende Gruppe von Judenchristen in der einen Jerusalemer Gemeinde des Anfangs herausbildete, ohne daß dadurch die innere Einheit dieser Gemeinde gesprengt wurde. Das ist zweifellos historisch weit zutreffender als die Annahme einer personell und lokal genuin geschiedenen frühchristlichen theologischen Entwicklung. Von daher darf dann aber wohl noch entschiedener mit einer theologischen Vermittlung des alttestamentlichen Zeugnisses durch die hellenistische Synagoge in der frühesten Zeit gerechnet werden. Auch im Umkreis von Qumran etwa sind Septuaginta-Texte (und andere griechische Texte) in Gebrauch gewesen.

Hervorzuheben ist, wie sorgfältig Stuhlmacher mit dem Begriff »vorpaulinisch« umgeht. In der Tat muß man mit der Möglichkeit rechnen, daß auch solche Sätze, die Paulus erkennbar zitiert, die also bereits vor der Abfassung des Textes, in den sie aufgenommen sind, gebildet waren, paulinischen Einfluß reflektieren. Allerdings wird man hier kaum zu sicheren Urteilen kommen können. Doch ist gewiß davon auszugehen, daß die theologische Entwicklung der frühen Gemeinde weit eher von Paulus beeinflußt worden ist als seit der Zeit, in die seine Briefe gehören. Andererseits hat er in der Ausarbeitung seiner Theologie vermutlich mehr theologische Einsichten aus der Gemeinde vor und neben sich aufgenommen als direkte, erkennbare Anführungen sichtbar werden lassen.

8. Der abschließende dritte Teil der inhaltlichen Darstellung, die dieser erste Band enthält, hat »die Verkündigung des Paulus« zum Gegenstand. Dieser Teil ist der umfangreichste und von besonderem Gewicht. Gleichwohl kann hier auf die tiefgrabende, dabei auf das Wesentliche konzentrierte Darstellung nicht näher eingegangen werden. Die Auseinandersetzung mit ihr ist – zumal angesichts der stark differierenden und z.T. auch diffusen Bemühungen um die Theologie des Paulus in der Gegenwart – überaus lohnend und für die Theologie (und die Kirche) insgesamt förderlich. Ich weise nur auf einige, mir im Zusammenhang der bisher vorgetragenen Erörterungen besonders wichtig erscheinende Punkte hin.

Obwohl die eminente Bedeutung, die für Stuhlmacher die Theologie des Paulus hat, sich eindrücklich zur Geltung bringt, warnt er zum Abschluß seiner Darstellung davor, »die paulinische (Missions-)Theologie im biblischen Kanon zu isolieren oder zu verabsolutieren« (S. 392). Das ist ein wichtiges Urteil, das auch theologisch bedeutsam ist. Es entspricht dem entschlossenen Griff auf die Schrift als ganze, die Stuhlmachers Entwurf insgesamt trägt[13]. Stuhlmacher bezieht auch Überlieferungen der Apostelgeschichte in seine Paulusdarstellung ein. Das geschieht gewiß zu Recht, auch wenn man über einzelnes natürlich streiten kann. Andererseits aber klammert er nicht nur den Epheserbrief und die Pastoralbriefe als Zeugen für die paulinische Theologie aus, sondern auch den Kolosser- und »vorsichtshalber« den 2. Thessalonicherbrief (S. 225).»Vorsichtshalber« könnte man natürlich mit gleichem Recht auch den Kolosser- und den 2. Thessalonicherbrief in die Darstellung einbeziehen! Das Ergebnis ist nicht völlig belanglos. Das Vorgehen Stuhlmachers kommt tatsächlich einem Ausschluß des Kolosser- und des 2. Thessalonicherbriefs aus der paulinischen Verkündigung und einer Zuweisung zur deuteropaulinischen Literatur gleich. Zum Tragen kommt das etwa bei der Beurteilung des Christushymnus Kol 1,15–20 als eines erst in der Schule des Paulus ausgebildeten Textes (S. 288); das aber ist für die Rekonstruktion der Traditionsgeschichte der »Leib-Christi«-Vorstellung durchaus belangvoll.

Erwartungsgemäß arbeitet Stuhlmacher mit besonderem Gewicht die biblische Struktur der paulinischen Theologie heraus. Er hat gerade diesem Gegenstand schon lange einen wesentlichen Teil seiner theologischen Arbeit gewidmet und kann nun eine souveräne Zusammenfassung vorlegen. Fragen ergeben sich für mich gerade von der Mitte seiner eigenen Interpretation her an die Gegenüberstellung von Gesetz und Evangelium, die ihn von einer »antithetischen Entsprechung von Gesetzgebung (am Sinai) und Einsetzung des Evangeliums durch Gott« sprechen läßt[14]. Dem korrespondiert eine Beurteilung der Kirche, die sie aus der Kontinuität mit dem alttestamentlichen Gottesvolk löst. Selbst angesichts solcher Prädikate wie »Israel Gottes« (Gal 6,16) meint Stuhlmacher, es wolle damit »Paulus die Kirche keineswegs an die Stelle des erwählten Gottesvolkes setzen« (S. 375). Kaum dürfen im Sinne des Apostels die paulinischen Gemeinden »endzeitliche Kontrastgemeinschaften ... gegenüber dem alten Gottesvolk und den Ungläubigen überhaupt« genannt werden (S. 376), wobei die nicht differenzierende Zusammenstellung von »altem Gottesvolk und den

---

13 Siehe auch die Bemerkungen zu Matthäus, Jakobus und dem Hebräerbrief und deren Bedeutung für die Paulusrezeption ebd., 233; man darf auch von daher auf den zweiten Band gespannt sein.

14 Ebd., 316, wo Stuhlmacher zugleich betont:»Gesetz und Evangelium stehen sich ... gegenüber wie παλαιὰ διαθήκη und καινὴ διαθήκη«.

Ungläubigen überhaupt« als Kontrast gegenüber der christlichen Gemeinde, der ἐκκλησία τοῦ θεοῦ, besonders problematisch sein dürfte.

Indessen müßte über solche Punkte (wie natürlich auch andere) ein intensives Gespräch mit dem Autor geführt werden, das hier nicht möglich ist. Es sollte aber doch das Gesprächsangebot und die Gesprächsanregung sichtbar gemacht werden, die Stuhlmacher in so überzeugender Weise demjenigen anbietet, der sich auf sein Werk in »kritischer Sympathie« einläßt. Man darf wirklich dankbar sein, daß Stuhlmacher seinen Weg trotz aller Ablehnung und auch Anfeindung, die ihm bisweilen aus Fachkreisen entgegengebracht wird, weitergeht und die theologische Wissenschaft um ein so gewichtiges Werk bereichert hat. Man darf mit gespannter Erwartung seiner Fortführung entgegensehen, insbesondere den abschließenden Teilen über »die Mitte der Schrift« und über »Schrift und Schriftauslegung«[15].

15 Siehe die Gliederung des Gesamtwerks ebd., 13.

Register

Autoren (Auswahl)

Bibelstellen (Auswahl)

Namen und Sachen (Auswahl)

Betreuende Herausgeber:

Bernd Janowski, Dr. theol., geb. 1943, ist Professor für Altes Testament an der Evangelisch-theologischen Fakultät der Universität Tübingen.

Norbert Lohfink SJ, Dr. in re biblica, geb. 1928, ist Professor für Altes Testament an der Philosophisch-theologischen Hochschule St. Georgen in Frankfurt a.M.

Autoren:

Rainer Albertz, Dr. theol., geb. 1943, ist Professor für Altes Testament an der Evangelisch-Theologischen Fakultät der Universität Münster.

John Barton, D. Phil., D. Litt., geb. 1948, ist Professor für Altes Testament am Oriel College der Universität Oxford.

Frank Crüsemann, Dr. theol., geb. 1938, ist Professor für Altes Testament an der Kirchlichen Hochschule Bethel.

Christof Hardmeier, Dr. theol., geb. 1942, ist Professor für Altes Testament an der Theologischen Fakultät der Universität Greifswald.

Traugott Holtz, Dr. theol., geb. 1931, ist Professor für Neues Testament und lehrt zur Zeit in Mainz.

Isaac Kalimi, Dr. Phil., geb. 1952, ist zur Zeit »Research Fellow« an der Boston University und an der Theologischen Universität Kampen.

Niels Peter Lemche, Dr. theol., geb. 1945, ist Professor für Altes Testament an der Universität Kopenhagen.

Hans-Peter Müller, Dr. theol., geb. 1934, ist Professor für Altes Testament einschließlich nordwestsemitischer Literaturen an der Evangelisch-Theologischen Fakultät der Universität Münster.

Jahrbuch für Biblische Theologie

In den Jahren 1986–1994 erschienen folgende Bände des Jahrbuchs für Biblische Theologie:

JBTh 1 (1986)
Einheit und Vielfalt Biblischer Theologie
(Betreuende Herausgeber: Bernd Janowski / Michael Welker)

252 Seiten, 3. Auflage 1991, Pb. DM 48,– / öS 375,– / sFr 49,50
Subskriptionspreis DM 44,– / öS 343 / sFr 45,50
ISBN 3-7887-1229-5

JBTh 2 (1987)
Der eine Gott der beiden Testamente
(Betreuende Herausgeber: Ingo Baldermann / Norbert Lohfink)

267 Seiten, Pb. DM 48,– / öS 375,– / sFr 49,50
Subskriptionspreis DM 44,– / öS 343,– / sFr 45,50
ISBN 3-7887-1266-X

JBTh 3 (1988)
Zum Problem des biblischen Kanons
(Betreuende Herausgeber: Ingo Baldermann / Günter Stemberger)

294 Seiten, Pb. DM 49,80 / öS 389,– / sFr 51,30
Subskriptionspreis DM 45,– / öS 351,– / sFr 46,50
ISBN 3-7887-1288-0

JBTh 4 (1989)
»Gesetz« als Thema Biblischer Theologie
(Betreuende Herausgeber: Otfried Hofius / Peter Stuhlmacher)

360 Seiten, Pb. DM 64,– / öS 499,– / sFr 65,50
Subskriptionspreis DM 58,– / öS 453,– / sFr 59,50
ISBN 3-7887-1321-6

JBTh 5 (1990)
Schöpfung und Neuschöpfung
(Betreuende Herausgeber: Helmut Merklein / Werner H. Schmidt)

297 Seiten, Pb. DM 68,– / öS 531,– / sFr 69,50
Subskriptionspreis DM 61,50 / öS 480,– / sFr 63,–
ISBN 3–7887–1363–1

JBTh 6 (1991)
Altes Testament und christlicher Glaube
(Betreuende Herausgeber: Bernd Janowski / Michael Welker)

382 Seiten, Pb. DM 59,80 / öS 465,– / sFr 61,30
Subskriptionspreis DM 54,– / öS 421,– / sFr 55,50
ISBN 3–7887–1385–2

JBTh 7 (1992)
Volk Gottes, Gemeinde und Gesellschaft
(Betreuende Herausgeber: Berndt Hamm / Rudolf Weth)

446 Seiten, Pb. DM 72,– / öS 562,– / sFr 73,50
Subskriptionspreis DM 64,80 / öS 506,– / sFr 66,30
ISBN 3–7887–1433–6

JBTh 8 (1993)
Der Messias
(Betreuende Herausgeber: Ernst Dassmann / Günter Stemberger)

396 Seiten, Pb. DM 74,– / öS 577,– / sFr 75,50
Subskriptionspreis DM 66,60 / öS 520,– / sFr 68,10
ISBN 3–7887–1465–4

JBTh 9 (1994)
Sünde und Gericht
(Betreuende Herausgeber: Otfried Hofius / Peter Stuhlmacher)

396 Seiten, Pb. DM 78,– / öS 609,– / sFr 78,–
Subskriptionspreis DM 70,20 / öS 548,– / sFr 70,20
ISBN 3–7887–1500–6

In nächsten Jahr erscheint:

JBTh 11 (1996)
Glaube und Öffentlichkeit
(Betreuende Herausgeber: Ingo Baldermann / Ottmar Fuchs)

ca. 300 Seiten, Pb. ca. DM 70,– / öS 546,– / sFr 70,–
Subskriptionspreis ca. DM 63,– / öS 492,– / sFr 63,–